JN155361

〒162-0041 新宿区早稲田鶴巻町523 ☎03(5272)0301
振替00160-4-17013 http://www.fujiwara-shoten.co.jp/
PR誌・ブックガイド呈 表示の価格は税抜本体価格

鶴見和子は、赤坂憲雄に何を語り遺したのか

地域からつくる

【内発的発展論と東北学】

赤坂憲雄・鶴見和子

生涯をかけて「内発的発展論」を追究した鶴見和子が、鶴見に背中を押され「東北学」へ踏み出した赤坂憲雄との対話で語り遺したこととは何か。

二五〇〇円

創造的な"地域の力"は、本当に喪われたのか？

地域力の再発見

【内発的発展論からの教育再考】

岩佐礼子

内発的発展論を出発点に「生きる知」の伝達の現場をフィールドワークすることで、近代的な教育の枠組みを相対化し、"地域の力"の伝承と再創造の可能性を探る野心作。

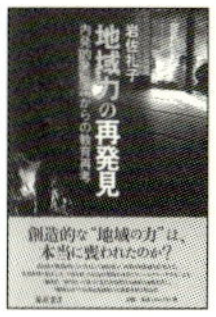

三六〇〇円

「東北」から世界を変える

「東北」共同体からの再生

【東日本大震災と日本の未来】

川勝平太＋東郷和彦＋増田寛也

東日本大震災を機に、これからの日本の方向を徹底討論。

一八〇〇円

東北人自身による東北の声

鎮魂と再生

【東日本大震災・東北からの声100】

赤坂憲雄＝編　荒蝦夷＝編集協力

三二〇〇円

草の根の力で未来を創造する

震災考 2011.3-2014.2

赤坂憲雄

二八〇〇円

「居住の権利」をいかに確立すべきか？

「居住の権利」とくらし

【東日本大震災復興をみすえて】

家正治＝編集代表　早川和男・熊野勝之・森島吉美・大橋昌広＝編

二四〇〇円

本当に安心できる住まいとは？

ケースブック 日本の居住貧困

【子育て／高齢障がい者／難病患者】

早川和男＝編集代表　岡本祥浩・早川潤一＝編

二二〇〇円

阪神・淡路大震災から東日本大震災まで災害復興の検証と提言

災害に負けない「居住福祉」

早川和男

二二〇〇円

都市と環境の未来像

「サラリーマン国家」から「自立人間」の日本へ！

小国大輝論

【西郷隆盛と縄文の魂】

上田 篤

西郷隆盛の死により途絶した、ありうべき「もう一つの日本」への途を辿り直し、サムライ／百姓／縄文の"DNA"の先に、一匹狼の自立人間が割拠する、新しい日本像を見出す。建築学の権威が震災後の日本人に贈る、「二十一世紀の日本構想」！

二二〇〇円

日本型都市の創造への道

都市をつくる風景

【「場所」と「身体」をつなぐもの】

中村良夫

西洋型の「近代化」から、都市に自然が溶け込んだ日本型の「山水都市」に立ち返り、「公」と「私」の関係の新たなかたちを探る。

二五〇〇円

「水の都」の歴史・現在・未来

「水都」大阪物語

【再生への歴史文化的考察】

橋爪紳也

水と陸とのあわいに育まれてきた豊饒な文化を歴史のなかに辿り、「水都」大阪再生へのヴィジョンを描く。

二八〇〇円

世界を歩いてわかった「東京」の魅力、そして課題とは？

世界の街角から東京を考える

青山 佾

東京の副知事を長年務め、都市を熟知する著者が、世界の約五〇都市と比較しながら、自治・防災・観光資産・交通・建築など多角的視野から考える、「東京」の歴史・現在・未来。

二五〇〇円

「農」からの地域自治

叢書■文化としての「環境日本学」

高畠学

早稲田環境塾〔代表・原剛〕編

カラー口絵八頁

既成の農業観を根本的に問い直し、共生を実現する農のかたちを創造してきた山形県高畠町の「思想」「現場」、そして「可能性」。

二五〇〇円

藤原書店

目次

別冊 環 ㉑
KAN: History, Environment, Civilization
ウッドファースト！——建築に木を使い、日本の山を生かす

日本の山の死活は、日本人が木を使うかどうかにかかっている

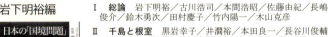

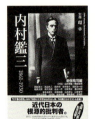

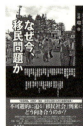

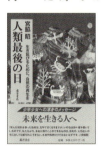

くまもとアートポリス
杖立橋＋ P-Hall
新井清一 （本文 250 頁参照）

所在地：熊本県小国町／事業主：熊本県小国町
主用途：遊歩道、多目的ホール
構造：２径間連続鋼斜張橋（橋）
　　　鉄骨造、鉄筋コンクリート造（ホール）
延べ面積：131 ㎡（ホール）／竣工：1996 年 3 月
施工者：杉野建設・前田建設工業（橋）、橋本建設（ホール）
主な使用木材　［構造］末口 350mm・小国杉丸太、［内装］
　ナラ・フローリング　［外装］杉板 45mm 厚・ルーバー
　［家具］フィンランド・バーチ、スタッキングテーブル

みんなの森 ぎふメディアコスモス
伊東豊雄（本文 271 頁参照）

所在地：岐阜県岐阜市／事業主：岐阜市／主用途：図書館、市民活動交流センター、展示ギャラリー
構造：RC 造、S 造、木造／延べ面積：15444.23 ㎡
施工者：戸田建設・大日本土木・市川工務店・雛屋建設社 特定建設工事共同企業体／竣工：2015 年 2 月
主な使用木材　［構造］岐阜県産ひのき材　［内装］ひのき集成材等
　　　　　　　［外装］熱処理木材（スギ）［家具］ひのきストランドボード等
（撮影＝中村絵）

岐阜県立森林文化アカデミー
北川原 温（本文 272 頁参照）

所在地：岐阜県美濃市／事業主：岐阜県／用途：専修学校
構造：木造／延べ面積：7709 ㎡
施工者：栗山組・澤崎建設・他 26 社／竣工：2001 年 3 月
主な使用木材　［構造］スギ　［内装］ナラ・スギ・マツ　［外装］スギ
（撮影＝大野繁）

檮原町プロジェクト

隈研吾（本文 274 頁参照）

右上／マルシェ・ユスハラ（雲の上のホテル別館）
所在地：高知県檮原町／事業主：檮原町
主用途：ホテル・市場
構造：鉄筋コンクリート造
延べ面積：1132 ㎡
施工者：大旺新洋・四電工／竣工：2010年7月
主な使用木材　［構造］構造用スギ集成材（RC造のため母屋のみ）［内装］スギ丸太、スギ板材　［外装］茅、スギ羽目板　［家具］スギ材、ラバーウッド
（撮影＝太田拓実）

左上／檮原町総合庁舎
所在地：高知県檮原町／事業主：檮原町
主用途：総合庁舎
構造：木造、一部鉄筋コンクリート造
延べ面積：2971 ㎡
施工者：飛島・ミタニJV／竣工：2006年10月
主な使用木材　［構造］構造用スギ集成材　［内装・外装］スギ　［家具］スギ羽目板
（撮影＝藤塚光政）

右下・左下／檮原 木橋ミュージアム（雲の上のギャラリー）
所在地：高知県檮原町／事業主：檮原町
主用途：展示場
構造：木造（一部、鉄筋コンクリート・鉄骨造）
延べ面積：446 ㎡
施工者：四万十総合建設
竣工：2010 年 9 月
主な使用木材　［構造］構造用スギ集成材　［内装・外装・家具］スギ
（撮影＝太田拓実）

丸美産業本社社屋

高松 伸（本文 275 頁参照）

所在地：愛知県名古屋市／事業主：丸美産業株式会社／主用途：オフィス
構造：RC 造・S 造（柱：ハイブリッド耐火集成材）／延べ面積：3244 ㎡
施工者：鹿島建設・名工建設／竣工：2008 年 6 月
主な使用木材：
［構造］木質ハイブリッド集成材（カラマツ）
［内装］エントランスホール＝天井：カラマツ集成材照明ボックス　単層フローリング（ブナ）
オフィス＝壁：カラマツ集成材
［外装］開口部：カラマツ製マリオン
［家具］受付カウンター＝側面格子：サクラ無垢　天板：集成材

日向市駅

内藤廣（本文 277 頁参照）

所在地：宮崎県日向市／事業主：宮崎県、日向市、九州旅客鉄道
主用途：駅舎／構造：木造＋鉄骨造、鉄筋コンクリート造（高架部）、鉄骨造＋木造（屋外ステージ）／延べ面積：860.96 ㎡
施工者：九鉄工業(駅舎·東口キャノピー)、吉原·協栄 JV(西口キャノピー)
東亜建設工業(観光案内所)、辰工務店、山佐木材(屋外ステージ)
竣工：駅＝ 2008 年 2 月、ステージ＝ 2010 年 7 月
主な使用木材 ［構造・内装・外装・家具］スギ
（写真＝右：吉田誠〔日経アーキテクチュア掲載〕、左上：内藤廣建築設計事務所、左下：小野寺康）

日 向 市
STATION

タメディア新本社

SHIGERU BAN ARCHITECTS EUROPE（本文 279 頁参照）

所在地：スイス、チューリヒ／建主：Tamedia AG ／主用途：オフィス
構造：木造　一部 RC 造／延べ面積：10223 ㎡
施工者：HRS Real Estate AG ／竣工：2013 年 6 月
主な使用木材　［構造］スプルース集成材
（撮影＝右頁 Blumer-Lehmann AG ／左頁 Didier Boy de la Tour）

tamedia

1 atelier1
2 atelier2
3 study room
4 dining
5 bed room
6 bath room
7 veranda

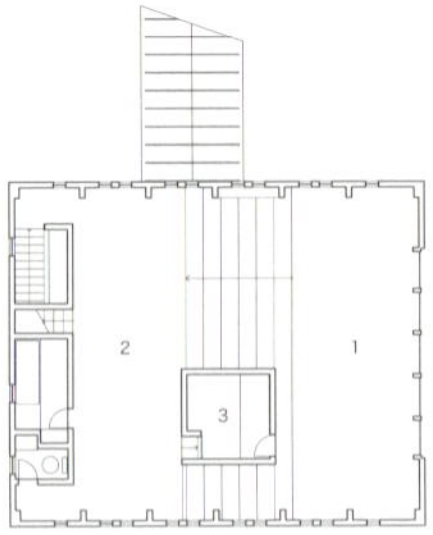

2F Plan 1/200

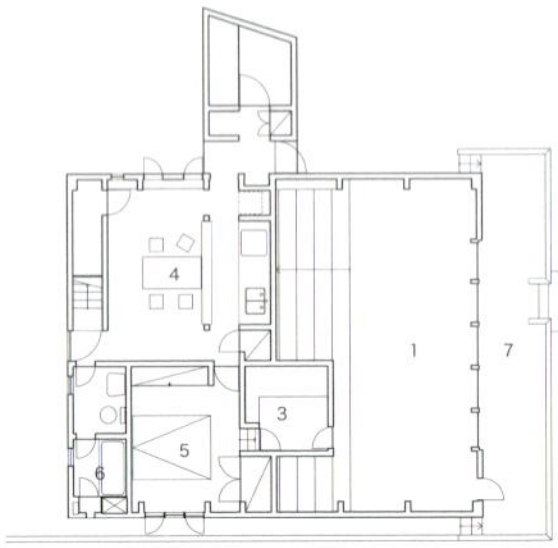

1F Plan 1/200

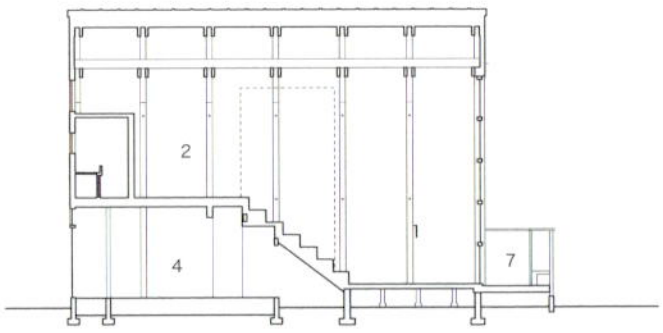

Section 1/200

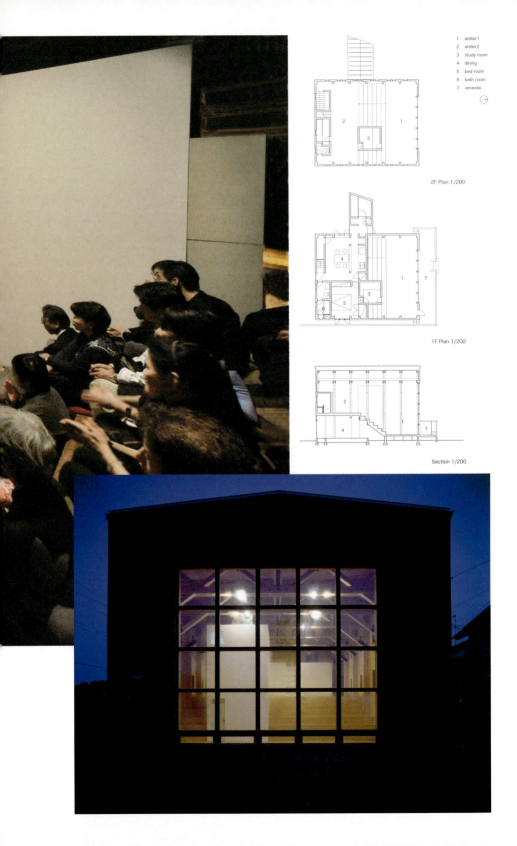

STUDIO STEPS
山本理顕（本文 280 頁参照）

（本文 280 頁参照）

所在地：神奈川県川崎市／事業主：個人／用途：住宅・アトリエ
施工者：吉武工務店／竣工：1978 年 4 月
延床面積：143m^2／規模：2 階／主体構造：木造
主な使用木材 ［構造］ベイマツ ［内装］ナラ、スギ、ラワン ［外装］スギ
（写真＝左：大橋富夫、右：新建築社写真部）

べにや無何有「方林円庭」

竹山 聖 （本文 205 頁参照）

所在地：石川県加賀市／事業主：べにや無何有／主用途：旅館／施工者：真柄建設
構造：鉄筋コンクリート造＋鉄骨造／延べ面積：5010.33 ㎡／竣工：2006年9月
主な使用木材 ［内装］ナラ、マツ ［外装］能登ヒバ ［家具］能登ヒバ、タモ
（撮影＝白鳥美雄）

ウッドファースト！

——建築に木を使い、日本の山を生かす

編集＝上田 篤

上田 篤　尾島俊雄　田中淳夫　中村桂子　鎌田東二　中牧弘允　鳴海邦碩　田中充子
川井秀一　木内 修　腰原幹雄　木村一義　網野禎昭　内山佳代子　稲田達夫　灰山彰好　岡本一真
河井敏明　藤田伊織　竹山 聖　久 隆浩　渡辺真理　中川 理　辻 吉隆　金澤成保　中西ひろむ　新井清一　中村良夫　井上章一
伊東豊雄　北川原温　隈 研吾　高松 伸　内藤 廣　坂 茂　山本理顕
速水 亨　榎本長治　海瀬亀太郎　中岡義介　中嶋健造　玉井輝大　長谷川香織　池上 惇　進士五十八　上田昌弘　加藤碩一　平岡龍人　増田寛也

藤原書店

序

日本の地域創生は、日本の山を生かすかどうかにかかっている。
日本の山の死活は、日本人が木を使うかどうかにかかっている。

それは、日本人が昔のようにたくさん木を使って山の木の新陳代謝をうながすかどうかである。そうでなければ、日本の山々の多くは「線香林」となって集団的に立ち枯れたり、台風で根こぎに倒れたり、山崩れを起こしたり、スギ花粉を撒き散らしたりする数々の問題を引き起こすだろう。山里の村や町も大きな収入源を失って衰退し、あるいは分解していくだろう。

そこで、改めて建築に広く木を使う運動「ウッドファースト」を提唱したい。とりわけ人間の健康や都市の環境などにたいして優れた貢献をする「木の良さ」を強く訴えたい。

そのために「火事に弱い、地震で倒れる、津波で流される、朽ち果てていく」などといった木のもつ弱点を現代科学技術によって克服し、新しい生産技術を拓き、法整備を進め、大小の産業を興し、流通過程を整備し、建築主と建築家の発奮を促し「木の建築」の再生に貢献したいのである。

明治以前の日本人は、燃えても燃えても建築に百パーセント木を使ってきた。それは木に対する、もっというと柱に対する深い思い入れがあったからである。縄文遺跡に見る数々の巨大木柱、諏訪大社の四本の御柱、出雲大社の心御柱、伊勢神宮の棟持柱、多くの神社の背後のご神木、そして古い日本家屋に見る大黒柱などがそれを示している。それらは神の降臨する依代であるが、同時に何千年もの長い間の日本人の生活空間の要であり、人々の心の支えでもあった。そのことは日本の仏塔となった五重塔を見るとわかる。たいていの五重塔の内部に仏像はなく、人々は塔全体の要である心柱を拝んでいるからである。

そういう日本建築における柱の持つ意味をこのさい思い起こし、改めて木と日本文化の深さを知るとともにその現代化を考え、さらにグローバル化を進めたい。そうすることによって山々とその里の活性化を図り、地域創生をうながし、日本の未来に明るい火をともしてゆきたいのである。

編者　上田　篤

ウッドファーストを進めよう

上田 篤

●うえだ・あつし　一九三〇年生。建築学者、建築家、評論家。西郷義塾主宰。主な著書に『日本人の心と建築の歴史』（鹿島出版会）『小国大輝論』（藤原書店）『縄文人に学ぶ』（新潮新書）等。主な建築作品に「大阪万国博お祭り広場」（日本万国博覧会協会、建築学会賞）、「橋の博物館」（倉敷市、朝日デザイン年賞）等。

「緑の山々」

最近「地方創生」ということがいわれている。その地方創生を進めるには、わたしは「日本の山を活性化するしかないだろう」と考えている。

ここで唐突に「日本の山」というものを持ちだすが、考えてみればそれは当然のことではないか。日本の国土の七割は山である。そんな国は世界にあまりないが、それはともかく、その七割の国土がちゃんとしていなければ日本の国がおかしくなることぐらい、子供だって分かる。

早い話、国土に降った雨の七割は山から流れてくる。日本人の生活用水は、みなその山からくる雨水に依存している。さらに生活用水だけでなく、雨水は山の動植物の生命活動の結果の有機塩分をたっぷり運んでくる。ために日本の田んぼは毎年々々、米の生産ができる。ヨーロッパの農地のように「三年に一度は休んで牛や羊を飼わなければならない」というようなことがない。お蔭で日本の国は、二〇〇〇年来の「稲作国家」が保障されてきたのであった。

また山から来るのは雨水だけではない。じつは水と一緒に土砂も流れてくる。それらの土砂は災害を引き起こす厄介な存在だが、しかし考えてみると、わたしたちの祖先はそれらの土砂を均して田んぼや畑を作ってきたのだ。それらの土砂がなかったら、今日見るような田畑はなかっただろう。

さらに山の恵みはこの雨水と土砂だけに止まらない。山には木の実や山菜などの食料資源がいっぱいある。また獣や魚をはじめ鉄・銅・石炭などの人々の生活物資をも供給する、あるいは供給してきた。なかでも木材資源は日本の宝といってもいいものだ。日本人は明治のころまで建築の構造にほとんど一〇〇パーセント木を使ってきたからである。しかもその大切な木材資源は石炭や石油などの有限資源と違って、育林さえ怠らなければ雨と同様、永遠とみることができる。鉱物資源にあまり恵まれない日本にとって貴重な存在ではないか。

そういう永遠の恵みの証拠ともいうべきものが、日本の緑の山々である。

だいたい「緑の山」というもの自体、世界にあまりない。日本人は「山は緑だ」とおもっているが、フランスの小学生に「山の絵を描け」というと灰色の山を描いてもってくるそうだ。フランスの山はほとんどが岩山だからだろう。それが世界一般の常識のようである。したがって緑の山というものは、日本のほかにオーストリアやドイツなどのヨーロッパ中部を除いては世界にあまり知られていないようなのだ。

しかし考えてみると、この緑の山々の日々成長する緑の木々が太陽と雨水による光合成を行ない、地球上の二酸化炭素と水を酸素と有機化合物に変えている。つまり地球環境の向上に貢献しているのである。

また成長する木々は毎年その総体積を増やし、先述のように木材として供給されて人間の生活に貢献している。薪炭などのエネルギー資源とした場合にも、育林しだいでは「無限のエネルギー」といった可能性を持っている。

とすると、緑の山々は素晴らしい人類の資産といえるではないか。

山々の木々が日本の国土を作った

ところが、そういう緑の山々をもつ日本の国土の形は一朝にして出来上がったものではない。長い年月をかけて形成されたものだった。

たしかに、縄文時代が始まる一万五〇〇〇年前の国土の九割はじつは山々だった。しかし今日、各地での花粉分析などの結果、それらはあまり緑のない山々だったことがわかっている。「フランスどうよう灰色の山だったのだ。「なぜ緑がなかったのか？」というと、氷河時代の氷期末だったそのころ、山にはあまり森林がなかったからである。ササやススキのあいだに、針葉樹林がショボショボと生えていたぐらいだったろう。

では縄文の昔、日本の国土の九割が灰色の山だったとすると「現在、国土の三割を占める平野や盆地はそのころどうなっていたのか？」と問われるだろう。

それは縄文時代の時期にもよるが、一般的にはどうやら海や湖沼などの水面だったようである。今日の市街地の多くも水面下にあったのだ。

とすると、現在見る国土の平地の大部分はこの一万五千年の間に水面が陸地に変わってできたものといっていい。では「どうして平地ができたのか？」というと、一口にいって、それは山が崩れて水面が埋め立てられたからである。

その証拠は、いまみる日本の国土の景観である。

たとえばヨーロッパの汽車などに乗ってその国土を車窓から眺めると、一般に平野がしだいに盛り上がっていって丘になり山になっている。その形は、いわば連続した曲面体、つまり「自然の姿」なのだ。

ところが日本はそうではない。その風景はしばしばお盆の上にお椀を置いたような、つまりお盆が平野でお椀が山であるような「人工的な形」をしている。山と平野が連続する曲面体ではなく、曲面体の山と平面の平野とが不連続に接続しているのである。

そこで日本に来た多くの外国人は、車窓から見るそういう日本の国土の風景をいつも不思議がるが「昔、日本の平地の大部分は海だった。それが埋め立てられて陸地になったのだ」というとみな納得する。

すると問題は、いったい誰が海を埋め立てて平地にしたのか、ということだ。

かつての海を埋め立ててそういう「人工的な国土の形」にした主犯は、じつは「雨」である。そして従犯は「山」だ。もっと細かくいえば先に述べたように人間も多少は関係しているが、大きくはこの両者にあるといっていい。そしてそういうことが起きたのも、地球の気象変化とこの日本の国土構造のせいである。

というのは、氷期が終わって間氷期に入り地球が暖かくなったとき、世界中で氷期にあまり降らなかった雨がいっせいに降り出した。というのも、氷期には地球表面は寒いだけでなく乾燥もしていて、そのころ空中の水分の多くは北極海や南極海の氷となっていたからだ。それが気象温暖になると両極の氷が解けだして海面が上昇しただけでなく、空気中にも水分を放出し、その結果、世界各地でたくさんの雨を降らせ始めた。日本列島もその例外ではなかっただろう。しかもその量は今日もそうだが、ヨーロッパの三倍ほどもあったろうとおもわれる。つまり日本はそのころから多雨の国だったのだ。

一方、日本の山はかつて地質学者の藤田和夫（一九一九〜二〇〇八）が「砂山列島」と呼んだように、その山腹の岩石は非常に脆い（『日本列島砂山論』）。ために大量の雨が山つまり岩石を崩していった。というわけで、わたしは主犯を雨、従犯を山と見るのである。

しかしそのままにことが進んでいけば、日本列島の山々はなくなってしまったかもしれない。ところが途中からそういう山腹崩壊を防ぐものが現われた。氷期が終わって間氷期になるに従い、増えていった山々の森林である。つまり山々を覆っていった森林の根っこが、山々の岩石の滑りを止める、いわばネットの役割をしたのだ。お蔭で山崩れも減少していったとおもわれる。

つまり日本の国土形成において、多雨や砂山という不利な条件に抗して、山林が国土の形を整える救世主になったといっていい。そうして今日見る日本の国土の姿ができあがったのである。

とすると、今日のわたしたちはたいてい盆地や平野の上に住んでいるが、それは一口にいうと日本列島の山々からやってきた土砂の上ということである。難しくいえば「沖積層」である。そしてそれを今日の姿に安定させたものは山々の木々だった。つまり山々の木々が日本の国土を作った、といっていいのである。

山々の木々が立ち枯れて日本の国が危うい

ではそういう木々をもつ山々にたいして、日本人はどう向きあってきたのか？

古い時代のことはおいおい触れるが、第二次世界大戦の後には、政府が音頭をとって戦中に木々を乱伐した山々に大量のスギやヒノキを植えた。ただし植えたのはいいがすぐの木材需要には間に合わず、結果、木材供給を多く外国から仰ぐこととなり、その外材利用システムが基本的に今日まで続いているといってよい。

一方、山々に植えられた木々はこうして外材に押されたほか、戦後の人々の「向都離村」つまり地方人口の減少などにともなってしだいに手入れされなくなり、今日「線香林」といわれるか細い林になって各地で立ち枯れている。二五〇〇万ヘクタールある日本の森林のうち、約一〇〇〇万ヘクタール、四〇パーセントがこのような死んだ状態になっているといわれる。「戦後、延べ一〇億人の人間を動員し、今日の金額にして二五兆円も投資した結果がこれだ」（日本林業経営者協会）となると、この問題をこれからどう考えていったらいいのだろう？

しかもそれは一部の地方の問題ではない。日本の国全体にとっての大問題なのだ。なぜなら、日本のどこの村や町にも山がある、それも単に山があるだけでなく山は人々の心の支えになっている、その証拠に全国の小・中学校、高校の校歌にはたいてい地元の山のことが歌いこまれているからである。

もっとも関東平野、とりわけそのなかの首都東京は日常に山を見かけないが、しかし江戸時代には富士山が見えていて町民の心の支えになっていた。「富士見坂」などといった町名がそのことを示している。葛飾北斎もたくさん富士山の絵を描いている。ところが今日の東京は多くのビルが立ち並んでしまったため、日常、富士山が見えなくなってしまった。

しかも富士山が見えなくなっただけでなく、関東の山々にある先述の線香林がスギ花粉公害を引き起こし、東京を始め関東各地で大問題になっている。またそういう線香林が豪雨によって崩壊し、最近の利根川洪水などの原因にもなっている。そしてそういう危険な土砂災害を引きおこす山肌は、関東地方だけでなく日本全国に一八万カ所もあるといわれ、国土の大きな問題になっているのである。

それだけではない。じつはいままであった山の恩恵がなくなりつつあることも問題である。山々の木々が単調化したために生物多様性が失われ、その分だけ里に下りてくる有機塩分が衰え、さらに田んぼや畑だけでなく海の魚の多様性をさえ失わしめているのである。「山は海の恋人」といわれていたのに、それがここにきておかしくなってきているのだ。

このように最近では、山そのものが生産する山菜・魚肉・蚕・薪炭・肥料・飼料・銅鉄・紙パルプ・漆・木材・園芸などが減少するだけでなく、さらに物見遊山・温泉・社寺参詣・登山・スポーツ・各種レジャーなどといった多くの消費活動の場さえも失われてきているのである。

しかもそういう国民の山利用が衰退すると、影響を受けるのは山下の村や町である。今日、以上のような山の荒廃化による山の生産・消費活動の衰微にともない、山の周辺の村や町なども衰退してきている。そして山下の村や町が衰微していく分、逆に東京を始めとする大都市の人口が急増し、そこではまたいろいろの過密問題を引き起こしている。

とすると、日本の山々の荒廃化の問題は全国民の問題だ、といわざるを得ない。そこに今日の日本の山の問題の深刻さがある。

「木の柱」は神さまだった

というように見てくると、地方の衰退や日本社会の混乱の根本には山の荒廃がある、といえるのだ。

そこで日本の山を活性化する突破口を考えなければならないのだが、それは山の最大の資源である木材の生産とその販路を拡張するしかないだろう、とわたしは考える。そしてその販路拡張の最大のものは、じつは建築である。というのも、今日、国民総支出に占める建築投資の割合は十分の一ほどの大きさをも占めているからだ。

そこでその問題をもう少し細かく見てゆくと、その建築生産の大きな部分を占める材料は、今日、鉄とコンクリートだが、かつては木だった。明治以前の日本の建築生産は、極端にいえば「一〇〇パーセント木だった」といっていい。

その理由についてはじつは今日の建築学の世界でもあまり明確

にされていない。せいぜい日本の風土からする資源論や機能論がいわれるぐらいだ。しかし、それらはいずれも程度問題でしかなく、その説に立つなら、長い日本の歴史において建築の構造に少々石やレンガが使われたっていいはずのものだ。にもかかわらず、明治になるまで日本建築の構造に木以外の材料はほとんど使われてこなかった。たとえば城のような軍事施設でさえ木造建築だったのである。いったいこれはどういうことなのだろう?

そこでさらに考えを進めていくと、それは単なる木の物理的問題ではなく、じつは木の精神にかかわる問題、別な言い方をすると木の構造の問題ではないか、とおもわれてくる。もっとはっきりいうと「木」の問題ではなく「柱」の問題なのだ。というのも、そう考えられるものに、大黒柱という存在があるからである。

昔の日本の町家や農家には必ず大黒柱というものがあった。それは玄関を入ると、土間と表の間と囲炉裏の間の角に立つ一際大きな柱だが、見上げると、その家の棟や梁などを支えている。正月にはその大黒柱にお餅が供えられたりする。つまり他の柱とは別格に扱われているのである。

その大黒柱の起源を探っていくと、伊勢神宮の神殿にゆきつく(拙著『日本人の心と建築の歴史』)。そこには床下に「心《しん》の御柱《みはしら》」があるだけでなく、建物の妻側には一際大きな「棟持柱《むなもちばしら》」があり、建物の棟を、したがって建物全体の構造を支えているからだ。さらに出雲大社となるとそれらがもっと巨大になる。

そこでそういう「巨木柱」の起源をさらに探っていくと、それはなんと縄文遺跡にまでゆきつくのだ。有名なものに青森市で発見された四〇〇〇年前の三内丸山遺跡があり、そこからは二列に並んだ六本の巨木柱跡が検出されている。また新潟県青海町の寺地遺跡や山形県長井市の長者屋敷遺跡からは四本の方形柱列跡が発見され、金沢市のチカモリ遺跡、石川県能登町の真脇遺跡、富山県小矢部市の桜町遺跡、滋賀県能登川町の正楽寺遺跡などからは環状柱列跡が姿を現わしてきている。

このように多くの地域で同じような巨木柱の遺跡が発見されたとなると、巨木柱が縄文時代の重要な建築様式だったことがわかってくる(拙著『縄文人に学ぶ』)。

では、縄文時代になぜそういう巨木柱を建てられたのか?

それを知る手掛かりの一つに『古事記』や『日本書紀』の記述がある。有名なものにイザナキとイザナミの神が高天原からオノゴロ島に降りてきて立てた一本の柱がある。それを天の御柱といい、二神はその周りを廻って国生みや神生みを行なったのだ。

そのほか、しばしば宮殿の記述などにも出てくるが、それらはいつも「底つ岩根に宮柱太《ふと》しり、高天原に氷木《ひぎ》高しり」と書かれる。「太い柱を地の底に達するようにしっかりと建て、千木を高天原に届くように高々と立ち上げる」というのだ。

ここで「地の底に達する」というのは建築構造の安定のためであろうが「高天原に届く」というのは、どこからでも見えるランドマーク性を意味したものではなかったか。

とすると、これらの巨木建築は「地域の人々の、一種の和のシンボルだった」とおもわれる。というのも時代はずっと下るが、それは戦国時代の城の天守閣に似ているからである。じつは城の天守閣には軍事的意味はあまりなく、それより、城内はもちろん城下の何処からでも仰ぎ見られることが重要だった。それは地域を拓き、かつ、支配をした殿さまのシンボルだったからだ。じっさい殿さまが武運拙く敗北したときには、自ら天守閣に火をかけ、その中で切腹して果てた。天守閣が、地域を拓き、かつ、支配をした殿さまのシンボルだったからだろう。

先に述べたようにその天守閣もまた木造建築で、なかには必ず大黒柱がある。今日に残る姫路城の天守閣にも一階から五階までを貫く長さ二五メートルのヒノキの大黒柱が二本あって、それぞれが一〇〇トンの荷重を支えている。

とすると、縄文時代においても地域の核となる建築にはそういうシンボル性が要求されたのではなかったか。つまりどこからでも仰ぎ見られる巨木柱には地域の人々の「和のシンボル」という意味があったとおもわれる。というのも、巨大な柱を立てるためには人々の一致団結つまり和が必要だったからだ。柱はその象徴だったのである。

そういうシンボル性は、またいいかえると神さまといっていい。というのも殿さまはしばしば神さまのように見られたからである。また殿さまでなくても、地域の人々の結束の要としての神さまの存在が要求されたのだろう。じっさい、民俗学ではこのような柱を「神さまが降臨する依代《よりしろ》」としている。

このように柱が神さまと関係するのは、古来、わが国では神さまを数える単位に「柱」という字を使ってきたことをみてもわかる。『古事記』の冒頭にも、天之御中主神《あめのみなかぬし》など「三柱の神」が登場している。

ところが不思議なことに、そういう「木の柱を神さま」とする見方はじつは日本だけではないのだ。古代ギリシャ神殿は石造建築である。しかしそれはエーゲ海周辺に木材が乏しかったせいで、ためにそこでは木を模した形の石の柱が用いられた。そしてそれが以後のヨーロッパ神殿建築の原型になった。そこには明らかに「木の柱にたいする信仰」とでもいうべきものが見られる。

それはさらに古く人類史に通底するものとみられる。たとえばシベリア遊牧民のテントの中央にはしばしば高い柱が立てられるが、多くの文化人類学者はそれを神さまと見ている（ウノ・ハルヴァ『シャマニズム』など）。「神さまがその柱を伝って降りてくる」というのだ。そういう例は他の原始社会に数多くある。

というところからわたしは、古来、人間は高い針葉樹に憧れたのではなかったか、とおもう。じっさい、地球上に存在した四〇億年にもわたる多くの生物の種のなかで、いちばん長い種の生命を保っているものの一つに針葉樹があるからだ。たしかにかつての恐竜は偉大で、その種は一億六〇〇〇万年も栄えたが、一方、針葉樹は、多分、その恐竜に葉っぱを食べられないようにどんどん背を高くしていって、今日まで二億二〇〇〇万年もの種の生命を保ち続けてきているとおもわれるからである。もっとも裸子植物である針葉樹は、のちに登場した被子植物の広葉樹の繁殖力に負けて北方地帯に逼塞してしまった、といわれるのではあるが。

ともあれ、わたしはそういう地球史における木の生き様を見ていて、古代の人々は高い木に神性を感じ「木の柱を神さまに見立てたのではないか」とおもっている。

コンクリートも木も適材適所に使えばよい

ところが日本には欧米から、明治になってレンガ建築が、昭和になって鉄筋コンクリート建築が入ってきた。そして第二次大戦後には庶民の住まいのかなりの部分が鉄筋コンクリート構造に変わってしまった。日本建築の姿は近代になって革命的に変化したのである。

このように木を神聖としてきた日本人の観念がどうして崩れてしまったのか、というと、わたしは万延元（一八五四）年に日本に来寇したアメリカの黒船の司令官マッシュー・C・ペリーが持参し、日本人の目の前で運転してみせたという蒸気機関車模型があったのではないかとおもう。日本人はその蒸気の威力、いいかえると欧米で始まった産業革命の凄まじさに参ってしまったのだ。「木の神さま」が「蒸気の力」に屈した。その「産業革命の威力」がいわば明治維新を引き起こし、以後、日本の国をして欧米追随に向かわしめたものとおもわれるのである。

であるから、産業革命の申し子の一つである鉄筋コンクリートというものにも耐火性や耐力性の威力がある。ために建築の不燃・高層化に適しているとみられている。しかし反面、保温性や吸湿性といったものには欠ける。居住性といった点では木よりもずっと落ちる。

さらに耐久性というものを見ても、じつは問題がある。鉄筋コンクリートの寿命は、通常、鉄筋コンクリート内部の鉄筋の中性化、すなわちコンクリートのアルカリ性が消えて酸性に変わる七〇年ぐらいとされ、つまり鉄はしだいに錆びていって鉄筋コンクリートの寿命は尽きるとされるが、鉄筋コンクリート構造も二〇世紀に生まれたばかりで今はまだあまりそのことが問題になっていない。しかしもう二、三〇年もすると、これが大きな社会問題になってくることは必定である。

ところが国民は第二次大戦におけるB29による空襲の結果の日本の都市の悲惨な焼亡経験から「燃えない、強い鉄筋コンクリート」にたいする憧れが強く「コンクリート神話」とでもいうべきものが人々のあいだに浸透してきている。だがいま述べたようにその破局はもう目の前に来ているのだ。

もちろん木といえども火には弱く、水にもあまり強いとはいえない。しかし、近年、耐火性、耐水性の技術が発達し、耐力性についても新たな工夫がいろいろこらされてきて従来の弱点が大幅にカバーされつつある。

とはいっても、もちろんそれらも絶対といえるものではない。ということからわたしは「建築材料は何々が優れている」とはいわず、それぞれの材料にはそれぞれの良さがあることを主張したい。これからの建築は、それぞれの材料の良さをそれこそ「適材適所に使うべきだ」と考えている。

そういうなかにあって「木の建築」も蘇ってくるだろうとおもうのである。

「木使い」のいろいろ

その点で、今日、木の良さが忘れられ、その弱点のみが不当に強調されているのは問題である。

たとえば木の持つ暖かさなどといった人間身体に与える利点を考えると、人が住む住宅やマンション、老人ホーム、病院病棟、さらには長時間にわたって居続ける託児所、学校建築などには木材や木質材料がもっと取りいれられるべきである。また人々の憩いの空間である町の喫茶店、料理屋、地方の温泉旅館、都市のホテル、さらには美術館や映画館、百貨店、スーパーなどにも木がもっと使われていいだろう。そのほかビルや工場など人々が働く空間の床や壁や天井などにも、木質材料が使われたら生産効率も向上するのではないか?

さらに変わったところでは音楽ホールなどにも木質化や木造化が考えられていい。じっさい音楽家リヒャルト・ワーグナー(一八一三〜八三年)が一八七六年にドイツのバイロイトに建てた木造のオペラハウスは音楽を身体で体感できる建築であり、世界の音楽ファンを大いに楽しませている。

またコンクリートのビルの屋上に新しい木造屋根を架けたら今みる不細工な工作物や広告塔がなくなり、都市の「木冠建築」として大いに人々に喜ばれるだろう。さらに都市の建築物の壁をみな木質材料にすれば「木壁建築」として町並景観にも大いに貢献するのではないか?

一方、明治以後あるいは昭和の敗戦後、社寺仏閣などが火災を受けたあとに鉄筋コンクリートに建替えられたケースが多いが、それらの建築の寿命もそろそろ来ているだろうからもう一度木造に戻してはどうか? そうすれば人々は木の良さ、有難さというものを改めて再認識するだろう。

そのほか「日曜大工」ということがある。今日、欧米では日曜大工が盛んで人々の大きなホビーになりつつあるが、じつはコンクリート建築ではそれはかなわぬことなのだ。そこで日本人もこれから住まいを木造にして日曜大工を人々のホビーにしていってはどうか。じっさい、飛騨の白川村の合掌造りにみるように昔の村々では家づくりは多く住民の手で行なわれたのであった。

しかし、にもかかわらず現在、サラリーマンの多くが都市にマンションを持つことを一生の目標にしつつあるように見える。しかしそれは考えてみれば儚い夢ではないか。なぜならいま述べたように鉄筋コンクリート・マンションの寿命はそう長くはないからだ。折角の夢も数十年のうちに消えてしまうだろうからである。

といったことから、わたしは建築におおいに木材を使うことを提唱したい。そのためには、まず人々が木に抱く「火事に弱い、地震で倒れる、津波で流される、朽ち果てていく」という意識を変えることが必要である。そのうえで、先に述べたように現代科学技術によって木の持つ弱点を克服し、木質建築の新しい生産技術を拓き、法整備を進め、大小の産業を興し、流通過程を整え、建築家と建築主の発奮を促し「木の建築」の再生に資していく必要がある。

じっさい、なかでも法整備は着々と進んでいる。それはバブル経済の頃、日本の工業製品の優秀さに参ったアメリカが、代わりにアメリカの木材を使うことを要請してきた結果、西暦二〇〇〇年の建築基準法改正で防火地域においても条件によっては中高層木造建築の実現が可能になった。つづいて二〇一〇年には「公共建築物等における木材利用の促進に関する法律」がつくられて木造建築復活の機運が高まってきているのである。

三万の中世山城を復元しよう

とはいっても、ここにいくつかの大きな問題がある。

その一つは、そのように木造建築を使う運動を進めても、現状では国産材がなかなか使用されず、外材需要だけが喚起される恐れのあることだ。その理由は「国産材が高い」ということのようである。その高い理由は、一般に日本の山の急峻な地形と人件費の高さに帰せられているが、そんな理由ならドイツやオーストリア、スウェーデンだって同じではないか。しかし今日、そういった国々からも外材が入ってくるとなると、原因はもっとほかにあるのだろう。

わたしはいろいろ先学の教えに接してみて、日本林業の低迷の根本原因に「過去にも現在にも、日本には山林はあるが林業はなかった」ということにあるのではないかとおもっている。

たとえば古代、中世、あるいは近世においてさえ、都や寺、城などを建てるさい、貴族や武士たちはいわば「略奪林業」なるものを行なったが「市場林業」というべきものはついぞ生まれなかった。現在も林野庁による各種「補助林業」はあっても「市場林業」と呼ばれるべきものはないようにおもわれるからだ。つまり「武家」や「農家」「商家」に比すべき「林家」というものが日本では育たなかった、いいかえると林業に携わる人々に「家」という永続性のあるものが生まれなかったのだ。その結果「士農工商」はあっても「士農林工商」というものはなかったのである。

そうなった理由にしばしば山林地の零細所有が挙げられるが、しかし今日、たとえば酒造業者は日本全国のほとんどの都道府県にあり、しかもその多くが二百年、三百年といった古い暖簾を誇っているにもかかわらず大企業でないものが多数あるから、一概にはそうともいえないだろう。

わたしはそうなった訳は、元来、日本の奥山は魑魅魍魎の住み処であり、ために無主の地とされ、樹木を必要とする際には貴族・武士・官僚らの力によっていわば「略奪」が行なわれたからではなかったか、とおもう。

しかし、なかに吉野林業といわれるものには永続性があったとされる。そこで考えてみると、吉野はじつは無主の地ではなく伝統的に「山岳僧」でもある修験が支配した土地だった。ために修験が木材生産をも行なったのではないかとおもわれる。

というところから一つの業に永続性があるのはたんに客観的条件によるだけでなく、そこには当該業に対する人々の思い入れというものがあったからだろう。とりわけそのなかでも人々の誇りというものが大切だったろうとおもわれる。そしてその誇りが生まれるのはその業に伝統があるからであり、その伝統の最大なものは「父祖の地」ということではなかったか。とすると、これからの林業にも地域定着性といったことが大きな課題になってくるだろう。すると、その林業家をして地域定着を高めさせる方法を、これから国も地方公共団体もかんがえなければなるまい。

さらに林業家の定着性のほかに、もう一つ大きな問題がある。それは先にのべた現代科学技術の発展にともなって登場してきた強度の高い木質建築材にかんするものである。

では「強度の高い木質建築材の何が問題か?」というと、こういうことだ。木材には幹が太い、通直な木から製材された通常A材といわれる無垢《むく》材と、根曲がりや傷もちなどの木から製材されたB材と、細い幹や枝、曲がり、腐れなどをもつ木から製材されたC・D材などがあるが、通常、建築の構造材には無垢材のA材が、合板や集成材にはB材が、ボード用チップや燃料用チップにはC・D材が用いられる。ところがツー・バイ・フォー、集成材さらにはCLT（薄板積層構造材）などといった工業製品化された木質板材が次々に改良されて登場してきた今日、コスト面からもしだいにA材が用いられなくなってきたことである。

もちろんA材生産も種々改良を加えて価格競争に参加してはいるが、しかし木造住宅が在来の柱・梁の軸組工法から箱型の壁構造などに変わり、木質板材の規格化・量産化、さらに乾燥技術などが進み、それにともなって木造住宅建設が大工や工務店からしだいに大手ハウスメーカーなどに移り、さらに海外からの輸入攻勢などもあってB材攻勢が激しさを増す前にA材生産は圧倒されてきている。ために今日、太い幹から生産された優良材までも二束三文の値段で売られて薄板ボード材に使われるようになった。無垢材の良さなどは、もはや味わえなくなってきているのである。何十年、何百年とかけて育ててきた木々の哀れな末路である。今日、そういった問題をどう考えたらいいのか。

もちろんそれを「科学技術の発展に追いつけない伝統林業の宿命」と片付けてしまえばそれまでだが、しかしそういう競争は経済の論理であっても、文化の問題としては割り切れないものを感じる。そこでこれから在来工法の木造住宅がだんだん建てられなくなったとしても、ほかに何か「太い、真っ直ぐな、美しい木材の販路」というものがないものだろうか？

というところから、一つこういう方向を考えてみたい。

日本の国には過去四回、人口の大きな発展期があった。弥生、古墳、室町それに近代である。その原因に、農業の採択、湿地開拓による稲作の拡大、河川制御による稲作の発展、近代工業の登場などがある。そのうち古墳時代の稲作の拡大は大和政権という強力な中央権力の支配によるものだったが、室町時代の稲作の発展は無数の地方権力の切磋琢磨の産物であった。その切磋琢磨の結果、一方では苛烈な戦国時代を現出したが、他方では田楽・能・狂言・茶・華・庭・数寄屋建築などといった日本固有の文化をも生み出しているのである。

そのような切磋琢磨した時代のシンボルとでもいうべきものに、日本各地の隅々にまでつくられたたくさんの中近世の山城、平山城、平城と、それにともなう居館、菩提寺、城下町などがある。それらはかつては「地域の時代」を象徴する豪儀なものであったが、地方創生を考える今日にもいろいろの示唆を与えてくれる。

というのも、それらのうち平城、平山城については第二次大戦後に鉄筋コンクリートによる復元を含めてかなりの数のものが日の目を見たが、三万とも四万ともいわれる膨大な山城についてはほとんど手つかずの状態だからだ。しかし、それらこそがかつての日本の「地域の時代」の主人公だったから、わたしはいまに残るそれら山城の遺跡、地名、文献、伝承などを手掛かりに、かつてあった土塁、竪堀、堀切、虎口、曲輪などの姿、とりわけ木の櫓や居館の形などを可能な限り復元したいとおもう。というのも、それらの櫓や居館には大量に巨木丸太が用いられていたからだ。いざというとき、山上からそれらの丸太を投げ落として攻城軍を壊滅させるためである。

さらに幸いなことに、多くの平城や平山城はその後の都市化のなかで、今日、市街地のなかに埋没してしまったが、膨大な山城は、いまも自然の山のなかにあってほとんど手付かずの状況にある。

そこで平城や平山城の復元、とりわけ戦後コンクリートで復元したものもそろそろ耐用年数の近づいてきているものが多いからそれらを木造で本格的に復元することのほかに、このさい、日本全国にある多数の山城をも全面的に復元したい。そうしてそれらを地域の展望所や資料館などにしていきたい。

すると、そうして復元された山城は今日においても地域の人々の光となり、誇りとなり、糧となり、どうじに伝統的木造住宅の建設が低迷している今日、それに替わって日本の木材産業を支える梃となるだろう。また世界の人々も「日本の地域文化の核」を知るべくそれらの山城を訪れ、文化の国際交流にも大いに貢献するだろうとおもわれる。

さて以上のように鉄やコンクリートに替わって木を優先的に使用する、とりわけ国産材を大量に利用する「木使い運動」について種々のべてきたが、わたしはそれを「ウッドファースト」と名づけたい。そのウッドファーストによって木材需要を喚起し、日本の無垢材を見直し、木材産業を蘇らせ、地域の再生をうながし、病んでいる日本の山々を、さらには日本の地方都市を活性化してゆきたいのである。

建築生産額一千兆円も夢ではない

しかも、それは単に建築の問題だけではない。また地方のことだけでもない。というのは今日、国民総生産に占める木造建築物等の生産費には膨大なものがあるからだ。それはわが国の経済の発展につながる大問題なのである。

たとえば、日本の五四〇〇万世帯の家の大方は内風呂をもっているが、しかしそのうち「木の風呂」を使っている家は一割にも満たないだろう。たいていはプラスチック風呂か、タイル貼りのコンクリート風呂か、ステンレス風呂かである。コンクリートやステンレスは問題外だが、プラスチック風呂も気持ちの良さの点ではとうてい木の風呂に及ばない。その証拠に、風呂を売り物にする各地の高級温泉旅館はたいてい木の風呂をおいている。

そこで庶民の家の内風呂も「木の風呂」に変えていったら人々に大いに喜ばれるだろう。そのばあい、ちょっと計算しただけでも一〇兆円を超す新規需要が日本社会に生まれるのである。

それが建築となるとどうなるか?

平成二七年七月に国土交通省が発表した「建築物ストック統計」によると、日本の建築物の床面積の総合計は七三億平方メートルである。

うち住宅が五五億平方メートル、そのうち一八億平方メートルが非木造であるからこれを木質・木造に変えると、一平方メートル当たり二〇万円の建築費として、全部で三六〇兆円という膨大な需要が起きてくる。

また住宅でなく事務所・工場・倉庫などの法人等が所有する建物の総床面積は一八億平方メートルだが、うち一七億平方メートルが非木造だから、これらをすべて木質・木造化すると、一平方メートル当たり三〇万円かかるとして、全部で五一〇兆円という気の遠くなるような数字になってくる。

そして両者を合わせると八七〇兆円になり、「一千兆円」という数字に近づくのである。

もちろん以上は机上計算に過ぎないが、しかし、仮にその一〇パーセントが実行されたとしても八〇兆円であり、現行の国家予算に匹敵する。

建築のもつ生産額の大きさを思い知らされる話である。ウッドファーストは、そういったジャンルにも挑戦するものといっていい。

日本の山を生かす

さて、再三述べてきたように、このウッドファースト運動で大切なのは山から木を伐り出すことだけではない。また地域や日本経済を活性化させることだけでもない。じつはその根本には「日本の山を生かす」ということがある。

じつは日本の山は生きている、といっていい相貌をもっている。というのは、日本列島の岩石の構造は先にものべたように脆くてしかも複雑なうえに、地下の火山活動もまた不明だらけで、そのうえ表土層もまた重力の影響によって複雑に動いているからである。こんな国は世界にあまりないだろう。

もっとも「山が動く」というのは比喩的によく使われるが、ところが日本の山の多くの部分は、表土の上に樹木を乗せたまま高きから低きにむけて僅かながらも動いているのである。営林署の人々などはこともなげに「年に一メートルぐらい動くのは当たり前」などという。そのうえ降った雨は地上・地下でその流れをしょっちゅう変え、ために動植物の分布もさまざまになる。その変化はとうてい一律に律することができない。「山は生きている」というしかないのである。

つまり日本の山は人間と同じように一つ一つ個性があり、また顔をもった「生き物」といっていい。であるから隣り合った山どうしの植生も必ずしも同じではないのだ。そういう生き物である山を扱う以上、法令などで一律に縛ることは難しい。一つ一つの山ごとに対策を考えていかなくてはならないからである。

とすると、山を持っている者が、直接、山の経営を行なうのが理想である。「自山自営」だ。

しかし日本の山林所有者は、先述のように近世・近代の炭焼き業を除いて山林経営の持続的伝統があまりなく、さらに今日、相続などによって山林地の零細化が進み、その実態もしばしば不明になってきているので、先のように山林経営というものがなかなか行なわれにくい。その結果、山持ちに山林経営者としての自覚や誇りがなく、ために市場情報の収集や対策、つまりマーケット・リサーチなどを始めとするきめ細かい経営が行なわれにくく、ただ林野庁や森林組合のいうがままに木を伐って売っているようである。その結果、最終需要者である大工や工務店からは、価格のみならず注文通りの品物が工期に間に合うかどうか危ぶまれ、結局、少々高くついても、かれらは外材獲得に走っているようなのだ。

その点、欧米などの林業経営者は、山林所有地のそれぞれの木材総石数、さらには太陽熱と雨による将来のその増量までも計算し、その範囲内で木材を伐り出すなどのきめ細かい、かつ、合理的な経営を行なっている。ためにことは迅速に運ばれ、そのぶん何事もスムーズ、かつ、経済的である、といえる。

そこで日本の山もそういう経営計算などをする必要があるのだが、そのばあい大切なことは単に伐林や搬送だけでなく育林ということがある。つまり生きている山の土壌を整え、種を蒔き、下草を刈り、枝打ちし、災害を監視し、その対策を考え、時が来たら伐開し、搬送をすることだ。それらは生きている山に対する干渉だが、そういう干渉が必要なだけでなく、じつは一律にも行ないえない。現地の経験を積んだ人間が計画的にやらなくてはならない。

じっさい人間も生まれてから育児・教育・実習などの社会干渉を経て自立し、自立した後も病気になったり老いを迎えたりすると介護という社会干渉を受ける。山もその点では変わりがない。絶えず天候状況などを見つつ社会干渉を行なうのだが、問題はそれらの社会干渉を一律に行なうのでなく、個々やケースにおうじて変えることだ。生きている山である以上、個別の対応が重要なのである。そういう山の生産・管理を、経験を積んだ人たちがそれぞれの現場で行なう制度や方法をこれからは考えてゆくべきで、そのためには森林国フィンランド、スウェーデン、ドイツ、オーストリア、スイスなどの経験に学ぶ必要がある。たとえば山のベテランが山を見るフォレスターなどといった存在の実態を大いに見習うべきではないか？

しかし、一番大切なことは林業家が自分の山を愛することだろう。それはそこに住んで初めて可能になる。山の木を伐ってもすぐ新しい木を植え、山の自然を守り、それを子孫に残していく。そこに山持ちの生き甲斐と誇りがある、と考えるのだが、それは部外者の勝手な思い込みだろうか。

「縄文自然公園」で自然の生き様を知る

以上、山を生産の場にし、かつ、合理的な経営を行なうことについていろいろ述べたが、そのほか山を国民の憩いの場として整備してゆくことも必要なことだろう。

日本の山を大きく分けると、かつて里の百姓たちが利用してきた里山と、猟師や鉱山師、杣人《そまびと》などといった山人もしくは山民たちが出入りしていた奥山とに分けられるが、里山利用は最近見直されて新しい形が登場してきているものの、奥山利用については ほとんどが手付かずの状態にある、といえる。その意味で奥山は今も昔も魑魅魍魎の住む異界なのである。せいぜい登山者が地図上の山道を歩くぐらいだ。そのうえ山村の多くも消滅してしまった今日、各地でイノシシやクマなどが増えつづけ、しばしば里にも舞い降りてきてあちこちで大騒ぎをおこしている。

そういうなかで、わたしは日本の山を里山も奥山も含めて、かつて縄文人やアイヌ人が親しみ、クマやイノシシやワシやヘビなどとも平衡して生きていた世界を再現できないか、とおもう。

もちろん、今日では里山はともかく奥山は人が常時、住むには困難である。しかしアフリカのサハラ砂漠のように里山はもちろん奥山も一つの大きな自然かつ原始の世界、たとえば「縄文自然公園」といった一種の大きなミュージアムに見立てて国民に開放することができないか？　その縄文自然公園のなかの奥地に入るには山のベテランが案内するツアーによる。それらツアーに参加した人々は奥地で珍しい品種の草や木や花などを見、クマやイノシシやカモシカなどの野生動物とも出会って人間と共生する生き方を考える。

なかに「ガイド不要」という人もいるだろうが、そのばあいは危険が伴うことを承知する。アメリカの国立公園などの入口には「ピューマに襲われないことを祈る」という看板が立てられているそうだが、ガイド不要の人は個人の責任において起ったことのすべての責任をとらなければなるまい。

またそういうガイドたちは、かつての山人・山民の伝統を受け継ぎ、昔の姿を再現する山村を作って住むことも考えてはどうか？　一般の人々もそれらのツアーに参加して山村生活を体験できるようにし、縄文世界を追体験するのだ。

もっとも縄文世界を追体験するといっても、今日、縄文人の喜怒哀楽といったことはほとんどわかっていない。

ただそういったことが垣間見られるものに、縄文人の一派といってもいいアイヌ人の祭礼世界がある。アイヌ人の歌を採集した知里幸恵の報告によると、アイヌ人は祝祭のときにカムイユカル（「神のユーカラ」）なるものを歌うという。それはクマやオオカミなどの動物神、トリカブトやアララギなどの植物神、舟や錨などの物神、火や風などの自然神がそれぞれ自分の体験を語る物語である。

そしてユーカラの語源がユカルすなわち「真似すること」であるように、それらの神謡のなかで「折返し」という動物や自然の鳴き声の真似が繰り返し行われる。動物神のばあいにはたとえばクマの折返しが「フウェ・フウェー（ウオー・ウオー）」であり、自然神のばあいには雷の折返しが「フム・パク・パク（ゴロゴロ・ピカピカ）」であるように、それらはクマの鳴き声であったり、雷の「悲鳴」であったりする。そして祭事にアイヌ人たちは仮装し、動物や自然などの物語を歌い、それらの鳴き声を発しながら踊り狂ったという。

そこでわたしはおもうのだが、それら折返しは「カラスがカアカア鳴く」「雨がシトシト降る」などといった日本語に特徴的なオノマトペつまり擬声語の起源ではないか。そうすると「犬がワンワン吠える」「太陽がカンカン照る」といった今日の日常語もアイヌ人の擬声語につながることを知る。つまり縄文人の言葉が今日にもたくさん残っているのである。

しかもただ単に古い言葉が残っているというだけでなく、それらは人間と自然との濃厚な繋がりを示す表現の名残であることを知るべきであろう。というのも、アイヌ人たちは祭礼のなかで動物になったり自然になったりするからだ。じっさいアイヌ人たちは、動物は神々の世界では人間の姿をしているが人間の世界に現われたときには動物の姿をする、という(以上『アイヌ神謡集』)。

もちろん、こういったことを非科学的と断ずるのは易しいが、しかし進化論的立場に立ってみれば元はみな一つである。そういう種生命の進化を見ていくと、個々の肉体は滅びてもすべての生命は一つの大きなものに帰属してゆくといわざるを得ない。

そこでおもいだされるのは先に述べた柱である。というのもアイヌ人たちの祝祭が行なわれた場所については「ユーカラ」は何も語っていないが、わたしはそれは縄文集落の巨木サークルのようなところではなかったか、と勝手に想像している。というのもそこは神の降臨する場所にふさわしいところだからだ。何億年という種生命を育んできた木々が人々の生命のシンボルとも見られただろうからである。そこでアイヌや縄文の人たちは神を迎えるために知恵とエネルギーを投入して巨大な柱を立て、その柱の廻りを狂ったように踊りまくったことだろう。

とすれば、わたしたちもまたときどきは山に住み、山の動物たちを始めとする自然と交流し、ときにはそういう祝祭をも行なって互いに祝福し合ってはどうとおもう。

じっさい自然に生きた縄文人たちは自然の観察力に長けていて、自然の災害というものに遭遇することが少なかっただろうが、残念ながら現代人はそういう感覚を大方失ってしまい、ただ新聞やテレビなどの情報に頼るだけである。

しかし、そういう山の自然に還ることを重ねてゆくと、人々は生きている山のかすかな異変も動物たちの行動の変化を通じて知ることができるのではないか。すると生きた山、ときには凶暴な姿を見せる山の安全対策に、さらには里の避難対策にも資するだろう、とおもわれるのである。

そのためにわたしたちはときどき「縄文自然公園」で動植物や自然の生き様に接しつつ、人間のこれからの生き方を考えたい。そういうなかに日本の山と人々の未来があるだろう、とわたしはおもっている。

Photo by Ichige Minoru

〈座談会〉

日本の山・木・建築はどうあるべきか

日本人にとって「木」とは何なのか。森林と建築の歴史を振り返り、同じ環境を共有する生き物としての「木」という原点から、日本の国土そのものの形成に与った森林の来し方と行く末を考え、これからの建築・都市のなかの「木」のあるべき姿を、建築・都市・森林・生物の専門の立場から徹底討論していただいた。（編集部）

上田 篤（建築学者、建築家、評論家）
尾島俊雄（早稲田大学名誉教授／建築・都市環境工学）
田中淳夫（森林ジャーナリスト）
中村桂子（JT生命誌研究館館長／生命誌）

司会＝編集長

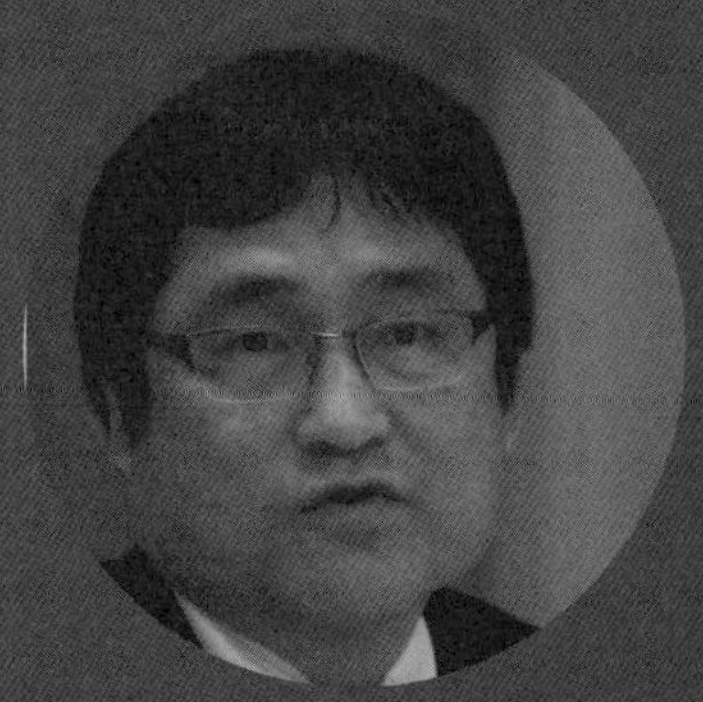

目次

問題提起

——本日は、日本の山と木と建築を総合的に考える別冊「ウッドファースト」の巻頭に掲載する座談会を開催させていただきます。

　まずそれぞれの方から自己紹介を兼ねた問題提起を一五分ほどお話しいただき、その後一時間ほどディスカッションを行いたいと思います。

　それでは上田さんからお願いいたします。

日本の国土と樹木——上田篤

上田　上田でございます。僕は建築が専門で、大学を出たあと建設省に勤めて住宅政策を担当していました。それから京都大学、大阪大学などで教鞭をとり、時に建築設計もやりました。例えば、丹下健三さんと岡本太郎さんと三人で「大阪万博」のお祭り広場を設計いたしました。あのときには尾島さんも参加しておられたとおもいます。

　で「ウッドファースト」ですが、この聞きなれない言葉で思いだすのは昨年末のある事件です。二〇二〇年に東京オリンピックをやる新国立競技場がすったもんだのあげく、最後にもう一度コンペティションをやり、二人の建築家がゼネコンと組んでA案、B案を出したことは皆さんも新聞等で御存じと思います。そのA案とB案はじつは非常によく似ています。新聞報道による限り、共にウッドファーストという名にふさわしく内装その他に木をたくさん使ったことです。今までの競技場建築では考えられなかったことでした。

　ところが一つ違う点があります。それは外装です。A案は壁面が生きた木つまり緑に覆われていますが、B案は木の列柱が七〇本ほど取り巻いているのです。この二つは非常に考えさせられる問題提起でした。二人の建築家はともに日本の建築界の第一人者といっていい人ですが、それが片や「木の緑壁」であり片や「木の列柱」なのです。ともにウッドファーストである。ウッドwoodという英語には森、木あるいは木材という意味があるからです。この特集のテーマであるウッドファーストという言葉にも、建築その他の生活道具に「鉄やコンクリート、プラスチックといった近代工業材料でなく、自然材である木をもっと使おう」という意味があります。そして今回のA案とB案がそれぞれ「木の緑壁」と「木の列柱」を提案していることに、私はこれからの日本のウッドファーストの方向性を感じました。結果としてはA案が採用されましたがそれはいまここでは問題にいたしません。ただ「木か、柱か」という問題提起がなされたことを重要と見ます。そしてそのことが、この座談会における私の一つの問題提起であります。

私は永年、建築や都市計画をやり、いま京都の田舎に住んでおりますが、ウッドファーストなどということを言い出しましたのは、東京に住んでいたときにわからなかった地方の疲弊というものを非常に強く感じるからです。私の住んでいるすぐ後ろは山ですが、そのあたりの家の人々がどんどんいなくなっている。「こんなことになっていって日本はどうなるのか」と思います。

●上田 篤（うえだ・あつし）

1930年生まれ。建築学者・評論家。西郷義塾主宰。京都精華大学名誉教授。主な著書に『日本人の心と建築の歴史』（鹿島出版会）『小国大輝論』（藤原書店）『縄文人に学ぶ』（新潮新書）等。主な建築作品に「大阪万国博お祭り広場」（日本万国博覧会協会、建築学会賞）、「橋の博物館」（倉敷市、朝日デザイン年賞）など。

このごろ政治で「地方創生」ということが言われますが、この地方創生は、じつは前にも言われたことがある。一九八八年の竹下内閣の「ふるさと創生」です。そしていま安倍内閣が地方創生を唱えていますが、いずれにしても東京など大都市がどんどん発展していって結構だけれど、地方はどんどん衰微していくのをどう考えたらいいのか。日本はいま大きな社会問題にぶっつかっているわけです。

私はこの地方の衰微を、じつは山の衰微と思っています。日本は国土の三分の二が山である山島ですが、地方はたいていその山に接し、あるいは囲まれているからです。それも森林に覆われた緑の山々である。そして残りの三分の一が平地ですが、そこに今日、大多数の日本人が住んでいます。

私はこのごろ縄文時代の文化や社会に凝っておりましていろいろのことを考えるのですが、いまから一万五千年ほど前に始まる縄文時代の大部分の国土は、山と河谷と大陸棚の平原でした。そしてそのころ乾燥した気候のために草原が拡がっていましたが、木はあまり生えていなかった。これは花粉分析その他から報告されています。森林が山々を覆い出したのはずっと後のことなのです。ところが、一万五千年ほど前ごろから間氷期にはいって地球が次第に暖かくなるに従い、それまであまり降らなかった雨が降りだした。その雨は山を削って土砂を流し、河谷や大陸棚を覆っていった。そうしてできたのが沖積層（完新世の地層）です。現在、われわれ一億三千万の国民の大半はその沖積層つまり泥の上に住んでいます。

そういうことが続くと、日本列島の山は雨によってなくなったかもしれません。ところがそうはなりませんでした。途中から山々に木が生え出し、森林が形成されていったからです。「それはいつごろからか？」ということについては諸説ありますが、森林が山を覆い、その結果、木々の根っこがいわばネットになって山の崩落を抑えていったことは確かです。地質学者の藤田和夫さんは「日本列島は砂山である」と言っています（『日本列島砂山論』）が、私も藤田さんの話を聞いて「なるほど、放っておいたら山々が溶けてなくなってしまうのを、留めたのは緑の山の木々か！」とおもいました。

その木は山の崩落を止めただけでなく、資源として見ると、うまく育てれば成長して太陽の光と水と二酸化炭素で光合成をやって有機物をつくり出しますから、いわば無限といっていいエネルギー資源なのです。ところが現状はそうではありません。日本列島は第二次世界大戦中にたくさん木を伐ってしまったので、戦後一千万ヘクタールほどを植林しました。つまり国土の三〜四割が人工林になりました。ところが木材を得るために植えたはずの森林があまり使われずに外材がどんどん日本に入ってきました。不思議な話です。結果、植えた木は立ち枯れ、線香林と言われる細い木になり、平野部にまでスギ花粉をまき散らしています。また大雨が降ったら山崩れを引き起こし、利根川洪水のような大水害の原因にもなっています。おかしな話です。

このような現状を見て私は「地方創生は山の問題で山は木の問題だろう」と思います。林業が正常に機能していれば、つまりちゃんと木を伐って、その後に新しい苗を植えて、それをちゃんと管理していけばうまくゆくはずのものが、現状はそうなっていない。これは一体どういうことなのでしょうか？

日本は戦後、せっかく一千万ヘクタールもの植林をしたのに、その山林はいろいろの問題を抱えているのです。そして片や鉄やコンクリートの建築が増えている。もちろん日本は昔からの木の家を大事にしてきた国ですから今も住宅なんかには木を使っていますが、それもどんどん外材に変わってきている。また従来の木材ではなく木質の工業製品も次々に出てきており、それに多く外材が使われていて「木の国の日本」が、何が何だか訳のわからない状態になってきています。そうして片や地方はどんどん衰微していっている。こういう状況をどう考えたらいいのか？

そこでウッドファースト研究会なるものを組織して皆さんといろいろディスカッションし、報告をお書きいただいて問題の所在を見出したい、と考えたのでした。

国内の木材は足りているか？——　田中淳夫

田中　私は森林ジャーナリストという肩書きを名乗っていますが、恐らくあまり聞き慣れないでしょう。この肩書を使っているのは全国で私一人ですから。いつも定番の挨拶として、「日本唯一だから日本一の森林ジャーナリスト」と名乗っています。

林業をテーマとする林業ジャーナリストや林政ジャーナリストはいます。また環境ジャーナリストもいて、環境問題全般を扱います。ところが、その間が抜けているのではないかなという気持ちがあったんです。広く環境を扱う人には、森林問題に十分詳しい人が少ない。とくに森林を扱うためには林業を欠かすことはできません。林業が環境に与える影響はものすごく大きいのに、あまり気がついていないというか、無視されているように思います。一方で林業を扱う人は、あまり科学的、とくに生態学的な環境面に詳しい人がいません。森林は、林業の世界と環境という学問領域とで全く違う扱い方をされてしまっているようです。両者はもっと有機的につながっているはずです。私は森林と林業の両方を扱いたいと思いました。また林業の現場である山村の問題、さらに木造建築のような林業の川下の世界にも手を伸ばしており、タコの足のように扱う分野が増えている状態です。

　もともと私は、森林について勉強したくて、大学は林学科に進みました。森林生態学に憧れていたのですが、入ってみると学科の内容はほとんど林業学、産業としての林業を学問として扱うので、ちょっと当てが外れたと思いました。そんな気持ちのまま大学時代にボルネオに行って、熱帯雨林

●田中淳夫（たなか・あつお）

1959年生まれ。森林ジャーナリスト。出版社、新聞社等勤務を経てフリーランス。著書に『割り箸はもったいない？』（ちくま新書）『森を歩く——森林セラピーへのいざない』（角川SSC新書）『森林異変　日本の林業に未来はあるか』（平凡社新書）『日本人が知っておきたい森林の新常識』（洋泉社）『森と近代日本を動かした男——山林王・土倉庄三郎の生涯』（洋泉社）『森と日本人の1500年』（平凡社新書）『樹木葬という選択——緑の埋葬で森になる』（築地書館）など。

の伐採問題の現場に入り、伐られた木材がほとんど日本に運ばれていることを知りました。森林問題として存在する熱帯雨林の伐採も、実は日本の林業とかかわっているのではないかと考えて、日本の林業が気になり始めました。一度海外に出てから日本の問題に立ち返り林業に目覚めたわけです。

結局林業抜きで森林は語れないし、森林抜きで林業は語れないと感じるようになりました。歴史というと、どうしても人を中心に考えがちです。カエサルやナポレオン、織田信長、徳川慶喜と西郷隆盛、など権力者の歴史になってしまいます。しかし森と林業から社会を見直すと、まったく別の世界史、日本史が描けるのではないか。

今日のテーマのウッドファーストという言葉は確かに最近使われています。もともとは木育と呼ばれるような、木にもっと親しもう、触れ合おうということでした。これを歴史的に見ると、昔は木材を、否応なく建築や木工材料のほか、燃料として使っていました。そして使い過ぎていました。

日本の場合は、まず古代史において、藤原京、平城京を造営するため、自然破壊が行われました。次は戦国時代です。各地の戦国大名が、それぞれ自分の領地の国力を充実させるために木材を多用したので、伐採が進んで森林は荒れていきました。

江戸時代に入ると、伐採を抑制・禁止して木材の使用量を減らすことや、植林を進めて森林造成することが、大きな林政の課題となりました。にもかかわらず、過伐の問題は明治時代に持ち越され、さらに戦争中伐り過ぎたので、戦後は大造林を行いました。

ところが、今や逆に木をもっと使おうという「木づかい運動」が行われています。これはどういうことなのでしょう。

現在は確かに木があふれていると言われますが、では気軽にどんどん使えという考え方が正しいのでしょうか。特に最近の木材の使い方として、例えばバイオマス発電の燃料にしようとか、合板やCLT（直交集成材）というエンジニアウッドで木造ビルをつくろうとか、そういう動きが出てきていますが、本当にそれが正しい方向でしょうか。個別のことは後の議論に出てくると思いますが、これまで使い過ぎて問題になっていたのに、今や一転して余っているので、どんどん使おうと、それほど簡単に言い切っていいのか、私の問題意識としてあります。

最近お城の天守閣の再建問題が話題になっています。江戸城天守閣を再建しようという声があるほか、現在名古屋城の本丸を木造で再建していますが、天守閣も木造で造り直そうと市長が提案して、今度市議会で議論になるそうです。さらに京都や奈良などあっちこっちのお寺が木造で大規模な仏閣を建てようとしています。

そういうところでは巨大な無垢の柱を使いたいという要望があって、大径木を求めます。日本の森林は増えたと言われていますが、それは戦後植えたものですから、せいぜい樹齢六〇年まで、多いのは四〇～五〇年です。そんなに太くありません。杉でも、直径が三〇センチもないぐらいです。ところが求めているのは、直径が八〇センチ、一メートルの大径木。それで木造の建物を造りたいと主張されています。結局、輸入木材が使われます。

奈良の興福寺の金堂再建では、アフリカケヤキの巨木を六六本ほど使っていましたが、このためアフリカの熱帯雨林の大木が伐り出されました。市場を通して合法的に調達したと言いますが、かなり怪しいもので、違法伐採の可能性もあります。つまり、日本の木造建築を増やすことによって、海外の森を破壊しているかもしれないのです。この関係を視野に入れて、一体何の木を使いたいのか、その使い道は本当に正しいのか、考える必要があります。バイオマス発電でも燃やすためにわざわざ山の木を伐るような状況があっていいのかどうか。これは政策の問題でもあり、人の問題でもあります。

かつては大切に使わないと足りなくなると心配していたはずの木材が今は余っているという、このギャップをもう少し突き詰めていかないとならないでしょう。樹木は育つのに時間がかかります。一方人間社会の変化はものすごく速い。この時間の進むテンポのずれが一番大きな問題になっていくと考えています。

ランドマークは木造建築――尾島俊雄

尾島　私は富山の出身です。戦時中、富山の市街地は空襲で全滅し、学校も自宅も全部燃えました。戦後、自宅を再建しましたが、たまたま祖父が終の棲家として離れをつくりました。その大工がすばらしい職人で、見ていてこれは面白いと思いました。焼け野原に、きれいな離れ座敷が建っていきました。当時本格的な建物を建てさせる人がなかったのでしょうね、大工は木の一本一本、本当に一つ一つ祖父と相談しながら、嬉々として造っていました。中学生でしたが、それを見て、大工になろうと非常に単純に決心しました。それで、大工になるためにはどうしたらいいか先生に相談したら、先生は、そうは言うものの高校へ行っておいた方がいいと言い、結局普通の高校に行きました。そうすると建築家になった方がいいのではないかということになり、

●尾島俊雄（おじま・としお）

1937年生まれ。早稲田大学名誉教授、建築・都市環境工学。建築保全センター理事長、都市環境エネルギー協会理事長。著書に『この都市のまほろば』（vol. 1～7、中央公論新社）『都市環境学へ』（鹿島出版会）『日本は世界のまほろば』（vol. 1～2、中央公論新社）『ヒートアイランド』（東洋経済新報社）。業績として、EXPO'70 日本万国博会場基幹施設基本設計、EXCPO'75 沖縄海洋博覧会会場の基幹施設設計、完全リサイクル住宅としての木造／RC造／ハイブリッド造の実施設計（日本建築学会大賞）など。

早稲田大学の建築学科に進学しました。そこのすぐそばの校舎です。昭和三十年代のことで、その当時は、この鶴巻町界隈は私の縄張りでした。

ただ建築学科に入っても木造や大工さんの仕事は全く教わりません。材料工法の授業でちょっとだけです。要するに鉄筋コンクリートと鉄骨についての授業がほとんどで、木のことを教える先生はいませんでした。木造の設計課題もありません。歴史・意匠の先生が歴史上の建築として教えてくれただけです。軸組み工法でも、ログハウスでも、自分たちで設計させる授業は四年間全くありませんでした。

大学院生の頃、丹下健三先生がオリンピックスタジアムを設計していました。私は丹下先生のところのお手伝いをしていて、あの鉄骨によるつり屋根構造の建築に、鉄筋コンクリートの基盤も含めて、もうすっかり魅了されてしまいました。

当時の早稲田キャンパス内の設計室はまだ木造でした。その設計室でT定規をひっさげながら、木の製図板に図面を広げて、コンピューターなんてないから、手書きでエスキースをしていました。建築学の生徒は大体格好よく蝶ネクタイして、ビロードのズボンを履いたりしていました。そんな格好で、大隈講堂の演劇の舞台裏を手伝ったりもしていました。建築の学生もこのキャンパスにいたころはまだ割と文化的でした。

ところが昭和四十年に大久保キャンパスに一八階建ての鉄筋コンクリートビルができたので移りました。最初の超高層建築です。私はちょうど助教授になったので、一八階は建築学科の先生は責任を持って、研究室は一八階にもらいました。

早稲田大学理工学部建築学科は、理学は真理を探究し、工学は大量生産を探求することを目指して、理工学部建築学科では、正解は一つで、最適なものを大量生産することを追究します。日本中が戦災復興のため、住宅公団じゃないけど、当時たくさんの量産住宅、画一住宅をつくって超高層建築にたどり着きました。理工学部建築学科にとっては、まっしぐらにそういうものを追い続けた五〇年でした。

でも、はっと気がついたら、最初に大工を志したことと余りにはずれていたのです。何しろ地方も東京も全て鉄筋コンクリートの建築物です。こんなことで日本は本当に大丈夫なのだろうかと考えるようになりました。

二十一世紀に入ると、画一量産して全国に同じ風景をつくってしまったことは間違っていたと思うようになりました。それで大学を退職する頃から、懺悔の旅を始めました。残るもの、消えるもの、つくること、という三つのテーマを立てて全国の都市を回ったら、残すもの、ランドマークになるもののなかに、近代建築はあまりにも少なかったのです。

庁舎もオフィスも駅舎も、見事に近代建築です。私たち理工学部建築学科でつくったものです。私は、理工学部に建築学科をつくってはだめだと思いました。海外では建築学科は文学部や芸術学部にあったり、建築学部をつくったりしています。私は最後に理工学部長に立候補しまして、早稲田大学理工学部は、理学部、工学部、建築学部に分けなければだめだと主張しました。そして本当に学部長になり、教授会において一五〇対三〇で、三学部に分ける案を可決しました。これで理、工、建と分かれると思って、私は学部長を安心してやめました。そうしたら建築の若手の先生たちが、建築学科にこれから仕事が少なくなる上、建築学科で入学試験等全部やったら大変な労力がかかる、しかも早稲田は理工学部が有名だと異を唱えるようになり、気がついたら、建築学科が率先して創造理工学部と基幹理工学部と、先進理工学部の三つに分けて、すべて「理工」の二文字を付けて、創造理工学部建築学科になりました。僕の理想と全然違う形です。早くやめるのではなかったと思いました。大学というのは、やめてしまうとだめですね。

何はともあれ、そういう大学時代の体験から全国めぐって、気がついたら、一〇年間で日本の八百都市のうち七百幾つを訪問していました。その結果、本当に残るもの、残すべきものは木造しかないことがわかり、ほとんどは社寺建築です。本当に驚いたのは、お寺とお宮ぐらいしか都市のランドマークはありません。お寺とお宮の格式の高い都市は、都市の格式も高い。ランドマークにはお城も入るかもしれません。やっぱり木造はすごい。同じ城郭、神社、仏閣でも、ＲＣは駄目で木造建築のほうがはるかに格好いいし、雰囲気が違います。

このように、五〇年の建築学科教育は何だったのかという反省をしながら、全国を行脚しておりましたら、三・一一の大震災が起こりました。それで日本全国の原発を回りました。いずれも辺境のすばらしい環境に立地しています。電力の五〇％を供給する原発が東京など都市を支えております。

その上、縄文時代に栄えた場所にほとんどの原発が立地していることがわかりました。どの原発でも、工事のときに出てきた縄文時代の遺跡がいっぱい並べられています。時あたかも、上田さんが「縄文日本の会」を創られたので、さっそく弟子入りしまして、今日に至りました。

生命誌の立場から―― 中村桂子

中村　人間も生き物であり、自然の一部という意識を持って暮らしを支える技術を開発し、その技術で経済を動かす社会としたいと思いながら仕事をしてきました。その立場から、暮らす場所をつくる建築には関心があります。

　上田さんや尾島さんがおっしゃったように、二十世紀は、まず経済ありきで鉄とコンクリートが使われ、そのための技術が開発され、人間の都合が無視されてきましたので、これからは逆に考えていきたいと思います。

　建築は見栄えや耐久性に重点がおかれますが、まず人が暮らす場です。日本人が木の中で暮らすときに心地よいと感じるのは歴史、伝統と関係があるでしょう。しかし、生きものとして人が暮らすところと考えても気分がよいはずです。そういう時代にしたいと思います。

　先日、福島の磐城海岸に行って驚きました。とんでもなく高い防潮堤が建って、海が全く見えなくなっていました。海のにおいすらしない。津波で海岸の住宅は流されて、皆さんは高いところに住んでいるので何もない。ブルドーザーで整地した先に防潮堤が建っている景色を見て、本当に驚きました。震災後すぐに植物生態学の宮脇昭さんが、木を植えた防潮堤を提案しました。もっとも提案そのままでは、問題点もあるとの指摘がありましたが、これはコンクリートか木かの二者択一の問題ではないと思うのです。海の景観、暮らす人の日常生活、防災のすべてを考えた時に、樹木を生かした方法はあるはずで、それを探る努力が足りなかったのではないかと気になります。地元の方たちも、日ごろ海が見えなかったら災害にどう対応していいかわからない、海岸ではなくなってしまったとおっしゃっています。人間、文化、樹木などを全く無視して、三陸海岸に一律にお金が動くものをつくるということをやってしまいました。この国の多くはいまだにそういうことで動いているのです。そこから変えなければならないと思います。

　実は鳥取に伺ったときに、採算はとれないけれど、先祖伝来の森林を守り育てるのだと頑張っているご夫婦にお会いしました。いまは樹齢五〇年の木を売っても大根一本を売ったのと同じぐらいにしかならないけれど、そんな問題とは関係なく森林を守るのだとおっしゃっていました。森林での仕事はつらいけれど、鳥の声が聞こえるのが

●中村桂子（なかむら・けいこ）

1936年生まれ。生命誌研究館（現・ＪＴ生命誌研究館）副館長を経て、現在、ＪＴ生命誌研究館館長。著書に『生命のストラテジー』（ハヤカワ文庫）『自己創出する生命』（哲学書房）『あなたの中のＤＮＡ』（ハヤカワ文庫）『ゲノムを読む』（紀伊国屋書店）『科学技術時代の子どもたち』（岩波書店）『生命誌の窓から』（小学館）『生命科学者ノート』（岩波現代文庫）『生きもの感覚で生きる』（講談社）など、訳書に『細胞の分子生物学』（教育社）『oh! 生きもの』（三田出版会）など。

気持ちよくて、だんだん鳥の声も聞き分けられるようになり、調べるとたくさんの種類の鳥がおり、それを覚えるなど毎日が楽しくなったそうです。付近にはもっと鳥がいるのではないかと、隣のまったく手入れをしていない森林にテープレコーダーを一日置いておいたそうです。でも鳥の声は入ってなかった。この話は象徴的だと思います。このご夫婦のような森林の手入れをする人がいて、初めて木が育ち、鳥が集まる。自然とはそういうものなのです。そこから木が我々のところへ届くのだということを、忘れています。私たちは、ただ木を使うだけではなく、こういう人を大事にするところから考えなければなりません。

　今のグローバル社会では、環境という一言で扱われていますが、和辻哲郎が言った風土という言葉で私たちは考えていかなければいけないと思います。グローブは地球のことです。グローバルということはそれぞれの場所に多様な自然と文化があり、それぞれの場所でそこの自然に合ったものを活用してうまく暮らしていく、その総合です。以前、企業のトップの方から、アメリカ型ですべてを動かす社会がグローバルであり、地球がどうのなどという話ではないと、叱られました。それでも私はそうではないと思い続けていますし、二十一世紀中にはどちらが答であるか明らかになるでしょう。

　ヨーロッパでは石を使い、日本では木を使ってきたことをもう一回思い起こし、日本の風土や人間の考え方に合った木造建築が私たちの周りにもっと豊かにあることを望んでいます。

ディスカッション

木造建築のランドマーク性、象徴性

——どうもありがとうございました。

　ウッドファーストというのは、木が大事なんだ、木を使おうということですが、いま中村さんから、木も生き物であるという大事な問題提起があったと思います。そうすると、我々が木を使うという人間中心の考え方ではなくて、木も生き物なわけだから、木とともに我々もあるし、鳥もあるという考え方になります。森林は我々にとって非常に恵み深いものだと思います。木を使うんだ、どう使うのかということだけを考えると、非常に狭い議論になると思います。今の中村さんの問題提起を、建築・森林が専門の他のお三方はどのように受け止められたでしょうか。

上田　それについては冒頭の新国立競技場の「緑の木か、木の柱か」で申し上げましたが、中村さんがおっしゃった「防潮堤になぜ木が使われないのか」という話には、温かい木とか木の温もりのようなニュアンスがあると思います。

中村　それもありますが、むしろ木の持っている能力を生かしたいのです。

上田　その能力です。日本は明治まではほとんど建築に木しか使ってきませんでした。何万とある山城も含めて城郭建築はすべて木造です。それが明治以後ガラッと変わりました。まず明治にレンガ建築が入ってきて、大正、昭和にコンクリート建築が入ってきて、戦後はコンクリート一辺倒になりました。それはものすごい変化です。

　そこでまず、なぜ江戸時代まで日本人はそんなに木にこだわってきたのかを考える必要があります。というのも空海らが遣唐使として支那の国に行きましたが、そこでは塔はほとんど土で作られています。西安の大雁塔でも小雁塔でも磚《せん》つまりレンガです。しかし空海らはついに土で塔を造る文化を持ち帰らなかった。日本に帰ってからも相変わらず木で塔を建てました。空海は自ら先頭に立って東山の木を伐り、引っ張ってきて、心柱《しんばしら》にして五重塔を建てています。日本人はかつてそこまで木にこだわったのですが、それはなぜでしょうか？　木の温もりとか、生き物とかいうことなのでしょうか。そのヒントは先ほど申しました「木か柱か」ということにあります。木を「木質の温かさ、つまり生き物と見るか」、あるいは「柱という一種の形と見るか」です。

　たとえば日本の神様は「一柱の神」「二柱の神」などというように、柱を単位として数えます。また日本の古い家では、土間と、玄関の間と、奥の囲炉裏の間とのあいだの中間に必ず大黒柱を立てます。その大黒柱はもう一つ、土間の反対側の小黒柱とともに構造的に家の梁や母屋を支えています。またこの大黒柱や小黒柱は神様と思われ、正月にはお餅が供えられました。これは町家とか農家の場合ですが、武家の屋敷にも大黒・小黒柱が用いられました。お城の天守にも大黒・小黒柱が必ずあります。

　そうやって考えていくと、大黒柱などの起源は伊勢神宮の神殿の床下にある心《しん》の御《み》柱《はしら》に、あるいはその妻側の棟持柱《むなもちばしら》という大きな二本の柱にゆきつきます。つまり伊勢の皇大神宮は箱形の建築ではない。要するに柱が二本立って、その間に梁が渡って、そこに両側から母屋がかかっている。極端に言えば洗濯干し場みたいな構造なのです。その二本の柱が棟持柱であり、大黒・小黒柱の原型です。出雲大社になるとそれらの柱がずっとごつくなります。諏訪大社では四本の御柱《おんばしら》になっています。そして何と、縄文の遺跡から円形や方形配置の巨木列柱が次々と出土しているのです。三内丸山やチカモリなどの遺跡ですが、それだけでなく各地からたくさん出てくるものですから、巨木列柱は縄文時代の基本的建築様式だったと思わざるを得ない。これはすごいことで、ギリシャやエジプトの列柱などよりずっと古いのです。

　ただこの巨木列柱が一体何であるかは実はいまだにわかっていません。考古学の世界でも「神殿だ、見張台だ」といろいろ取り沙汰されています。

　しかし私は次のように考えます。『古事記』や『日本書紀』に数多く宮殿建築の表現がありますが、そこに「底津磐根《そこついわね》に太い柱を突立て、さらに高天原に届くように高い千木《ちぎ》を立上げる」と語られています。千木というのは伊勢神宮などの屋根の棟抑えにX型に載っている材ですが、そこで「太い柱や千木は何を意味するのか？」といったら、太い柱は「底津磐根に突立てる」という表現から建物の安定性、つまり先ほどの日本列島の泥の上でなく、その下にある地盤にしっかりと建てることとおもわれますが「千木を高々と高天原に届くように立上げる」というのは、遠くからでも見えるランドマーク性ということではないでしょうか。

　先ほどの日本の天守がそれとよく似ています。天守閣は軍事的には意味がない、と言われるように、それは大砲一発で終わりだからです。しかしその天守閣は、城内はもちろん領内のどこからでも見えます。だから見方を変えると領地を支配している殿様のシンボルといえるのです。ですから殿様が戦争に負けたときには、自ら天守閣に火を放って切腹して果てます。

　私は、縄文人の巨木列柱も地域の人々の「和のシンボルだった」と思っています。直径五〇センチや八〇センチといった柱を立てるのは現代でも大変なことです。あまり技術のない当時、恐らく今の諏訪大社の

日本は明治まではほとんど建築に木しか使ってきませんでした。なぜ日本人はそんなに木にこだわってきたのかを考える必要があります。（上田）

縄文のあの巨木列柱もこの京都祇園祭の山鉾や諏訪大社の御柱と同じではないか。柱はある意味で神様なのです。（上田）

御柱のように若い男たちが一所懸命、協力し合って立てたことでしょう。それはものすごい団結力です。立ち上げること自体が人々の和のシンボルなのです。そして立ち上がると、それは周囲からよく見える風景のシンボルになります。

なぜそんなことを言うのか、といいますと、京都祇園祭の山鉾がそうだからです。あれは京都の祭ではなく、京都の中のお町内の祭の集合です。その山鉾には四つの巨大な木製車輪がある。その巨大車輪作りがじつは祭の要です。その木製の巨大車輪の中心には円筒形の軸があって、その軸に十数本の輻《や》が突き刺さっていて、周りにはその輻を受ける弓型の車輪の輪が十幾つかあります。それらは金物を一切使わず、全部、木を差しこみ差し込みして作られる。そして日ごろはそれらの部材をバラバラにしてお町内の各家が持っている。祇園祭が始まる二〇日ほど前から皆がそれらを持ち寄ってきて組み立てるのです。ただし差しこみ口がみな立体ですから最後にはどうしても輻がぜんぶ輪に入らない。いわば巨大な唐傘を拡げたような形になっている。そこでその巨大な唐傘状の車輪を地面に伏せて、十数人の男たちが掛け声もろとも一斉に輪の上に飛び乗るのです。するとピシャンとはまる。立体的な差し込み構造ですからそういう強力な力がないと収まらないのです。しかしそのばあい、飛び乗るタイミングが難しい。一つ間違えるとバラバラになる。町内の和の結束が示される瞬間です。

であるから山鉾が無事組み上がるとみんな大喜びです。町内の結束力つまり和が示されたからです。もしその一年の間、誰かが夜逃げをしたり、部材をなくしてしまったり、一瞬のタイミングをずらしたりなどすると車輪は組み上げられません。祇園祭で一番盛り上がるのはこの車輪が出来て山鉾が立ち上がったときなのです。

縄文のあの巨木列柱もこの京都祇園祭の山鉾や諏訪大社の御柱と同じではないか。それは立ちあげた人たちの和の結束を示すシンボルではなかったか、と思われます。だから柱はある意味で神様なのです。実際、民俗学では民家の大黒柱や神社の棟持柱を伝って神様が降りてくる、と考えられています。日本の五重塔の内部にも仏像が祭られるケースは少なく、たいていの場合、人々は仏像ではなく心柱を拝んでいます。

このように柱には、単に木の温かみのような生理的な面があるだけでなく、あるいは生き物といった精神的なことだけでもなく、このような神様とか地域社会の和とかいったような人間社会的な側面もあるとおもいます。

中村　生き物と言うときには、そういう意味もあります。精神のことを抜きにして言っているわけではないし、ただ温かみとかいう意味でもない。上田さんの今おっしゃったことは、私の考えと同じです。対立するものではありません。

上田　そうです。木と言ったときには温かさ、豊かさ、優しさなどといったフィジカルなことを感じますが、柱と言ったときには偉大な、神様に通じる、精神的な、そして人々の結束の要などといったことが感じられます。これは日本だけではありません。例えばギリシャ神殿の石柱ですが、あれも木を模したものです。エーゲ海には木が少なかったから石になっただけのことで、柱は聖なるものです。そのほか世界各地の民族には「柱を立てて神を招きよせる」といった話が多数あります。木にはこのように物理的・生理的ないろいろの良さも、また精神的な良さや社会的な効果といったこともあります。この辺のことをどう考えるか、ということが、今回の新国立競技場のA案とB案に示されたようにおもわれます。

では、人は単にランドマークだけでなく、またみんなの和の結束ということだけでもなく、木というものそのものになぜ神性を感じるのでしょうか。じつは高い木に神性を感じるのは日本だけではなく世界共通のようです。というのも高木はおしなべて針葉樹ですが、針葉樹は非常に背が高いし、寿命も非常に長い。千年、二千年という生命を持つのも不思議ではない。また種として針葉樹を考えるとじつに二億年の生命をもっています。他に抜きん出ている。

そこで私が不思議におもうのは、その樹木の木質部です。リグニンといわれる木質部は硬い、腐らない、食べられないという特質を持っています。どんな草を食べる鹿も木は食べない。せいぜい表皮を食べるぐらいです。リグニンの木質を食べるのはシロアリですが、それも腐木に限られます。というのも、生きた木のリグニンには防腐性・防虫性といった防御性能があるからです。そのリグニンは、私はもともとは根っこだとおもいます。高木になるために根っこは大地にしっかり緊結されなければならないが、そのために硬い、腐らない、食べられないという属性が付加された。そして茎が爬虫類などに食べられないように、根っこが地上に立ちあがってきた。そして幹になり、高木になった。

以下はお話として聞いていてください。針葉樹が現われた二億年前にじつは恐竜も現われます。そして草食恐竜はシダ類を食べただけでなく、針葉樹の葉っぱをも食べた、あるいは食べたいとおもったでしょうが、針葉樹は食べられないように背を高くする。ため根っこを深くし、さらに茎に変えてそ

木にはこのように物理的・生理的ないろいろの良さも、また精神的な良さや社会的な効果といったこともあります。（上田）

僕は本当に生き物の木を使って、生き物である人間を入れる器、人が主の住居を造らないといけないと思います。（尾島）

の根っこを立ち上げて幹にしていった。つまり両者の生存競争が始まったのでしょうが、その結果、針葉樹は今日にも生き延びたが、恐竜は絶えてしまった。

木にはまだまだ科学的に解明されていない問題がたくさんあるようです。

日本の伝統建築と木材、森林

尾島　近代建築で木が嫌われた一番の理由は、木は一本一本違うということです。そのため木は均質を要求される工業製品にはならない。特に無垢の木は難しい。生き物ですから、個体ごとに違います。一方、工業製品はナノのレベルまで均質にできます。さきほど山鉾の車輪が話題になりましたが、多分木は一本一本違うからそんなことをしなければならないのです。工業製品で均質なものだったら簡単に組み上がるはずです。木は使いにくいし、工業製品としては使えなかった。いまやっとＣＬＴや集成材が出てきて、木がようやく工業製品、ＪＡＳ製品に近づいて来て、使えるようになりました。

建築はコンストラクションであって、プロダクションではありません。なぜ僕が理工学部を理学、工学、建築学に分けたかったかというと、建築は理学の真理の追究でも工学の量産でもなく、一品一品手づくりだからです。機械工学科の先生は、車はあんなむちゃくちゃ走ったって雨漏り一つしないのに、建築はどんな立派な建築でも必ず雨漏りすると言います。僕などは雨漏りしない建築なんか学会賞はもらえないと反論します。機械工学科と建築学科では、全くディシプリンが違うし、探求することが違います。建築学科は人間を入れる建物を、一品一品その人のためにつくります。人が主の住居をつくるのが建築家です。昨今、全部工業製品で家を建てますが、あれは建築ではありません。あれは箱物です。建築と箱物は違います。外国でもはっきりしています。アーキテクチャーとビルディングは違います。その辺の違いから考えても、僕は本当に生き物の木を使って、生き物である人間を入れる器、人が主の住居を造らないといけないと思います。今ようやくインテリアは木になってきていますが、それでもそれは工業製品的な木の集成材です。無垢ではありません。

田中　私は東大寺の大仏殿の柱に興味を持っています。奈良時代に建てられた時の柱は、大体直径一・二メートルほどある丸太を使っていたようです。近江の田上山《たなかみやま》にヒノキの巨木林があって、そこから伐り出して運んだ記録があります。

しかしその大仏殿も源平合戦の際に焼か

れたので、次に鎌倉時代に再建しようと重源上人が尽力しますが、そのときにはもう近隣にヒノキの巨木がありませんでした。それで探して回り、山口県の徳地から運んだという記録が残っています。かなり距離が延びました。そうやって再建したものも戦国時代に合戦で焼けてしまいました。焼いたのは松永弾正久秀と言われていますが、私の先祖に当たります。だから子供のころから、うちの先祖は大仏を焼いた大悪人だったのよと母親からよく聞かされました。

上田　天守閣を最初につくった松永ですね。

田中　そうです。松永久秀が現在の奈良市に建てた多聞山城に初めての天守閣がありました。ここでも大径木をたくさん使ったようです。

　大仏殿は江戸時代にまた再建しますが、もう本当にどこにも巨木がありませんでした。仕方ないので大仏殿の規模自体を大幅に削りましたが、それでも大虹梁《だいこうりょう》という梁だけは無垢の大径木が必要でした。それで今の宮崎県の霧島連峰から運んできました。ほかは細い木材を集めて鉄のタガをはめた寄せ木細工の柱を造りました。接着剤は使っていませんが、いわば集成材です。今ある大仏殿の柱は集成材なのです。このように大仏殿の柱の歴史的変遷を見るだけで、当時の森林事情がわかります。

　伊勢神宮は二〇年に一回の遷宮をしますが、元来は必要な木材を神宮の周辺にある今の宮域林から切り出していました。ところが、回を重ねるうちに枯渇しました。それで三重の大杉谷などからも木材を調達しましたが、それも尽きてしまって、最後に行きついたのが木曾でした。今も木曾檜を用いていますが、このままではこちらも枯渇してしまうということで、大正時代に宮域林に植林して、ちゃんとここから木材が採れるようにしようとしたんですね。現在は結構太い木が育っています。たしか前回の遷宮のときには、樹齢八〇年の間伐材を伐り出して、必要木材の一部をまかないましたね。

　柱に精神的なものを求めるのもいいのですが、このように生き物としての樹木が大木に育つには何百年もかかります。伊勢神宮の宮域林は、今のところ三百年まで育てる予定で、伐り出しているのは間伐材です。今は植林によってやりくりして、何とか人

今は植林によってやりくりして、何とか人の時間と樹木の時間を合わせようとしている状況です。これを永続的に機能させないといけません。（田中）

の時間と樹木の時間を合わせようとしている状況です。これを永続的に機能させないといけません。機能すれば樹木という生き物と人間の暮らしが共生できます。しかし往々にして人間は、目先にとらわれ、もっとたくさん欲しいと思ったりします。そうするとあっという間に底をついてしまいます。

尾島　いま神社や仏閣の数とそこに木材を供給する日本の森林とは、量的にバランスがとれていますか。神社だけでも七万社から八万社あるといわれていますよね。

田中　まったく足りません。それでほとんどの神社仏閣は、国産材を使うことを諦めて輸入材に頼ったり、集成材や合板を使っています。鉄筋コンクリート製の神社仏閣も増えているようです。

尾島　式年遷宮で解体する伊勢神宮の古い柱は、全国の末社に下っていって使われていますね。足りないようでしたら、神社、仏閣の数を制限したらどうでしょうか。

田中　本当は、それぐらいの気持ちが必要かもしれませんね。今、明治神宮の鳥居をつくり直す計画があります。現在のものはタイワンヒノキを使っていますが、今回は台湾当局が伐り出しを認めません。

尾島　山の材木は毎年一億立米、日本はストックしており、需要と供給のバランスには問題がありません。同じように樹齢数百年の大木に関しても、国家としてこのぐらいの量がバランスの範囲内であるということを、ジャーナリストとして出したらどうですか。

田中　それは研究者にお願いしたい（笑）。ただ単純に数字で言えば、日本で使われる木材需要と日本で育つ樹木の生長量はほぼ拮抗しているので、輸入せずに間に合うはずです。もっとも大径木や強度を必要とする用途、家具向きのマホガニーや黒檀など特殊な風合いの木材については輸入しなければならないものがあります。また値段の問題とか、安定した供給など流通の面からマッチングがうまくいかないこともあります。

尾島　上田さん、日本列島でウッドファーストと言うからには、そういう需給バランスをまず研究者が科学的に出して、政治的にそれを実現するような仕組みをつくることができますか。

上田　仕組みはできないことはないでしょうが、運用するには現実はなかなか難しい。いくら言ってもハウスメーカーは相変わらず外材を使います。山持ちはどこが自分の山なのかあまりわかっていない。そして複数相続が進んで山はどんどん零細化している。日本の森林はかつてたくさん伐採して枯渇しましたが、今は植林して余っているのに、余っているのが良いのか悪いのか、このまま放置して良いのかについても議論があまりありません。需給のバランスという話もあまり聞きません。歴史的に見ると、かつては伐りすぎたが今は余っている、というのも変な話です。

　また一方、建築を見ると、明治まではずっと木造で来て、明治期に日本の政治家たちは「これからはレンガ建築だ」と言って銀座をレンガ街にした、大正以降には鉄筋コンクリート工法が入ってきて電話局などの公共建築を鉄筋コンクリートにした。敗戦後に建築学会が「今後、一切、木造建築を禁止する」という方針を決議しようとした。「日本の木造建築は空襲に弱かった」のがその理由ですが、さすがに建築学会の中から異論が出て取り止めになりましたが、そういうことが提議される時代でした。そしてバブル時代にはアメリカから日米構造協議が持ちだされ「アメリカの木材を買え」と言われて建築基準法を改正した。しかし一般にはあまり普及していない。考えてみると、いま「ウッドファースト」いうこと自体も問題があるのかもしれません。日本はいったい、何という国なのでしょうか。

――木造建築をやめようというのは、民家も含めて全部やめようということですか。

上田　そうです。終戦直後には専門家からそういう過激な発言まで出ました。

田中　実際当時は木材自体が足りませんでした。日本の山は伐採しすぎており、外貨がなかったので外材を輸入できなかったからです。それで柱も鉄骨でつくろうという発想になりました。それが今のハウスメーカーのもとです。

上田　今、ウッドファーストと言っているのは、どちらかというとヨーロッパ経由の思想です。最近ヨーロッパでは木造の高層建築を都市の中にも建て始めていて、十階建てぐらいのビルも現れました。それで木造建築の本家である日本が慌てているのです。何ですか、この一貫性のなさは！

建築多様性社会

中村　二十世紀の技術はとにかく規格品を大量生産するためにありました。それが豊かさを支えてきました。そのなかでコンピューターや素材などに技術革新があり、二十一世紀は技術全体が多様化しています。例として患者さんに合ったオーダーメイド医療を提供していく方向を探っています。多様性を担保できる技術を活用するのが、二十一世紀ではないでしょうか。

　焼け野原に建てるときは、一律の建物を一斉に建てることを求められました。今や住む人の希望や用いる部材に応じ建築も多様化していいのではないでしょうか。もちろん上田さんのおっしゃるような精神性も

今、ウッドファーストと言っているのは、どちらかというとヨーロッパ経由の思想です。それで木造建築の本家である日本が慌てているのです。（上田）

コンクリートで気になるのは、耐用年数が短いことです。石やレンガや木で造った建物は何百年ももっているではないですか。それで町並みができていると思います。（中村）

大事にしながら。ウッドファーストと言ってまた一律にやったのでは、何の意味もない。均質ではなく多様な木をもう一度見なおし、そこを活かしながら、多様なものを造っていくようにしたい。

田中　生物多様性から、建築多様性へということですね。

中村　はい。

尾島　そう思いますね。

中村　もう皆さん、その技術をお持ちだと思います。

建築の耐用年数と修復

中村　それからコンクリートで気になるのは、耐用年数が短いことです。今のマンションは五〇年が耐用年数だと聞いたことがあります。石やレンガや木で造った建物は何百年ももっているではないですか。それで町並みができていると思います。建物の中はどんどん変えていってもいいのですが、町並みは一〇年や二〇年で変えるものではない。百年、二百年の歴史によって町並みは形成されます。ということは、鉄筋コンクリートはそれに合わない工法ではないですか。世界中を訪れても、落ち着いた町並みは石、レンガ、木でできています。ヨーロッパに行けば石の町並みです。道路も石で舗装しています。歩きにくいのですが、歴史を感じますよね。

尾島　鉄筋コンクリートも、経年によるコンクリートの酸性化によって、中の鉄筋がさびていきます。五〇、六〇年経ったら、鉄筋が空っぽになってしまいます。

　実は木造建築も建築基準法で、土台に緊結しなさいとなっています。だから土台にボルト、ナットなどの金物で緊結させます。そこがシロアリに食われたり、腐食したりします。阪神淡路大震災のとき、木造家屋が潰れてすごく多くの人が亡くなりましたね。木造も、実は本来の木組みにして金具を使わない構造であれば、法隆寺のように何百年ももつのに、近代建築の木造は逆に四〇年、三〇年しかもちません。

田中　今、木造でビルディングを建てようとか言っていますが、ＣＬＴと呼ばれる建材で建てられるものは、すべて金具で留めています。柱はありません。本来の木造ではなく、むしろ鉄筋コンクリートに寄り添ったものです。パネルにして金具でぺたぺたと留めるだけです。だから五階建てぐらいでも、二、三日で建ってしまいます。しかも中は木のパネルなのに、外からは木肌が全然見えない。あれは木造と言いながら、実は木を自慢してないというか、外に見せないようにしている建築です。木造と言いつつも鉄筋コンクリートに近づけたようなところがあります。木造ぽく見せるために、外壁や内装に別の木を張るという、変なこともしています。

尾島 多くの場合、設計基準では、設計したときに丈夫であればいいということになっています。五〇年、百年後の劣化は評価していません。

中村 建築は、歴史をつくるものですから、そんな短い時間で考えるものは造らないでほしいと思います。

田中 木造というのは常に修復、メンテナンスが必要ですよね。法隆寺が千年以上ももっているのも、常に修復しているからです。修復の文化、習慣がどんどん失われて、建ててずっとほったらかしになったら、いつかは崩れます。

中村 昔はこんなことをしていたのかと思いながら修復して建物を受け継いでいく。建築ってそういうものではありませんか。

尾島 イタリアなどのヨーロッパでは、建築の学生のうち、新しい建物の設計者になる人は二、三割しかいません。七、八割は、修復保全のための技術者を養っています。本当の建築もそこに向かわないといけない。

ところが日本はそうなっていません。建築基準法が頑としていて、設計したときに、間違いなく丈夫であればいいという考え方になっています。あと劣化に関しては、面倒見ていません。その点、欧米に対して完全に遅れています。

田中 市民も、住宅に少しでも隙間が出たり、ひびが入ったりすると、すぐクレームをつけますよ。そうすると工務店も、絶対にひび、隙間のできない建築にしようとする。それなら新建材を使った方が楽だ、ということになります。

尾島 ようやく一二条の建築基準法が改正されて、一〇年間だけ雨漏りや構造の瑕疵責任を問いますということになりました。でも設計図書の保管は一五年間です。お役所もそれ以後は知りませんということです。しかしこれからは最低百年で考えなければなりません。

建築官、森林官の職務と権限

――上田さん、行政に携わっておられたお立場としてはどうお考えですか。

上田 最近、適材適所という考え方が登場してきました。すべて木で造るのでなく一階、二階は鉄筋コンクリートにしてその上を木造にし、五階ぐらいの建物ができるようにしています。要するにミックス建築ですが、こういう考え方も含めて日本では何事も行政がばんとルールを決めます。私もかつて霞が関にいたからあまり行政の悪口を言いたくないのですが、日本の行政はすべてを行なっており、また一旦決めたこ

イタリアなどのヨーロッパでは、建築の学生のうち、七、八割は、修復保全のための技術者を養っています。本当の建築もそこに向かわないといけない。（尾島）

とを杓子定規にやります。日本は建築基準法に基づき許可ではなく認可を出しますが、それは設計をぜんぶ法律で決めているからです。ドイツでは都市の中でも二〇メートルぐらいの建築だったらそんな認可が要りません。建築官の裁量にまかされています。しかし最終的には建築家が責任を持つ。イタリアもまったく自由ですが、その代わり建築で事故が起きたときには設計した建築家が牢屋に入ります。人が死んだら死刑になるかもしれません。しかし日本では建築家が牢屋に入ったという話は聞いたことがない。ドイツなどでも山にもフォレスターつまり森林官がいて、公共的なことにかんしては絶対権力を持っていて「個人の家の木でも持ち主が勝手に伐れない」という話を聞いています。昔からいるそういう人たちの自由裁量で決めるのです。一方、日本は官僚社会で、すべて条文に書かれているとおりガッチリやらなければなりません。役人はただ監視するだけですが、じつはそこに大きな価値があり、役人の数がどんどん増えます。こういう体制は役人にとって有難いことですが、しかしそろそろ考え直さなくてはならないと思います。

田中 日本にもフォレスターはいます。というか、つくりました。正確には森林総合監理士といいます。しかしほとんど中身がありません。例えばドイツやスイスのフォレスターは、現場経験を五年積んでからまたフォレスター学校に入って二年きっちり勉強する、といった過程があります。

だから現場の技術も、地域全体の森林の生態も、木材の使い方も全部知っている。本当に専門性の高いフォレスターが管理、指導します。だからたとえ個人の土地の木であっても、伐っていいか悪いかは全てフォレスターが決めるという仕組みができます。

日本の場合はフォレスターという資格をつくっただけです。地方公務員がペーパーテストを通ったらもらえるもので、「私、チェーンソーを持ったことがありません」と言うような人がフォレスターをやっています。それでは指導なんかできるわけがありません。うわべの制度をつくっただけで、魂が入っていない。だから機能しません。

——どうしたらいいのですか。

上田 大学をなくさなくてはなりません。もともと帝国大学は役人のためにつくられました。要するに明治維新は武士が学士に変わっただけのものなのです。武士は刀を捨てて代わりにペンという武器をもった。ペンと法律だけで生きていく学士になりました。そうして役人になった。そういう流れのなかで官公立などの大学が生まれました。そのような大学が明治以来の日本の官僚社会を支えてきたのです。

田中 学問と現場が乖離しています。私は林学科出身ですが、大学時代に林学は林業にあらずと言われて、林業の現場を知らずに林学を学んで、卒業してしまいました。

ホームカーペンター

尾島 僕が帝国大学に行かないで早稲田

ホームドクターのように家にはホームカーペンターが必要です。ときには、ドクターと同じように、もうだめですよと、建物の死亡診断書を書かなければなりません。（尾島）

大学に行ったのは、どちらかというと土木は官、国の仕事で、建築は私の仕事だからです。だから大隈さんも早稲田を創る時は建築学科をつくったが、土木はつくらなかったという。今でも建築確認申請の受理はお国になっています。建築家は、代書屋さんです。だから僕は、建築の死亡診断書を書く資格を早稲田大学の建築学科の資格にしろと言っていました。この建築はもうだめです、手入れをしないと建築は死にますと警鐘を鳴らしたいのです。

中村　尾島さんのご提案、建築を生きものとして見ていますね。

尾島　はい。あっちこっちで言っています。

　建築家はそうしないとね。だって生きた人を生きた木造建築に住まわせているのだから。阪神淡路大震災では、木造建築が潰れて、とても多くの人が亡くなったでしょう。今のような建築確認のときだけの設計ではだめなのです。その建物は本当に安心して住めるかどうか。その建物を設計してよくわかっている人じゃないと面倒を見れない。どのぐらいその建物がダメージを受けているか、どう手入れしなければならないのか。ホームドクターのように家にはホームカーペンターが必要です。ときには、ドクターと同じように、もうだめですよと、建物の死亡診断書を書かなければなりません。

　東京の場合、今の建物の四割ぐらいは震度七で潰れてしまいます。震度六強でクリアするよう最低基準で造っているからです。震度七で潰れない方が逆におかしい。

　しかし地震で家が潰れるということは、その家で暮らしている人にとっては大変なことです。建築家は、その人たちのために建物に寄り添わないといけません。今のような木造建築は激しく劣化しますから、特にそうです。建物に寄り添える建築家に、私学の建築学科は資格を与えるぐらいのことをやってもよいと思います。そのかわり、フォレスターのように、本当にちゃんとした建物であるかどうか判断できる能力が必要です。

田中　結局、現場経験のない人間が上に来ていることが官僚主義の問題です。官僚全体がそうですが、特にトップにいる人たちに現場経験がまったくありません。そういう人たちが政策をつくっています。林野庁でも、林学を学んだ人は技官職でなかなか昇任できず、トップに座るのは、農水省から来た事務官だったりします。それでも林野庁は、技官が上まで行ける方の官庁です。ほかの官庁は皆法学部出身者ばかりがトップに立っています。そもそも官僚制度自体が、現場経験のある者を上に上げないことを前提にしているように感じます。

大工、建築家を育てる

尾島　一般行政はそれでいいのですが、人の安心、安全に結びつくところは、本当の職人でないとつとまりません。僕は大工もそうだと思います。

僕は幸田露伴の『五重塔』を読んだときに、憧れましたねえ。だから自分の造った建物で少なくとも人を死なせたくないと思います。

中村　建築家が建築を生き物として見て、つくったら後しっかりメンテナンスして、病気になりそうだったら治してあげて、最後に死亡診断書を書く。建物を大事にすることですね。

尾島　僕が憧れた大工がそうだったのです。そして僕は大工に憧れて建築の世界に入りました。

ところが今は少し変わりましたが、旧建築基準法の八条の印象は、建物を建て終わりお祓いしたら、設計者、施工者のものではなくなって、著作権を含めたすべての権利が所有者、管理者のものになります。自分が設計した建物の著作権を主張することもできませんでした。

しかも建築確認するのは政府の役人です。だからだれも責任をとりません。東日本大震災のときあれだけ建物が壊れたのに、阪神淡路大震災のときあれだけ建物が潰れて六千人が亡くなったのに、建築家は一人も責任をとらなかった。大施工会社が、さっさと片づけるだけでした。

中村　建築を生き物として見ると、美しく造って、永く守ってあげることになる。いいですね。

田中　そうですね。リフォームには、このような過程があるのですからね。

尾島　だから建築学部として独立させたかった。

上田　今でも、大学の建築学科の九〇％をなくせば大工さんは増えますよ。みんな大学に建築学科があるからそちらに行くのです。

田中　でも建築学科に入学したときは、みんな大工仕事に憧れてやりたいと思っていたのではないですか。木造建築をやりたい学生というのは、やはり木が好きなのですよね。多分、自分で木材を切ったり削りたくて、建築を目指したのだと思います。

尾島　多分、多くはね。

田中　ところが実際の大学に入っちゃうと、大工仕事をやる場も与えられないということですよね。私も、林学科に行ったら植林、伐採を経験できると思ったのですが、ほとんどさせてもらえませんでした。机上の学問中心です。初めはまだ「やりたい」という気持ちがあるのですが、大学の制度の中ではなかなかそれが実現できなくて、だんだん忘れてしまったり別の方向に行ったりするのかもしれません。私も、結局大学では木を伐らずに、実際の伐採現場を見に行くようになりました。

　木を触って、ああ気持ちいいなとか、木の匂いが好きだなという気持ちをどうやって養うかというのが、ウッドファーストの最初の段階ですよね。そういう経験があるからやりたいと思うのですから。その経験や気持ちを仕事に生かせるかどうかは次の段階だと思います。

尾島　僕は二〇年前に、富山に職藝学院という大工さんと庭師さんの学校をつくりました。延べ五百人が卒業しましたが、昨今は学生が集まらない。五、六年前までは、一学年四〇人の定員のうち、三〇人ぐらい集まっていましたが。

中村　若者がいなくなったからですか。

尾島　もともと若者だけではなく、大学を卒業して社会に出て働いて退職した後、大工さん、庭師さんになりたいと来ていた人たちが半分いました。今はそういう人も含めていない。残念ですね。

田中　木を触るという体験がなかったら、大工という職業自体が頭に浮かばないですよ。

尾島　職藝学院をやっている二〇年間、朝七時に学校に行くと、みんなカンナを研いでいました。最後の謝恩会のときはみんな肩を抱き合って喜びを分かち合っていました。早稲田大学の卒業風景とは全然違う。職藝学院はいい学校でした。そういう人材はなかなか育てられません。何とかこういう運動を再開して、建築基準法による木工ではなく、金具を使わないで組み上げる本来の和風建築を造れる職人を育てたいですね。今はプレカットで、機械では随分細かい作業までできるわけですから、金具を使わなくったって、組み上がっていきます。

　自然の石の上に建物を載せ、地震が来たらぽっと横へ振って、またもとへ戻すことも可能です。

理論、設計がなく、模型、経験で建てる五重塔

上田　先ほど話に出た五重塔ですが、私はいろいろ調査をし、また分析もしましたが、一つとして同じものがありません。すべて違います。そして大学で教えられるような理論というものがありません。極端な話、

すべて棟梁の腕次第です。

田中　設計図がないですもんね。

上田　設計図がない。しかし模型はつくります。宮大工では、棟梁の次の大工つまり副棟梁が棟梁の方針に従って一〇分の一ぐらいの雛形つまり模型を二、三年かけてつくります。棟梁のいうとおりの雛形を丁寧に造り、組み上げ、それを前に棟梁と「あだこうだ」と議論し合います。そして「これで行ける」となったらその雛形をばらして、部材を一本ずつ大工に与えて本物を作らせます。「雛形部材」を与えられた大工は、極端にいうと訳もわからず、ただ雛形を十倍にした部材を作るべく材木をノコで切り、カンナをかけて作ったものを現場に持っていくのです。そうして組み上げる。そういうシステムになっている。そこには設計図がありません。棟梁と副棟梁が雛形を前に永年の蘊蓄を傾けてすべてを決めているのです。ですから五重塔を調査してみても理論がありません。僕は無理やり理論めいたことを書いてそれが中学校の教科書になってしまいましたが「ちょっとやり過ぎたかな」と思っています。でありますから、本当のところ五重塔には理論がなく、いわばみんながそれぞれ多様性を持った、生き物なのです。棟梁は、永年、方々の五重塔を見て歩いて自分の塔を造っているのです。

尾島　しかもその地域の山にあった材木でつくるから、ぴったりしたものができます。

上田　それをなくしてしまったのが明治以来の学制、今日の大学制度です。理論尊重で、それを法律で縛る、それが現代社会になってしまったのでどうしようもありません。

——でも上田さん、やはりここはウッドファーストですよ。運動にして、原点に立ち返り、我々が近代以前に持っていた木の文化を取り戻していく必要があります。

上田　実は行政も今回は木を使おうことに力を入れています。林野庁が中心になって一般に対して国の圧力をかけたり、法律を改正したり、公共建築では木造建築をつくろうという促進法までつくったりといろいろやっています。しかしあまり進んでいません。それにすべての考え方が画一的です。一品、一品で考えていくという姿勢に乏しい。最近わかったことですが、日本人の建築家なのに「日本では木造建築をやらない」という建築家がいる。「日本の法律では木造建築はできない」とはっきり言っているのです。日本でウッドファーストといって木造建築がこれだけ騒がれていても「画一的な考え方の日本の役所のもとでは作りたくない」というのです。そして彼らはスイスやオーストリアで造っている。

五重塔には理論がなく、いわばみんながそれぞれ多様性を持った、いわば生き物なのです。棟梁は、永年、方々の五重塔を見て歩いて自分の塔を造っているのです。（上田）

田中　坂茂さんがやっていますね。チューリッヒのタメディア新本社。

上田　タメディアがそうです。

中村　ヨーロッパで木造ビルができるということは、燃えにくくする技術があるからですね。

田中　燃えしろ設計などの技術や考え方があります。

上田　柱などを燃えにくくして火災による崩壊を遅らせる技術です。しかしお役所仕事だから役所がすべて一律に基準を決めている。つまり大臣認定などにしている。一般にはなかなかわかりにくい。

――上田さん、やはり建築にかかわる人たちが今の建築基準法をおかしいと突かないと変わらないでしょう。

上田　建築基準法だけでなく大学そのものが問題です。これはかなり根本的な問題です。はっきり言えば、明治に西郷を殺した大久保利通が全てをやってしまいました。大久保はルイ王朝下にできたフランス民法で、プロイセン官僚を模した日本の内務省の官僚にすべてをやらせたのです。建築基準法に限らず、すべての今日の日本の問題の根源はそこにあるようにおもわれます。

この特集がめざすこと

尾島　僕はこういう特集を出してもらって、建築家としてものすごくうれしい。ただみんなそれぞれのところを細かくやっているのですが、上田さんみたいに全体を見渡すことのできる人がまだいるから、こういう場ができたのだと思います。この特集の寄稿者は何人ですか。

上田　約五十人。大したことではありません。

尾島　五十人が寄稿して一冊の本を作るというのは、すごいことですよ。建築家は、造る方、維持する方、復旧する方、さらに伝統工法、新工法などの分野に分かれますが、それを結集している。ゼネコンでも、みんな輪切りになっていますからね。それに今日は中村さんまでいらっしゃっている。僕は何でだろうと思いながら来ましたが、建築が生き物ならば当然登場すべきですね。上田さんのすごいのは、一気通貫で集めてしまうことです。だから僕は、今日本当にうれしい。これを契機にいろんなところから集まって討論してもらったら、日本の木、森、建築のことがもっとわかるのではないでしょうか。日本の山にはそれだけの木があるし、それに日本の山では今ものすごい木が育っているんですね。たまたま戦争までに伐り出せなかった大木が山奥に育っています。大木は、実は集成材より安いということをこの前、山へ行って初めて聞きました。

田中　実は大木を製材する機械がないので買い手がつかなくて、安くなってしまうのです。細い木の方が値段も高くなり、太い木は市場に出てこないという状況になっています。

尾島　多分今度の特集の中には、そういうことを書く著者も入っていますね。それを読んで目からうろこになる建築家が多数いると思います。非常にいい企画です。

日本列島のありよう

——本当にいろんなことをお話しいただきましたが、最後に日本の木、山、建築がどうあってもらいたいかという言葉をいただいて締め括りたいと思います。

中村　私は、日本列島が大好きです。北緯三〇度から四〇度付近のこんなにいい場所にこんなにいい形である国はほかにないと思います。列島弧の中心線には山があって、陸地の周囲は海に囲まれ、畠山重篤さんではありませんが、山と海がつながっており、その間に私たちの暮らしがある。山も海もすばらしいし、それを暮らしに活用している。そのような中で、海はうまく活用されているのに対して、山はあまり利用されておらず、とてももったいないと感じています。

「ウッドファースト」という言葉だけが一人歩きせずに、もっと広く日本列島のありようや山の大切さを思い、山の活用方法を考え、私たちがずっと暮らしてきた木造建築のすばらしさを思い出す総合的な運動にして欲しいのです。そうすると、地方創生というだけではなく、日本列島全体が生き生きした場になると思います。

森林の多様性、建築の多様性、暮らしの多様性

田中　私が森林にこだわるというか、好きなのは、突き詰めると多様な世界だからです。動物、植物だけでなく菌類もいます。生命だけでなく地形や土壌の世界、気象や水の世界もあります。実に多様で、複雑で何でもありの世界で、それが好きなのです。生物多様性というよりも、環境全体に多様性があるのが好きです。この多様性は森林だけにおさまらず、森林の活用方法を考えると、建築の多様性、さらには暮らしの多様性にも広がっていくと思います。

日本の林業は、山一つ違うだけで、谷を越え尾根を越えたら、違ったものになる、とよく言われます。実際に木の植える本数や伐期、木の伐り方、運び方……林業のあり方が、まったく違ったものになっていることがあります。森林が多様なだけでなく、地形などすべての条件が多様なので林業が多様になるのだと思います。

一律に森を守れという運動があったりすると、森を守れということは木を伐るなということ、木を伐るなということは木を使うなということになって、みんな身の回りから木をなくしてしまえということになる可能性があります。でも木を使うことが自然破壊の象徴扱いをされてしまったら、木に興味がなくなってしまいます。木に興味がなくなれば、ほんとうに森が破壊されて

広く日本列島のありようや山の大切を思い、山の活用方法を考え、私たちがずっと暮らしてきた木造建築のすばらしさを思い出す総合的な運動にして欲しい。（中村）

大工さんのように、本物のウッド、生き物のウッドの地肌の違いがわかる男、女になってほしいですね。それを、日本人のインテリジェンスの一つにしたいと思います。（尾島）

いても、だれも止めようとは思わない。そういう負のスパイラルが始まってしまうのではないかと思います。

そうではなく、身近に木があって、鉛筆でも割りばしでもいいから木が好きになって、この木が好きだから樹木が好きになり、森にも行って気持ちよさを味わって、森が好きになって、じゃあ森を守ろうという、正のスパイラルに変えていかなくてはなりません。そのためにも、まず木に触れることが絶対必要です。木を使って森を守る心を育てる流れをつくりたいと思います。

和風建築を世界遺産に

尾島　和食が世界遺産になりましたね。和風建築も、十分に世界遺産たるレベルを持っています。ただ世界遺産になるためには和食の背景にある日本酒の役割を、何かで果たさなければなりません。日本食が注目されるにしたがって、多様な日本酒がワインを超えるのではないかというくらい美味しくなりました。和風建築で大事なのは多様な木です。我々は秋田スギや尾州のヒノキなど、本物の木がわからなければなりません。昔の人は旅館に行って部屋にはいると、天井を見て、部屋の格式を判断しました。だから僕は地場の素材である無垢のちゃんと地肌の見える木を愛してほしいし、価値を認めてほしいと思います。

マンションのインテリアでもそうです。工業製品で一律ではなくて、一軒一軒が違う素材を使っているのがわかる木の多様性を大切にしてほしい。木は生き物で一つ一つ違うのです。レディファーストも、レディは一人一人違うからいいのです。ウッドファーストも、木の多様性を認めないとファーストになりません。しかも日本の材木はすばらしい。シベリア産の画一の集成材と日本のスギやマキとでは、素材の良さが格段に違います。

僕が建築学科の一年生のとき、材料の先生がいろんな材木を持ってきて、これは何の木か当てる訓練がありました。今そういう授業は一切ありません。ウッドファーストの前に、大工さんのように、本物のウッド、生き物のウッドの地肌の違いがわかる男、女になってほしいですね。それを、日本人のインテリジェンスの一つにしたいと思います。

田中　私でも葉っぱを見たら樹種がなんとかわかりますが、木肌を見てもわかりません。それは建築家の専門でしょうか。

尾島　僕らの頃はそういう教育があったけど、今は全くないので、先生方でもわかる人はいないのではないでしょうか。僕はまだ少しわかります。

略奪林業からの脱却を

上田　田中さんのご著書をいろいろ読ませていただいて、日本は歴史的に「山林あって林業なし」の感を受けました。都を造ったり、城を建てたりするとき貴族や武士たちが森林を伐っていった。それはある種の略奪林業です。マーケットがあるような林業、つまり市場林業ではありません。そのなかで「吉野林業だけが永続性がある」と田中さんが書いておられたので僕は「なるほど、面白い」と思いました。その一つの理由は修験がいたから、ということではないですか。

田中　まあ、それもあります。

上田　僕はそれが大きな理由だと思います。日本で歴史的に略奪林業が起きたのは奥山が無主の地つまり魑魅魍魎の場だったからです。しかし実際にはそこには縄文人の系譜の人々が住んでいました。その一つが修験です。木こりや炭焼きなどもいるが弱い。それにたいし修験は仏僧かもしれませんが組織力ある集団です。僕は吉野林業を支えたのは修験ではないかと思います。違ったらまた教えてください。

　というのも、林業でも何でも永続的に業というものが成立するためには、関係者が土地に定着しなければなりません。先ほど西洋では建築官が一つの地域を任されて建物の是非を判断して決めるという話をしましたが、彼らは絶えず地域を見ています。フォレスターもそうだと思います。絶えず見ていることが重要なのです。そのためにはその土地に定着していなくてはなりません。生きた建築を造るのは法律でも理論でもなく「常に現場にいる」ことです。大工の棟梁が五重塔をつくることができたのも、彼らはその土地に定着して、絶えず見ていて、風土も気候も知悉していたからです。土地に定着していることが専門家としてとても重要なことなのです。ところがそれを学校教育では知識さえあればできる、としてしまった。であるから、役人も三年ぐらいでしょっちゅう変わってもかまわないとした。そうしないと出世できない仕組みにしてしまったのです。

　日本の山林と林業はともにしっかりしてもらわなければならないのですが、このように林業のほうにいろいろの問題があります。この問題を解消するためには、森というものに誇りを持つような社会をつくらなければなりません。そうでなければ生きた森を作ることができません。出張したり転勤したりしていて、関係者が常に現場にい

なければ生きた森にはならない。ですから、みんなが仕事に誇りを持ち、林業が抱える問題に立ち向かうことが生きがいになるような社会をつくっていかなければなりません。それが生き物としての森を作りだす前提であり、このウッドファーストもそういう観点から考える必要があります。

　国土地理院の地図によると、いま日本に山という字のつく地名が一万八千ほどあるそうです。私は山に地名がある、ということは、それらの山を地元の人たちがある種、生き物として見ていることだと思います。そしてそういう山が一万八千あるのなら、その生き物の山を見守る人も一万八千人必要だと思います。そのような山を見守る人、日本的フォレスターが巣立っていってほしい。そういうことに役立つのであればこのウッドファーストの運動もすばらしいと思います。

田中　森の近くに住んで常に森を見ているというのが、フォレスターの姿です。ではどうして彼らがそうするのか突き詰めていくと、森を愛しているからです。仕事として何をやったら条文に合うかなというような考え方では、フォレスターにはなれません。森が好きだから、自分が死んだ後の百年後二百年後もこの森が維持できるように、いい森になるようにと考えて、今の作業をする、これがフォレスターです。

　森を愛する心を育てるには、日常的に森を見て、木に触る、においをかぐといった体験がなかったら絶対無理だと思います。理屈の後で、机上の学問として森のことをいくら学んでも好きにならない。理論だけ知っても、愛する心は生まれない。愛する心を育むためには、やはり森、樹木、木材が身近にあって、常にそれに触れるような環境にあることが大前提です。

　ドイツの林学者コッタは「森づくりは半ば科学、半ば芸術である」と言っています。確かに科学的な理屈も必要だが、芸術的な感性で行わなければだめだということです。美しい森をつくれば、おのずから生態学的にいい森になるという言い方もしています。全てが理屈に収まるわけではない。もちろん感情だけでも困ります。両方が必要だということです。

中村　先ほど上田さんは大学の建築学科をなくさなければならないとおっしゃり、尾島さんは大工さんの学校に入らなくてはだめだとおっしゃいましたが、幼いときに森に触れ親しむことができない社会になってしまったから、そういう人材が育ってこなくなったのではないでしょうか。そこのところを改善しなければ、大工さんの学校をつくっても、入学する人がいないのではないかと心配です。

田中　「ウッドファースト」という言葉の前に、「木育」という言葉がありました。これは北海道の木が売れるようにという、少し邪な（笑）林業的な発想から、北海道庁がつくった言葉です。木についての教育ですね。食育と同じような考え方です。

初めはそういう言葉をつくって、みんなに木のよさを教える教育をしようという魂胆だったのです。そうすれば木材も売れる。ところがスタートして、審議会をつくって検討したら、木だけを勉強してもだめだろうという意見が多数出てきて、それでは森のことも勉強し、触れ合う活動だと話がどんどん広がりました。今や全国の自治体に広がり、木育マイスターなど多くの資格がつくられました。そのうち子供に木を触らせよう、木のおもちゃを与えようということでウッドスタートという言葉が生まれました。私は、この言葉がウッドファーストの原点だと思うんですね。幼い子供に樹木や木のおもちゃに触れさせる運動が始まりです。大学に行ってからの勉強ももちろん大切ですが、木を触ることを知らない子供たちは大学に行って木を勉強しようと思わないし、当然木造建築を勉強しようとも思わないでしょう。幼い子供たちに木に触れさせるところに、ウッドファーストのスタートラインがあるのではないかと思います。

――本当に短い時間で、語り尽くせなかったと思いますが、今後の議論の手掛かりは出せたのではないかと思います。

今日の議論でも名前がでましたが、日本を代表する植物生態学者に宮脇昭さんがいらっしゃいます。上田さんはよく御存じだと思います。鎮守の森には、その地域の潜在自然植生の手掛かりがあるという観点から研究と実践をされてこられました。

私はあるとき宮脇さんと水俣に旅をしたことがあります。そのとき宮脇さんは「僕は今日、徳冨蘆花の生家が見たい」とおっしゃいましたので、「先生、どうしてですか」と尋ねました。宮脇さんによると、蘇峰、蘆花の生家は幕末におやじの一敬が建てた、総タブノキ造りで、日本の潜在自然植生の中心樹種であるシイ、タブ、カシのタブは、火事でも焼けないそうです。私は徳富兄弟の生家を以前にも見学したことがありましたが、そのときは何も気づきませんでした。よく見ると頑丈な家で、もう築二百年近くですが、本当にどしっとした家です。

明治神宮の森は、林学者であり造園家である本多静六がいまから百年前に設計したものです。本多静六は二百年後の森の様子を想定しながら設計したそうですが、わずか百年であそこまで立派な森に生長しました。トータルに生態を考えながら森づくりをしていけばいいのではないかと思います。

このウッドファーストという運動で提唱されることが、二十一世紀の未来を切り開いていけるようなものになれば、すばらしいと考えています。

本日はどうもありがとうございました。

（二〇一六年二月八日　於・藤原書店 催合庵）

幼い子供たちに木に触れさせるところに、ウッドファーストのスタートラインがあるのではないかと思います。（田中）

Photo by Ichige Minoru

I 日本人と木の家

縄文人は山に木の家を建てた

鎌田東二

●かまた・とうじ　一九五一年生。上智大学グリーフケア研究所特任教授・京都大学名誉教授。著作に『神と仏の出逢う国』（角川選書、角川学芸出版）『世直しの思想』（春秋社）『世阿弥――身心変容技法の思想』（青土社）等。

木の文化が育んだ「生態智」

縄文人はどこに住んでいたか？

海辺であっても、川辺であっても、山辺であっても、森の中に住んでいた。日本列島が深い森で覆われていたからである。京都大学名誉教授の田中克氏は「森里海連環学」を提唱しているが、まさに森と海を川と人の住む里がつなぐ循環構造が一貫して日本列島の集落の基本形であったといえる。

森があるということは、木がある、ということである。その木を用いて家を建て、道具を造り、生活改善をはかった。もちろん、燃料、エネルギーとしても使った。そうした木の文化が折り重なって、やがて神社に祀られる神々を呼ぶ際に、「一柱、二柱、三柱……」と呼ぶようになっていく。八百万の神々を呼ぶ数詞は「柱」であるが、これは日本列島が極めて豊かな木の文化の土地柄であることをもっともよく証しする言語事例である。

たとえば、筆者の住む京都は、古く「やましろのくに」と呼ばれた。この間、「やましろ」の漢字は、「山代→山背→山城」と変化したが、その地名・国名には、幾重にも囲繞された山並みを持つ典型的な盆地の地形的・空間的特色が示されている。

その折り重なる山々と、河川の氾濫が作り出した扇状地に、縄文人が住みついた。北白川の縄文遺跡である上終町遺跡や小倉町別当町遺跡や京都大学理学部構内にある北白川追分町遺跡などがその跡地である。

かつて、そのあたり一帯は深い森であった。その証拠に、二〇一〇年、京都大学理学部のある北部キャンパスの工事中に、縄文遺跡から巨大なクリの巨木が発掘された。そのクリを使って大きな建物を建てたのかもしれないが、そこには活断層である花折断層が南北に走っていて、地すべり地帯や段丘をなしている。後に、その河川沿いに上賀茂・下鴨両神社が創建されることになる。現在、糺《ただす》の森に鎮座している延喜式内社「河合神社」は賀茂川と高野川の合流点に造られたが、それは森と里をつなぐ水の循環に対する「生態智」的な畏怖畏敬の念に基づいている。

「生態智」とは、「自然に対する深く慎ましい畏怖・畏敬の念に基づく、暮らしの中での鋭敏な観察と経験によって練り上げられた、自然と人工との持続可能な創造的バランス維持システムの技法と知恵」であり、このような「生態智」はもちろん旧石器時代から新石器時代の縄文時代以降も人類文化の根幹をなしている。

京都盆地は、氷河期と間氷期が繰り返される過程で、海と湖が交替して現れた名残りで、地下水脈の豊かな地質・地形となっている。かつては地震の多発地帯で、大地震によって岩盤が上下にずれて落ち込んだところが盆地、隆起部が周囲の山並みとなった。

植生は、古くはカシ類、次にスギ、ヒノキなどの温帯性針葉樹、それからマツ科の針葉樹林、さらにはブナ、コナラ亜属などの冷温帯性落葉広葉樹林に変化した。約六千年前ごろから以降は照葉樹林が発達し、やがて落葉広葉樹の二次林へ変化し、照葉樹林が減少してマツ科が増加し、鎌倉時代末期以降アカマツや低木林が優勢となり、江戸時代や明治時代にはハゲ山も出現していたが、近年はまたふたたび照葉樹林が増大している。

縄文遺跡の配置の方位的・環境的意味

縄文考古学者の小林達雄は「縄文世界から神社まで」(『日本の聖地文化』第六章、創元社、二〇一二年)の中で、相模国(現在の神奈川県)の縄文遺跡、相模川流域の岡田遺跡や勝坂遺跡などと神社との関係を縄文考古学や神道考古学の観点から解明している。小林によれば、縄文人にとって「二至二分」(夏至・冬至・春分・秋分)は大変重要な時間と空間の節目であった。縄文人は、二至二分の太陽が「神奈備型の山頂にぴったり乗って見える地点」を探し当てて、そこにムラを作り、記念物を造営したと小林は見る。

実際、東京都下の多摩丘陵には、大規模で長期に亘って継続する縄文中期のムラが富士山を目指して一直線に並んでいて、冬至の太陽が富士山の頂上に沈む時、頂上に輝く放射状のビーム(ダイヤモンドフラッシュ)を目撃することができると小林は述べている。

縄文人の記念物には、ストーンサークルや巨木柱列や土盛・土手などがあるが、縄文中期の青森県三内丸山遺跡には最大級の巨木柱列の記念物が造られた。直径約一メートルのクリの巨木が向き合って三本ずつ、合計六本立っていた。現在復元されている柱の高さは、一七・四メートルで、柱間は四・二メートルの等間隔である。

小林は、三本一列・二列構造を持つ六本柱の中軸である東北―南西の方位は、夏至の日の出と冬至の日の入りを指し、一年に二回柱列の真ん中にダイヤモンドフラッシュの神秘的な光景を演出する設計になっていると指摘している。そして、東の遠景には高森山、西には岩木山の神奈備型を望むことができるとも。この巨木柱列によって時間と空間を分節し、確認する。その柱がやがて神の数詞となっていく。

相模国の一の宮は延喜式内社の寒川神社である。その寒川神社の東方約一キロのところに縄文中期の環状集落が三つも集中しており、三五八軒の竪穴住居が発掘されたが、未発掘部分を考えると千軒以上の巨大集落があったと推定されている。この岡田遺跡から、ヤマトシジミ（貝類の九二・五％）、ダンベイキサゴ（七％）、ハマグリ、アサリ、コタマガイ、シオフキ、カワニナなどの貝類、エイ類・サメ類、イワシ類、コイ科、カツオ、タイ科、ウナギ属、キス属、ハゼ科などの魚類、鳥類や哺乳類の骨も出土している。漁撈に使用された石錘も大量に出土しており、周辺領域の多様で豊かな生態系に支えられて活発な漁撈や狩猟が営まれ、その食文化や食環境に基づいて千軒以上の住居を持つ縄文大集落が維持された。

なぜこの地に、長期にわたり、千軒以上もある環状集落が営まれてきたのか？　それは、周囲の食環境も大きいが、それだけではない。その周囲の地形にもう一つの秘密がある。

集落の西側には相模川が流れ、真西に富士山が位置している。ということは、二分、つまり春分・秋分の日没が富士山頂に没する光景が見られるということである。そして、大山阿夫利神社の鎮座する大山に夏至の日の出が沈んでいく。したがって、この岡田遺跡から東方一キロのところに鎮座する寒川神社からもその光景が見える。本当かどうか確認したことはないが、春分・秋分の二至に富士山が寒川神社のところまで影を落とすと言われている。だとすれば、そこは特別の聖なる場所となり、そこに神が祀られることになるのは大変理に叶うものである。

小林達雄は、寒川神社と富士山の線上に伽羅子神社、寒川神社と大山との線上には延喜式内社の高部屋神社と大庭神社旧社地、烏森皇大神宮、甘縄明神が並んでいることを指摘している。つまり、寒川‐大山ラインという冬至の日の出と夏至の日の入り線上に多くの神社が創建されていることの方位的・環境的意味についての示唆を与えているのである。

加えて、寒川神社の北東、つまり夏至の日の入りの線上に延喜式内社の宇都母知神社が並び、その反対の南西、つまり冬至の日没線上に神山権現と箱根神山が並んでいるという。こうしてみると、縄文時代からの森や木や場所の文化心性が弥生時代や古墳時代を経て、律令体制が確立して、神社や寺院の補完体制が生まれ、出雲大社や法隆寺などの巨大神社建築や寺院建築が建造されるところまで深くつながっていることに気づかされる。

相模川という川辺にあって、海にも近く、山にも近く、森の中にある。そのようなところに、岡田遺跡や勝坂遺跡の大規模集落が営まれた。青森県の三内丸山遺跡も同様である。

実際、相模川東岸に注ぐ小出川と目久尻川にはさまれた段丘地に鎮座する寒川神社からおよそ一〇キロほど相模川を遡った、相模川と鳩川の合流点付近に鎮座するのが延喜式内社の有鹿《あるか》神社である。その奥宮は鳩川沿いにあり、有名な縄文遺跡の勝坂遺跡の中の湧水地にある。勝坂遺跡からは、編年の標識となる勝坂式土器や多数の打製石斧が出土している。この打製石斧は土を掘る道具であるという縄文農耕論にもつながる重要遺跡である。そこにはシラカシやタブノキを中心とした鬱蒼たる照葉樹林があり、その森の丘陵下に清水が湧いている場所が奥宮である。有鹿神社の「水引祭」では今なお毎年ここに神職が二名やってきて水を汲む神事を行なう。この勝坂有鹿谷祭祀遺跡からは子持勾玉や鏡も出土している。

要するに、この勝坂有鹿谷祭祀遺跡は有鹿神社の奥宮祭祀のみならず、それ以前の数千年にわたる縄文時代以降の聖地や祭祀の伝承を内蔵しているのである。この勝坂遺跡近くに神奈備型の山があり、その頂上にやはり延喜式内社の石楯尾神社が鎮座する。

このように、相模川流域には、延喜式内社の石楯尾神社、有鹿神社、宇都母知神社、寒川神社、前鳥神社の五社が鎮座している。相模川は富士山麓を源流とし、相模湖から上流が桂川と呼ばれる。このような河川が山（森）と海をつなぐ里の形成に大きな媒介項となっているのである。

真脇遺跡のウッドサークル

さて、太平洋岸の縄文遺跡の代表例として岡田遺跡と相模国一の宮の寒川神社との関係を見てきたが、これに関連して、石川県能登半島にある真脇遺跡のウッドサークルを取り上げてみたい。真脇遺跡は、鉞《まさかり》の形をした能登半島北東部の入江の九十九湾内にあり、約六千年前から約二千年前までの長期にわたる集落があった。ここには三百体を超えるイルカの骨、二・五メートルの巨大な彫刻柱、墓、埋葬人骨、土偶、土面など豊富な発掘品が出土している。この土面は日本最古の仮面とされる。

中でも、特筆すべきは、遺跡の最晩期の地層から発掘されたクリ材のウッドサークルである。直径七・四メートルの円周の、十

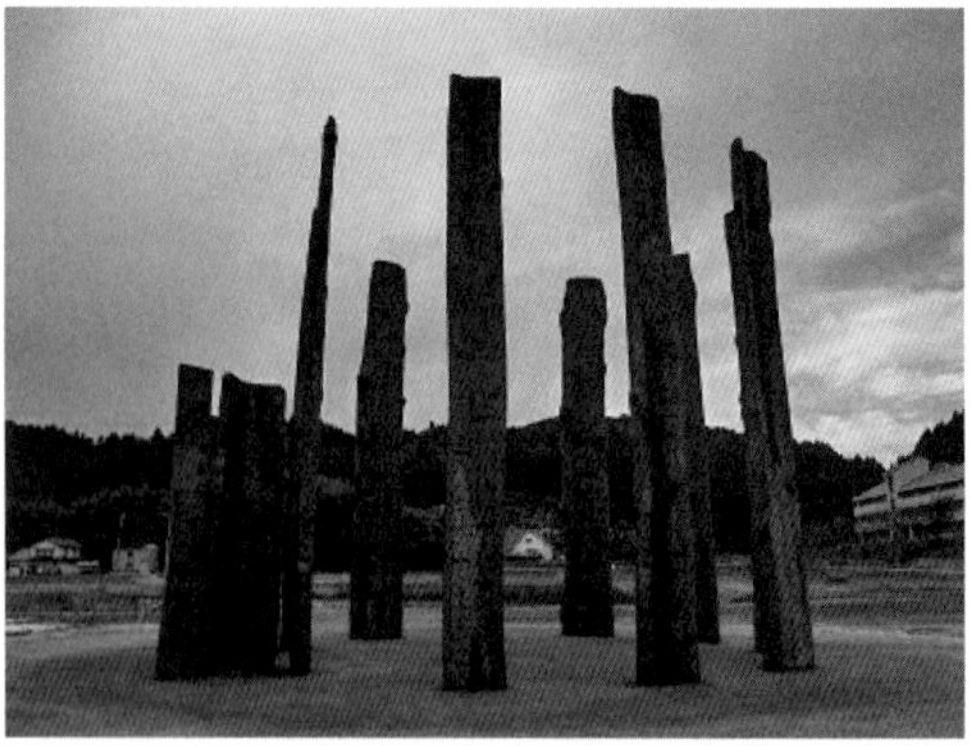

真脇のウッドサークル

本のクリの柱の環状木柱列が遺跡の中心部にある。それも柱を半分に割って丸い方を円の内側に向け、平面化した割った側を外に向けるという特異な形態と配列をしている。なぜそのような構造になっているのかはよくわかっていない。クリの太さは直径八〇～九六センチである。

　復元されたウッドサークルの中に入って周囲を見渡すと、周りの地形がよく見渡せた。三方が山に囲まれていて、まるで胎内のような空間であった。ウッドサークルはこの周りの地形を木柱列の環状配列を通して模倣しているかに見えた。つまり、このウッドサークル内は、胎内の中の胎内という入れ子構造となっているのだ。まるで、その造りは、縄文二重丸(◎)空間であった。周囲の山の大きなサークルと、ウッドサークルの胎内の胞衣のような小さなサークル。まるで気功でいう大自然のめぐりの大周天と自己体内という小自然のめぐりの小周天のリエゾン（共鳴）のような共鳴空間。

　それを、密教の胎蔵（界）曼荼羅とたとえることもできる。私はこのウッドサークルの中に入って、法螺貝を吹き鳴らした。それは胎児が出産時に産声を上げるような響きとなり、周囲の山並みに響き渡り、その残響のはね返りに身心が震えた。天地山海の間にあって、このいのちがここにあって息づいているという生命感の充溢。

　「聖地とはいのちの豊かさを醸成する生地であり、性地である。それゆえに、政地となる」というのがわが聖地観であるが、まさに真脇遺跡はそのような聖地空間であると実感できた。そして、なるほど、ここなら長期にわたる集落を営むことができるだろうと納得したのである。

　三方の山と森。そして、その山と森がやさしく抱き込む入江の海。そこは、対馬暖流がリマン海流と邂逅する暖流と寒流の逢引の地であったので、豊かな海の幸にも恵まれた。山の幸にも海の幸にも恵まれたこの地に、森の木を伐って、人びとは集落を営み、栄えた。その中心にあるウッドサークル（環状木柱）は、地・陰陽・森海和合のハーモニーを象徴しているかのようであった。

　聖地をさらに聖地化する。そのような聖化装置として、十本のウッドサークルは手をつなぎ合って天地を接続し賦活する。縄文の聖地構造の典型を垣間見たと思った。そして二十年ほど前に、公開されて間もない三内丸山遺跡を見学したときの感覚を想い出した。

そこにも集落の前に入江があった。そして集落の中に、六本の巨大なクリの木が三本ずつ手を携えるようにして並列に聳え、近くに大人の墓と子どもの墓が方向を定めて並んでいた。ここにも、生と死の循環が構造化されている。海と森と集落が、六本のクリの木と墓と竪穴住居が、宇宙生命を宿す胎内のように二重・三重に構造化されている。胎内曼荼羅、胎蔵（界）曼荼羅とも言えるような縄文の聖地感覚の秘密がそこにあるように思った。

以上、日本列島内の縄文遺跡を見てみると、縄文人がどれほど繊細緻密に山や森や海や河川を観察し、生活していたかがよくわかる。そして、その「生態智」に基づきながら、持続可能な生活文化や精神文化を築き上げ、そこに巨大記念物や住居などの木造建築を建てた。それが後世の神社やそこに祀る神々を「柱」と呼ぶようになる伝承文化の核心である。その伝承知をしかと見据え、継承しつつ、二十一世紀の日本列島文化を創造していきたいものである。

参考文献

鎌田東二『聖地感覚』角川学芸出版、二〇〇八年（角川ソフィア文庫、二〇一三年）
鎌田東二編『日本の聖地文化――相模国の古社と寒川神社』創元社、二〇一一年
鎌田東二編『究極　日本の聖地』ＫＡＤＯＫＡＷＡ、二〇一四年
田中克「森里海の連環学と自然の霊性観」（鎌田東二企画・編『講座スピリチュアル学第四巻　スピリチュアリティと環境』所収、ＢＮＰ、二〇一五年）
鎌田東二『世直しの思想』春秋社、二〇一六年

山と木をめぐる三千年の日本人の生きざま

【御柱と土塔を中心に】

中牧弘允

●なかまき・ひろちか　一九四七年生。吹田市立博物館館長、国立民族学博物館名誉教授。専攻は宗教人類学、経営人類学。著作に『会社のカミ・ホトケ――経営と宗教の人類学』（講談社）、『カレンダーから世界を見る』（白水社）、『ひろちか先生に学ぶこよみの学校』（つくばね舎）等。

はじめに

筆者は山国信州の出身である。県歌「信濃の国」では「信濃の国は十州に　境連ぬる国にして　そびゆる山はいや高く　流るる川はいや遠し」と歌われる。母校の校歌でも「山また山のはるかたに　そびゆる白馬の雪の峰」と山のことばかりが歌詞に盛り込まれている。信州に海はない。山国であることは所与であって、信州人にとって日本が島国であるという意識は薄い。すくなくとも学校教育で叩き込まれるまでは。

戦前、ブラジルに移住した諏訪出身の岩波菊治はアララギ派の歌人として活躍し、おおくの短歌を残している。移住地に入植当時、希望に満ち溢れて「父母よ喜び給え我が生まれし村の広さの山求め得し」と詠《よ》んだ。しかし望郷の念はやみがたく「ふるさとの信濃の国の山川は心にしみて永久《とわ》に思わん」とも詠《うた》っている。結局、岩波は衣錦《いきん》帰郷を果たせず、サンパウロ州奥地のアリアンサ移住地で五十四歳の若き生涯を閉じている。

中学の修学旅行ではじめて東京に行ったとき、筆者は関東平野の地平線に感動した。西部劇の影響で地平線にあこがれたことも一因だった。信州には盆地はあっても平野はない。しかし、信州にかぎらず、関東平野と北海道をのぞけば、日本で地平線を見ることは至難の業である。国土の三分の二が森林である日本はフィンランド、スウェーデンに次ぐ世界第三位の森林大国でもある。

「日本で最も美しい村」連合に参加している北信濃の寒村がある。小川村といい、長野市と大町市、白馬村に囲まれ、村域の七割弱が山林で占められ、その意味では日本の縮図と言えなくもない。しかも急峻な山々が連なり、川沿いのわずかな水田を除けば、山林と畑ばかりである。山と木の関係を考察するにあたり、まずは小川村の桐山からはじめたい。というのも、同村ではもっともくわしい民俗誌（小川村教育委員会編　一九七三）が残されているにもかかわらず、最初に衰退した地区のひとつだからである。

小川村桐山

小川村はH・E・ナウマンが命名したフォッサマグナ（大地溝帯）の西縁、つまり糸魚川《いといがわ》－静岡構造線に沿ったところにある。かつては海底に沈んでいたところだが、マグマの活動によって隆起した地帯である。換言すれば、北アルプスに沿って落ち込んでいた地溝が飯綱山などの噴火にともなって隆起したところである。桐山地区は小川村でも白馬村との境にあり、海抜八〇〇m～一〇〇〇mの標高に位置している。裏山を越えた西方には糸魚川をはさんで北アルプスの山並みが連なるという山奥特有の景観だ。

桐山という地名の由来には諸説ある。ひとつは「切り立った山」、つまり断崖絶壁などがある山というものであり、もうひとつには「切り開いた山」、すなわち焼畑による開墾地という意味がある。ほかに霧がかかる山という説もあるが、桐は当て字で桐の栽培とは関係がないとされる。

桐山では稲作は盛んではなく、蕎麦《そば》や雑穀、炭焼き、麻や桑の栽培、貸馬などに従事してきた。文化八（一八一一）年に村役人の書いた文書によれば、上納できる物品として、麻、稗《ひえ》、蕎麦、粟、大小豆をあげている。楮《こうぞ》、たばこ、米づくりはしていない。しかも熊、鹿、猿、鳥類によって食い荒らされ難渋し、平日は稗と野菜、祝日には蕎麦、粟を食べ、正月だけは米を少々買い求めると述べている。衣類は古着に麻の裏地をつけ、中綿にはあかわたと称する野草をつかい、帯やかぶりものにもあかわたを使って寒さをしのぎ、耕作以外には炭焼き、樺の皮とり、うどやわらびをとってふすまや米糠《こめぬか》を買い求めていると結んでいる。課税の軽減をねらった村役人の思いやりも介在しているようだが、およその暮らしぶりは知ることができる。

明治末期の桐山地区の物産としては麻・稗・粟・大豆・蕎麦・木炭があげられる。大正年間になると養蚕がほぼ全戸にひろがり、麻の栽培面積も増えた。戦間期から終戦直後までは木炭が全盛期をむかえた。しかし、木炭の需要は高度成長期に激減し、麻も一九五〇年代に衰退し、代わりにたばこが定着していった。

写真1　小根山の小川神社御柱祭の里曳き（1986年）

住居は、地形上、斜面を削って平地をつくり、宅地にしているところがほとんどである。方言でヌケという地滑りの起きにくいところを選ぶことが必須条件である。建築用材には不自由せず、杉、松、栗などがつかわれた。主屋の屋根は萱葺《かやぶ》きで寄棟と切妻がみられた。

桐山と森との関係は萱葺き民家にとどまらず、深い歴史が地元の御柱《おんばしら》行事に宿っている。沢の宮小川神社では寅と申の年に御柱祭をおこない、四本の杉の木を山から引き出し、神社の周囲に立ててきた。桐山などの地区がいわゆる限界集落となった現在も祭りは維持されている。近隣の小根山地区の小川神社でも同様に御柱祭がおこなわれ、そこでの里曳きは北信濃随一とも言われ、にぎやかに挙行されている（**写真1**）。

御柱祭は諏訪信仰の要とも称すべき行事であり、そのルーツは縄文にさかのぼると言われる。したがって、山と木をめぐる日本列島の歴史は御柱がひとつの有力な指標たりうる。そこで、いったん小川村を離れ、御柱のルーツとひろがりに注目してみたい。

御柱のルーツとひろがり

二〇一五年、新潟県糸魚川市にあるフォッサマグナミュージアムがリニューアルオープンした。展示の最大の見どころは日本列島の誕生を紹介する映像である。それを見ると、フォッサマグナをはさんでかつて本州が二つの島に分かれていたこと、そして新生代にマグマの活動によって陸続きになったことがよくわかる。その証拠として、糸魚川のヒスイ、またサンゴや三葉虫などの化石を含む石灰岩の存在、そして海の乱泥流でできた砂岩泥岩互層などが展示されている。

フォッサマグナミュージアムに隣接して長者ヶ原考古館がある。そこには長者ヶ原遺跡で発見されたヒスイ大珠《たいしゅ》や縄文式土器が陳列されている。ヒスイの玉づくりはのちに『古事記』や『出雲国風土記』に登場する奴奈川姫《ぬなかわひめ》伝説や勾玉《まがたま》につながってゆくが、縄文時代には穴の開いた大珠が糸魚川から各地にひろがっていった。

糸魚川の寺地《てらじ》遺跡でもその大珠の生産が確認されている。しかし、本稿で注目したいのは、寺地遺跡で発掘された、方形に配置された四つの穴である。そこには直径約六〇cmの杉が立てられていた（**写真2**）。新潟県立歴史博物館に展示されている寺地遺跡の木柱と配石の模型を見ると、木柱は七～八mの高さを想定している。遺跡現場の解説表示パネルによると信仰ないし葬送の場であったと推定されている。

縄文晩期に属する寺地遺跡と諏訪の御柱とをつなぐ直接的な考古学資料はない。しかし、「柱立て」という共通する要素をもっており、その意義を探るうえで何らかのつながりを想定することはできる。たとえば太陽観測装置としての列柱であり、あるいはカミの依《よ》り代《しろ》としての柱である。さらに敷衍《ふえん》すれば縄文早期から出現した記念物＝モニュメントとしての木柱である（小林二〇〇八）。その例としては青森市三内《さんない》丸山の六本柱や能登の真脇《まわき》遺跡の円形列柱などがあげられる。

写真2　寺地遺跡の4本柱（復元）

諏訪大社は諏訪湖のほとりに建つ四社（上社の前宮《まえみや》と本宮《ほんぐう》、下社の春宮《はるみや》と秋宮《あきみや》）の総称である。主祭神は建御名方神《たけみなかた》であり、大国主命の第二子である。大国主命の国譲りに際し、ひとり反抗して諏訪の地に封ぜられたと『古事記』は伝えている。上社本宮の背後には神体山があり、樹齢七、八百年ともいわれる大欅《けやき》をはじめ森林が鬱蒼《うっそう》と茂り、下社の春秋両宮の裏にも老木がまつられている。御柱の用材は樅《もみ》の木であるが、上社の場合は御柱山から、下社の場合には主に東俣地域の国有林から調達している。いずれの場合も深山の御神木《ごしんぼく》を里まで移動させる必要があり、多くの人手による共同作業が氏子の結束を生んでいることは多言を要さない。

諏訪大社の分社は五千あまり、合祀相殿《あいどの》を含めると一万をこえると言われている。長野県と新潟県にとくに多いが、全国にわたることは言うまでもない。諏訪信仰は武士の台頭にともない、武人の崇敬を集め、御狩の神事が騎射や相撲などの競技も加え、雄大におこなわれるようになった。御射山《みさやま》祭は九州にまで広がったが、そのルーツは狩猟にもとめられる。諏訪の特殊神事のなかでも御頭《おんとう》祭に狩猟文化が色濃く残されている。茅野市神長官《じんちょうかん》守矢史料館に復元された御頭祭で目を引くのは鹿の頭とその頭蓋骨である。展示は天明年間に御頭祭をみた菅江真澄のスケッチ図をもとになされているが、真澄は鹿の生首が七十五、まな板の上に並べられていたと述べている。

このように諏訪大社には狩りといい鹿の頭といった狩猟文化が伝承されている。そればかりか、冬になると御室《おむろ》という竪穴住居が前宮につくられ、卜占などがおこなわれる。諏訪信仰が柱立てともども、狩猟に特化した縄文文化にルーツをもつことはほぼまちがいないであろう。

柱から塔へ

記念物＝モニュメントとしての柱は柱立ての風習にとどまらず、神殿建築にも受け継がれていった。出雲大社の磐根御柱《いわねみはしら》、伊勢神宮の心御柱《しんのみはしら》や棟持柱《むなもちばしら》などがそれである。編者の上田篤氏が指摘するように、仏教建築の五重塔の中心にも振子のように振れる心柱《しんばしら》が吊り下げられている。地震の際、それでバランスをとり、崩壊を防いでいるのである。

仏教建築はしかし、基本的にはモニュメントとして、柱ではなく塔をえらんだ。というより、五重塔がそうであるように、仏舎利を最上部にまつる塔を日本にもたらした。その象徴ともいえるのが行基の造立した土塔《どとう》である。

堺市の大野寺にある土塔は行基集団によって七二七年に建立され、終戦直後、考古学的発掘がおこなわれ、その全容が明らかとなった。高さ九m、基底五四〜五九mの裁頭方錐形であり、一二段の基壇の上には宝珠が置かれていた。遺跡の外観は土の塔であったが、平瓦や丸瓦が多数出土し、土の表面を瓦で覆った塔であることが判明した（**写真3**）。また一二〇〇点ほどの人名瓦から僧俗、老若、男女、貴賤、貧富を問わず寄進や奉仕がおこなわれていたことも明らかとなった。

行基にはその名がつけられた事物がいくつかある。たとえば行基焼（須恵器）や行基図（うろこ状の日本地図）が有名だが、行基瓦もそのひとつである。行基瓦は奈良の元興寺《がんごうじ》の屋根瓦に残っているが、単純な無段式の丸瓦である。行基瓦や行基焼は渡来系の氏族集団に出自をもつ行基に仮託され、朝鮮半島に由来する技術とその集団の存在と縁が深い。かれらは土の窯をつくり、木を燃やして器や瓦を焼成した。

須恵器はろくろをもちいて成形され、窯で一一〇〇度の高温で焼かれ、青灰色で硬質を特徴とし、もっぱら祭式用に使用された。縄文式や弥生式の土器とは明らかに異なる先端的技術の産物である。瓦も窯で焼かれ、仏教寺院の屋根に使用された。瓦の起源は中国にあるものの、朝鮮半島を経て仏教とともに日本に伝わった。

仏教の伝来は一宗教の伝播ではなく、それに付随するさまざまな知識、技術、文化、芸能などの到来を意味した。暦法や行政制度も大陸や半島から導入された。そうした情報の往来は書物や文物だけではなく、人びとの交流によってもたらされたことは言うまでもない。ユーラシアの大陸文明が島嶼の日本列島に波及し、受容や排斥をめぐってさまざまな葛藤や相克が生じた。伝来の神祇祭祀と渡来の仏教の間に生まれた対立もそのひとつである。

それを象徴するのが柱と塔である。御柱は木そのものである。

写真3　一部が復元されている瓦に覆われた土塔

それに対し、寺院の塔は木も使われているが、土塔のように土と瓦でつくられた。仏舎利塔の造立はインドに発し、中国を経て日本に到来した。木の文化が優勢な日本では木造の五重塔もつくられたが、土の文化を優先したかのような革新的な土塔も造立された。

神社側からすると、塔は仏教の象徴物のひとつであった。伊勢内宮の『皇大神宮儀式帳』（八〇四年）には反仏教的な忌詞《いみことば》が記載されている。塔はアララギ（植物のノビルのようにのびている代物）とよばれ、忌み嫌われた。寺院建築は瓦《かわら》葺《ぶき》と言い換えられた。神社建築はいまでも一般に瓦葺や土壁を忌避している。

伊勢神宮の神道思想は柱を尊び、塔への反発を強めていった。本特集の企画の意図を敷衍すれば、それはウッドオンリーの思想と言えるかもしれない。他方、土壁や瓦葺に代表される仏教のほうでは、土塔のようなソイルオンリーは極端な例としても、ソイルファーストを前面に押し出していった。

大陸文明は大河の流域で発生し発達した。インダス文明も黄河文明も水と土が優位な文明である。それに対し、日本列島の文明は木と水を基軸としていた。日本列島はマクロにみると島国だが、ミクロにみれば山国であって、大河文明とは異なる山国文明を構築した。御柱と土塔はその対比を際立たせる例にほかならない。ウッドオンリーとソイルオンリー、あるいはウッドファーストとソイルファーストは対立や葛藤を原動力として日本列島の歴史をつくり、時には木と土の習合的建築を生み出していった。

しかし、それは近代に至り、煉瓦やコンクリートに代表される文化・文明にしだいに道を譲っていった。耐火、耐水を標榜するコンクリートがソイルファーストの旗手となってからは、その差はますます拡大した。その是非は次の鳴海論文に詳しい。筆者としては小川村と信州に言及して本稿を閉じることにしたい。

小川村と信州、そして日本の未来

「日本で最も美しい村」にふさわしい景観とは何か。それは森林の生態系を維持しながら、その恩恵を享受して経済的にも豊かな生活をおくれるような山里である。御柱のような伝統行事が活性化し、山や木と共にあることをよろこべるような環境である。

これは一地区や一村だけの課題でもなければ、一県の問題でもない。山村の暮らしは近代化の過程でおおきな変貌をとげた。それを今度はウッドファーストの思想で都鄙を問わず全国的に、あえて弁証法の用語を使えばアウフヘーベン（止揚）することが懸案となっている。これは一国に深くかかわる事態であり、指標としての御柱が意味をもってくる事柄でもある。なぜなら、御柱は日本文化の最深部に基礎をもつ行事であり、御射山祭をともなって武人にまでひろがりをみせた慣行だからでもある。しかも、震源地はフォッサマグナの中央部分にあたる諏訪の地であり、二つの島をつないだ遠い過去を背負っているかのような象徴的な場でもあるからだ。

参考文献

小川村教育委員会編『北信濃／小川村　桐山の民俗』（信濃路、一九七三年）

小林達雄『縄文の思考』（ちくま新書、二〇〇八年）

私たちはなぜ木の家を捨てたか

鳴海邦碩

●なるみ・くにひろ　一九四四年生。大阪大学名誉教授。都市計画、都市デザイン。著作に『都市の自由空間――街路から広がるまちづくり』(学芸出版社)『都市の魅力アップ』(編著、学芸出版社)『失われた風景を求めて――災害と復興、そして景観』(共著、大阪大学出版)等。

地域の資源に根ざした木の家

工業が発達する以前には世界のどの地域でも地域の資源に根ざして造られた建物が普通で、その中心的な材料は木であった。もちろん、木が少ない地域では石が用いられたが、それでも石で屋根を造るのは難しいから、木が用いられることが多かった。

世界の木造建築を集めた本をいろいろ見ると、地球上の木の建物の広がりがわかる。なかでもインドネシアは屋根形態の宝庫だ。スマトラ島のミナンカバウの牛の角のような屋根、ジャワ島のクドゥスの山高帽のような屋根、スラウェシ島のトラジャの舟型の住まいなど、皆、木で造られている。

そうしたインドネシアのジャワ島中部地域で、二〇〇六年五月に大きな地震があった。地震直後の政府の報告によれば、倒壊家屋数一二万六三二六戸、損壊家屋数三九万二四一四戸という甚大な被害であった。筆者が二カ月後の七月に被災状況の視察に行ったところ、農村地域の被害が大きく、集落は崩れたレンガの山盛りであった。

ジャワ島には素晴らしい木造の伝統的な住まいがあるのだが、貧しい人びとの住宅は、質の悪いレンガで造られていたのである。

柱や梁が不十分で、目地モルタルの強度も小さく、大きな地震の揺れにはひとたまりもない。そうした住宅の構造的な実態が膨大な被害の原因だったのである。

なぜ貧しい農民の住宅がレンガなのかというと、木材資源が豊かなはずのインドネシアでも木材の価格が高く、またレンガだと熟練した大工に頼まなくても自分たちで建てることができるからである。住宅に使われる質の悪いレンガは、土を焼いて簡単に作れる。

今のジャワ島では、鉄筋コンクリートで柱や梁を造り、壁にレンガを埋め込み、その上を化粧した住宅が中流階級の住宅の一般的な造り方になっている。地震で壊れた住宅の再建ガイドラインにもこのような工法が採用されている。

こうしたジャワ島の住宅からいえることは、木材が豊富で木の住宅の伝統があっても、人びとの所得水準や建設コストのレベルが原因になって、木造の住宅から離れていく現実があるということである。それでも木造の伝統的な住宅に対する潜在的なあこがれは人びとの心の中に今も存続している。これをヒントに日本の住宅を考えてみよう。

十七世紀、大火後のロンドンで木の建物が消えた

ジャワ島の農村住宅に見られた工法は、世界中で各地にみられる工法であり、ちゃんと造れば強い。木材で柱や梁を造り、壁にレンガや石を埋め込み、漆喰で仕上げた建物をハーフティンバー造という。木造真壁建築、半木骨造様式とも呼ばれる。イギリス、ドイツ、フランスでは十五世紀から十七世紀にかけてよく建設され、この方法で造られた家並みが各地に残っている。その外観にはロマンチックなイメージがありこれを好む人も多い。かつてのロンドンもこうした建物で街が出来ていたが、一六六六年の大火の以降、ロンドンから木造建築が消えることになった[1]。

ロンドンのこの大火は、シティーの六分の五を焼きつくし、一万三二〇〇棟の家屋をはじめ多くの建物が焼失した。大火の前年にはペストが流行し、ペストによる死者の埋葬場所がないほどだったことから、疫病を焼き払うため政府が火をつけたという流言が流れたという。

大火時のイングランド王はチャールズ二世であり、大陸への亡命経験があった。フランスやベルギー、オランダの都市を知っている彼は、ロンドンの大火の危険性を指摘し、大火の前から建築法の順守を強く求めていた。そして、大火後ただちに、復興に関する勅令を出し、その中で、木造建築を禁止したのである。

シティーは特別委員会を設置し、国王とともにロンドン再建に取り組んだ。よく知られるクリストファー・レンの新ロンドン計画などの提案もあったが、復興は従前の都市の骨格を引き継ぐ形で行われた。

再建されるロンドンの建物は、煉瓦造りか石造りとされ、建物の外側を木造にすることは許されず、安普請も厳しく禁止された。膨大な数の建物の再建を素早く行うために、通りのタイプごとの建物の基準が作られた。横丁にはこのような建物を、主要路沿いにはもっと大きな建物を、といった具合にである。また、建物の高さ、階数、壁の厚さ、地下室の深さなども定められ、内部に使われる木材の木口寸法まで定められた。実に合理的な対策が取られ、都市計画や建築計画の専門家の知見がうまく働いたことがうかがわれる。

ルールはできたがそれが実行されなければ意味が無い。ロンドン復興ではそこにも力が入れられた。つまり、専門家が新築状況を監視する制度が設けられ、規則に違反した者には罰金が科せられたのである。さらには建築資材などの供給にも工夫が凝らされ、復興の速さは目覚ましく、六年を待たずにシティー内の民間建築はほぼ終了した。

都市に深い関心を持った国王、シティー当局、そして専門家たち、彼らのコラボレーションでロンドンが再建された。個々の市民は設計の自由を奪われたが、計画の標準化によって迅速な建設が行われ、そしてロンドンから木造建築が消えたのである。

日本の建物づくりへの大火の影響——江戸期と明治期

ロンドン大火に先立つこと九年、一六五七（明暦三）年に江戸で明暦の大火があり、江戸城や多数の大名屋敷、そして市街地の大半が焼失した。[2] 町家の被害は、間口間数四万八千間、家主不明の町家八三〇軒余。一軒あたり間口三間とすると一万六千余軒になる。ロンドンの被害より多いが、桁は合っている。

ロンドン大火と明暦の江戸大火が違うのは、死者の数である。明暦の大火の死者は諸説があり三万から一〇万人とされる。これに対してロンドン大火では、死者が無いという説や六人または八人あったという記録があるという。このことは何を意味しているのだろうか。

考えられることの一つは、当時のロンドンの一般的な建物であったハーフティンバー造が、燃えるのが遅い、さらには燃えてもすぐには崩れ落ちないということである。これに対して、江戸の木造家屋は燃えやすく崩れやすかったのではないだろうか。合わせて、路地奥に密集する裏長屋の存在が大量の死者を生み出した背景にあったと思われる。

火災対策には屋根の材料も重要だが、江戸の町人が瓦の使用を許可されたのは意外に遅い。何故か、明暦の大火の後に火事に強いはずの瓦葺が禁止されている。一番の理由は火災時に瓦が屋根から落ちて人が怪我をするからだったらしいが、火事に強い立派な建物は贅沢、という気持ちが幕府側にあったからではないだろうか。

瓦葺が一般化するのは、桟瓦が世に出た一六七四（延宝二）年頃からで、一七二〇（享保五）年、ようやく瓦葺建物が許可された。このころから江戸の町には土蔵造・塗屋造・焼屋造の三つのタイプの町屋が見られる様になった。

土蔵造は主として大商人の店蔵として使用され、壁、軒裏、建具すべてを厚い土ぬり漆喰仕上げとした耐火建築である。塗屋造は、地借家持層の住宅に多く、外まわり、とくに二階部分を土壁漆喰仕上げにしたもので簡易耐火建築といえる。全く耐火的配慮をしない町家は、火災時には必ず焼失することから焼屋と呼ばれ、店子層住居に多い。長屋もそうである。

江戸時代の江戸では、大火が繰り返されたにもかかわらず、ロンドンのような燃えない都市を目指すことはなかった。「倹約を旨とする」社会風潮、町人の間にも厳然と存在する経済格差。奉公人や振り売りが住む長屋を火事に強い建物にしようなど、思いもよらないことだったに違いない。

かつて大商人の店だった土蔵造の建物は東京には一軒も残っていないそうだが、日本の各地には蔵造建物で知られる都市がいくつかある。川越がその一つで、一八九三（明治二十六）年の大火の後に多くの蔵造建物が造られた[3]。大火で焼け残った建物が伝統的な工法による蔵造建物であったことから、商人たちは競って蔵造建築による店舗を再建した。レンガや大谷石、御影石などの新しい建築資材も柔軟に取り入れ、いわば「川越的蔵造建物」が生まれたという。

喜多方も蔵のまちで名高く、四一〇〇棟余りの蔵が存在している[4]。このまちで積極的に蔵が建てられだしたのは幕末から明治にかけてであるが、それに弾みをつけたのがここでも大火である。一八八〇（明治十三）年、大火が起き、この大火でも土蔵造の蔵は残ったので、耐火性のある蔵造が大切にされていくこととなる。そして、喜多方では「四十代で蔵を建てられないのは男の恥」と言われるまでになった。

一方、喜多方では明治二十年代の初頭に瓦焼成用の登り窯が稼働するようになり、明治三十年代になると鉄道工事をきっかけにレンガも焼かれるようになった。このレンガを用いて、一九〇二（明治三十五）年、岩月小学校が建設された。この小学校は木骨レンガ造で、内部は当時の木造校舎とまったく変わるところがなかったという。

この小学校を皮切りに、喜多方には多くの優れたレンガの建物が造られていった。その主流は「木骨レンガ造」で、大工棟梁がレンガを使って建物を建てたことからくる「喜多方ならではのレンガ造の追求」が底流にあったと考えられている。そして喜多方式レンガ造は地域に根付き、昭和四十年代まで造られ続けたという。

明治に入っての川越や喜多方の建物に関する動きは江戸のそれとはだいぶ違っている。耐火性能を十分意識した取り組みが生れている。しかし、日本の多くの都市では、大火後といえども、火事に強くまちの個性を創出するような建物づくりのチャンスは訪れなかったようだ。

戦後の都市づくり・建築づくりの目標になった不燃化

燃えない建物づくり、都市づくりが政策として取り上げられるのは戦後のことである。

太平洋戦争末期に日本の都市は米軍の空襲によって焦土と化した。被害面積は約六万四〇〇〇ヘクタールで、全戸数の約二割にあたる約二二三万戸が被災したといわれる。首都である東京は、関東大震災から二〇年余りで二回目の大被害をこうむることになった。関東大震災では、木造住宅が密集する地域での火災が広がり、主に焼死によって約一〇万人の死者を出した。東京への空襲による死者は約一一万七千人である。大震災での火災、空襲による被害を経験し、火事の恐ろしさは日本人の心にしみつくこととなった。

戦後の大火としては飯田、能代、鳥取、酒田の大火が大きなものだが、一九九五(平成七)年におきた阪神・淡路大震災による神戸市の大火はまだ記憶に新しい。特に木造住宅が密集していた長田区では被害が甚大であり、五〇〇〇棟近い建物が焼失した。焼跡では、戦災で焼け残った木材が使用されている零細住宅も発見され、こうしたことも手伝って、木造住宅密集市街地は地震で火事が発生すると大火になる可能性が高いエリアとして広く認識されるようになった。

空襲で焼け野原にされたまちが戦後の都市づくりの出発点であり、国の都市づくりの原点は燃えない都市であった。まず一九五二(昭和二十七)年、耐火建築促進法が施行され、この法に基づいて防火建築帯造成事業が行われた。都市の中心部に、地上三階以上、高さ一一メートル以上の耐火建築物を帯状に建設しようとするものである。延焼を食い止める役割を担い、鳥取大火(一九五二年)の復興に初めて適用され、その後も大火からの復興で用いられた。この防火建築帯造成の考え方は、現在の都市再開発法に引き継がれている。

さらに不燃化の考え方は都市計画にもおよび、防火地域、準防火地域が指定され、建物の方も耐火建築や準耐火建築という火災に強い建物づくりが基本となった。また、木造住宅密集市街地の多くは都市防災不燃化促進事業の対象となっている。こうして建物の方から燃えない、燃えにくくしようとする取り組みが定着してきたのである。

近代化が建築（住宅）を変える

今ごろになって気付くのだが、戦後の生活改善、環境改善の動きはすごかったのだなと思う。近代化である。青森県の津軽に生まれ育った私の体験では、小中学校教育のなかにもそれが反映していた。一番子供たちに直接的だったのが給食による食事改善である。

生活改善運動は、大正のころから取り組まれており、戦後の運動は生活のアメリカ化という側面も持ちながら日本人の生活に大きな影響をもたらした。住宅については、衛生的な観点からの改善はもちろんのこと、家族主義的な間取りや空間利用が問題にされることもあった。実際に多くの住宅ではかまどや水回りの改善が徐々にではあるが進み、他方で「伝統的な住宅は古臭い」という「わだかまり」を人びとに植え付けた。

近代化運動によって地域の住宅が一挙に変わるという事態は、日本では起こらなかったが、お隣の韓国ではセマウル運動（農村再建運動）が地域の住宅を根こそぎ変えた。かつて朴正熙大統領が主導した運動である。(5)

不況に見舞われた朴政権は、一九七〇年、不況対策の一環として全国の三万三〇〇〇余の村にセメント三〇〇～三五〇袋を一律に無償で提供し始めた。その際セメントは必ず村の合意による共同作業で使わなければいけないという条件をつけた。その結果、一九七〇年秋から七一年の春にかけ、予想外に良い成果を生む村が多く現れた。これを見た朴政権は、二年目以降には優れた成果を挙げた村だけにセメントとさらに鉄筋を無償提供し、成果のない村には提供しないという差別化政策を採り、村同士の競争心を煽った。

「チョガチップ（草の家）」と呼ばれる藁葺き屋根の農家は貧困と停滞の象徴でもあり、国の恥とも認識されていた。この藁葺きの屋根が二～三年でカラフルなスレート葺きに変わってしまった。セメントでコンクリートブロックを造り、それを用いて住宅の改修も行われた。所得が増えるに従って、住宅を建て替えるものも出てきた。

韓国の農村の住宅はそのようにして劇的に変化する一方で、都市の住宅も変貌した。都市では鉄筋コンクリート造やコンクリートブロックの組積構造による住宅が一般化し、木造住宅建設が激減したのである。その背景には、朝鮮戦争による森林の荒廃および過度の森林伐採による木材不足、都市の人口急増による膨大な住宅需要があった。

日本の戦後の生活改善、環境改善の運動は、お金も資材もないところから始まったために、その効果としての現象は比較的ゆるやかであった。それが韓国におけるように資材の提供などがあれば、もう少し、劇的な現象をもたらした可能性もある。韓国における生活改善運動の成果を評価し、今、中国がセマウル的運動に取り組みつつある。

日本の戦後における建物の工業化の展開

建物、とりわけ住宅の工業化については、第一次世界大戦以降、先進的なモダニスト建築家の関心事でありさまざまな取り組みが行われた。それが実際に社会的な要請のもとに展開したのが第二次世界大戦後で、もっとも華々しい展開があったのがソ連であった。

一九五六年にフルシチョフは、「人類史上もっとも野心的な住宅プログラム」と呼ばれる住宅政策を掲げた。その目標は、一二年以内に新婚夫婦も含む全ての家族に一家族一戸の住宅（アパート）を配分するというものであった。この目的のために、コンクリート、プラスチック、アスベストを使い、部材を工場であらかじめ生産し、現場でそれを組み立てる「工業化された建設手法」が導入され、劇的に短い建設時間で大量の住宅を建設する仕組みが開発された。この政策によって、最初の六年間でソ連の人口の三分の一が住宅を獲得したと言われる[6]。

日本において戦後の大量の住宅供給の一端を担ったのが一九五五年に設立された日本住宅公団であった。公団は集合住宅の量産方法の開発に取り組み、それを応用して住宅供給を行なった。その技術が公的な集合住宅の供給を牽引すると同時に、やがて主流になる民間のマンション建設にも応用されていった。

集合住宅の工業化技術の開発と並行して、低層戸建て住宅の量産化、工場生産に関する取り組みも始まった[7]。日本で最初にプレハブ建築を開発し経営的に成功したのは一九五五（昭和三十）年に誕生した大和ハウス工業㈱のパイプハウスである。これは仮設で、住宅用としてミゼットハウスに発展した。この成功が刺激となって、一九六〇（昭和三十五）年には積水化学工業が鉄とアルミとプラスチックを一部に使用した住宅を開発し、翌年には、松下電工が軽量鉄骨による平屋住宅を発表した。相次いでミサワホームが木質系の試作を発表している。

一九六一（昭和三十六）年、建設省指導のもとに「プレハブ建築懇談会」、翌年に「建築生産近代化促進協議会」が設立され、一九六三（昭和三十八）年、両者が合体して「プレハブ建築協会」が設立された。こうした動きに象徴されるように、国を挙げて、住宅生産システムの工業化に取り組むことになったのである。こうして、化学、電機、製鉄、機械、材木業、大手ゼネコンなど住宅関連以外の業種からも住宅への参入を呼ぶことになった。

工法別にみると以下のような住宅メーカーがある。

・鉄骨系（大和ハウス工業、積水ハウス、ナショナル住宅（現パナホーム）、NKホーム、八幡エコンスチール、東芝住宅、クボタハウス（現三洋ホームズ）、等）

・木質系（ミサワホーム、永大産業、小堀住研（現エス・バイ・エル）、大林ハウジング、等）
・コンクリート系（大成建設、レスコハウス、ウベハウス、国土開発、大栄住宅等）
・その他、角パイプを柱とする軸組みに軽量気泡コンクリートパネルなどを外壁とする構法（旭化成）や角型鋼管や軽量型鋼を骨組みとするユニット住宅（積水ハウスの元親企業の積水化学のセキスイハイム）など

高層住宅、高層建築は、立ち上がった船ともいえる。大量の集合住宅の供給は、別の眼で見れば、大量の鉄の消費であり、鉄鋼産業の育成につながる。つまり、住宅産業は、鉄鋼、新建材、エネルギー、家電、ＩＴなどをアッセンブルする、資材集約産業なのである。日本社会で自動車産業が果たしているように、住宅産業にも諸産業の牽引車として役割が期待されており、実際にそれを担っている。自動車も住宅も新品がもてはやされるのは、そうした産業的な役割が生み出した戦略によったものである。

木の家を捨てた理由は何か

私たちはなぜ木の家を捨てたのだろうか。これまで見てきたいずれもその理由の一端を担っているのだが、私の考えでは「産業化」が一番だと思う。

戦後の日本の産業・経済政策をみていえることは、諸産業を牽引する中核的な産業に対して、集約的に人力も資金も投入して育成してきたことである。そうした産業には研究費が豊富に付くため研究者も進んで参加してきた。住宅などの建物では、その中心的な材料は鉄で、鉄を消費する鉄主体の構造計画の研究が大いにもてはやされた。これに加えて家電製品の研究・開発が進み、現在はＩＴ産業によるインテリジェント化・スマート化の段階になっている。

このようななかで木造建築、木造住宅はどうだろうか。日本の大学の建築学科では木造建築は長い間マイナーな対象であった。研究者がいないし、授業もない、だから木造に関心のある若い人材が育たない。今もあまり変わらないと思う。

伝統的な住宅は木造である場合が多く、「伝統忌避」も木造離れの一端を担っていると思う。ドイツで生まれたモダニズム（近代主義）の建築の考え方は、戦争をもたらした旧体制、つまりビスマルクの第二帝政の徹底的な否定に立脚していた。スチールやガラスで造る新しい建築を主張することは、同時にドイツ帝国の伝統を否定する、そういう運動であったわけである。日本の戦後にもそうした歴史否定・文化否定が色濃く存在した。こうした風潮のなかで、木造の革新性を論じる建築家や研究者はまれであった。

それに加えて木造建築は燃えるという認識が広まっている。火

災報道で、鉄筋コンクリート造や鉄骨造では構造についてふれないが、木造の場合のみ「木造二階建、木造三階建」と構造を紹介する。これが「木造は火事に弱いという認識を助長しているのではないか」と、中部森林管理局の元局長だった鈴木信哉氏は述べている。(8) 木造でなくても火事が起きるし、燃えない木造建築もあるといっても刷り込まれた意識はなかなか消えない。

　木造建築を巡る状況は厳しいが、一九九〇年ごろから産業至上主義、近代主義といった考え方から、環境主義、生き方主義のような考えが重視される傾向が世界的にも生まれてきた。木造建築離れが著しかった韓国でも、自然志向が高まり、木造建築が建てられるようになった。(9) また、日本でも、「職人がつくる木の家ネット　http://kino-ie.net/」などが立ち上げられ、作る側からの新たな取り組みも行われるようになってきた。若者の「木の家志向」も強い。新しい時代がはじまる予感がする。

注

（1）矢島鈞次著『一六六六年　ロンドン大火と再建』同文館、一九九四年。

（2）内藤昌著『江戸と江戸城』鹿島出版会、一九六六年。

（3）http://www.koedokko.net/meisyo/01/kuradukuri/kuradukuri.html
「川越の観光サイト　小江戸っ子」
http://www.kawagoe.com/kzs/kuradukuri.html
「川越市蔵造り資料館　HP」

（4）北村悦子著『喜多方の煉瓦蔵』喜多方煉瓦蔵保存会、一九八九年。
田中千晶著「郷土愛からはじまる観光まちづくり――蔵のまち・会津喜多方市を事例として地域における観光まちづくりの意義を考察する」早稲田大学文化構想学部文化構想学科、二〇一二年度卒業論文。

（5）野副伸一著「朴正煕のセマウル運動――セマウル運動の光と影」『亜細亜大学　アジア研究所紀要34』二〇〇七年。

（6）外池力著「ソ連における住宅政策――住宅市場形成の問題点」『明治大学政治経済学研究所政経論叢』六〇巻／一／二号、一九九一年十二月。
道上真有著『住宅貧乏都市モスクワ』東洋書店、二〇一三年。
マーティン・ポウリー著、山下和正訳『建築vsハウジング』鹿島出版会、一九七八年。

（7）東郷武著「日本の工業化住宅（プレハブ住宅）の産業と技術の変遷」『国立科学博物館　技術の系統化調査報告　第一五集』二〇一〇年。

（8）鈴木信哉著「トピックス1：火災報道の通例――木造だけが特別扱いの報道をされる理由は？」『木材通信』二〇一三年二月。
http://www.rinya.maff.go.jp/chubu/koho/koho_si/mokuzaituusin.html

（9）権藤智之他著「近年の韓国における木造住宅生産に関する研究――二〇〇〇年代以降の木造軸組構法に関連した動向」『日本建築学会計画系論文集』第七八巻、第六八八号、二〇一三年六月。

ウッドファーストをどう進めるか

尾島俊雄

●おじま・としお　一九三七年生。早稲田大学名誉教授、建築・都市環境工学。（一財）建築保全センター理事長、（一社）都市環境エネルギー協会理事長。著作に『この都市のまほろば』（vol. 1～7、中央公論新社）『都市環境学へ』（鹿島出版会）『日本は世界のまほろば』（vol. 1～2、中央公論新社）『ヒートアイランド』（東洋経済新報社）等。

1　はじめに

レディ・ファーストが日本にも定着したのは最近のことである。同様にウッドファーストも又、何かを造ろうとするときには、先ず木造を主とするコンセプトを、「環境をキーとして」を常識化する時代は、これからが本番か。

私自身の原体験を、上田篤先生に話したことが、今度の原稿依頼と考えられるので、その辺から書き始めたい。

一九四〇年代、日米戦争が始まった頃からの二年間、私は身体が弱く、その上、肋膜炎で入退院を繰り返しながら、離れ座敷で寝込んだ毎日を過ごしていた。そんな時一番の慰みは天井板の「木目」の面白さであり、床柱と長押、欄間の彫刻を眺めながら、中庭にある大きな楓の幹を忙しく動き回る小動物や葉の季節変化を見て、外の世界を連想することであった。

富山のこの家は戦災で全焼したが、幸か不幸か、田舎での疎開生活は身体を強くしてくれた。富山の戦災復興時は中学時代で、祖父が隠居して離れの焼け跡に終の住処を建築した。バラック家しか造れなかった頃に、棟梁が久方振りに本格的日本建築が造れるとあって、自分自身で山に入り、一本一本床柱から天井板、縁側の垂木や書院・違い棚等に加えて、季節毎の障子や襖の建具職、井波の欄間職人等を呼んでは彫り物の相談等、棟梁と祖父との楽しそうな会話や仕事場は私の原体験に重なって、大工になろうと決心した。その結果、大学の建築学科に進み、大学院まで進むことになった。結婚したのが宮大工の娘とあって、新婚旅行先のスウェーデンで見たログハウスやヨーロッパの木造建築にすっかり魅せられ、早速、伊東の山荘は、フィンランドから大工を連れてきて、日本で最初のログハウスをつくったこと。

その一方で、日本が日米戦に追い込まれたのはエネルギー問題が大であったことから、近代建築や都市のエネルギー消費に関心をもち、省エネルギー建築や木造の完全リサイクル住宅の設計を専門としてしまった。二〇年程前、伝統木造建築の職人が消えるという大手ゼネコンの要請もあって、富山で大工と庭師の専門学校を開設。その校長を昨年まで続け、五〇〇人の職人を輩出した。以上が大工を志望しながら環境学者に終始した自分の略歴である。

2　木は仏

四季のある美しい島国の日本は、山の幸、海の幸に恵まれ、縄文文化が一万年も栄えた。すべて森の木のお陰であった。大学での五十余年間、理工学部建築学科の教師としての心残りとして、全国一律の近代建築を普及させることによって日本の伝統文化や美しい自然を破壊したという自責の念があった。

「大和は国のまほろば　たたなづく青垣　山ごもれる　大和しうるはし」（古事記）

「まほろば」という美しい響きは「すぐれたよい所、国」を意味するいにしえからの言葉であるが、二十一世紀、豊かになった今こそ、この言葉の意味を考え、世界に誇れる日本文化と日本文明を創ってゆかなければと考え、日本国内を旅することにした。『この都市のまほろば』と題して中央公論新社から全七巻で出版した。その結果、江戸時代の城下町（三〇〇余）や歴史的宿場町（三〇〇余）、数知れぬ港（湊）町や門前町にはそれなりの品格や風格があった。しかし本当に残したい町並みや公共建築は意外に少なく、どの都市でもランドマークになり続けているのは七万七〇〇〇もの寺院であり、八万一〇〇〇社の神社で、その多くは木造建築であった。

そんな時、二〇一一年三月十一日の東日本大震災が起こった。未曾有の大津波と大地震に加えて福島原発事故である。日本中の都市を歩き終え、最後の七巻目で日本の都市は「まほろば」であると書いたことが恥ずかしくなった。なぜなら、これらの都市を本当に支えていたのは周辺の市町村であったからだ。原発の恩恵によった「まほろば」の都市を支えていたのは、今は辺境の地になっているが、縄文時代にはまほろばの里であった地方の美しい山村の原発立地であった。

私は早速「日本《やまと》は世界《くに》のまほろば」と題して、日本の原発立地周辺一四カ所を歩き、原発が再稼働しても、廃炉が決定しても、使用済み核燃料や廃炉による廃棄物はその地で何百年、何千年も鎮守しなければならない山村の実情を出版した。奇しくも原発立地のほとんどが縄文文化の里であったように、再生可能エネルギーや地球環境に優しい日本文化を再生するには、もっと日本の自然を学ぶ必要を感じ、さらなる旅を続けることにした。その最初に訪れたのは、日本で最も美しい村と呼ばれる南木曾町であった。そこで見たのが島崎藤村の『夜明け前』にも出てくる木曾街道に面した古寺の円空仏である。これまで何度も円空仏は観ているものの、今度は甲府で円空仏展が開催されるに合わせての出発であった。身延から早川町で一泊して下部温泉を経由、R300で道の駅「しもべ」で「木喰《もくじき》の里微笑館」の場所を尋ねて入館する。円空・木喰展が日本各地(二〇一五年二月横浜、三月山梨、六月名古屋、七月岡山)で開催されブームになっているにしては、全く人影はなく、本拠地のこの「微笑館」には本物がたった一体のみ、他は全てが貸し出し中であった。

木喰は一七一八年、甲斐国生まれ。二十二歳で仏門に入り、穀物を断ち、木の実や草の実を食べる木喰戒の修行を積み、五十六歳で全国を旅する。六十一歳から像を彫って八十歳で一千体、九十歳で二千体の造像誓願を立て、一八一〇年、九十三歳まで彫り続け、これまで七二〇体が確認されている。その全てが「微笑仏」と呼ばれるように、笑みを湛えた丸みのある木喰の神仏像である。

円空や木喰が足跡を遺している村の大半は現在過疎に悩む地域である。このような村こそ最も根源的な日本人の生活と文化を維持してきた地域である。神仏混合の信仰は簡単に廃されることなく、円空・木喰の神像・仏像の多くは現在も村人たちの信仰の底流となっている。円空と木喰にとって布教のための神仏造像は本願であり生き様であった。両者共に「木切」から木を清める「加持」そして「作」「開眼」まで一人で行っている。

美濃の木地師の家系に一六三二年に生まれ、山岳信仰に影響された円空は、鉈一丁をもち、諸国行脚しながら木とは神仏そのものという、木への畏敬から円空仏を生んだ。円空仏の三像は一本の丸太から生み出されており、木端や木屑すら仏性が宿ると信じ、無駄にしなかった。若い頃一二万体の造仏を発願して三十余年一日一〇〇体を彫り、結願し、一六九五年六十四歳で故郷の美濃で即身仏になるため食を断つ。今日五四〇〇体が「円空仏」として確認されている。

梅原猛の「森の思想」(11)は、日本の仏像が平安期以後、木彫仏が主であるのは全国の民衆に仏教を広めた行基によること。木というものは昔から霊の宿るところで、木は神であることに着目し、行基は布教の手段として木で寺を造り、仏をつくった。「山川草木悉皆成仏」、即ち日本の宗教は「森の思想」をもち、木に神も仏も宿り、木は命の根源と説く。さらに二十一世紀は核戦争、環境破壊、精神崩壊の三大危機に直面しているが、森を守り、木を大切にすることでこの危機を回避できるとする。

3　建築と木

「建築に属するものは墓とモニュメント、それ以外は建物に過ぎない」は近代建築の巨匠、アドルフ・ロースの言葉である。形態・素材・機能を統一した鉄とコンクリートとガラスの箱物が世界中に普及した二十世紀後半の近代建築は一世を風靡した。しかし、ピカピカの近代建築は時間の経過と共に薄汚れたコンクリートと鉄屑と割れたガラスの粗大ゴミとなり、大都市の景観を破壊し、地方都市にあっては自然の風土すら醜いものに変えつつある。

二十世紀の近代建築は、何故かくも木造を嫌ったのか。考えるまでもなく、地震・火災・戦火などにより、都市に密集した木造建築は火に対して弱かった。しかしコンクリートと鉄とガラスの近代建築もまた、人間性に欠け、その限界を明らかにし始めた。かくして、木がもつ価値が地球環境の持続的発展、サスティナブル・デベロップメントの面から、見直されているのが二十一世紀である。

木は燃えやすいが燃え尽きない。木材は燃焼すると表面の内側で空気と接していない部分に炭化層が形成される。この炭化層は燃焼による表面上の熱を周囲に拡散させ、内側への燃焼進行を遅らせる。十分な断面積をもつ木材は、炭化層によって守られ、内側の健全な木材部分が建物を十分に支える。「燃えしろ設計、二五㎜の層を上乗せすることによって構造安全性を確保する」。

木は使い方次第で十分に耐火的で、構造的にも強いことがわかってきた以上、これを普及促進させるべきである。かくして、木のもつ価値評価が再認識され、科学的にも研究され始めている。

木のぬくもりと肌触りの良さは熱伝導率を比べると分かる。水を一とすれば毛布〇・一、木材〇・四、ガラス一・四、コンクリート二・四、花崗岩六・〇、鉄一〇六から明らかである。

木の香りについてはアロマセラピー（芳香療法）があり、フィトンチッドなどが含まれるため癒し効果があることは森林浴からも立証されている。日本には香道もあり、また沈香なる香木があって正倉院御物の蘭奢待《らんじゃたい》も沈香とされる。

目に優しいのは有害な紫外線が吸収されるためだ。木材からはほとんど反射されないため刺激が少ない。その上、光を反射するとき金属の如きどぎつさはなく、鉋かけされた木面に絹のごとき光沢があるのは、木材の細胞内面壁が凹面鏡の役割を果たすためである。

予測できない心地よさが木目にある。木目の「いい加減さ」と自然の「ゆらぎ」は人々の心をリフレッシュさせる効果があるからだ。また木の響きは、金属材料と全く違って耳障りな高周波成分を抑え、低い周波数成分を相対的に強めるフィルター効果があるため、木の音色を柔らかくしている。

静岡大学の実験で、木・鉄・コンクリートの箱で飼育されたマウスから産まれた子マウスの二三日後生存率は、木箱で八五・一%、鉄箱で四一・〇%、コンクリート箱は六・九%であったという。

木の家は断熱性が高く、ぬくもりや衝撃緩和作用があって、木材の滑りにくさ、柔らかさから事故率は低いという。また木の吸湿性で部屋の湿度が調整されるため、風邪の原因となる菌が消滅し、カビやダニが発生しにくいという。

4 都市と森

都市の象徴である「広場」は、モスクワの「赤の広場」、北京の「天安門広場」、東京の「皇居前広場」等が有名で、「広場」は権力と権威を示す場であり、都市の中心的機能をもっている。その一方、マンハッタンのセントラルパークやロンドンのハイドパーク、ベニスのサンマルコ広場、コペンハーゲンのチボリ公園、ローマのスペイン広場等は市民の憩いの場である。郊外の森として有名なのはアムステルダム、フライブルグ、ウィーン、ストックホルム、ブローニュの森などがあり、人々が集積する高密度な都市機能を維持する上で、広場や森はいずれも不可欠な都市施設である。

これからも大都市に不可欠な施設として、帝国主義時代の「広場」とは違った都市機能を支えるインフラストラクチャーとして、人工的な道路・鉄道・上下水道・各種エネルギー・情報通信インフラ等と同等以上に自然環境インフラとして、広場は位置づけられる。「水の道」としての河川や湖沼・水路、「緑の道」としての街路樹や公園の緑、「風の道」としての太陽や風が通り抜ける「広場」があってこそ都市生活を持続可能にする。近代都市のインフラストラクチャーとして、広場の大切さが日本人にもようやく分かってきたのが二十一世紀に入ってからだ。

日本文化のルーツは江戸時代の生活を基盤としてきたこともあって、何世紀にもわたって築いてきた欧米の都市文明と比較して「広場」に対する価値認識が遅れてしまった。そのことを実感するのは、マンハッタンのセントラルパークにみる都市計画である。ニューヨーク市の中心にあるマンハッタン島は五八〇〇haで一五〇万人の夜間人口を持つ。東京都心四区（千代田・中央・港・新宿区）は五九〇〇haに五七万人。都心居住者密度はニューヨークの三分の一に過ぎないが、幸いなことに、東京都心は皇居や神宮の森など、東京都内で最も緑密度が高い場所であり得た。神宮の森は国民の志で生まれた公園であり、広場である。この点からも、明治維新の日本でも都市に広場や公園や森の必要性は十分に理解されていたのだ。

マンハッタン島は、一八〇七年当時、人口一〇万人ほどで、島全域に統一したオープンスペースとして七カ所（約二〇〇ha）の公園と、南北方向一〇〇フィート、東西方向六〇フィート幅員の格子型街路を策定した。しかしその後の人口増加を考え、一八六五年には一〇〇万人に達すると予測して、南北四〇〇〇m、東西八〇〇m（三二〇ha）に及ぶセントラルパークの位置を決め、その用地買収費として年率五%のセントラルパーク債を発行。受益者負担制度を導入して、周辺に良質な住宅地を建設して収支をとった。その当時から公園や森の価値が市民に十分理解されていたからこそ、債券発行が可能になったのである。ちなみに日比谷公園も同様の方法をとったと思われるが、その面積は一六haとセントラルパークの二〇分の一に過ぎない。

愛知県瀬戸市の東、「海上《かいしょ》の森」は八〇年前、瀬戸物を焼くため木を伐採して、燃料にしたため、禿げ山になったのを、人間の手で植林し再生した山である。高さ一三五mの「海上の森・望楼」は愛知万博における地球博会場に残された数少ない恒久施設で、三内丸山の縄文遺跡にある「木の望楼」を想わせるモニュメントである。北川原温と稲山正弘の共作「補剛板挿入面格子」は自然のバネとダンパーが無数に仕掛けられていて、変形はするが復元する。部材は間伐材を用いることが可能で、この森の保全に寄与する「望楼」である。

森の中の「広場」は都市を生み出す仕掛けとして、都市を継続させ、発展させる。森ビルの創業者である森稔氏の発想を身近に体験した筆者は、彼の著書から次の部分を引用したい。

「都市緑化は、アークヒルズの頃からの私のテーマだった。アークヒルズの再開発に取り組んでいたとき『蟬を返せ』をスローガンにした再開発反対運動が起こった。『コンクリートジャングル』という言葉通り『開発＝自然破壊』と多くの人が考えたからで、アークヒルズでは敷地のまわりに一五〇本の桜の木を植え、建物の屋上を含めて七つの庭園をつくった。二〇年後に、二八cmの桜の幹の外周は一一〇cmに成長し、広場や屋上まで樹木で覆われた。アークヒルズが完成して八年目の夏の蟬時雨を私は格別な想いをもって聞いた」。

樹木は年々成長するのだ。また緑化も常緑樹が中心であったが、一年中変わらない緑は物足りないと気づき、広葉樹や花木・草花も大切だと考えた。人の心に残る樹木をきめ細かく配慮し、日本人の美意識を世界に示すことだ。

都市に住む醍醐味は共有利用で、広場が自分の庭になり、ダイニングになり、応接間になる。交流の機会をつくり新しい緑を生む。ヒルズスタイルをつくり出すためには、スーパーブロック化して広場を生み出すために、超高層建築が不可避となる。「ヒルズグリーン」の誕生である。アークヒルズは二三%から三七%の緑化に成育し、六本木ヒルズは二六%、愛宕グリーンヒルズは三三%、元麻布ヒルズは四四%、虎ノ門ヒルズはこれからである。

5　地球と生命

四億二千万年程前、地球上にオゾン層が完成して紫外線から保護され、陸地には海から生物が上陸して、まもなくシダ植物による森が形成される。木生シダの大森林が石炭を生成し、大気中の二酸化炭素を減少させ、酸素をつくる森林は地球上の機構を緩和して、生物多様性を実現させた。

人類の祖先は三〇〇万年程前に森林生態系の一員となり、二～三万年前の狩猟採集時代には森と共存する。六〇〇〇～四〇〇〇年前に農耕文明を築いた頃から森林を焼き払い「農地」や「水田」「放牧地」によって定住社会をつくる。農山村が都市へと発展するにつれ、地球上の森林を消滅させてきた。二十世紀、この急速に減少する森林の消滅は、人類のみならず多様な生物の生命を危機的状況に追い込み始めた。地球上の陸地の三〇％（四〇〇〇万km^2）を占める「森林」は年間七万km^2も消えているというＦＡＯの報告がある。

森林がもっている多面的な機能として、（1）生物多様性保全機能、（2）地球環境保全機能、（3）土砂災害防止機能、（4）水源涵養機能、（5）快適環境形成機能、（6）保健・レクリエーション機能、（7）文化機能、（8）物質生産機能などがある。

森林生態系の一員であった人類が、上述した多面的機能を失えば生存する術がないことは明らかである。身近に日本の国内事情を考えても、国土の六八％が森林で、縄文の昔から日本人の生活や精神文化のすべてに森林の影響が染みついている。

日本学術会議の報告書によれば、日本のもつ森林の多面的機能を貨幣評価すると、年間で（1）CO_2吸収機能＝一・二兆円、（2）砂防ダムを代替する機能＝二八・三兆円、（3）土留工の代替機能＝八・四兆円、（4）治水ダム代替機能＝六・五兆円、（5）利水ダム代替機能＝八・七兆円、（6）水質浄化機能＝一四・六兆円、合計六七・七兆円／年と日本の国家予算に相当している。私の専門としている建築木材とバイオマスエネルギーの利用面だけを考えても、国産材に関して余りに配慮不足である。

日本の森林面積は二五〇八万haと国土面積三七七九万haの六六％、このうち人工林は一〇二九万ha、天然林は一四七九万ha（国有林七六七万ha（三〇％）、公有林二九二万ha（一二％）、私有林一四四九万ha（五八％））、人工林だけで世界各国と比較すると、中国二一〇〇万ha、インド二〇〇〇万ha、ロシア一七〇〇万ha、ＵＳＡ一三〇〇万haで、日本は五位で、国土面積に比して異常に大きいことが分かる。

日本の森林が保有している木材は、二〇一二年時（二〇〇七年時）に人工林の五〇億m^3（二六億m^3）、天然林の三〇億m^3（二八億m^3）を合わせて八〇億m^3（四五億m^3）、年間一億m^3が備蓄されている。しかし、二〇一二年の木材需要が七〇〇〇万m^3あるにもかかわらず、一三〇〇万m^3しか国産材が利用されていない。この差分が日本の山を荒廃させる最大の原因である。

別の統計から見て、日本の森林は杉材の場合一〇m^3／ha年、松や檜の場合六m^3／ha年、炭素換算で二・六ton／ha年を光合成によって備蓄することができる。平均四〇％の森林密度としても（保安林四〇％、自然公園二〇％を除いた分）、年間二五〇〇ha×一〇m^3／ha年×〇・四＝一億m^3／年（六〇〇〇万トン／年）になる。これ程の木材を生産しながら、建築用木材利用に関してみると、一戸あたり二一m^3利用する木造住宅の六三％が輸入で、そのうち柱材の六一％、横架材の九〇％、土台五一％、筋交い六八％、合板構造材の二一％が輸入材というから驚きである。

二〇一五年一二月、パリのCOP21採決を受けて、日本は、エネルギー政策として、二〇一〇年に再生可能九％、石炭火力二五％、原子力二八％の比率であったのが、二〇一二年の一〇・〇、二七・六、一・七の実績を、二〇三〇年にはそれぞれ二二―二四、二六、二〇―二二としている。そのためには、石炭火力を四八基、二三五〇万kW建設するというが、本当に大丈夫なのか。

バイオマス発電について考えただけでも、日本の森林は年間一億m^3も生産しているのに、自給率がわずか二八％であり、何故、海外から七二％ものバイオマス燃料を輸入して、海外の森林を伐採するのかという他国の批判は当然である。「ウッドファースト」の思想を出来る限り速やかにできるところから進めると共に、常識化する啓発運動が要求される。

参考文献

(1) 木質科学研究所・木悠会編著『木材なんでも小辞典』講談社、二〇〇一年
(2) （財）都市未来推進機構編・石川幹子『オルムステッドとニューヨーク・セントラルパーク』ぎょうせい、二〇〇一年
(3) 石城謙吉『森はよみがえる』講談社現代新書、一九九四年
(4) 森稔『ヒルズ　挑戦する都市』朝日新書、二〇〇九年
(5) 進士五十八『緑のまちづくり』東京農大出版会、二〇〇八年
(6) 安藤範親『未利用材の供給不足が懸念される木質バイオマス発電』農林金融、二〇一四年
(7) 林野庁編『二〇一四年版　森林・林業白書』
(8) 日本学術会議『地球環境・人間生活にかかわる農業及び森林の多面的な機能の評価について』二〇〇一年
(9) 宮脇昭『緑環境と植生学』NTT出版、一九九七年
(10) （公財）旭硝子財団『生存の条件』信山社、二〇一〇年
(11) 梅原猛『森の思想が人類を救う』PHP、二〇一五年

柱賛歌

田中充子

●たなか・あつこ　建築史。著作に『プラハを歩く』（岩波新書）『蹴裂伝説と国づくり』（鹿島出版会・共著）『日本人はどのように国土をつくったか』（学芸出版社・共著）。

1　日本人はなぜ九九パーセント「木の建築」を建て続けてきたか？

日本建築は、縄文時代から明治のはじめまで九九パーセント木造だった、といっていい。モニュメントなどは別として、内部に生活空間をもつ木造というものはほとんどなく、例外は『太平記』（一三七〇年頃）に出てくる土牢ぐらいだろう。つまり、石やレンガなどを構造材には一切使ってこなかった。倉も城もみな木造建築だったのである。

だからといって、日本人がレンガ造や石造の技術を知らなかったわけではない。たとえば、九世紀のはじめに空海は留学僧として唐に渡り、密教をはじめ大陸の建築技術や薬学など多くの知識を日本に持ち帰った。当然ながら、日本にはない石造や塼造《せん》（日干しレンガ）建築も見聞していたはずだ。長安の都では塼造の大雁塔や小雁塔にも登っただろう。

中国を見てきたのは空海だけではない。空海と同時期に日本を出発した最澄をはじめ、円仁や栄西も道元も中国を訪れた。にもかかわらず、日本人は多くの文化を中国から招来したが、そういう塼造建築や石造建築をほとんど建ててこなかった。石を使ったのは、古墳や墓など死者の空間ぐらいである。

では日本人は、なぜ建築に石や塼などを使わなかったのだろう。その謎を解くヒントはじつは『古事記』『日本書紀』のなかにある。というのは「天孫ニニギノミコトが、土地の豪族オオヤマツミの二人の娘のうち妹の木花開耶姫《このはなさくや》に結婚を申し入れたところ、オオヤマツミは姉の磐長姫《いわなが》をそえて二人の娘をさしだした。しかしニニギノミコトは、姉の容姿が醜かったので恐れをなし、妹を選んで結婚をした」という話だ。ニニギにふられたイワナガヒメは嘆いて「天孫が私をお召しになれば、生まれる御子の命は岩のように永遠になるでしょう。妹を召されたので、妹の生んだ御子の命は木の花のごとくはかないものになるでしょう」と呪った。つまり「石」を選ばず「木」を選んだのだが、その影響が建築にも及んだのだろうか。

どうやら日本人はいろいろの局面で石を退け、木を愛してきたようだ。

2 「資源論」で説明できるか？

このように、日本人は明治の初めまで木の建築一辺倒だったが、その理由について建築界は何と説明してきたか、というと、じつは明確な答えが示されていないのである。

そこでふつうに考えると、日本は山が多く、気候が温暖で、木材が豊富だ、という風土からくる資源論である。たしかにお隣の韓国は日本にくらべて森林に乏しい。中国中原にいたっては草原や半砂漠は広いが、中原の山には木がほとんどないといっていい。

一方、森林が豊かな日本では、古代から大量の木を山々から伐り出し、多くの宮や寺社や城などをつくってきた。しかし、いうまでもなく「木は火に弱い」。にもかかわらず都市化した江戸時代においてさえ「火事と喧嘩は江戸の華」などといって一向に木を抑制することをしなかった。一方、山では山崩れなど自然災害が頻発していたのである。

このように、「木一辺倒」にたいして建築の専門家は、「木は地震に強い」対するに「レンガは地震にもろい」といってきた。しかし実際はどうか。大正十二（一九二三）年に起きた関東大震災では、死者・行方不明者は約十万五〇〇〇人だったが、その大半は火災による死者だ。その数は約九万二〇〇〇人。地震による強い揺れで住宅が全潰し、圧死したのは約一万一〇〇〇人である（日本地震工学会論文集、二〇〇四、諸井・竹村）。つまり、火事による死者が圧倒的に多かった。

というのも、当時の住宅は木造の平屋が大半で、二階建ては少なかった。地震がおきたのが昼食時とあって、カマドや七輪の火が住宅に燃え移って火事が広がったのである。阪神淡路大震災（一九九五）のときも多くの人が亡くなったが、家屋の倒壊というよりは火事が原因だった。

たしかに歴史的にみても、イギリスでは一六六六年のロンドン大火で市内の八五パーセントが焼失したため、いご木造建築が禁止された。そしてレンガ造の町づくりが行われたが、対する江戸時代の日本では、ついぞそういう規制が行われなかった。

　しかし、木は地震に強くとも火事に弱いのに「なぜ木を使いつづけてきたのか？」という問題の本質については何も説明していない。つまり単なる「資源論」では説明できないのである。日本に石やレンガが少なかった、などといっても、それは程度問題であって、例外もあって然るべきである。とすると、それは単なる木の物質としての問題でなく「木の精神」にかかわる問題ではないか、とおもわれるのである。

3　日本人は柱を祭ってきた

　では「木の精神」とはなにか。それは「日本の祭」などに現われるようである。というのは、そのとき神さまに玉串すなわち榊《さかき》が供えられるからだ。サカキは常緑樹の総称とされるが、いずれにせよ木である。西洋の祭では羊や牛が捧げられる。つまり西洋の神さまはそういう「肉」を喜ばれるのだが、日本の神さまは食糧ではなく「木」を喜ばれる。もちろん神饌には海幸・山幸もあるが、ごくふつうには「木」が捧げられるのである。

　とすると、木にいったいどういう意味があるのか？

　玉串にサカキの枝をくるくると回して根元のほうを神さまに向けてお供えするのだが、これは「地面に挿木する行為」ではないか、と考えられる。つまり、神さまのいらっしゃる森に「植林する行為」というわけである。しかし食べられない木をなぜ神さまに捧げるのか？　考えてみると、木は食べられないけれど、家の棟木を支えるなど大切な材料なのだ。それは食と同じように大切なことかもしれない。

　たしかに、神さまをかぞえるとき一柱《ひとはしら》、二柱《ふたはしら》などという。『古事記』の冒頭にも「天地《あめつち》初めて発時《ひらけし》、高天原《たかまがはら》に成りし神の名は、天之御中主神《あめのみなかぬしのかみ》・高御産巣日神《たかみむすびのかみ》・神産巣日神《かみむすびのかみ》」の三神を掲げて、この三柱の神は、「みな独神《ひとりがみ》となりまして、身を隠したまひき」とある。神さまの単位は「柱」という数え方をする。

　とすると、木はじつは「柱」ということだ。

　じっさい、むかしの民家や農家には土間と居室部の境の中央に「大黒柱」があった。大黒柱は家の中で最も太く、その家の棟木を支えている。ケヤキ材が多く、念入りに磨き上げられた大黒柱はその家の威厳を示す。土間には「小黒柱」「えびす柱」「荒神柱」などとよばれる柱もあるが、家全体の構えは大黒柱が支えている。家長を「一家の大黒柱」などとよぶわけである。お正月にはお餅が供えられるなど特別な柱とされた。

　その大黒柱のルーツを探っていくと、伊勢神宮にゆきつくのではないかとおもう。伊勢神宮の正殿には、床下に神の依代《よりしろ》とされる「心御柱《しんのみはしら》」があるが、大切なものとしては建物の妻側に立つひときわ大きな「棟持柱《むなもちばしら》」だ。「棟持柱」は建物全体の構造を支えている。

出雲大社本殿では、平面はおよそ亀の甲型の構造になっていて、中央に象徴的に直径一メートル余の「心御柱」が立っている。建物の前面と背面の妻壁の中央の柱はやや外側にとびだして棟持柱となっているが、この棟持柱と左右の柱が棟木をささえている。

『古事記』に、出雲大社の縁起が書かれている。大国主命がアマツカミ族に負けて国譲りをしたとき、降伏の印としてアマツカミの宮のような立派な宮を建ててほしいと願った。その宮は「底《そこ》津岩根《ついわね》に宮柱太しり、高天原《たかまのはら》に氷木《ひぎ》高しり」とある。つまり「柱賛歌」である。

その柱がどういう意味をもっているかというと、たとえば、われわれが家を新築するとき、工事を始める前に「地鎮祭」をおこなうが、ふつうは敷地の四隅に青竹を立てその間を注連縄《しめなわ》で囲んで祭場とし、神主が工事の安全を祈る。ビルの新築や土木工事の起工式でも同じことがおこなわれる。それは、神さまの降臨する場所を示し、土地の神さまの許しを得るためである。神社では、四至《しし》は神さまの降臨する場所を示している。

地鎮祭のばあいは青竹であるが、それは神社のばあいになると柱になる。そこで思い浮かぶのは諏訪大社の御柱《おんばしら》だ。社殿を囲んで太くて高い四本の柱が聳えている。四至である。七年に一度、「柱立て」を行なう行事が「御柱祭」である。山中から一六本のモミの大木を伐りだしてきて立てるのであるが、柱になる木の長さは約一七メートル、重さは一〇トン以上ある。それらの木を上社本宮・前宮・下社秋宮・春宮などの各宮まで二〇キロほどの道を曳行し、社殿の四方に立てて神木とする。つまり神さまの依代《よりしろ》である。

諏訪の御柱祭の起源は、出雲のオオクニヌシが高天原から降りたったニニギに国譲りをしたとき、ただ一人反対したタケミナカタは、武神タケミカヅチに追われて信濃の諏訪湖畔まで逃げてきて降参し、フツヌシとの契約により、国境に御柱、つまり四至を建ててそこから出ないと誓約したことにはじまるとされるが、他にもいろいろな説がある。

諏訪地方では、諏訪大社だけでなく「小宮の御柱」と称して、諏訪神社に無縁の氏神から八幡社、稲荷社、各地区の産土神、道祖神、個人の屋敷神にいたるまで、それぞれの社に見合った御柱を立てる。それは、大小一五〇社余の神社で行われる。また長野県下では、御柱祭は諏訪地方の小宮を含めて約二七〇か所あまりの神社で行われるという。

このような御柱に似たものに、じつは縄文時代の「環状木柱列」跡がある。

新潟県青海町の寺地遺跡や山形県長井市長者屋敷跡の四本柱、青森市の三内丸山遺跡の六本柱などの「方形木柱列」がよく知られている。ほかに、石川県能登町の真脇遺跡や金沢市チカモリ遺跡、富山県小矢部市の桜町遺跡、滋賀県能登川町正楽寺などには、丸木を半割にした柱が八〜一〇本規則正しく円形に並べられた「環状木柱列」がある。チカモリ遺跡では、発見された巨大木柱の下部部分（柱根）は三四七本にものぼる。

木柱は直径三〇センチから八〇センチあまりのクリの巨木で、最大のものは太さが八五センチもある。遺跡の柱穴の大きさから木柱の高さは七、八メートルもあったと考えられている。住居の柱ならば直径一〇センチで十分であるが、柱にしてはあまりに太いので、「縄文の巨木文化」と呼ばれている。このような巨大木柱は、とくに日本海沿岸から中部高地に多い。

このように多くの地域で同じような巨木柱跡が発見されているのを見ると、日本人は古くから巨木信仰、つまり巨大な柱を祭ってきたことが分かる。

そのご大陸から仏教が入ってきて、五重塔や三重塔、さらには七重塔、九重塔などの木塔が各地に建てられた。その数は、おそらく三〇〇〇以上にのぼると思われる。

五重塔のルーツはインドのストゥーパから起きたもので、釈迦の骨をその心礎に埋葬するいわば墓である。しかし、釈迦の骨がそんなにたくさんあるはずもない。中国の現存するほとんど唯一の木塔といわれる山西省応県の仏宮寺釈迦塔では、仏像をまつっている。内部には階段も床もあって、最高重まで人があがることができるから、仏像を祭るための金堂と何ら変わらない。

韓国の大田の山奥にある俗離山法住寺捌相殿は韓国に現存する唯一の五重塔だが、ここには太い心柱がある。しかし壁で囲われて隠されている。その前にたくさんの仏像が祭られている。

ところが日本の仏塔には、仏を祭っているところは少ない。というのは、塔の中心部の仏像を置くべき場所に、心柱《しんばしら》とよばれる太い柱がドーンと立っているからだ。それが大黒柱のように塔の構造の要になっている。だから仏像を置くことはむずかしく、床も階段もないので人はふつうには塔の内部に入れない。すると、われわれは五重塔を拝んでいるのではなく、その内側にある心柱を拝んでいることになるのではないか。

4　柱は神なりき！

日本だけでなく、海外の神殿にも柱がある。

およそ四〇〇〇年前に建設がはじまった古代エジプトのカルナックのアメン神殿の大列柱室には、一六列に配置された一三四本の巨大な列柱がある。うち一二二本は高さ一五メートル、一二本は高さ二一メートルだ。

また西洋、たとえばギリシャでは円柱があり、時代によってイオニア式とかコリント式などいろいろな様式があるが、もともとは樹木をかたどったものだといわれている。じっさい、古代エジプトの柱の起源はナツメヤシの幹といわれ、柱頭には蓮、棕櫚、パピルスのつぼみや花など植物の形態からとったものが多いが、ギリシャ神殿やローマ神殿では、コリント式柱頭にアカンサスの葉が彫刻されている。

中世ヨーロッパになると、ゴシック様式の大聖堂に変わる。われわれは、その内部の荘厳さにびっくりする。見上げるばかりの円柱が整然と並び、五〇本から、多いものは一〇〇本もある。それらは垂直方向にのびて先端が細くなり、天井に網目模様をつくりだす。まるで巨木の森の梢のようだ。

このようなゴシック大聖堂の空間の源泉について、多くの学者はさまざまな説を発表してきた。たとえば十九世紀末のフランスの作家ジョリス＝カルル・ユイスマンは「柱は黒々とした巨木であって、ヴォールト穹窿は茂りに茂った葉簇だ。尖塔アーチは互いに打ち交しあった枝々が歴然とその形を模し、これを支える円柱の方は同様に人間のあれこれの異論の多いあの尖塔アーチ式回廊の外観を見つけたのは多分森の中だ」(『大伽藍』)といい、ゴシックの大聖堂の柱は森の巨木を模写したものだと明言した。

あるいは十八世紀のロマン主義者フランソア・ルネ・シャトーブリアンは「ガリア人の森といえば、それらはわたしたちの父祖の神殿にあった。わたしたちの柏の森はこうして聖なる起源を保持してきた。葉っぱを彫られたこのヴォールト、壁を支え、折れた樹幹のように唐突に終わる側柱……これらはすべてゴシックの聖堂に森の迷宮を思いおこさせる」(『キリスト教神髄』)と、その源を北方の森林においた。またドイツの美術史家ヴィルヘルム・ヴォーリンガーは、ゲルマン人の故郷の精神の表現として、ゲルマン人の森にその起源を求めている(『ゴシック美術形式論』)。

さらにまた、木や森への信仰は、世界各地の未開社会にもみられる。二十世紀はじめに、それらをまとめたイギリスの社会人類学者ジェームズ・G・フレーザーの『金枝篇』のなかの、北イタリアのネミ湖につたわる聖なる森の「金枝伝説」である。ダイアナ女神と女神を祭る森のなかに一本のカシワの木と、それに宿る「金色の宿り木」すなわち「金の枝」があった。その森には「森の王」の称号をもち、女神ダイアナに仕える祭司がいた。もし新たな者が「森の王」になろうとするなら、その祭司を殺すしかなかった。ただし、それには一つの条件があった。それは、祭司と戦ってネミ湖のほとりの「金枝」を折ることだった。祭司を殺しその金の枝を折った者がその後継者になるのである。この物語は、精力を失った森の王は、新しい森の王に道を譲って去らなければならない、という森の掟を示したものだ。

そういう調査を行って、フレーザーは世界の多くの呪術行為を知った。その中のいくつかの話を紹介する。

スウェーデンの古都のウプサラという宗教的都市には、かつて聖なる森があって、木々の一本一本がすべて神とみなされた。キリスト教徒でないスラブ人は、樹木と森林を拝んだ。

また、新大陸のアメリカ・インディアンを調査したルイス・

H・モーガンは、イロクォイ族は「樹、灌木、草すべてが精霊をもっている」といっている。そして東アフリカのワカニ族は、すべての樹は精霊をもっていて、とりわけヤシがそうで、ヤシを伐るのは母親を殺すのと同じとされる。

さらに西アフリカのニジェル河沿岸の村々では、パンヤ樹が尊敬されていて神あるいは精霊の棲み処であるとした。また、南西中国のミャオ・キア族には、村の入り口に聖樹があり、そこに祖先が宿り、村の運命を支配するという。

西洋には十九世紀末にアール・ヌーヴォーが登場するまで柱を神聖なものとしてきた歴史がある。現代になってもニューヨークの摩天楼などをみると、超高層建築がまるで巨大な柱になって林立している。クライスラー・ビルなどのように、頂上部にはアール・デコ装飾のほどこされた尖塔屋根がかかっている。それらをみると、頂上部は木々の先端を意味しているのではないか、とおもう。

いずれにしても、人類一般には「柱信仰」がある。神の降臨する場所であるかどうかということも含めて、建築はアーキテクチュアー、すなわち「聖なる空間」という概念ができたことが大きい。西洋建築にはそういう歴史があった。

5　シダに勝ち 恐竜に勝った

以上、「木は柱」であり、「柱は神」であるという話をすすめてきたが、ではなぜ柱は神なのか?

柱を取り出した木というものは、植物として見たばあい、いろいろの特徴がある。第一の特徴は、柱を取り出すような大きな木はその背がとても高い。とりわけ針葉樹というものは高い。植物には、木と草があるが、草には三メートル以上というのはあまりない。ところが木は、五〇メートル、一〇〇メートルのものまである。動物も含めて考えてみても木は非常に背が高い。

世界で最も高い木といわれているのは、アメリカ・カリフォルニア州レッドウッド国立公園のオオスギで約一一六メートルある。

第二の特徴は、木の幹というものが非常に硬くて頑丈だということだ。幹が硬いがゆえに木は背を高くすることができた。これはすごいことだ。建物に例えると、草が木造の平屋だとすれば、木は五階建てとか一〇階建て、さらに超高層ビルにも相当する。木はまるでコンクリートの建物のようだ。

第三の特徴は、木は食べられない。弱肉強食の生物世界においては草はたいてい動物に食べられてしまうが、木は葉っぱや枝は食べられても幹は食べられない。せいぜいキツツキが求愛のためにつつくか、鹿が皮を食べるかぐらいだ。不思議なことに、木の幹も有機物であるにもかかわらず、ほとんどの動物は幹を食べないのである。なお、シロアリが食べるのは倒木・枯枝・落葉などの植物遺体である。

考えてみると、海の生物でも魚には骨があるし、エビやカニ、貝類などは硬い殻で身を防御している。これらの骨や殻は砕いたり煮たりして食べられる。なぜならこれらはカルシウムであり、栄養になるからだ。ところが、木は煮ても焼いても食べられない。しかし、なぜ食べられないかを真剣に考えた人がいる。静岡工科大学の志村史夫教授だ。彼はオガ屑の粉と小麦粉を混ぜてパンやクッキーを作った。「木の主成分は繊維質のセルロースなので栄養はないが、ダイエット効果があり整腸効果も期待できる」という研究結果をえて特許を申請中だという(『木を食べる』)。そういうことから幹というものは、植物のなかで非常にユニークな存在であることが分かる。

第四の特徴は、木は個体生命が長い。一〇〇年はおろか、五〇〇年、一〇〇〇年という寿命を持つものも稀ではない。これにたいしふつうの動物はたいてい一〇〇歳以下で一生を終えるし、トンボやカブトムシなどは一年の命である。カゲロウは成虫になってからたった一日の寿命だ。

ところが、スギの寿命は長い。長寿で有名な屋久島の縄文杉は、樹齢三〇〇〇年以上と推定される。屋久島は台風の通り道で降雪もあり土壌も痩せているという厳しい環境なので、発育が遅く、ゆっくり生長するから長寿になったといわれる。さらに長寿命なのは、アメリカのカリフォルニア州にあるブリッスルコーンパイン(松の木)で、約五〇〇〇年といわれる。

第五の特徴は、木は個体生命として長寿であるが、種生命としてはさらに長寿だ。いろいろな本を読んでみて分かったことであるが、なんと針葉樹は、今から三億四〇〇〇万年くらい前という大昔に高さ一〇メートルをこえるものが出現したようなのである(西本昌司『地球のしくみと生命進化の46億年』)。種生命はけた違いに長いのだ。

しかし、この問題を考えようとすれば、地球における生物の誕生を知らなければならない。

諸学の教えるところによれば、地球は、四六億年前、宇宙が爆発してできた銀河系の片隅で、太陽の残りかすから生まれたとされる。そのころ地球の表面はドロドロしたマグマの灼熱地獄だった。やがて表面がゆっくりと冷えはじめて一面の海となり、四〇億年くらい前になると、深い高温の海の底で小さな原始生命が誕生した。そして二七億年くらい前に、深い海の底で生まれた微生物が光の届く浅い海に棲むようになった。そうして光合成をおこなうシアノバクテリアという生物が現れ酸素を作りだした。そのお蔭で大気中の酸素濃度が高まって、上空二〇〜三〇キロメートルあたりにオゾン層が作られ、それらオゾン層が宇宙からの紫外線を阻むことによって生物は陸上に上がることができた。

それは藻から進化した苔のようなものだったろう。やがてそれが根と茎と葉をもつ植物になっていく。そういうなかからシダ類が生まれ、地表を覆っていく。

そういうシダ植物のうち、湿地帯で成長したものは高さ四〇メートルにもなったようだ。しかし、太い幹をもたないシダがどうして直立できたか不思議である。考えられるのは、植物の茎が立ち上がって背が高くなってゆき、重力に耐えられなくなったら湾曲してその先端が大地にアーチをかけたような形になったのではないか。そういうアーチの高さが一〇メートル、二〇メートルになったというのなら分からないでもない。アーチを直線にすれば四〇メートルにもなる、ということではないか。

たぶん、成長した巨大なシダが地面に垂れ下がり、いたるところにアーチ状に弧を描き、密生したシダの大森林ができたのだろう。そうして湿地で成長した大量のシダの死骸が「泥炭」となり、石炭になった。しかしそれらがいかに厖大な量であったかは、まだ人類が石炭を掘り尽くしていないことをみてもわかる。ともかく四億年前にシダ植物がものすごく繁茂したのだ。それは巨大なススキのようだったろう。そういうシダの葉や枝の死骸が岩石の粒子と結合してやがて土ができる。

その土を基盤として木が生まれる。シダ類の根が成長して幹になったのではないか。樹木の幹は「空中に現れた根っこ」なのである。つまり湿地帯が土に変わるにつれ、大型シダ植物もやがて地上から姿を消し、やがて土を基盤とするマツやスギなどの針葉樹が現われる。

その針葉樹が高木になったのは動物の攻撃からの防御である。というのも、植物だけでなく魚も上陸して両生類に、次いで爬虫類に、そして恐竜になったからだ。つまり恐竜に食べられないように針葉樹も幹を成長させていったと考えられるのである。

つまり、およそ三億四〇〇〇万年前ごろ、大型シダ植物のあとに木質（リグニン）をもった針葉樹、つまり木が現れた（木質科学研究所『木材なんでも小事典』）。その木が直立できたのは、木の中の木質によるからで、それは根が成長したものであろう。木質つまりリグニンなるものは地中にあって防腐機能をもち、微生物などに抵抗できたからである。それが立ち上がって木の幹になったのだ。

じっさい木は、水や養分を運ぶ水路すなわち維管束の周りの細胞壁にたくさんの木質を蓄え、しかも、上の方へ葉っぱを持ち上げるという構造的な力をもつ。そういう木はいわば鉄筋コンクリートである。細胞壁を構成する繊維は鉄筋で、木質はいわばコンクリートだ。するとさしずめ維管束はそのなかの配管類か。

一方、二億二五〇〇万年前に爬虫類から進化した恐竜が誕生する。恐竜といって思いうかぶのは、映画「ジュラシック・パーク」や福井県にある恐竜博物館だが、大型植物食恐竜はなんといっても生命史上最大最強である。その恐竜の主食は針葉樹の葉っぱだった。

恐竜はなぜ巨大になったか、についてはいくつかの理由があるが、植物を餌にしたことが大きい（ＮＨＫ取材班『生命　40億年はるかな旅』）。ある試算によると、大型恐竜が一日に食べる食料は〇・五トン、体重は四〇トンあったと推測されている。また一頭の恐竜がいると、一二ヘクタールの森林が一年間で食べつくされるという（藤井一至『大地の五億年』）。

そういう恐竜は針葉樹の葉を食べた。当然ながら、針葉樹は恐竜に食べられないように葉っぱを上へ上へと持ち上げた。恐竜も負けじと首を長く進化させ、高い木の上の葉っぱを食べた。しかし恐竜の首がいくら長くなるといってもせいぜい三〇メートルが限界だろう。

一方、針葉樹は三〇メートル、五〇メートルと高くなっていった。すべて木質すなわちリグニンの発明のせいである。こうして針葉樹は恐竜に勝ったのだ。

ところが今から六五〇〇万年前に、突如、恐竜が絶滅する。その絶滅については生物学の世界では議論百出である。なかに巨大隕石が地球上に降ってきて大規模な気候変動が生じて絶滅した、という説が有力である。しかし針葉樹が高くなって恐竜が葉っぱを食べられなくなって絶滅したということも考えられる。現在でも、パンダやコアラもユーカリやササばかりを食べているが、ユーカリやササがなくなったら彼らは死んでしまうのである。

こうして針葉樹は長く世界中に拡大し地上を制覇した。しかしのちに、恐竜が絶滅した亜熱帯から姿を消し、内陸部へと追いやられた。それはどうやら被子植物のせいといわれるが、そこにもいろいろのドラマがあったのだろう。

たとえば、スギやヒノキなどの針葉樹は、空中に大量の花粉を飛ばして受精するので花粉がめしべに届いてから受精が完了するまで半年から一年かかる。一方、花を咲かせる被子植物は、自分は動くことなく昆虫が花粉を運んでくれるので、早いものでは三分程度、遅いものでも二四時間くらいで受精が完了する。けた違いのスピードだ。また果実を動物に食べられることによって果実の中にあるタネを糞といっしょに散布してもらえるなど巧妙な繁殖方法をもっているからだ。

じっさい一億五〇〇〇万年～一億年前に広葉樹のブナが登場する。ブナ科はクリ・ドングリ・シイ・ミズナラのように実をつける木で動物たちがその実を好んで食べる。ブナの故郷は東南アジアの熱帯山地林であるが、赤道付近から北に向かって広がり、ヨーロッパ、さらにベーリング海峡をとおってアメリカまで広がったとされる。

こうして針葉樹は広葉樹のブナに追われ、ブナの生えない北方でやっと生き残った。北欧には豊かな松林が育まれ、現在人はその美しい松林の風景を楽しんでいる。さらにマツは、カナダやシベリアの極北の地で根づき、永久凍土にも負けずに生き延びた。

一部はベーリング海をこえてアメリカへと渡った。

針葉樹は、地球に大きな気候の変化が幾度も繰り返されるなかで、何億年もの永い時間を生き抜いてきた。

そういう北方の高木の針葉樹を、人間は「神さま」のように崇めたのだろう。つまり先に述べたような「柱信仰」が起きたともわれるのである。

いずれにせよ針葉樹は「食べられない城壁」である。木質で武装し、かつ、構造的に背を高くしていった。こうして木は偉大な存在となったのである。

6 産業革命が「柱」を潰した

日本の建築は明治まで九九パーセントが木だった、とのべた。それを大きく変えたのは、アメリカ海軍の軍人マシュー・C・ペリーのもってきた蒸気機関車である。

一八五四（安政元）年三月十三日、ペリーが横浜に来航し、蒸気機関車、炭水車、客車、レール等の模型を一式、幕府に献上した。それは十一日後に、幕府の横浜応接所裏の麦畑で試運転されたが、『蒸気機関車試運転記』には「麦畑の中六十間（約一〇八メートル）ばかりの間を幾度も走り候」とある。それは現物の四分の一の大きさでオモチャのような乗り物だったが、それでもサークル状のレールの上を鉄の塊が煙を吐いて走るのを見物した役人たちはただただ仰天するばかりだった。

『ペルリ提督日本遠征記』に「客車は極めて巧みにつくられ凝ったものであったが、非常に小さいので、六歳の子供をやっと運び得るだけであった。けれども日本人は、それに乗らないと承知しなかった。しかし車の中に入ることができないので屋根の上に乗った。円を描いた軌道の上を一時間二十哩の速力で真面目くさった一人の役人がその寛やかな衣服を風にひらひらさせながらぐるぐる廻わっているのを見るのは少なからず滑稽な光景であった。彼は烈しい好奇心で歯をむいて笑いながら屋根の端に必死にしがみついていた……」とある。

その後、機関車は江戸城内に運ばれて将軍が上覧し、三家諸侯も陪観した。このペリーの黒船来航によってもたらされた「蒸気機関車ショック」により、日本も、そしてまたたぶん建築界もイカレテしまった。

結局、江戸から明治への大きな変革は、エネルギーの大革命によって起こった。つまり木炭から、石炭で蒸気をおこしその蒸気圧で車軸を廻すということである。つまり日本における産業革命であったのだ。

その結果、日本人の考え方は大きく変わった。明治五年に銀座・築地一帯の約九五ヘクタールを焼く大火が起きたとき、明治政府は西洋流の不燃都市の建設を目指した。外国人技師トーマス・J・ウォートルスを雇い、五年をかけて銀座をレンガ街に造り替えた。ロンドンのリージェント通りをモデルに、拡幅した大通りに洋風二階建ての街並をつくった。そうして石やレンガをつかった建築がつぎつぎに建てられていった。東京帝室博物館(一八八二)、鹿鳴館(一八八三)、三菱一号館(一八九四)、日本銀行本店(一八九六)、赤坂離宮(一九〇九)等々である。

また明治政府は、明治十二(一八七九)年に東京大学建築学科の前身となる工部省工学寮に造家学科を設立し、イギリス人建築家ジョサイア・コンドル(一八五二―一九二〇)を招いて日本人の建築教育を始めた。こうして日本の「木の文化」は明治政府によって完璧に捨てられた。以後、大学の建築学科で木造建築の設計を教えることは皆無になった。木造建築技術は、以後、大工さんに弟子入りして学ぶぐらいしかなかったのである。

その結果、コンドル先生が造家学科の一期生に「日本の住宅の将来はどうなるか」というテーマで卒業論文を書かせたところ、学生たちはみな「木造は終わる」と書いた。また、一期生で優秀な成績をおさめた辰野金吾はイギリスに留学したが、先方の先生に「日本建築にどのようなものがあるか」と聞かれて、何も答えられなかったという。

時代は下って第二次大戦の敗戦直後に、日本建築学会は「木造廃止論」を決議した。その理由は、やはり「木は火事と地震に弱い」ということである。もっとも、この決議は実行に移されなかった。

7 木もいいけれど「柱」のことも考えてほしい

二十世紀の近代建築運動に大きな影響を及ぼしたル・コルビュジェは「建築にとって重要なのは太陽・緑・空間だ」といい、神さまのことをついに言わなかった。たしかに「太陽・緑・空間」は身体にいいとしても、心を揺るがすものではない。そしてとうとうバロックやルネッサンスやゴシックや、遡ればローマやギリシャなどの建築の「聖なる柱」はみな捨てられてしまった。つまり西洋の建築から「神」という概念が消えたのである。

このコルビュジェの機能主義のお蔭で、世界の建築はゴロリと変わってしまった。それは機能的であるかもしれないが、世界のどこでも同じスタイルの建築になる。現代の日本建築も「太陽・緑・空間」主義になってしまった。

かつてアメリカのセントルイス市にあったプルーイット・アイゴー団地は、機能主義の最たるものとして建築協会賞をもらったが、完成から十九年目の一九七四年にセントルイス市自身の手によって爆破されてしまった。機能主義という「画一主義」のため犯罪を起こしやすかったからだ。ために空き家が増え麻薬や犯罪の巣窟になったからである。現代の日本の公営住宅なども、同じように人が住まなくなり、空き家対策に苦慮している。

いま古い建築に観光ブームが起きているのは、明るいとか、便利だとかいった機能だけでなく、じつは心に訴えるような温かさがあるからだとおもう。古い建築には、なにがしか心を慰められるようなものがあるのである。現代の建築はガラスとコンクリートの箱で、当然ながら世界中どこでも同じような建築になってしまって味気ないのだ。

建築はそれぞれの土地の文化や風土がつくりあげたものだとすれば、屋根の形ひとつをとってみてもじつにさまざまである。アラビックの屋根も、ゴシックやルネサンスの屋根も、日本の寄棟屋根も、ニューヨークの摩天楼のようなものもある。現代日本の都市は大方それらをなくしてしまった。機能主義もいいが、建築はその土地の文化や風土の象徴として存在することをもって知るべきではないか。

とすると、日本のばあい、屋根と柱というものが非常に大きな意味あいを持ってきた。雨が多いから庇という屋根の構造が発達したし、その下に縁側をつくるという文化も生まれた。それはまさしく日本の風土からきたものである。そして先に述べたように、日本には、民家の大黒柱から縄文の列柱にいたるまで柱にたいするものすごい伝統があった。そういうものをなくすことは悲しいことだ。しかし現代の住宅では、もはや大黒柱はつくらなくなった。

私は十数年前に長野県嬬恋村に木造二階建ての山荘を建てた。そのキッチンと吹抜けのリビングの境に大黒柱を置いた。この家にとっての唯一の柱である。そこに座ると、四方の窓やデッキからアカマツ林だけが見える。日本中探してもこんな風景はどこにもない、などと独りごちるのである。

この原稿を書き始めたとき、二〇二〇年東京オリンピックのための新国立競技場のコンペティション結果が発表された。コンペに応募したのは二人の日本人建築家で、A・B二案のうちA案が当選した。どちらも木をたくさん使うという点において共通しているが、大きな違いは外装である。A案は豊かな緑で覆われているが、B案は列柱で囲まれている。私は詳しい中身のことは知らないが、列柱でスタジアムを囲むことはもはや西洋のモノマネではなくなった。縄文以来の巨木列柱があるからだ。それはその再現につながると思った。その意味で、B案は非常に大きな問題提起であった。

これからも日本文化を柱を中心に見直すべきことを求めたい。

II 木の家の良さ

Photo by Ichige Minoru

木の家の良さ

川井秀一

木の国、木の文化の国

わが国は「木の国」、「木の文化の国」として知られている。古代より生活のなかに木材を巧みに取り入れ、建造物や道具などを作ってきた歴史があるからである。たとえば、わが国の国宝・重要文化財に指定されている建造物は、現在四〇〇〇棟以上にのぼるが、一三〇〇年の時を経て現存する法隆寺をはじめとして、その九〇％以上が木造建造物である。日本人の木との関わりが大変深いことが窺える。

日本はアジアモンスーンの東の端に位置しており、国土は南北に長く、起伏に富み、暖温帯林や冷温帯林を中心に亜熱帯林から亜寒帯林までの多種多様な森林と植生に恵まれている。しかも、国土の三分の二は森林に覆われている。たとえば、生息する植物相は同じ緯度の地域や国と比しても多様性に富んでおり、温帯林域のホットスポットの一つに数えられている（辻野亮 2010）。森林の豊かさはそこに生える多種多様な樹木の個性・特性やその利用について多くの知識と技術の蓄積を促してきたのである。『日本書紀』神代巻には、「ヒノキは建物や宮殿に使い、スギは船に、コウヤマキは棺桶に使うこと」と記されている。ヒノキ材は強度

●かわい・しゅういち　一九四八年生。京都大学大学院総合生存学館 学館長・特定教授。総合生存学専攻、森林学。著作に『木材・木質材料小事典』（梶田熙・今村祐嗣・川井秀一・則元京・杉山淳司・藤井義久・古田裕三共編著、東洋書店）『総合生存学──グローバルリーダーのために』（川井秀一・藤田正勝・池田裕一編著、京都大学学術出版会）等。

や耐久性に優れ、スギ材は割りやすく、曲げやすい、つまり加工しやすい。他方、コウヤマキは高い耐水性をもち、腐りにくいなど、木材の種々の特性をすでに十分熟知していたように思われる。奈良時代に建てられた東大寺正倉院は、高床式校倉造りの倉庫であり、建物の柱や梁などの構造部材にはヒノキ材が使われている。一方、御物が収められている収納箱（唐櫃）にはスギ材が使われている。このような木材の使い分けが文化財の保存に大いに役立っているのである。

生きている樹木はフィトンチッド（植物の出す外敵を殺す物質の意）と呼ばれる樹木固有の揮発性有機化合物（VOC）を放出している。いわゆるテルペン類等と呼ばれる精油成分である。これら樹木の精油成分は、抗ウィルス作用、利尿作用、殺菌作用、抗炎症作用、抗アレルギー作用、免疫力向上などの薬効があることが知られている。人間は、樹木が本来その生命を守るために放出するVOCに適応して自らの健康の維持増進に役立ててきたのである。森林内の空気は二酸化窒素（NO_2）、オゾン（O_3）などの大気汚染物質が少なく、われわれ人間の健康増進に資するばかりでなく、樹木の香り成分が心を落ち着かせ、リラックス効果をもたらすとして、近年これを積極的に活用する森林浴や森林セラピーが注目され、盛んになってきている（Tsunetsugu Y, et al. 2010）。

しかし、伐採された木材が、その材形成の基である樹木と同様に、VOCを放出すると共に、これらの大気汚染物質を吸収、吸着することはあまり認識されていない。木造建造物の内部では二酸化窒素、オゾン等が外気よりも七〇～九〇％減少することが一二五〇年前に建設された東大寺正倉院のヒノキ材校倉やスギ材唐櫃の内部でも観察されることが最近の研究で知られている。このことは、校倉造り庫内に安置された唐櫃内部では、温度、湿度が極めて安定し、適切に保たれているほかに、内部の空気が浄化されてきたために、保管されてきた楽器類、調度類、文具、武具、仏具、服飾類、書蹟などの宝物が一二〇〇年以上の時を経てもなお大きく色あせず、健全な状態のまま現代へとうけ継がれていること、すなわち、文化財の良好な保存環境が保たれてきたことを示唆している。このような木造建築物の室内環境は、文化財だけではなく、人間の居住空間としても快適性の保持や健康の維持増進に適切なものであると考えられる。

居住性能に優れた木材

ところで、木材が優れた調温・調湿機能をもつことは比較的よく知られている。前述した正倉院の調査（二〇〇一年四月一日～四月三十日）によると、建物外に設置された百葉箱の昼夜の温度の日変化は二〇℃以上にも達することが多い。これに対して正倉院庫内及び唐櫃内の一日の平均温度は外気温のそれに追随する動きを見せるものの、温度変化は大幅に緩和され、その変動幅は三℃

程度に抑えられている。このように正倉院庫内及び唐櫃内の温度変動は、初春の外気温の大きな日変動に比して、大変安定していたことが判明している。

一方、正倉院庫外の外気の相対湿度もまた天候や昼夜の気温の変動に応じて大きく変動する。上記期間の外気の相対湿度は温度の日変化と逆相関して、一〇〜一〇〇%の日変動を繰り返す。これに対して、正倉院庫内の湿度は五〇〜八〇%に保たれ、さらに唐櫃内の湿度は六〇〜七〇%と庫内湿度と比べてもさらに安定していたことは特筆される。このように唐櫃内の湿度は、後に詳述するように、書籍などの紙類、絹や木綿など染織された服飾類、木製の楽器や工芸類、剣等の銅、鉄製金属類の保存に最適の環境が保たれているということができる。

木材にはまた優れた断熱・保温性能があることもよく知られている。このなかでもスギ材とヒノキ材は、比較的密度が小さく、単位面積あたりに占める内腔の割合が大きいため空気層をより多く含んでいる。このため、熱伝導率が小さく、断熱性が木材のなかでも特に優れている。加えて、木材の比熱は他の建築材料、たとえばコンクリートや鉄材などの構造材料に比して大きいため、保温効果が大きい。

木材の優れた調温・調湿性能及び断熱・保温性能は、その肌触り・触感や適度な硬さと滑り（動摩擦係数）等の性能と共に、居住空間の床材料としての機能を特に優れたものにしている。コンクリート、ビニールタイル、及び木材（ナラ材）の床材の接触温冷感を測定した実験をみると、コンクリートやビニールタイルの床に比べて、ナラ材の床では接する足の甲の皮膚温度の低下の割合が小さい。とくに、冬期の室温が低くなるときには、木床の場合は足下が温かいと感じることが、各種実験によって示唆されている。このように木材は内装材料として優れた適性を備えている。

いま、何故、スギなのか？

いま、わが国の森林は大変荒廃している。国土を保全し、水を浄化し、生物多様性を保持するなど環境を守る森林の機能が十分発揮できない危機的な状態にある。この理由は、スギ、ヒノキ、カラマツなど戦後植栽した一〇〇〇万ヘクタール以上におよぶ人工造林が利用できる大きさに育ってきたにもかかわらず、十分活用されていないためである。このため間伐等の森林の手入れ不足が深刻になり、山が荒れる状況が起こっている。人工林の五〇%ちかくを占めるスギ材の活用が、水源の涵養や土砂崩れなどの山地の災害を防止し、わが国の環境や生態系を守る鍵となっているのである。

他方、地球温暖化対策に対しても植林木の活用が求められている。大気中の二酸化炭素濃度の観測は二〇一五年には四〇〇ppmに達する見込みであることを示し、温暖化抑制対策として二酸化炭素の排出抑制は喫緊の課題となっている。わが国は森林の二酸化炭素吸収源としての機能に多くを期待している。しかし、これを実現するためには、間伐促進などの森林整備によって健全な森を作り、算出される二酸化炭素の吸収量を増やす政策が不可欠である。

このような森林の整備に向けて、近年、地方自治体が条例により「水源税」、「森林環境税」、「森づくり税」などの名称のもとで、住民一人当り五〇〇円～一〇〇〇円の時限（五年程度）付き課税を実施する場合が増えている。このいわゆる「森林環境税」は二〇〇三年の高知県を皮切りにして、現在三五都道府県が実施している。気候変動枠組条約第二一回締約国会議（COP21、二〇一五年十二月）でパリ協定が成立し、わが国も二〇三〇年度までに二〇一三年度比二六％減を温室効果ガスの削減目標としている。京都議定書の第一約束期間における目標達成にも森林の吸収源対策が大きく貢献したが、パリ協定においても森林の吸収源としての役割が期待されているのである。このため、政府は国税として「森林環境税（仮称）」の創設を検討し、森林整備に力を注ごうとしている。

一方、わが国の木材需給（平成二十六年）をみると、総需要量七四〇〇〇万m^3（丸太換算）のうち、国産材は二二〇〇万m^3であり、他方輸入材は五二〇〇万m^3に達している。わが国の森林の年間純（幹材）成長量は推定約七〇〇〇～八〇〇〇万m^3であるので、現在の森林資源を減じることなく、その年間需要量を賄える程度の成長量は確保できるということになる。現状では、国産材の供給量に比して年間純成長量が大きく上回っているので、わが国の森林蓄積は年々増加を続け、現在では五〇億m^3（幹材材積）を超えるまでになっている。平成二十六年の需要のおよそ七〇年分に相当する蓄積量である。このように木材需給の現状は、森林の蓄積と増加に見合う利用が十分でないまま、その需要の七〇％余りを輸入材に頼り、国産材の利用は三〇％に及ばない状況が続いている。この極端な需給状況を是正し、積極的に国産材を利用することが、豊かな暮らしを維持し、森を育て、わが国の環境を守ることにつながるのである。適切な管理によって森林を守るだけなく、わが国の木材資源を活用することが大切になってきた所以である。

このような背景のもとで、政府も森林・林業の再生に力を入れ始めている。これまで育林のために続けてきた切り捨て間伐から、利用のための間伐へと政策の軸足を移し、平成二十一年十二月に「森林・林業再生プラン」が公表された。また、平成二十二年には公共建築物等における木材利用促進法が制定されている。「森林・林業再生プラン」を基に、平成二十三年には「森林・林業基本計画」が策定された。この基本計画において、林地の路網整備と高性能林業機械の導入、人材（フォレスター）の育成に加え、施業の集約化・団地化によって搬出間伐に転換し、安定した木材供給体制の構築と儲かる林業の実現に向けて具体的な施策が実施さ

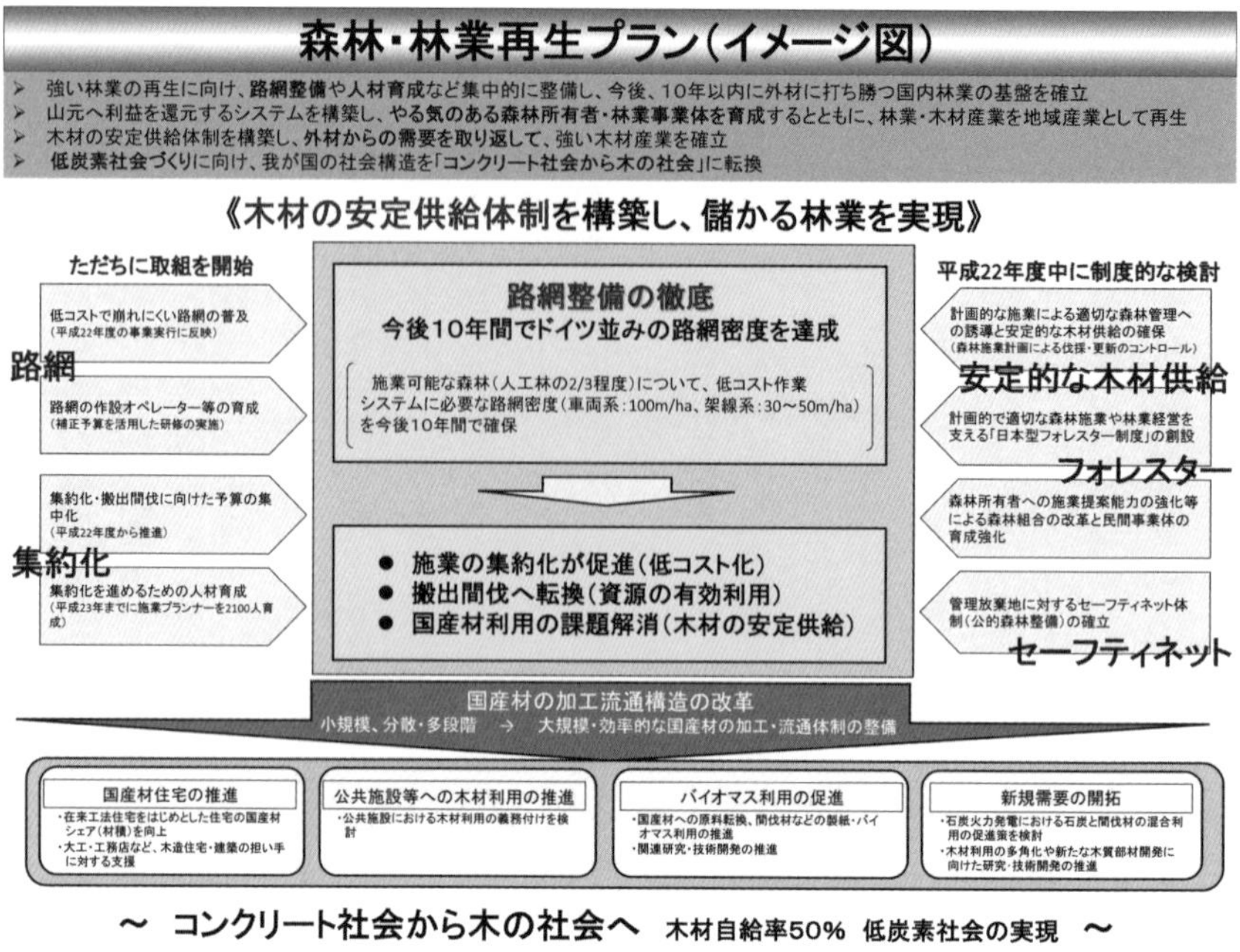

図１　森林・林業再生プラン

れ始めている。今後さらに、私有財としての森林の位置づけに加え、公共財としての森林の機能を十分活かすために、管理責任（義務）と支援・補助（サービス）のあり方や管理放棄地に対する公的な森林整備（セーフティネット）についての議論を具体化すべきである。

また、これらの施策にもまして大事なことは、地域林業の「経営主体の担い手作り」である。これまでの森林組合や素材生産業などの林業事業者は、多くの場合、林業施業を実施する事業主体ではあっても、必ずしも経営主体として機能していたわけではない。一〇ヘクタール未満の小規模な森林所有者が約九〇％を占める林業構造のもとでは、専業林家として自立し、自らの森林経営について将来展望やビジョンを描くことができる林家は数少ない。林業経営の主体が空洞化して明確でない現状が日本林業の大きな課題であると言える。

しかしながら、いくつかの林業地域では林業経営の主体を担う組織の構築が試みられている。地域の森林組合が経営主体となり、機械化・作業道整備などによる低コスト間伐、施業計画の提案と取りまとめなど提案型林業を試みるケース（例えば、京都日吉町森林組合）、また、村（地方自治体）が経営主体となり、林業を「村おこし」のための重要な地域経営事業の一つと位置づけ、コンサルタントや森林組合が協業して森林経営と施業、さらに木材加工を実施しているケース（例えば、岡山県西粟倉村）などがそれである。

そのほか、今後は森林所有者の共同によるものや木材産業からの森林・林業に対するアプローチなども期待できよう。役場でも、森林組合でも、民間企業でも、その地域において森林所有者や地権者の信頼を集め得る主体が森林経営の中心的な担い手となって林業を活性化することを期待したい。

このように山から原木丸太を下ろし、代価を山に還す経済システムの構築が林業再生にとって不可欠であるが、一方、下ろされた木材資源を、原木品質（直材、小曲がり材、チップ材、枝葉・末梢などの森林残渣）に応じて製材、合板、木質ボードなどの建築・家具等の資材、バイオマスエネルギー・発電の原料などに適切に分配する流通構造の改革や木材の新しい加工利用技術の開発も必要である。育てる側（林業）と作る側（木材産業）、さらには使う側（消費者）の連携が大事である。

健康には室内空気の質が大事

中国では大気汚染が深刻な社会問題になっている。中国やインドなどアジア大陸諸国の発展、工業化に伴い、大陸の汚染物質が偏西風に乗り、東に位置する日本列島の大気に及ぼす影響も気になるところである。空気は人体の肺から直接血液中に取り込まれ、全身に運ばれる。人間（成人）が摂取する空気量は平均一五～二〇kg／日、一方食物や水などのそれは三～五kg／日である。人の体内に取り入れる物質の約八五％が空気ということになる。したがって、食物や飲み水の質と同様、人の健康には「空気の質」が大事である。とりわけ、人間は睡眠や食事などを含め、一日のうち屋内で過ごす時間が大半を占めるので、室内空気の質（Indoor Air Quality, IAQ）が重要である。ＩＡＱには温度、湿度、汚染物質、微生物、電磁波などが関与している。

ところで、わが国の気候は、夏は高温多湿、冬は低温低湿という特徴がある。これまでわが国の住宅には木や紙、土などの自然素材が建築材料として多く用いられてきた。これらの自然素材はいずれも大気の湿度に応じて吸放湿を繰り返すため、適度な換気により屋内湿度を調節する機能に優れ、日本の気候に適合した住宅を提供してきたと言える。しかし、近年われわれの住宅に使われる材料は大きく変わり、それと共に居住環境も大きな変化を見せている。コンクリート・ガラスなどの無機材料や鉄・アルミニウムなど金属、ビニル系壁材、合成化学系の接着剤や塗料を用いたプラスチック系建材が増え、断熱性能や気密性能は高いが、調湿機能がほとんど認められない住宅となった。高断熱・高気密住宅と空調機の普及により、住宅の温度調節能は飛躍的に向上した反面、適度な湿度や清浄な空気質の保持がむしろ困難となっているのである。このためいわゆるシックハウス症候群が増加し、健康問題が顕在化している。

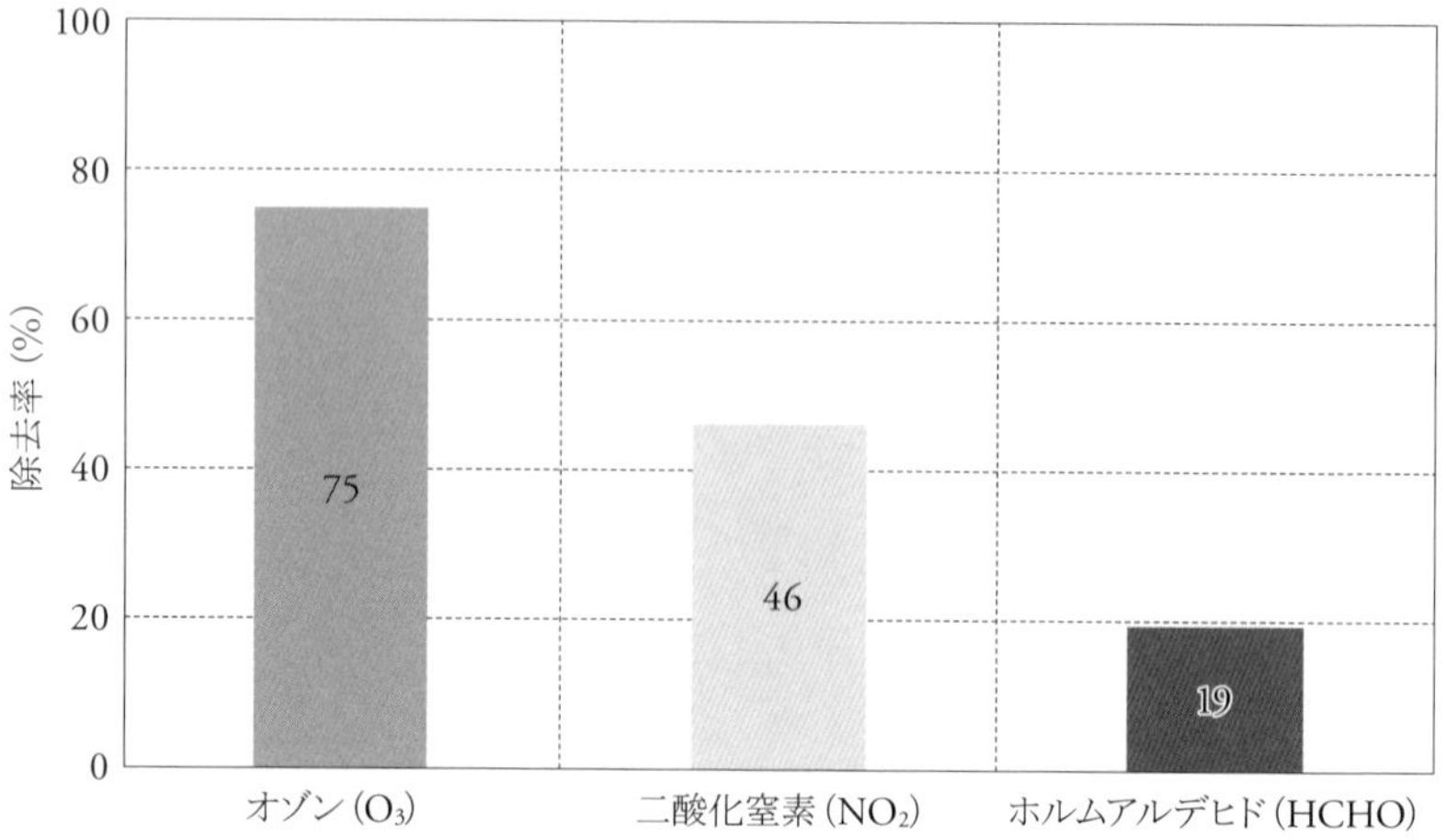

試験体:飫肥スギ材
入口O_3濃度:600ppb. 入口NO_2濃度:1,000ppb. 入口HCHO濃度:1,400ppb. 通気線速度:20 cm/sec. RT:20℃. RH:50%.

図2　スギ木口材の二酸化窒素、オゾン、ホルムアルデヒドの除去性能

スギ材の空気浄化機能について

木材、とくにスギ材には優れた空気浄化機能があり、木材の内装仕上げによっては施主や利用者から「良く眠れるようになった」「喘息が軽快した」「アトピーのかゆみがなくなった」「風邪をひきにくくなった」という声が聞かれると共に、抑うつや不眠などの症状改善が建築内装の設計者によりしばしば観察されている。

「光触媒材料の空気浄化性能試験方法」(JIS R1701-1: 2004)に準拠し、二〇℃の恒温に保たれた標準ガス暴露チャンバー内において、光を照射せずに一定濃度の二酸化窒素(NO_2)を一定流量下で木材試験体(寸法:五×一〇×一・五cm)表面に曝露し、曝露前後の汚染物質の濃度差の経時変化を測定した実験データをみると、スギ材の場合には測定初期段階では二酸化窒素の吸収量が約七〇%に及んでいる。その後、この吸収量は漸減し、二四時間後には二〇%程度にまで低下するが、以後、この値を長く保持する。同じ方法でヒノキ材、ケヤキ材、ブナ材、チーク材など、国内外の多くの樹種について調べた結果、スギ材の二酸化窒素吸収能力が圧倒的に優れていることも判明している。さらに、スギ材には、オゾンやホルムアルデヒドの浄化能力もあることが確認された(川井秀一ほか、2010)。

図2は、同じ試験方法を用い二酸化窒素の場合と同様に、オゾ

ン（O_3）、あるいはホルムアルデヒド（ＨＣＨＯ）を一定流量下で飫肥スギ心材の木口表面試験体に曝露し、曝露前後の汚染物質の濃度差の経時変化を測定した結果をＪＩＳ規定に準拠して算出した吸収率（％）で示したものである。図より、スギ木口材は、とくに二酸化窒素およびオゾンの吸収能力が高くそれぞれ四六％及び七五％に達することがわかる。

このような一連の研究を通じてスギ材の優れた空気浄化能力が明らかにされつつある。たとえば、スギ材の空気浄化能力は板目材よりは木口材で優れ、辺材よりも心材のほうが高い。このことは、木材の空気浄化能力が組織構造による物質移動速度の違いに影響されること、また汚染物質と木材表面の接触面積の違いや心材に多い抽出成分等の影響を受けることを示唆している。さらに、心材成分には産地の影響や加工時の乾燥温度などの影響を強く受けることが実験的に明らかにされている。たとえば、伐採されたスギ材の二酸化窒素の吸収能は天然乾燥、低温（四五℃）、中温（六〇℃）、及び高温（一〇〇℃以上）乾燥の順に低下する。乾燥温度が高くなるに従い、揮発性有機化合物（ＶＯＣ）である抽出成分が多くスギ材内から失われるためである。このように種々の温度で乾燥されたスギ材にアルコール・ベンゼンで脱抽出成分処理を施すと、乾燥温度の違いに由来する抽出成分の影響が認められなくなる結果もまたこれらの推定を強く支持している（中川美幸ほか、2015）。

スギ木口スリット材の開発

ところでわれわれが普段みかける材木の表面は板目面や柾目面であり、一方、木口面は立木を切り倒したときに現れる面である。スギ材木口面の優れた空気浄化能力が明らかとなったが、木材の組織構造上の特徴から、実際に使用される製材等の建築材は、板目あるいは柾目に木取りされるので木口面積は極めて小さく、大きな浄化能力を期待することはできない。

木材の空気浄化機能や湿度調整機能を活かす材料として、スギ木口スリット材が開発され、実用化の段階にある（藤田佐枝子ほか、2011）。すなわち、図3に示すように、スギ材の板目（あるいは柾目）材面に繊維に直交する方向にスリットやＶ溝切削加工を施し、木口の露出面積を大きくする工夫を施すと共に、意匠性に配慮した建材の開発が進められている。

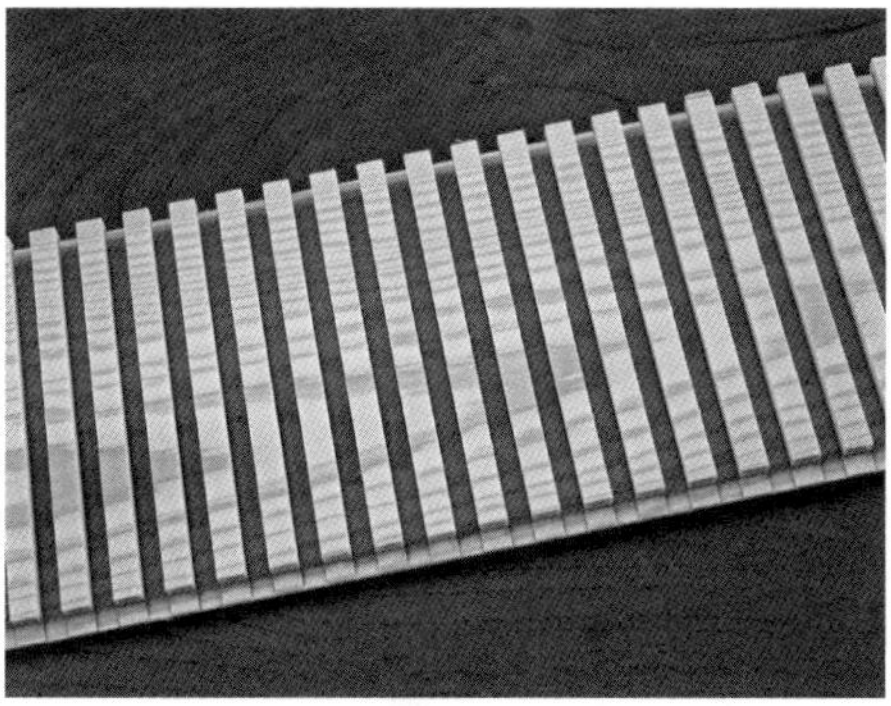

図３　スギ木口スリット材

京都府知事公舎（東京オフィス）

京都大学大学院総合生存学館（思修館）
朝日ウッドテック（株）ジャパンプレミアム

一般住宅のリフォーム

京都大学大学院総合生存学館（思修館）

左上（壁材）、右上（壁材、裏面にスリット加工）、左下（天井材）、右下（机、裏面にスリット加工）

図4　スギ木口スリット材の応用事例

スギ木口スリット材を天井板や腰壁などの内装建材として、また、テーブルや戸板などの家具に適用した例を示す。現在、学校施設、保育・介護施設、住宅などの内装材に応用するための加工技術と利用技術の開発が行われている。

木質空間の優れた調湿機能

レンタル倉庫（大津市）内に設置された一定体積の亜鉛メッキ鋼板製保管庫（内法寸法　縦二〇〇×横一六〇×奥行一八五cm、保管庫の床面に貼られた針葉樹合板を養生シートで被覆、壁面四カ所に通気口があり、換気速度は約〇・一回／h）にスギ木口スリット材を天井及び三つの壁面内装に適宜施した後、一年間にわたる庫内の温湿度の長期変動（二〇一一年一月七日～二〇一二年一月六日）を測定した。各湿度変動の結果は**図5**のとおりである（中川美幸ほか、2012）。各保管庫内における相対湿度は日変動が大きいが、変動の程度はスギ木口スリット材の施工条件によって異なることがわかる。すなわち、屋外＞倉庫内＞保管庫内、さらにスリット材使用量の多い保管庫ほど変動は小さかった。一方、温度変化は年間を通した大きな季節変動と日変化が確認できた。屋外の日変動が大きいのに対して、倉庫内及び各保管庫間は一様に変動が緩和されていた。

保管庫の気積（五・六七m^3）に対するスギ木口スリット材の使用面積比と湿度変化率（保管庫内日較差／倉庫内日較差×一〇〇％）

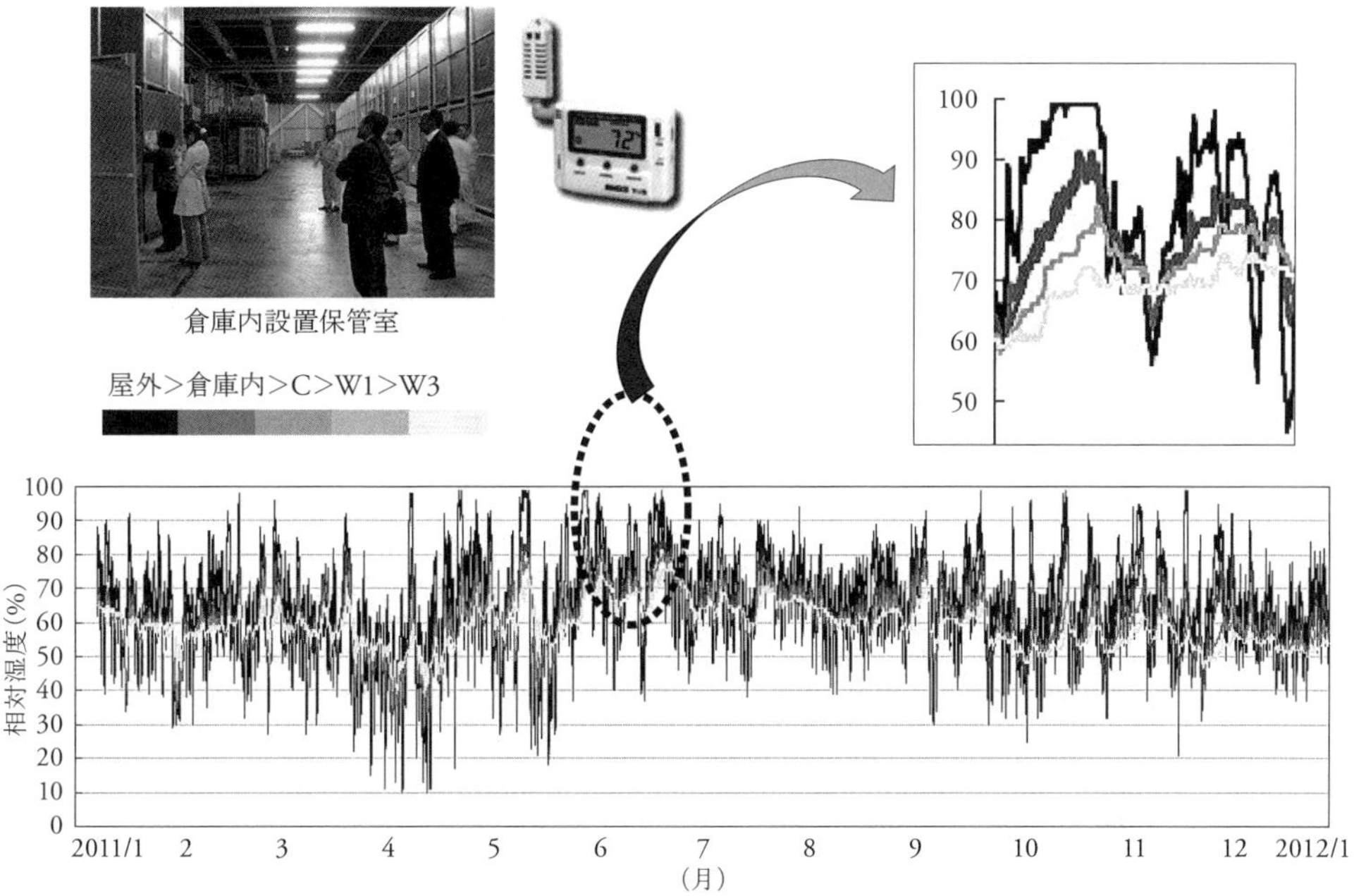

C:対照保管庫　W1:天井のみスギ木口スリット材　W4:天井及び壁3面にスギ木口スリット材

図5　庫内の湿度の長期変動：2011年1月7日～2012年1月6日（中川美幸ほか、2012）

の関係は高い負の相関を示し、スギ木口スリット材使用量の増加とともに調湿能が高くなる傾向が認められた。たとえば、湿性カビあるいは金属さびの発生限界湿度は八〇%、書籍の保存に望ましい範囲は四〇～七五%であるとされている。スギ木口スリット材を多く使用することで調湿効果が高まり、湿性カビの防止と金属の保存においては、スリット材四面張り（天井及び壁三面）により年間を通して望ましい湿度範囲が保たれる。

図6は相対湿度の頻度分布である。横軸が相対湿度、縦軸に頻度分布を示している。比較対象となるスリット材未使用の保管庫（C）、天井のみスリット材を施工した保管庫（W1）、及び天井及び壁三面にスリット材を施工した保管庫（W4）の順にスリット材使用量の増加に伴って、相対湿度の頻度分布変動幅が狭くなった。また、最適湿度範囲の指針値は、人体の快適性には四〇～七〇%、書籍の保存には四〇～七五%、金属のさびやカビ防止には〇～八〇%とされるので、最適湿度範囲に含まれるデータはスギ木口スリット材使用量が増加することで増加する傾向が認められた。人間が快適と感じる最適湿度範囲内の割合は、年間を通じてC、W1、W4の各保管庫の順に七七%、八八%、九五%と上昇する。なお、ウィルス、バクテリア、カビ、ダニなど微生物等の生存にも湿度環境が重要である。感染症を防ぎ、健康な空間を確保するためには、これらの微生物の生存が最も難しい環境（湿度四〇～六〇%）に保持するのが望ましい。この範囲は人間が快適

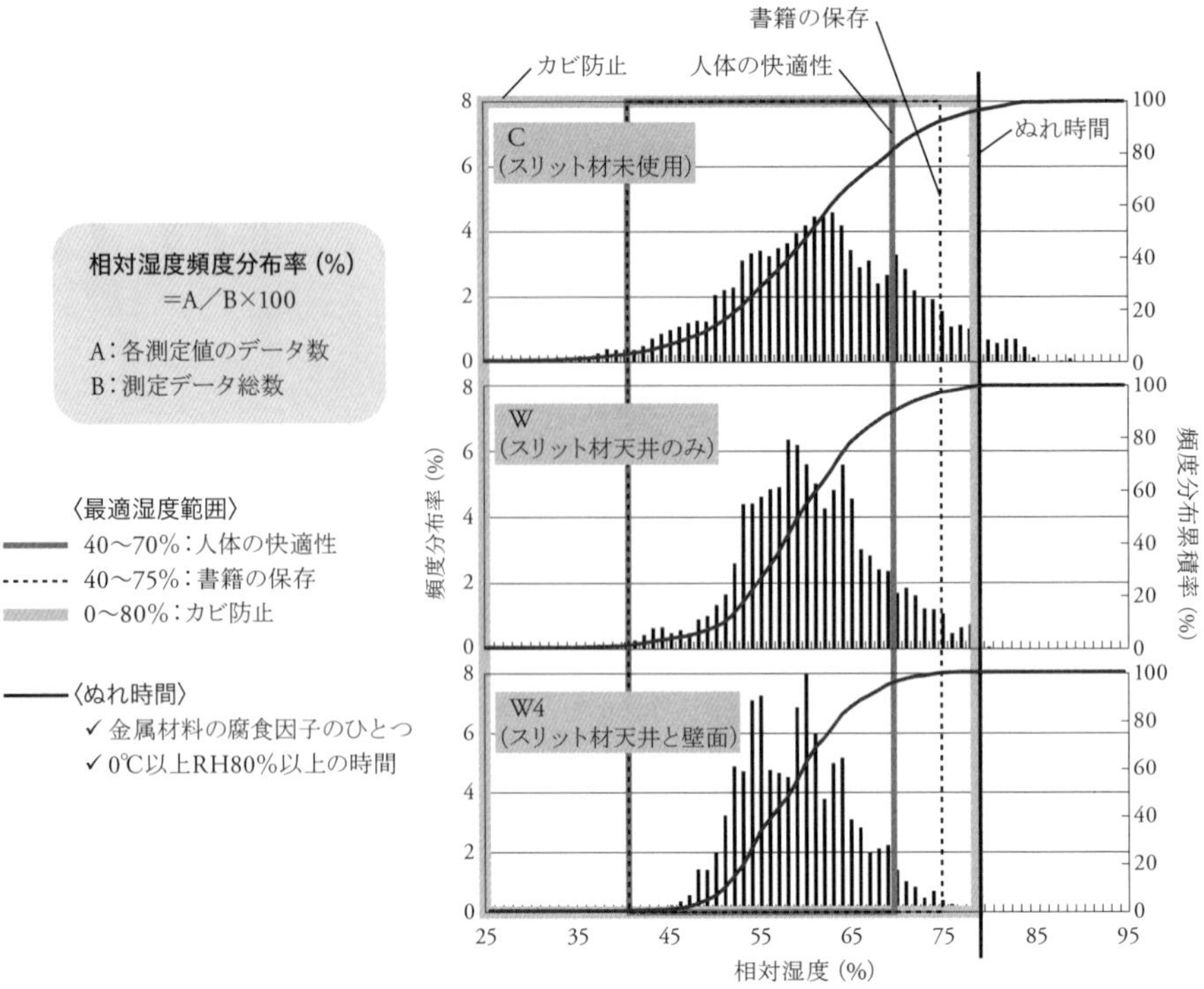

図6　庫内の相対湿度の頻度分布（中川美幸ほか、2012）

と感じる湿度範囲とほぼ重なることがわかる。

木質住環境のヒトへの心理的・生理的な効果

これまでスギ材の抽出成分にはストレス緩和効果や睡眠内容の改善効果などのあることが見出されている。また、上述のようにスギ材に優れた空気浄化機能や調湿機能があることが明らかにされている。木質住環境下において木材由来の香りが人間の生理や心理にどのような影響を及ぼしているのか、森林浴などの効能を考えると大変興味深い。

ここでは木質住環境においてヒトの視覚や嗅覚がその生理や心理に及ぼす効果についての実験をいくつか紹介したい（川井秀一ほか、2012、Kawai S. et al.2013、Matsubara E. et al. 2014、松原恵理ほか、2015）。温湿度が制御された一対の寸法・体積が等しく、ビニールタイル床、石膏ボードの塗装仕上げ壁の無機質な二つの部屋を用い、片方の部屋にスギ木口スリット材を腰壁に施工した部屋（スギ材室）とそうでない部屋（対照室）を準備した。健康な大学生・大学院生一六名を被験者に選び、二つの部屋それぞれについて一五分間の計算作業、五分間の休憩、再度一五分間の計算作業（内田・クレペリン精神検査）に従事させた。二つの部屋は、いずれもパネルで部分的に仕切られており、スギ材室ではスギ木口スリット材がパネル背面の壁に施工されているが、被験者の視線からは遮られている。したがって、被験者は視覚的には二つの部屋の相違を感知できない。また、被験者には実験の目的が知らされていない。スギ木口スリット材が設置された室内空気中には、スギ材由来の香り成分、すなわち揮発性有機化合物（VOC）が放出されているので、被験者は嗅覚によりこれら二部屋の相違を感得することは可能である。二つの部屋の室内空気を捕集し、空気中に含まれるVOCについて微量分析機器（ガスクロマトグラフ質量分析計GC−MS）を用いて調べた。

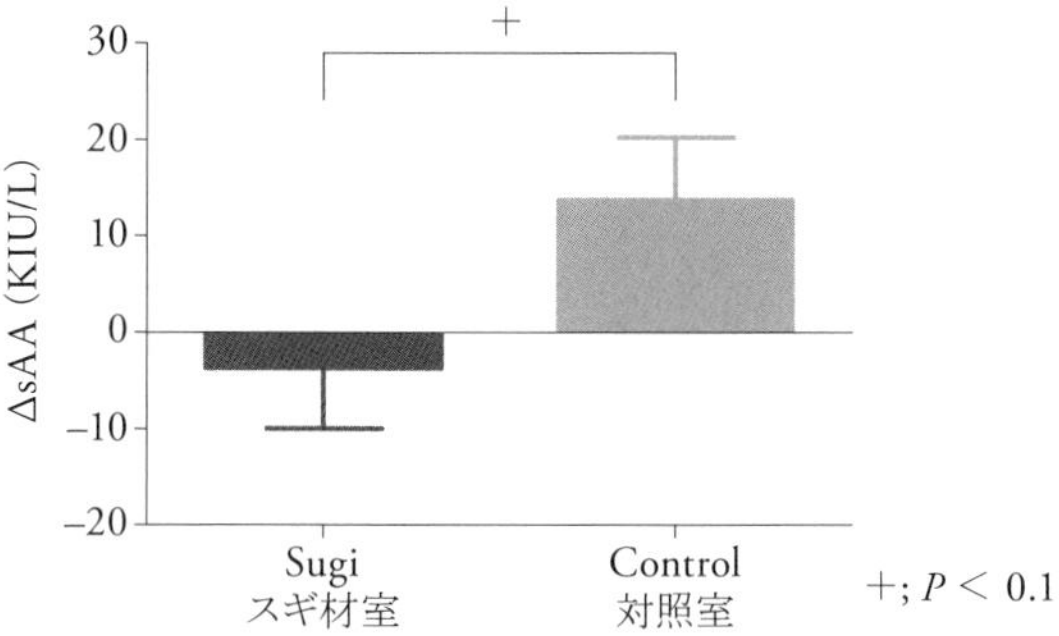

図7　作業前後の唾液中のα―アミラーゼ活性の変化
（Matsubara E. et al. 2014）

その結果、スギ材室にはδ−カジネンを主成分とするテルペン類が含まれており、主にセスキテルペン類が二五成分検出された。これらの成分には抗菌性が報告されているα−フムレン、β−カリオフィレンも含まれていた。

近年、様々な研究分野で、唾液中に含まれる内分泌物質、免疫物質、酵素活性などを生理指標として用いた生化学物質の測定が盛んに行われるようになっている。長期的な測定が可能であることや幼児から高齢者まで年齢層を問わずにサンプリングが可能であることなど、指標としての有用性が指摘されている。ストレスがあるときに増える唾液中の酵素「α−アミラーゼ」の活性について作業前と作業後に測定した結果をみると、**図7**に示されるように、対照室では作業前に比して作業後にアミラーゼ活性の増加が認められた。反対に、スギ材室では作業前に比して作業後にアミラーゼ活性が低下した。この指標は緊張や興奮など交感神経の状態を示すものとして知られている。対照室では作業により交感神経優位の状態にあったのに対し、スギ材室では反対に実験開始時よりも交感神経活動が抑制される状態が観察された。このことはスギ材由来のVOCが交感神経系活動を抑制したことを示唆している。次に、作業の前・作業中・作業の後にそれぞれクロモグラニンAというたんぱく質の分泌量を測定した結果をみると、対照室でのみ作業後にも増加傾向を示すことが明らかとなった。アミラーゼ活性と同様に、クロモグラニンAもまた交感神経系活動の増大にともない分泌が促進され、特に、精神的なストレスを反映することが報告されている。さらに、電気生理学的な評価として、連続した心電図計測を用いて自律神経系活動の変動を解析した結果、対照室でのみ、作業後にも増加傾向を示すことが明らかとなった。以上の結果はいずれも、計算作業というストレスを受けても、スギ材が施工された部屋では、ヒトに興奮をもたらす交感神経活動が抑制され、リラックス状態にあることを示唆している。なお、計算作業量について、スギ材室と対照室で作業効率の差異は見られなかった。

上述の実験において、心理学的な応答を測るために、評価語を作成してアンケート調査を実施した。集中できない－集中できる、嫌い－好き、暖かい－冷たい、快適でない－快適な、落ち着かない－落ち着く、人工的な－自然な、居心地の良い－居心地の悪い、悪い香りの－良い香りの（部屋の印象評価）、難しい－容易い、疲れない－疲れる（作業に対する評価）の各評価語に対して得点化して解析した結果、悪い香りの－良い香りの（$P < 0.05$）、難しい－容易い（$P < 0.1$）について、それぞれ対照室とスギ材室とに統計学的に有意な差異を認めた。これらの心理指標からはスギ材室が被験者に自然な印象を与え、居心地が良いと感じさせることが分かった。

他方、活性炭入りマスクを使用し被験者に嗅覚的刺激がない状況下でスギ木口スリット壁材の視覚的刺激を与えて、被験者の血圧の変化を調べた結果をみると、塗装仕上げの無機質な部屋では、内装を見たあと収縮期血圧（最高血圧）が上昇する傾向があるのに対して、スギ木口スリット材を施工した部屋では、有意な低下を示した。スギ木口スリット材が交感神経活動を抑制していることが判明しているが、自律神経によってコントロールされている血圧変動に関する実験結果は、視覚的な面でも神経の安定化・鎮静化や感情が落ち着くことを示唆している。

以上のようなスギ材の香り成分や見かけの作用によるヒトへの心理的・生理的な効果に関する実験結果は、スギ材によるストレス緩和効果や睡眠内容の改善効果などに関するこれまで報告と大変よく一致する。したがって、スギ木口スリット材をとくに寝室等の壁や天井材として活用することが健康の保持増進に役立つと考えられる。スギ材の優れた空気浄化機能や調湿機能もまた居住者の健康の改善や維持増進に寄与することが期待され、新たな居住空間としての提案が可能である。今後、医療分野との連携による研究が推し進められることで、調温・調湿能やリラックス効果、血圧の安定、快眠等、スギ材がもつ効用がさらに明らかにされ、健康長寿に生かされていくことが期待される。

なお、本来、人間は自らの周囲の外界（環境）を、視覚を中心に嗅覚・聴覚・触覚・味覚等、五感全体を通じて感得する。住環境に照らしてみると、室内の材料の種類と色やデザイン（視覚）、空間の音や匂い（それぞれ、聴覚及び嗅覚）、材料のテキスチャーや室内の温湿度（触覚）などの種々様々な情報を集めて把握し、総合的な判断を下すことにより環境に応答していくものである。したがって、住環境に対するヒトの生理・心理応答に関する研究も、これらの感覚器官が個々に独立して働く条件下ではなく、本来すべての器官が機能する条件下での総合的判断を評価すべきである。このように五感全体が働く条件下での環境に対する統合的な生理・心理応答については、近年脳科学の進展が著しいので、今後の発展を期待したい。

参考文献

（1）辻野亮（2010）:『地球環境学事典』総合地球環境学研究所編、p.162-163

（2）Tsunetsugu Y, Park BJ, Miyazaki Y（2010）: Trends in research related to "Shinrin-yoku"（taking in the forest atmosphere or forest bathing）in Japan, Environmental Health and Preventive Medicine, 15（1）: 27-37

（3）中川美幸、木村彰孝、中山雅文、藤田佐枝子、辻野喜夫、梅村研二、川井秀一（2012）:『第六二回日本木材学会全国大会研究発表要旨集』CD-ROM

（4）川井秀一、辻野喜夫、藤田佐枝子、山本尭子（2010）:「木材による調湿と空気浄化」『クリーンテクノロジー』20（7）、18.

（5）藤田佐枝子、川井秀一、辻野喜夫（2011）: 特許第4759550号「スギ材を用いた二酸化窒素の浄化方法」（有）ホームアイ、大阪府

川井秀一（2012）:「スギ材の空気浄化機能の解明と木質住環境のヒトへの視覚・生理・心理効果」『生存圏研究』8、55-68

（6）Kawai S, E. Matsubara（2013）: Wooden Habitat and Human Health- Characterization of air quality and the effect on the human health-. Proceedings of International Symposium on Frontier Researches in Sustainable Humanosphere, p23-25, Nov, Kyoto Univ.

（7）Matsubara E, S. Kawai（2014）: VOCs emitted from Japanese cedar（*Cryptomeria japonica*）interior walls induce physiological relaxation. Building and Environment, 72, 125-130

（8）松原恵理、光永徹、川井秀一（2015）:「木質内装材施工空間における香りとヒトの生理心理応答」*Aroma Research*' 16（3）、10-15

伝統的木造建築

木内 修

●きうち・おさむ 一九四七年生。東京大学大学院非常勤講師、建築家。社寺・和風建築設計・監理。著作に『現代棟梁の設計術』(新建築社)『木質構造の設計』(日本建築学会 関東支部、共著)等。

日本建築の魅力と伝統技術の継承

古来、建築はその国の風土に育まれ、おのおの固有の形態をつくり出してきた。日本でも、日本特有の気候、自然、社会、外来文化等の影響を受け、日本の風土と環境に順応した建築が生み出されてきた。

日本の建築は、明治時代に至るまで木造に終始し、構造材が即ち意匠材で、しかも白木造りが好まれたから、構造材の持つ力学的な美しさ、各部分の比例の美しさ、削り上げた木肌の美しさなどを極度に求めた。その傾向は茶室建築を通じて更に強められ、現代の和風住宅意匠の基礎として生きている。

このように、日本独自の木の文化をつくりあげてきたが、これは何よりも日本が森林国で、木材が手軽に入手できる材料であったからにほかならない。同時に日本の気候・風土によく適していた材料であったことも忘れてはならない。

現在、わが国はその種類の多さにおいて木造構法の坩堝だと言える。在来軸組構法、木質プレハブ構法、枠組壁工法(ツーバイフォー工法)、大断面集成材による建築、丸太組(校倉)、その他の構造・構法(格子シェル、立体トラス等)が主な構法である。

この現状は木造構法の多様化と言えるが、これらの構法に含まれていない構法に、日本の伝統構法がある。明治以来、日本の大工技術は、工学はもとより技術教育の枠外に置かれ、特に戦後は建築基準法からも外された存在であった。

古建築、特に奈良時代から室町時代にかけてつくられた建物に接すると、長い歴史の中で醸成され、整然と研ぎ澄まされてきた木組の中に、軽やかさと力強さ、格調と優しさといった日本文化独自の「しなやかな美」が感じられる。このような古建築の魅力を現代に生かし、伝統技術を後世に伝えていくために、日本建築について学び、その技術を継承する方法を考え出すことは、われわれに与えられた使命と言える。

私は学生時代、構造の研究室で、超高層建築の応力解析の一端を学び、卒業後は清水建設設計本部に在籍し、意匠設計の道へと進んだ。そして三十歳を過ぎた頃から、日本の伝統木造建築の設計を専門としている。

昭和五十三（一九七八）年、私は社命により、伊藤要太郎先生（伊藤平左ェ門十二世）に就いて、社寺建築の設計を学ぶことになったが、伊藤先生のところに伺うなり、「今はもう、堂宮大工をはじめとする職人はいないよ。設計者が、いくらよい絵を描いたって、造ってくれる人がいない。社命で来たんだろうが、やめておいた方がよい」といきなり冷水を浴びせられた。

明治時代以降、日本の伝統木造建築は建築史の研究対象にはなり得ても、建築家の設計対象としてはなかなか取り上げられず、近代化の中で、その伝統技術は町の棟梁や大工の手によって伝承されてきた。しかし、今日ではその棟梁の数も少なくなり、その存続すら難しい時代である。

では、このような時代に、設計者としてどうすればよいのか、何ができるようになればよいのか、伊藤先生と話し合った。

この時、伊藤先生から言われたことは「戦後、徒弟制度が廃止され、職人を育てることができなくなった。わが国の伝統技術を絶やさないためには、もう宮大工だけには頼れない。従来、現場に任せていた技術を設計者自身が身に付け、指導できるようにならなければならない。これからの設計者には、桃山時代の工匠が理想とした『五意達者』が求められる」ということであった。

「五意」とは、桃山時代の木割書『匠明《しょうめい》』の堂記集巻末に記されている、（1）式尺の墨鈎、（2）算合、（3）手仕事、（4）絵用、（5）彫物、の五者のことである。

「式尺の墨鈎《すみかね》」とは木割と規矩、「算合《さんごう》」は木割値と墨付けの計算あるいは積算、「手仕事」とは木造の接合部である継手・仕口等の実地の工作、「絵用《えよう》」と「彫物」は彫刻の下絵図の作成と実技である。

当時、特に問題となっていたのは、継手・仕口等「手仕事」の分野のわかる職人がいなくなることであった。そこで、伊藤先生の下で、一年半、継手・仕口の研究に専念することになった。

その後、ひと通り継手・仕口の研究が終わり、設計に適用できるようになったが、ここでまた大きな問題が立ちはだかった。建築基準法である。

せっかく研究をしても、当時、伝統構法は建築基準法で認められていなかったのである。これを何とか解決しなければならない。

伊藤先生から、「ここから先は清水建設に戻り、構造力学的な検討を加え、伝統構法を工学の一分野として継承できるようにしなさい」と言われ、以後三十数年、今なお研究を続けている。

職人の存続が難しい今日、伝統木造建築を正しくつくっていくために設計者は、日本の大工技術の核心である木割術（式尺）や規矩《きく》術（墨鉤）に加え、手仕事の分野である継手・仕口に精通し、更に歴史的建造物の中に優れた技法を発見し、現代の生産技術に適した工法を考案すること、そしてそれを反映した設計手法を確立することが重要である。伝統に学び、その優れた技法を科学的に捉えることができた時、初めて、伝統構法に新しい可能性が生まれ、新たなる伝統の創造へと繋がる。

日本建築の特質

日本建築を大きく捉えると、その特質のひとつとして、「伝統の保持」ということが挙げられる。数々の伝統木造建築を詳しく見てみると、そこに一貫して流れている「表現」は、日本人の好むところにより洗練されて保持されている。しかし、それを支える「技術」は、異文化が伝来する度にその長所を取り入れ、絶えず技術革新が行われてきた。飛鳥・奈良時代には六朝・唐の建築の輸入があり、鎌倉時代には宋様式の伝来があった。特に鎌倉時代の東大寺再建のために中国から輸入された大仏様《よう》という建築様式は、大きな技術革新をもたらした。それは貫《ぬき》構造と呼ばれる構法で、柱を何本もの貫が貫通し、その接合部の強さにより、構造的に耐えようとするものである。この大仏様という建築様式の輸入に際しても、貫構造という「技術」は取り入れたものの、その表現は平安時代までの和様の伝統が根強く働き、日本的な優しい洗練された表現は変わらなかった。

このような特質をもつ日本の伝統木造建築を、私は「伝統の表現」と「伝統の表現を支える技術」というふたつの視点から捉え、現代技術により継承し、創造していくことを試みてきた。

また近年、日本の伝統木造建築は、その長寿命故に、「環境保全型構法」としても評価されている。さまざまな地球環境問題の中でも、最もグローバルな影響を及ぼす深刻な問題として、地球温暖化がある。この地球温暖化をもたらす温室効果ガスの主役は二酸化炭素であるが、この削減には「木の生育」が効果的である。木は育つ時に大量の二酸化炭素を吸収し、太陽エネルギーの力で、セルロースやリグニンという炭素化合物を固定する。伐採された木は、新たに二酸化炭素を吸収しないが、燃やさない限り炭素を固定し続ける。つまり、伐採後には植林するという林業の原則を貫けば、大気中の二酸化炭素は全体として減少に向かうことになる。

森には、炭素をあまり固定しないところもある。木が太らない、いわゆる極相状態にある天然林がそれに当たる。建物に用いられている木は、この極相林と同じ状態にあると言える。これらは炭素を蓄え続ける限り、それ自体で環境保全の面から意味がある。

これを、「炭素貯蔵効果」と言い、ここに、伝統木造建築が評価されるポイントがある。伝統木造建築は、太陽エネルギーによってつくられた木を、可能な限り製造エネルギーを使わず、無垢材として用いることで「環境への負荷」を少なくし、金物を使わない継手・仕口により「耐久性」を高め、「リサイクル」を可能にし、長寿命化を図ってきた。長寿命化により、新たに植林された森林に十分な成長の時間を与えてくれる。日本の伝統木造が「環境保全型構法」として、評価されるポイントは、その耐用年数の長さであり、長く使うことが、ひいては地球温暖化防止にも繋がる。

この長寿命化を実現するためには、設計者は少なくとも次の三つの項目を技術的に解決することが必要である。

①時代を超えて評価される、「普遍的な美しさを備えた建物にする」という意匠の問題

②「耐久性の高いつくり方をする」という構法の問題

③「耐震性に優れた建物にする」という構造の問題

①は「伝統の表現」の問題であり、具体的には洗練化されて受け継がれている伝統的な意匠をデータ化及び、システム化することである。一方、②、③は「伝統の表現を支える技術」の問題であり、これは各時代の先端技術を受け入れて技術革新が行われてきた分野である。当然現代の先端技術によるデータ化、システム化が期待される。今や伝統技術は、最新のテクノロジーを駆使して、われわれ設計者自身の手で、新技術として継承していくことが望まれる。

私が力を入れて研究に取り組んできた項目に、①では「伝統美の尖鋭化」、②では「金物補強に頼らない継手・仕口」、③では「伝統木造の耐震化」がある。

①の分野では、普遍的な美しさを求めて、軒回り規矩術の新しい作図法を開発している。総反り、捻れ軒、反り出し勾配（**図1**）という日本の大工技術の最も高度な技術を、コンピュータを駆使して蘇らせ、美しい軒反り曲線を描き出している。

②の分野では、金物補強に頼らず、耐震要素としても強固な継手・仕口が期待できる接合部の開発をしている。飛鳥時代から江戸時代末期までの継手・仕口約一四〇〇例を分析し、構造耐力上の観点から進化のピークを判断し、最も秀逸と判断される中世（室町時代中期）の事例（**図2**）に学び接合部（継手・仕口）の開発を行っている。

③の分野では、耐震化架構体の開発をしている。伝統に学びな

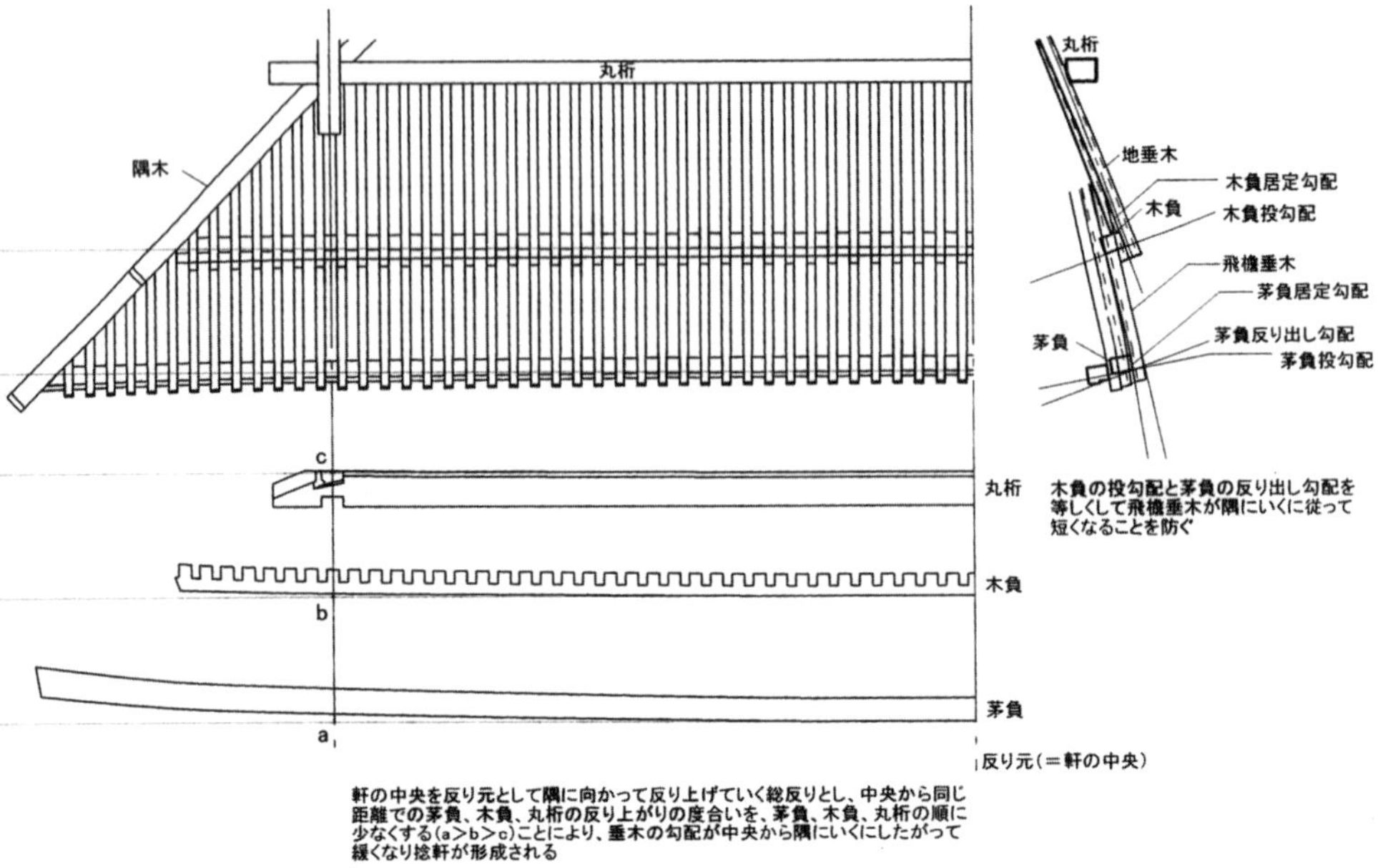

図1　総反り・捻れ軒・反り出し勾配説明図

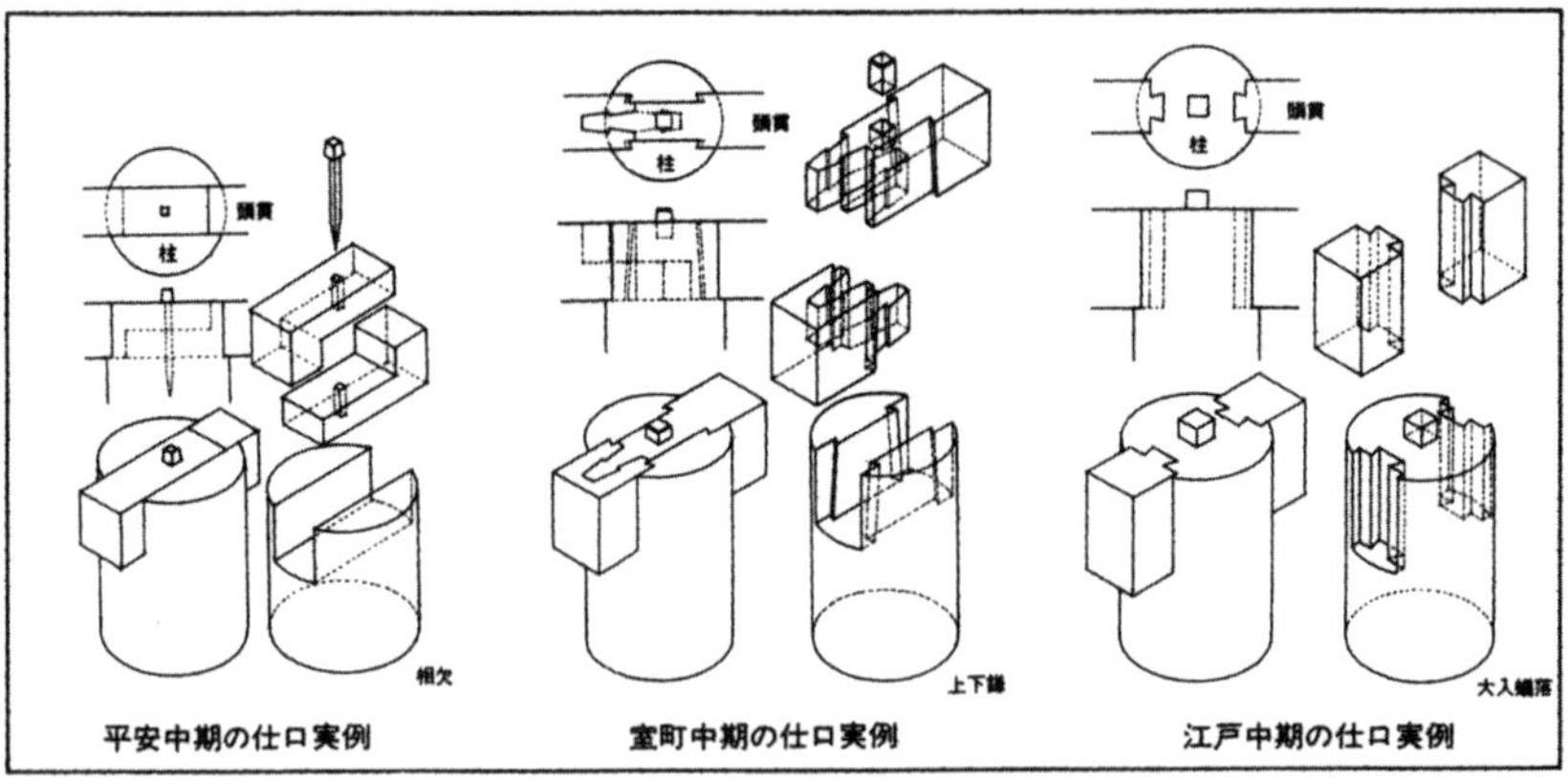

図2　継手・仕口の歴史的変遷

写真1　耐震化架構体の実大実験による実証

がらも、現代の構造力学的観点から継手・仕口を改善し、「新・耐震化架構体」（図3）を考案し、その耐震性能は実大実験（写真1）により実証している。更に、この耐震化架構体を具体的事例に適用するため、耐震要素別実験を行い、データの集積・整備を行っている。

以上、伝統木造建築に関する技術開発について述べたが、中で

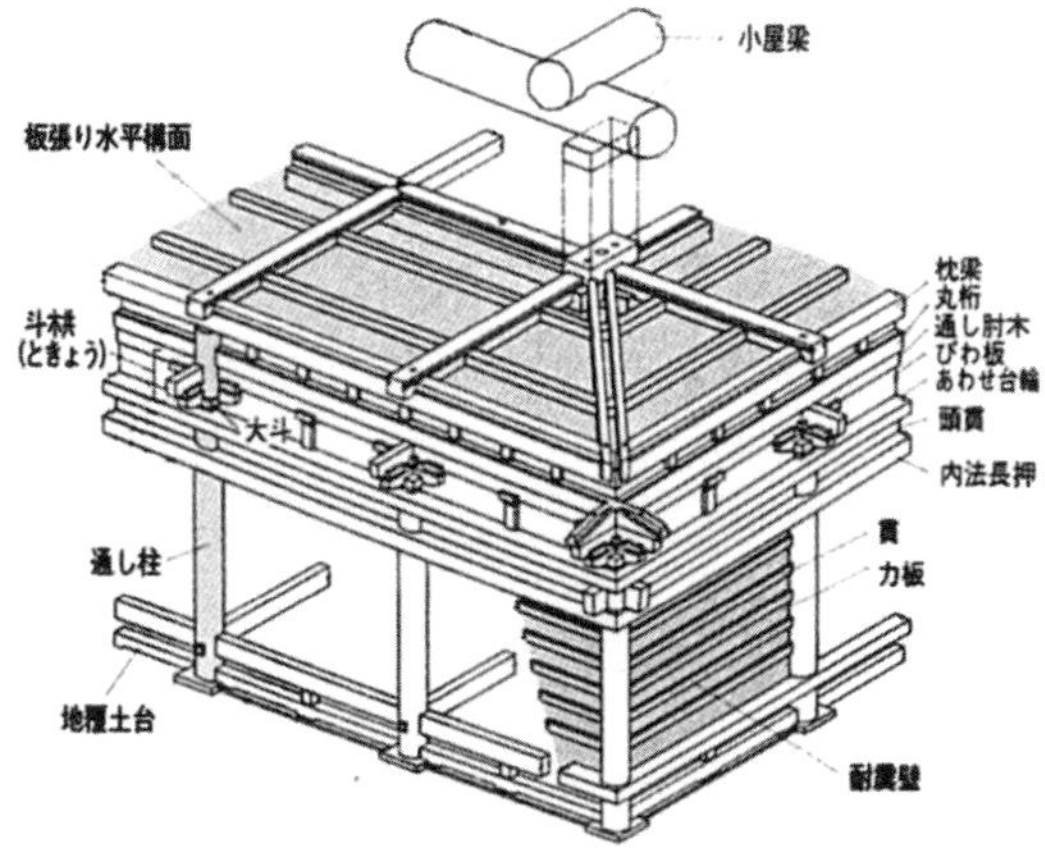

図3　耐震化架構体軸組詳細図

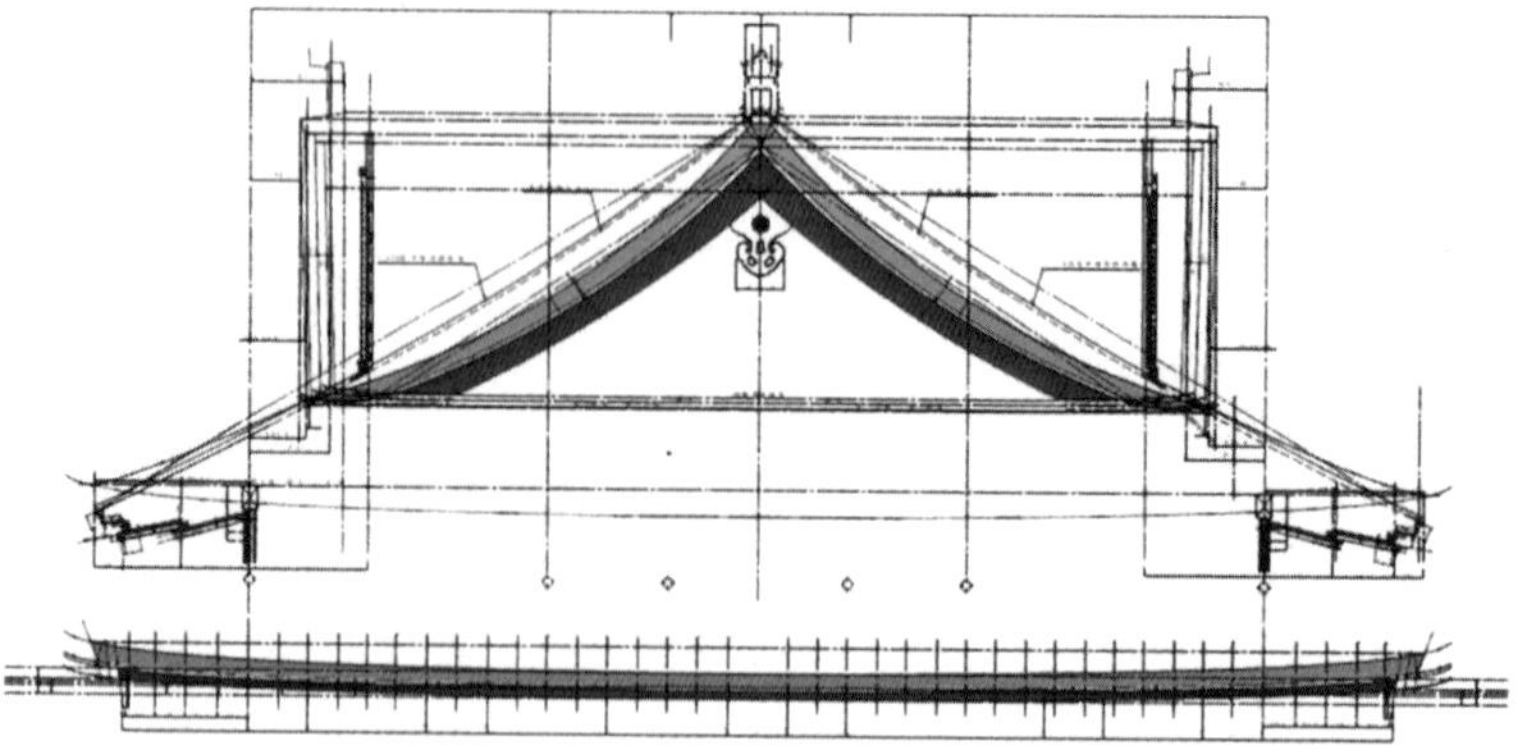

図4　コンピュータによって画き出した軒反り曲線

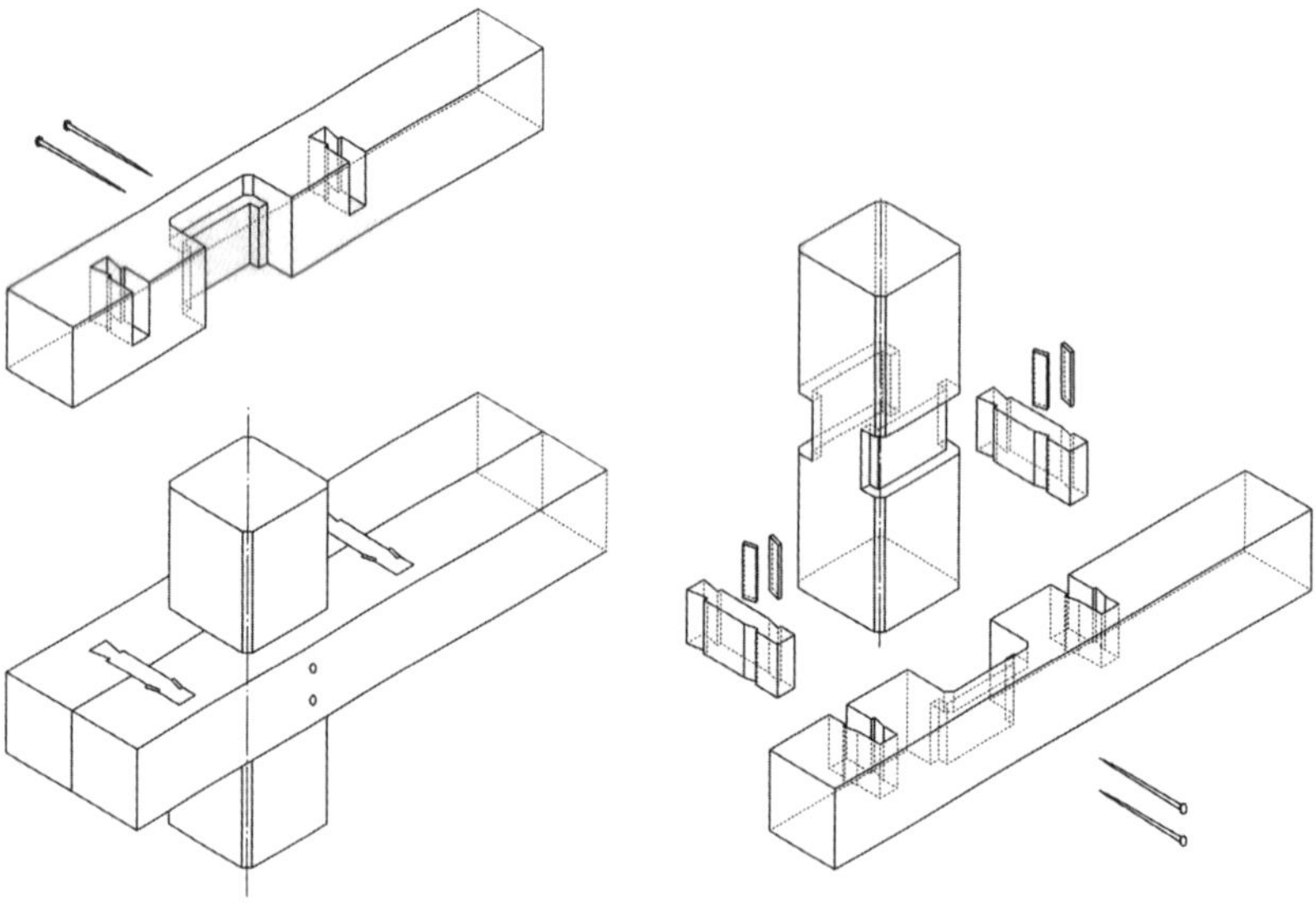

図5　柱と長押の仕口

写真2　儺追殿を南側より見る（写真撮影：新建築社写真部）

も、耐震化に関する構造の研究はたいへん困難なものであった。

従来、伝統木造建築は建築基準法の仕様規定に適合し難く、その実現は容易ではなかった。しかし、平成十二（二〇〇〇）年の建築基準法改正による性能規定化で限界耐力計算による設計等を行うことにより、建築基準法の範疇で実現することが可能となり、新技術として挑むことが可能になった。これは伝統木造建築にとってたいへんよい兆しであると思っている。

現代技術が可能にする伝統木造建築

伝統木造建築に関する開発技術の適用事例のひとつとして、愛知県稲沢市の「尾張大国霊神社儺追殿《なおいでん》」を紹介したい。

尾張大国霊神社儺追殿は主に儺追神事（国府宮はだか祭）を執り行うための施設である。設計に際しては、「伝統美の尖鋭化を図って、既存建物との調和を図ること」、及び「日本の伝統構法で、耐震性、耐久性に優れた建物にする」というテーマに対して、開発技術を適用している。

日本建築の美しさを左右する大きな要因である軒回りのデザインについては、「軒反り作図システム」を適用し、総反り、捻れ軒、反り出し勾配という最も高度な規矩術をコンピュータによって数値化し、美しい軒反り曲線を描き出している（**図4**）。

耐震性、耐久性については、その要として継手・仕口がある。

写真3　拝殿は柱のない六四畳の大空間（写真撮影：新建築社写真部）

儺追殿の耐震化架構体の主な構造要素は柱頭の平枘《ひらほぞ》、ダボ入り板壁、ダボ入り小壁・腰壁（板壁）、矩形長押、足固貫であり、軸部には長押を止める和釘（**図5**）以外には現行法規で義務付けられた金物補強を行わないことを原則とし、長寿命化を図っている。

この新たに考案された架構体の耐震性能は最終的にどう評価するか。伝統木造の構造特性である変形性能を評価できる方法として、応答解析により、最大応答剪断力と最大応答変位を求めることが最も良いと判断し、限界耐力計算による検証を行うこととした。

限界耐力計算の結果、極めて稀に発生する地震に対する応答変位は梁間方向、桁行方向とも1／30 rad以下という設計の目標値を満たしている。次に、極めて稀に発生する地震に対する応答剪断力を見てみると、梁間方向、桁行方向ともベースシア係数換算耐力で〇・七以上であり、充分な耐震強度を有することが確認できた。

儺追殿の規模は約五九八m^2と五〇〇m^2を超えるため、確認申請時には、構造計算適合性判定を受けて実現した建物である。先端技術による創造と呼ぶにふさわしい、伝統構法ならではの建物ができたと思っている（**写真2**、**写真3**）。

Photo by Ichige Minoru

木造建築の新しい展開

腰原幹雄

●こしはら・みきお　一九六八年生。東京大学生産技術研究所教授。ＮＰＯ team Timberize 理事長。著作に『都市木造のヴィジョンと技術』（オーム社）『感覚と電卓でつくる現代木造住宅ガイド』（彰国社）等。

木造建築というのは不思議なもので、木造建築を専門にしている人は「木造建築は難しい」といいがちであるが、一般の人からみれば、木造建築は簡単そうで自分たちでもできるのではないかと感じる最も身近な建築でもある。

木造建築の専門家が、難しいというのは、ばらつきや欠点のある自然材料である木材を建築の構造工学の中で扱わなければならない点があげられる。しかし、もっと難しいのは、構造工学に基づく建築ができる前から、経験学としての試行錯誤のなかから進化をしてきたという伝統文化の側面を持っていることである。一般の人が、身近に感じるということは木造建築に対して何かしらの思い入れがあり、「日本の木造建築は、こういうものである」というイメージを誰もが持っているからであろう。

日本の木造建築とはどんなものか

では、日本の木造建築とはどのようなものなのだろうか。よく言われるのは、日本には一千年以上の木造建築の歴史があるということで、約一四〇〇年前に建てられた法隆寺が引き合いに出される。では、法隆寺が日本の木造建築の原点かといわれるとそうとも言えない。木を使った建物であれば、縄文時代後期から建て

竪穴式住居

高床式倉庫

町家型民家

農家型民家

られていたとされる竪穴式住居がある。ここまで遡れば、三千年以上の歴史ということになる。しかし、これを日本の伝統木造建築と呼ぶ人は、少ないだろう。弥生時代に建てられた高床式倉庫も違うだろう。しかし、同じ高床式倉庫でも正倉院といえば、日本の伝統木造建築という人も増えるだろう。江戸時代に入って町家型民家、茅葺屋根の農家型民家となってくれば、古き良き日本の風景として誰もが同じイメージをもつだろう。では、同じ住宅でも竪穴式住居と町家型民家は何が違うのであろうか。竪穴式住居は、地面に穴を掘って丸太を突き刺し掘立柱とし、横架材、斜め材を縄で縛る、そこに植物系の屋根を葺く。これらは、現在の軸組工法と構成は同じであるが、丸太のままで木材そのものをあまり加工しない点が異なる原始的な工法と感じてしまう。町家型民家、農家型民家になると木材は製材された柱梁を用いた軸組工法となり、部材の接合は木組という木材を巧妙に加工して金物を用いずに組み合わされる。こうした洗練された加工、組立技術に文化を感じるのであろう。しかし、こうした洗練された技術が生まれるまでに三千年近い年月がかかっていることを知っておかなければならない。

近代に入っても、木造住宅の主流は軸組工法である。しかし、一般的な木造住宅は伝統木造の文化とは異なる方向に発展することになる。人口増大により、大量の木造住宅を速く、なおかつ要求性能を満足するように提供する必要が生じたのである。伝統木

木造モダニズム

普及型軸組工法住宅

現代木造（シェル）

現代木造（ラーメン）

造建築のように、自然素材の木の性能を十分に生かして、快適な木造空間を実現するためには、時間と、大工の高度な技術が必要とされた。建物の依頼をされてから木材を調達するのでは、乾燥、加工に時間がかかるため、木造住宅用流通規格材が登場する。現在、広く普及している一〇五㎜、一二〇㎜幅を基本とした材である。大黒柱のような太い材の出番はなくなってしまった。大工の腕の見せ所であった木組の技術は、高度な技術が必要とされれば、大量供給には大工の数が不足してしまう。手刻みから工場でのプレカットまで効率的な部材加工が整備される。接合部の加工精度による構造性能の低下は、補強金物を用いることで補うようになる。湿式の土壁は、画一的でない木材の形状に対応するためには有用な工法ではあるが、乾燥時間など工期が延びる要因にもなる。乾式の壁仕上げとして石膏ボードや合板などの面材が用いられるようになる。構造計算は、壁量計算という木造独自の簡便な耐震安全性検証方法が整備され、年間一〇〇万棟の木造住宅が建設可能になったのである。伝統木造と同じ軸組工法でも、効率性、合理性を追求すると現代の軸組工法のように変化していくのである。

もちろん、並行して伝統木造のように材料と空間を吟味した木造住宅も建て続けられる。一九五〇年ころには、坂倉準三、前川國男、土浦亀城、A・レーモンドなどが、木造モダニズムとして海外の鉄とコンクリート、ガラスの近代建築に対抗して、日本で古くから用いられてきた木材を使った近代建築として木造住宅を

4階建倉庫

5階建製粉工場

4階建繭倉

木造校舎

実現している。現代に入っても壁量計算では実現できないような架構形式（ラーメン構造、シェル構造など）を建築家、構造家が詳細な構造計算をすることで実現するようになる。

　このように、日本の木造住宅といっても伝統木造住宅からある一つの方向に向かって進化してきたのではなく、伝統木造、普及型軸組工法、木造モダニズム、現代木造といったさまざまな方向に変化してきたのである。必ずしも「進化」だけではなく、単なる「変化」なのかもしれない。

「都市木造」のはじまり

　そもそも建築は、建設する時代の生活スタイルや社会システムに応じて変化していかなければならないものであるはずである。もちろん、建築自体は五〇年以上の長い年月持続するものであるので、今の状況だけをみるのではなく、少し先の姿を想像しながら建設していかなければならない。

　現代社会における木造建築を考えてみると、高密度化された都市の中では、土地の有効活用のため高層化、多層化が必要であり、小規模な木造住宅が活躍するということはないだろう。都市部に建てられる木造建築として新しい概念の「都市木造」を考える必要がある。

　一千年以上に及ぶ日本の木造建築の歴史の中でも、高密度に集

木造校舎

木造校舎

積された多層の建築というものはほとんど見られない。法隆寺や東大寺大仏殿などの伝統木造建築は、大規模ではあるが床がたくさんあるわけではない。日本一の高さ五六ｍを誇る東寺の五重塔でも、五層の床があるわけでなく、内部空間は初層のみであとは小屋組である。金閣や銀閣などの楼閣建築が三階建など多層であるが伝統木造建築は少ない。むしろ、三内丸山遺跡にみられる縄文時代の櫓《やぐら》の方が、単純な柱梁構造として現代建築の構造形式と近いものがある。あとは、城郭建築の天守である。江戸城、姫路城では五階建、六階建といった多層になっている。

　歴史的には、明治に入って産業構造が変わると大量生産の社会構造となり、大規模な工場や倉庫が、また寺子屋から近代教育の場としての木造校舎といった新しい用途の建築が必要とされるようになる。近代国家の象徴としては、鉄筋コンクリートや鉄骨による近代建築で実現するだけではなく、木を使った大規模な近代木造を出現させることになる。繭倉や製粉工場などで五階建て以上の大規模な木造建築が建設されている。その姿は必ずしも日本の伝統木造を踏襲したものではなく、洋風や鉄筋コンクリート造、鉄骨造といった他構造の近代建築の姿と同じものを目指しているようにも思える。この姿をみて、すぐに日本の木造文化の延長線として素晴らしいという人はほとんどいないだろう。伝統木造から現代木造へ分化するための技術開発がすすめられた発展途上の建物のため、そうした技術史的背景を知って初めてその価値が理解できるのである。いわば、竪穴式住居や、三内丸山遺跡の櫓のようにまだ洗練されていない原始的な建物の状況といわざるを得ない。竪穴式住居から町家型民家のように洗練された木造住宅となるまで数千年かかったように、魅力的な建物になるには長い時間が必要である。しかし、一九一九年の市街地建築物法、一九五〇年の建築基準法の制定により、都市防災の面から都市の不燃化として木造建築の建設可能な規模は制限をされることになり、近代木造は洗練、熟成する機会を失ってしまったのである。現在、こうした発展途上で洗練されていない近代木造は、その価値にあまり関心を持たれず、近代木造すなわち新興木構造の技術の集大成ともいえる東京駅の応急復旧の木造屋根も復元工事において解

東部地域振興ふれあい拠点施設

ウッドスクエア

金沢エムビル

体されてしまった。

この時代に生まれ、現在でも見ることができるのが木造校舎である。現代社会にも通用し、二階建てではあるが大規模な木造建築は、一〇〇年以上の歴史を刻み技術を発展させ続け、近年は、他構造とは異なる木造固有の空間をもつ木造校舎が、さまざまな地域でみられるようになってきた。熟成期間は、数千年から一〇〇年まで短くなったとはいえ、魅力ある建築に発展するには時間がかかるのは同じである。

一九八七年の建築基準法改正で、ドームや体育館、美術館、博物館といった大空間であれば木造の屋根が実現可能になった。そして、二〇〇〇年の建築基準法改正でついに、要求性能を満足できれば、木造でもさまざまな規模、階数の建築が実現できるようになったのである。五階建ての木造建築として二〇〇五年に金沢エムビル（石川県）、二〇〇七年に丸美産業本社ビル（愛知県）が実現することになるが、法改正から一〇年経っても、都市型の木造建築は数棟のみであった。二〇一〇年に「公共建築物等における木材の利用の促進に関する法律」が施行されて状況は大きく変わる。六階建（下部四層は鉄骨造）の複合施設である「東部地域振興ふれあい拠点施設」（二〇一一年／埼玉県）、四階建の木造オフィス「ウッドスクエア」（二〇一二年／埼玉県）、防火地域に三階建のカフェ「音の葉グリーンカフェ」（二〇一三年／東京都）、大型商業施設「サウスウッド」（二〇一三年／神奈川県）などが、あいつい

大阪木材仲買会館

下馬の集合住宅

愛知トヨタ高辻営業所

で竣工する。しかし、都市木造の実現といっても、一般の人からみるとすぐに木造であると認識できる人は少ないだろう。

都市木造第二ステージへ

こうした都市木造の実現は、大規模な都市木造に要求される耐火性能を満足する木質系耐火部材開発の成果によるものが大きく、近代木造の出現時と同様の状況だろう。新しい技術によって新しい建築が生み出された。となれば、次は魅力ある都市木造への展開、「都市木造第二ステージ」である。歴史的にも少ない多層の高密度な木造建築、当然、その姿を想像することは容易ではないが、経験がなければ積み上げていけばよい。

　技術開発だけが進んでも、必ずしも魅力的な建築が生まれるわけではない。都市部に現在建っている建築は、多くが鉄筋コンクリート造、鉄骨造であり、都市木造の技術開発は、こうした既存の他構造の建物を目標にしながら「木造でもできる」ための技術開発が進められてきたにすぎない。都市木造第二ステージでは、「木造でもできる」から「木造だからできる」という木造建築の特徴を生かした都市木造の技術開発を進めていかなければならない。

　木造の特徴を生かした都市木造として、耐震ブレースとなる細い材の斜め格子を手に触れられる場所に用いて木造空間を実現した下馬の集合住宅（二〇一三年／東京都）、木造外壁の雨がかり対策としての庇、メンテナンスデッキとしても使用できる庇を兼ねたバルコニーが特徴的な水平線と光と影を生み出している大阪木材仲買会館（二〇一三年／大阪府）、大道路に面した低層部に集中して木造空間を実現した愛知トヨタ高辻営業所（二〇一五年／愛知県）などが登場した。これらは、弱い耐震要素のため壁が多くなる、外部に木材を用いると耐久性に不安が残る、多層空間には高い防耐火性能が求められる、といった木造建築の弱点になりがちな要因に対して無理をするのではなく、新しい要素を加えたり使用箇所を制限したりして割り切って使いやすいところに使うことで、木造建築の魅力に結びつけているといえる。こうした、がんばりすぎないということが重要なのであろう。

森と都市の共生、地産地消と地産都消

木造建築が注目されている背景には、森林資源の有効活用という観点が大きい。森林と常に接している地域ではこの問題が身近に認識されており、地産地消を合言葉に建築分野でも木材を積極的に使用する取り組みがされてきた。一方、森林の恩恵としては物質生産機能である木材だけでなく、多面的機能を有しており、生物多様性保全、地球環境保全、土砂災害防止機能／土壌保全機能、水源涵養機能、快適環境形成機能、保健・レクリエーション機能、文化機能、物質生産機能などがあげられる。このように考えると、都市は森林から間接的にさまざまな恩恵を受けていることがわかる。しかし、身近に森林がないとこうした恩恵を受けていることを忘れがちになってしまう。そこで、都市の森林、「都市木造」が登場するのである。

都市部に木造建築を建設することにより、都市部で快適な空間を体験するだけでなく、国内の森林資源の状況にも関心を持って森と都市の共生を考えていくきっかけになる必要がある。森林資源の豊かな地域がいくら地産地消をうたっても建設需要が追いつくはずがないため、地産都消の考え方が必要なのである。となれば、森林資源の豊かな地域は建設需要の高い地域に向けて、新たな都市木造の世界を提案していかなければならないことになる。森林資源の豊かな地域が、見本となるような木造を提案することによって、それが宣伝となり都市部での採用を後押しすることができるようになるのである。地元が使わないものを都市部が積極的に採用するはずがないのは当たり前である。地域に建つ木造建築でも、今後、都市木造のショウルームの役割を果たしていく必要があるのである。

ここで、今後の木造建築、森と都市の共生において重要な役割を果たす、都市木造第二ステージで鍵となりそうな話題を整理してみる。

間伐材と主伐材

森林の有効活用というと、建築業界ですぐに頭に浮かぶのは「間伐材」である。しかも、間伐材は細い材で使い道がないから、安く手に入るらしいという誤解も生んでいる。本来、間伐材は主伐材の育成のために伐られる材であり、必ずしも細い材や曲がった材だけでなく、十分太いまっすぐな材も時期によって出てくる。また、間伐材が安く入手できるとしたら、それは、「主伐材」が高く売れる前提が必要になる。間伐材は、山での森林の育成の都合で出てくるものであり、必ずしも悪い材ということではないので、その価値にみあった使い方が必要である。

住宅用流通規格材と太い材

木造建築の需要拡大として、非住宅分野への期待が高まっている。学校校舎や庁舎建築などの公共建築でその可能性が広められようとしている。しかし、公共建築ではコスト削減が叫ばれており、森林資源の有効活用だからといって建設コストが増加しても仕方がないということにはなっていない。そこで、コストの面から考え出されたのが住宅用流通製材（一〇五、一二〇㎜幅シリーズ）と木造住宅の加工、接合技術を用いた構造システムである。非住宅で通常の住宅より大きい荷重、スパンを実現するために、トラスや組立梁、充腹梁など小さい部材を組み合わせて使用するものである。一般社団法人ＪＢＮが整備をすすめている木造トラスでは、住宅用製材と加工技術を用いて多雪区域でも一〇ｍスパンの工場が実現可能となっている。トラス梁自体を規格化しスパン表などが整備されれば、通常の製材や大断面集成材と同じように誰でも手軽に使用することができるようになる。

確かに住宅用製材の活用により非住宅が経済的に実現できることは、木造建築の実現領域を広げることには大きな力となる。しかし、その一方で建物規模が大きくなっても中断面の部材しか使用しないということは、高齢級材、主伐材の出番を減らすことにもつながってしまう。これまでは、町家型民家では、比較的細い材を用いていたが、大きな農家型民家では大黒柱や牛梁などに大径木が用いられ、むしろ太いことが尊重され、さまざまな太さの材を使う環境が整えられていた。同様に、現代でも、大断面製材の使用機会をつくることが必要になってくるはずであり、これが主伐材の活用にもつながる。梅の里保育園（二〇一一年／群馬県）では、樹齢一八〇年のヒノキなど太さを生かして燃えしろ設計を利用しながら、太い材の特徴を活かした空間を実現している。

農家型民家だからといって太い材ばかりが使われていたわけではない。建具や家具では細い材で繊細な加工がなされていた。木材という材料は、大きな断面でも小さい断面でも魅力を発揮することができる材料のはずである。

再構成材

現在では、太い木材というと集成材が頭に浮かぶ人も多いだろう。集成材は、三〇mm厚の挽板を接着剤で積層し大断面の木質部材をつくるものである。こうした再構成材は、自然材料である木材を使用しておきながら接着剤を使うことに抵抗を示し、あまり採用したがらない場合が少なくない。

しかし、再構成材を使用することは森林資源の有効活用としては非常に重要な枠割を果たすのである。森林には、必ずしもまっすぐな材が育つとは限らないが、住宅用製材の場合には、三m（管柱）、四m（梁）、六m（通し柱）の定尺が目安になるため、この長さがまっすぐであるか、曲がっているかで価格が大きく変わってしまう。原木市場では、A材（直材）、B材（小曲材）、C材（その他）として扱われるため、伐採時にA材として扱われそうにない材は価格が低くなることを考え伐採を躊躇してしまう。ただでさえ作業環境のよくない森林で、迷いながら木材を選別をするよりは、どんな材でも伐り出してその使い道をさまざまに考える方が効率的である。一旦、森林から任意の丸太を出し、その中でA材であれば直材の製材として、B材であれば挽板や単板に加工して再構成材にすればよいのである。製材と再構成材は棲み分けられ、共存して、初めて多くの森林資源の有効活用につながるのである。

直交集成板（CLT）から厚板工法

新しい木質材料として、直交集成板（CLT）が大きな話題となり、集成材、単板積層材（LVL）などにつづく再構成材として、新たな木質系面材を用いた工法に期待がかかっている。おおとよ製材社員寮（二〇一四年／高知県）のように普及型の壁式構造のCLT建築の技術整備と並行して、長谷萬館林工場（二〇一四年／群馬県）や高知県森林組合連合会事務所（二〇一六年／高知県）で軸組工法との混構造などCLTのさらなる可能性を模索する提案がなされている。

樹木から生産される木材は当然、線材として柱・梁を用いた軸組工法が普及してきた。大規模木造建築でも東部地域振興ふれあい拠点施設（二〇一一年／埼玉県）のように部材は大きくなってもその工法は変化しない。しかし、建築を構成する空間は、壁、床といった面材で構成されている部位も多い。直交集成板（CLT）の登場もあって木質系厚板の面材を用いた新しい木造建築が生まれてきた。これまでも木質パネル工法として合板を用いた壁式工法が用いられてきたが、ここで用いられるのは、厚さ一〇cm以上の厚板である。素材は、CLTだけでなく、従来の集成材やLVLでも製造可能であり、設計情報が整備中のCLTに先行して、集成材、LVLの厚板工法を用いた建築が実現している。みやむら動物病院（二〇一五年／東京都）では、厚板のLVLを表現する外壁と待合空間がこれまでにない木造建築を表現しており、都市木造の街並みの例としても提案されている。

製材で大きな厚板を使用するには樹齢数百年の大径木が必要であり、歴史的には床板など限られた建物の限られた部位にしか使われてこなかった。しかし、再構成材であれば、手軽に大きくて厚い面材を入手することができる。ここにも、歴史上なかった木造建築を実現できる可能性が秘められているのである。

エンジニアード・ウッドとしてのＪＡＳ構造用製材

都市木造では、鉄筋コンクリート造や鉄骨造がライバルであり、新参者の木造としてはこれまでの都市建築の性能に対する考え方を共有していかなければならない。木造だから許されるということはないのである。このうち、ひとつの大きな問題は構造性能である。都市木造では、戸建て住宅用に整備された壁量計算ではなく、構造計算が必要とされる。構造計算をするためには、使用する構造材料の特性（比重、ヤング係数、材料強度）が明確になっていないと構造解析、部材検定ができなくなってしまう。こうした情報を管理した材がＪＡＳ構造用製材や構造用集成材、構造用ＬＶＬなどのエンジニアード・ウッドである。昔のように設計者、施工者が木の材料特性を見抜く目を持っていれば不要な仕組みかもしれないが、残念ながら現在ではそうした材料を見抜く目を持った設計者は少ないため、こうした材料選別が必要となる。しかし、こうした機械の目を使用することで、鉄筋コンクリート造や鉄骨造と同じように構造解析や構造計算を行うことができ、都市木造という木造建築の新たな可能性を切り拓くことができるのであれば、まずは大規模木造の需要を満たす分だけでも良いのでＪＡＳ構造用製材の供給を整備していかなければならない。

森林資源の有効活用という面から木造建築を考えると、使いやすい材料を使えばよいというわけではない。山には、さまざまな木があり、環境によって性能も大きく異なる。こうした、さまざまな木材の使用方法を提案していくこともこれからの木造建築業界が考えていかなければならない課題である。

弱い材料

構造計算に重要な情報である材料特性であるが、これまで、各地域の材料特性が明らかにされてこなかった原因のひとつに、木材関係者がヤング係数や材料強度といった材料特性を明らかにすることにより、地域ごとにその性能が比較され性能の低い材が使われないことを心配する声があったように思える。しかし、これは大きな間違いである。建築構造設計者にとって、よい木と悪い木の違いは、第一に性能がわかっている木がよい木であり、性能のわかっていない木が悪い木であるのである。性能値の高低は、構造設計者の工夫でどうとでもなるのである。細い材を使って大きいスパンを架け渡す、ヤング係数の低い材を使って大きいスパンを架け渡す、構造設計者にとっては腕の見せ所である。材料特性を隠さずに、材料供給者、構造設計者、建築設計者で頭を使ってうまく使うことが重要である。宮崎県日南市の油津運河にかかる夢見橋（二〇〇七年／宮崎県）では、ヤング係数四〇kg／cm²を下回るような材を使いながら、通常より大きな断面を用いることで、他とは違う魅力的な橋を実現している。

さまざまな樹種

戦後に植林した杉が生長し、木造建築へ使用しやすい大きさに成長したこともあり、木造建築ではスギの話題一色になっている感があるが、これまで重宝されてきたヒノキ、ケヤキはもちろん、それ以外にも、山にはさまざまな樹種が生長してきており、これらも有効に活用していく必要がある。北海道の下川町では、トドマツの乾燥技術の研究を進め、構造材への使用を試みたトドマツオフィス（二〇一五年／北海道）を建築した。トドマツは北海道の森林を代表する樹種のひとつで、植林から六〇年近く経ち、生産量のピークを迎えようとしている。これまで、主にパルプとして利用してきたが、それだけではなく、永年育ててきた木をできるだけ良い形で、つまり、建築材料として永く使えるようになることは、森林資源の持続的活用にとって大きな意味を持つはずである。

曲がり木

林業技術の発達により、十分な手入れを行った森林では通直な木材を入手できるようになった。しかし、木は自然材料であり、すべてがすべて通直なわけではない。当然、曲がった材もでてきてしまう。小曲材の活用として、再構成材がひとつの活用先として整備されているが、伝統木造建築ではこうした曲がり材を自然な形のまま活用してきた。小屋組に活用される大きくうねった曲がり梁だけでなく、堀口家住宅（福井県）では、二股に分かれた材をその形状を活かしながら柱としてうまく利用している。現在の3Dスキャン技術や3D加工技術を用いれば、通直でない部材でも建物の座標系に合わせた接合部を加工することが十分可能なはずである。応力の大きくない柱であれば、曲がった柱でも十分対応することができるのである。現在の画一に規格化された工業製品とは異なる変化に富んだ自然材料を、うまくデザインできるかが重要な鍵を握る。

節

木材に対する価値観も変化していることも認識しなければならない。最近の学生の話を聞くと、節のない材に対する違和感があるようである。印刷技術の向上により木調にプリントした壁紙にも凹凸のあるエンボス加工までできると、まっすぐな木目の通った柾目板は、プリントものに見えてしまうらしい。昔は、一部屋をどのように整った木目の材で揃えるかということに高い価値観が求められたものが、同じ木目＝コピー（偽物）と感じるような世代の登場により、その価値観を少し変化させなければならないかもしれない。同様に節の有無に対する価値観も変化している。都市木造のように、大空間に無節の材を集めると、単調になりすぎて木材らしさを感じられないようである。節がむしろアクセントとともに、自然材料の木材であるというシンボルになっているのかもしれない。これまでの、無節を優先する文化だけでなく、様々な価値観が生まれるということは、節の多い材だから下地材という単純な発想だけでなく、設計者に材料情報を提示して活用方法を一緒に考えてみることが重要である。これまでの和室への活用を前提とした木材の価値観だけでなく、現代建築の中で用いられる価値観の中に、使い道の少なかった木材の活用が見えてくるはずである。

経年変化、メンテナンス

木造建築は耐久性が不安視されがちである。確かに、腐ったり、シロアリの被害にあったりして数十年でぼろぼろになってしまう木造住宅もあった。しかし、一千年以上前の建築が現存しているという実績があるのも木造建築である。木材自体に問題があるのではなく、木の使い方、メンテナンスの仕方が木造建築の耐久性を左右しているのである。現代の工業製品は、変化しないメンテナンスフリーな材料を目指して開発を進めている。変化しないといっても全く変化しないわけではなく、変化の速度をできるだけゆっくりさせているに過ぎない。一方、木材は経年変化が比較的大きい材料である。しかし、経年変化には悪い方向に変化する「劣化」と良い方向に変化する「味わい」がある。木造の場合には、うまく経年変化をすればこの味わいを増すことができるのである。伝統木造建築の町並みの魅力は、こうした建物に刻み込まれた年月でもあるはずである。他の工業製品とは違う価値観で変化する材料を見直してみる必要がある。

また、こうした味わいを増すためにはメンテナンスが重要である。手入れをしなければ簡単に劣化するのも木材である。メンテナンスというと大がかりなことをイメージするかもしれないが、木造建築であれば、大きさが大きいだけで木造住宅とあまり変わらないだろう。日曜大工やＤＩＹの延長として建物を使用する人たちが、自分の建物に関心をもち手を入れ愛着をもって大切に使うといった好循環を期待したい。

木造建築を選択する

森林資源の有効活用として木造建築が注目されているとしても、それだけでは普及しない。せっかく建てるのだから魅力ある建築を建てていかなければならないはずである。そのためには、未来

表参道を木造の街並にしたら

矢吹町の街並
（写真：淺川敏）

の都市木造の街並みを想像して価値観を共有していくことが大切である。二〇一〇年に team Timberize が提案した「表参道を木造の街並みにしたら」も、決して夢物語ではなく実現できるかもしれない。現在、福島県西白河郡矢吹町では、東日本大震災の復興で現代の木造建築による街づくりが始められている。自然材料である木材を用いた街並みでは、軒や屋根の水平線、柱や建具の垂直線、庇やデッキによるでこぼこの境界線、使用材料のざらざら感など、つるっとしてシャープな現在の風景とは異なるさまざまな表情が実現可能であり、この特徴を生かした街並みを楽しめるようになりたい。「魅力ある木造建築を建てたら実は日本の森林資源のためになっていた」というのが理想である。そんな世界になるためにも、決してすべての建築を木造にするということではなく、木造建築に適した建築を、魅力を伝えられる建築を木造にしていくことが大切であり、こんな建築が木造だったらいいのにという夢を一歩ずつ実現していきたい。

新しい木造建築を実践して

木村一義

●きむら・かずよし　一九四九年生。株式会社シェルター代表取締役。著作に『木造都市への挑戦――都市（まち）に森をつくる』（致知出版社）、「先端木造技術（KES®構法）開発による森林業者と連携した地域産木材の利用拡大」（『農林水産技術研究ジャーナル』二〇一二年四月）「林業の六次産業化を促す『木造都市®づくり』」（『農林水産技術研究ジャーナル』二〇一二年九月）等。

はじめに

工務店の四代目である私は、「世界一流の住まいづくり」の志を燃やし、昭和四十九年にシェルターを創立。以来四一年余り、タブーや常識を超える木造技術を開発し事業化させてきた。

創立と同時に、木造の接合部に耐力金物を使用する「接合金物工法」を日本で最初に開発し、特許取得、実用化した。発明した私の名から「KES《ケス》*構法（Kimura Excellent Structure System）」と名付けた。大震災で実証された強靭さから、住宅は勿論、大規模木造建築に次々と採用され、二万棟を超える実績となっている。

その後「燃える」という木の最大バリアを克服する木質耐火技術へ挑戦し、特許取得。耐火材で覆えば木の良さが失われるので、木肌を現した一時間・二時間耐火部材を開発して大臣認定を取得。冷たい（火が消える）、かっこいい（美しい木肌）の意を込めて「COOL WOOD*（クールウッド）」として製品化した。二時間耐火認定は、国内で当社のみが有する技術である。一時間耐火採用の南陽市文化会館は、平成二十七年十二月、ギネス世界記録*「最大の木造コンサートホール」として認定された。また、日本で初めて二時間耐火が採用された四階建て木造ビル「京都木材会館」が二十八年春に完成した。

さらに、木の加工し易さを活かす「三次元曲線・曲面の加工技術」も実用化した。

当社は、常識を根底から覆す木造革命企業「ゲームチェンジャー」を目指し、技術開発を進めてきた。それらを組合せたシナジー・テクノロジーが、木造都市*をつくる基盤技術になる。時同じくして、石の文化を持つヨーロッパから「ウッドファースト（木造最優先）」の流れが世界に広がり、木の文化の日本にも押し寄せている。環境未来と地域創生の相乗効果を狙う「木造都市づくり」が一気に加速する。

一　ギネス世界記録「最大の木造コンサートホール」

想定をはるかに超えた心地良さ

山形県は人の横顔に似ており、エクボに位置する南陽市の木造文化会館が平成二十七年十月にグランドオープンした。木造の心地良さは想定をはるかに超えていた。①木造ホールの大きさは勿論、②入った瞬間、森を散策するような爽やかな木の香りと柔らかな肌触り、③コンサートで聴く音響の良さ、特に残響音の短さは最高水準、④外気温に左右されず年間を通して小さな温度差で、設計時想定の半分のエネルギーコスト、⑤木の調湿作用による快適空間は極上の居心地、⑥子供が身近に木を好きになる「木育ひろば」等々、大人も子供も楽しく集う異次元の木造空間である。

音響の良さは、著名アーティストが「残響音が全くなく、ストレスを感じない。必ずまた来ます！」と演奏後に言葉を残し、後のラジオ番組でも絶賛。私も演奏者から「私達のために素晴らしいホールを建ててくれてありがとう」と言われ、仕事冥利につき目頭が熱くなった。演奏者と観客が一体化するホールは、木の香りが溢れる大きな楽器「木の音楽空間」になった。

ギネス世界記録認定「Largest wooden concert hall」

南陽市文化会館が、平成二十七年十二月にギネス世界記録「最大の木造コンサートホール」として認定された。申請者は当社で、記録保持者（挑戦者）は南陽市。当ホールで、二十八年一月にギネスワールドレコーズ公式認定員から認定証が授与された。市民が誇りを持ち、喜んでいただければ幸いである。

一四〇三名収容の木造コンサートホールは、音楽家の坂本龍一氏やイベントプロモーター等の専門家によって企画検討された。生の演奏音が観客に効果的に響くワンスロープの客席にして、一流のアーティストに選ばれるホールを目指した。こけら落としの山下達郎ライブコンサートや宝塚歌劇宙《そら》組公演が大好評で、井上陽水等、次々と開催されている。

延床面積五九〇〇平方メートル、最高高さ二四・五メートル、最大スパン二八メートルの木造施設で、一時間耐火部材を含む木

写真１　ギネス世界記録「最大の木造コンサートホール」
（撮影：新建築社写真部）

構造の製造・供給を当社が担当した。構造支持部の杉集成材を石膏ボードでカバーし、表面を無垢の杉材で仕上げた大断面の耐火柱を製作。そして音響効果を高めるため、立体トラスと耐火大断面集成材の組み柱による巨大架構とした。基礎を除けば上屋建物は一年の短工期であった（**写真1**）。

建築中も全国から見学者が後を絶たず、一万人に達し交流人口が増加している。

メガトレンドとなるウッドファースト

地球温暖化（地球高温化と私は言っている）対策の国際的枠組み「パリ協定」採択もあり、温室効果ガス削減は喫緊に取り組むべき課題である。森林は最大の二酸化炭素吸収源であるが、間伐への補助金等が継続されてきたものの、その整備は不十分である。ポイントは地域産木材の需要拡大であり、木造建築を最優先とする「ウッドファースト」こそ持続的な森林整備を促し、伐採、植林の循環により森林の吸収力を高めて環境の未来を創造する。

当社は都市に多くの木造建築を建て、街中に二酸化炭素を固定化する「都市《まち》に森をつくる」*運動を展開中で、木造都市の実現を目指している。木造大規模・耐火技術が確立された今、新国立競技場や五輪施設に国産木材を積極的に活用する等、ウッドファーストのメガトレンドが確実に押し寄せている。この激流に逆行し、材料が二酸化炭素を大量に排出して製造される鉄筋コンクリート

写真2　日本で初めて接合金物を使用した木造建築（旧本社社屋／1974年）
（撮影：新建築社写真部）

造で、地域を代表する公共施設が建築されるのを見ると、環境未来への罪悪感を覚えるのは私だけであろうか。

二　木構造のゲームチェンジャーを目指す

木を金物で接合「KES構法」

日本の木造建築の接合部は、昔からブラックボックスで徒弟制度によって技術が引き継がれていた。私の父や弟子達が裸電球の下で刻み仕事（接合部の手加工）をしているのを見て、金物を利用すれば簡単に強く繋げるのにと、子供の頃から思い続けていた。アメリカ留学の最後、ヨーロッパ旅行中にパリのエキジビションを訪れたが、そこで接合に金物を使った建物を見た瞬間、子供の頃から抱いていた「金物で接合する」という確信を得た。

写真3　KES構法接合部イメージ
（日本・米国・カナダで特許取得）

帰国後、会社を創立し、木造建築は釘すら出来るだけ使わない、ましてや金物はタブーの時代に、接合金物を使った旧本社を建築した（**写真2**）。今も工場事務所として活用している。非難を浴びながらも、日本で最初に木造の接合部に補助金物ではなく、耐力金物を使用し構造計算が可能な「接合金

写真 4　阪神・淡路大震災の時、無傷で残ったKES 構法による 3 階建て住宅
（神戸市灘区激震地／写真中央の住宅）

写真 5　「石巻市北上総合支所」震災前
（左側建物が KES 構法を使用した木造 2 階建ての庁舎事務棟）

写真 6 「石巻市北上総合支所」震災後
（流されずに残ったKES構造体。右側建物は倒壊した鉄筋コンクリート造）

物工法」を開発。構築方法と接合金物で特許を取得、「ＫＥＳ構法」として事業化した（写真3）。

平成七年一月に阪神・淡路大震災が発生、震源地に建築した三階建て七三棟のＫＥＳ住宅はすべて無傷で残り、大きな注目を集めた（写真4）。驚異的な耐震性能が実証されると、住宅のみならず、大規模木造建築にＫＥＳ構法が続々採用されるようになった。現在、公共建築に一千棟の実績を有し、日本最多を誇る。

また、二十三年三月の東日本大震災でも「巨大津波に耐えた木造建築」として、ＫＥＳ構法の公共施設が新聞等で報道された。木造建築は災害に弱いと喧伝されてきたが、ＫＥＳ構法の高い耐震性能が大震災の都度実証されてきた（写真5、6）。私は「命と財産を守るシェルターの建築哲学」を基に、災害に強い木造建築を建ててきた。ＫＥＳ構法は二十二年「文部科学大臣 科学技術賞」を受賞した。

燃えない木の独自技術「二時間耐火 COOL WOOD」

「木造の建物が全焼。激震地で建物が壊れ消防車が進入できず、火を消せない」等、木造の建物が燃えて人命と財産が失われる。二十世紀後半、関東大震災や大空襲等から、大規模な木造施設が原則禁止され、木造建築暗黒時代と言われた。二十世紀末頃から、当社は大規模庁舎などへＫＥＳ構法の採用実績を重ね、構築技術の高度化を図ってきた。

同時に、木の表面を不燃材で覆うのではなく「木肌を現した燃えない木（燃え止まる木）の開発に取り組んだ。寝ても覚めても考えていると、突然アイディアが浮かぶ。車を運転中に「石膏ボードをサンドイッチする」と閃き、実験を重ねて特許を取得した（写真7）。

平成二十二年公共建築物等木材利用促進法が施行され、公共建築に「ウッドファースト」の考えが導入された。一時間木質耐火部材「COOL WOOD」が国土交通大臣認定を取得するとすぐ、南陽市文化会館への採用が決定し二十七年三月に完成した。

また、日本で唯一「木造二時間耐火（柱・梁・壁。樹種は問わず、集成材でも無垢材でも可）」が大臣認定を取得し、木のまち京都で日本初の二時間耐火COOL WOODが採用された「京都木材会館」

写真7　COOL WOOD イメージCG

写真8　2時間耐火 COOL WOOD が採用された「京都木材会館」
（撮影：ヴィブラフォト／浅田美浩氏）

が着工、二十八年春全容を現した（**写真8**）。木造十四階を可能とする二時間耐火技術は、二十七年「ものづくり日本大賞 特別賞」を受賞した。

それぞれ地元産木材を使用して、山形県南陽市から一時間耐火のギネス世界記録「最大の木造コンサートホール」を、京都市から「日本初二時間耐火部材使用の木造ビル」を発信した。京都府内初の木造四階建てである。ウッドファーストのメガトレンドが始まった。

イメージをそのままカタチに！「三次元曲線・曲面加工」

建物は通常、柱と梁が直交したボックス型であるが、この制約から解放され、「イメージをそのままカタチに！」という自由奔放なデザインを創造したい建築家は多い。当社では、デザインから構造設計、三次元加工までの一貫した「ソフト開発」を行い、日本で最初に導入した「最新鋭プレカットマシーン」が稼動中である。木の加工し易さから、柱と梁、天井や屋根までも一体化する三次元曲線や、ツイストの構造体によって芸術的曲線・曲面の建物が出現する。独創的に描くデザインの楽しさや美しさが実現する建築、夢は無限に広がる。

木造革命企業「ゲームチェンジャー」を目指して、従来の常識を大きく超える「KES、耐火、三次元」の新技術を開発・事業化してきた。

写真9　木造3階建て本社社屋（1998年グッドデザイン賞）

三　木造都市づくりの実践

木構造のシナジー・テクノロジー

「構築技術KES構法」「二時間木質耐火部材COOL WOOD」「三次元曲線・曲面加工」のそれぞれの技術は相乗効果を発揮する。「KES×耐火×三次元」のシナジー・テクノロジーが、災害に強く芸術的な木造都市づくりの基盤技術になった。KES接合金物はパターン化され、住宅から大規模建築まで大きさを変えるだけで使用できる。また一・二時間耐火COOL WOODも材質、太さ、長さ、厚さ等、それぞれフルラインで認定を取得、現場加工も可能である。

当社は開発部門を設けず、仕事をしながら研究開発に取り組む。顧客ニーズだけではなく、潜在的な社会価値を掘り起こし、事業化できるかを「3S（シンプル、ストロング、スピーディー）」で評価する。毎朝役員会を開き、即断・即決・即実践し、できるまでやる「開発の臨戦態勢」をとっている。シェルター理念「何が正しいかを考える」による判断基準の明確・迅速化と、経営方針「創造・革新・挑戦」の全社一体化したベクトルの下、社員も問題意識を持ち主体的に現場で開発を提案する。これらの熱意・闘魂が潜在能力を顕在化させる。

ギネス認定「最大規模構築」と、日本唯一「二時間耐火、三次

写真10　「KES プレカット工場」内観

元曲線・曲面加工」のシナジー・テクノロジーを実践して、木構造技術の世界最高水準に少し近づいたかな、と思っている。

Win-Win の技術連携ビジネスモデル

当社は、山形に本社（写真9）とKESプレカット工場（写真10）、東京に営業本部を設けている社員一二〇名程の中小企業である。規模は小さいが、技術・ブランド力を高めながら、全国でWin-Winのビジネスモデルを展開している。先端技術や製品をオープン化して、各地の設計事務所、森林組合、製材・集成材・プレカット工場や工務店さんが連携する「林業六次産業化・サプライチェーン」をコーディネートしている。当社の技術によって、木材関連産業が活性化して森林が整備され、木造都市が実現すれば幸いである。連携ビジネスモデルは、平成二十三年「国産材利用推進 林野庁長官感謝状」、林業六次産業化推進は、二十四年「研究開発功績者表彰 農林水産大臣賞」を受賞した。

伐採時の丸太は炭素と水分の重さが半々であり、産地に近い工場で加工し運搬費を削減するのが有効である。加工工程での付加価値は大きく、単に山の木を伐採しただけでは、地域産業振興として十分でない。当社は、全国の有力工場と連携し、各地域産木材で構造体を製造・供給しており、一時間・二時間耐火「COOL WOOD」の取り扱いも推奨している。

日本木造耐火建築協会が二十六年十二月に設立（二十八年四月に

写真11　シェルターインターナショナル学生設計競技

一般社団法人化）され、「COOL WOOD」の製造、販売、使用等に関わりたい会員を広く募集している。大規模・高層建築に不可欠な構築技術も併せ協会を通して提供している。会員同士がWin-Win ビジネスで連携することで、ウッドファーストが激流となって全国に広がればと念願している。お気軽に問い合わせいただきたい。

四　若手木造建築家の養成

トップブランド「シェルター東北学生設計競技」

平成十一年「シェルター東北学生設計競技」を開催、入選作品をメディアに発表して建築家養成に貢献しようと考えた。木造をテーマとして、木に興味を抱いてもらいたい思いもあった。その後全国規模になり、二十三年からは「シェルターインターナショナル学生設計競技」へ拡大し、世界の学生から応募作品が集まる。著名建築家が審査委員となり、最終審査は応募学生との活発なディベートが展開され学生にとって生涯の思い出となる（**写真11**）。十七回を数え、学生設計競技のトップブランド、登竜門となり、優秀者に奨学金が授与される。数多くの入選者や応募者が建築家として各方面で活躍しており、この活動を継続してきた結果と喜んでいる。

入社動機は「木構造技術で世界一になる！」

ウッドファーストがメガトレンドになる中、学生の採用時にヒアリングすると、大学での木造の学習時間は極端に短いようだ。二十世紀後半の木造暗黒時代が影響したのか、教える先生も少ない。鉄骨・鉄筋コンクリート造は学ぶが、木造は入社後教えなければならない。ただ最近の傾向であるが、木が好きで、木造に興味を持つ学生が入社するケースが増えてきた。志望動機は「木構造技術で世界一になりたい！」とのこと、うれしい限りである。

終わりに

木は、二酸化炭素を吸収して成長する再生可能資源である。成木になると吸収が弱まるので伐採して植林する。若い木は旺盛に吸収し、この循環が森林を健全に維持する。伐採した木は燃やさず、長持ちする木造建築を建てて二酸化炭素を固定化する。

木の建築は人々の心を癒し温かく和ませ、山村と街を、地方と大都市を繋ぎ、都市《まち》に森をつくる。木造都市づくりは、環境の未来に希望を与え、街づくりや産業振興によって地域を創生する。

「木造に金物はタブー」、木は燃える、直交する柱と梁」等の常識を超えて、創造・革新・挑戦を実践してきた。「ウッドファーストを実現するゲームチェンジャー」として、伝統ある木造建築の日本から世界へ木造都市を発信する。固く冷たい鉄とコンクリートの街を、爽やかで温もりのある木造都市へ！

＊「ギネス世界記録」はギネスワールドレコーズリミテッドの登録商標、「KES」「COOL WOOD」「木造都市」「都市《まち》に森をつくる」はシェルターの登録商標です。

Photo by Ichige Minoru

山が変わり、建築が変わる
【「木のカタマリに住む」の設計を通して】

網野禎昭

●あみの・よしあき　一九六七年生。法政大学デザイン工学部教授。木造建築構法。設計作品に、「レマン湖畔・自立柱の庵」（二〇〇四年）「ウィーン・ナッシュマルクトのレストラン」（二〇〇七年）「青龍殿木造大舞台」（二〇一四年）「木のカタマリに住む」（二〇一五年）など。

山が変わり、建築が変わる

価値観とは必ずしも人間が自律的に生み出すばかりでもなく、むしろ変化する環境への適応として生まれることが多いように思う。日本の木造建築も例にもれず、現在、大きな価値観の変革期を迎えようとしている。

木造建築を学び始めた頃、森を見るように言われた。森林資源の在り方が建築を左右するからだ。そのように考えると、日本の伝統的な木造美とされる華奢な軸組み空間も、元々備わった美意識によるものと言うよりは、時代ごとの森林状況の反映だったはずだ。化石燃料の使用が本格化する以前、建築用材や燃料のすべてを木に頼っていた時代では、旺盛な木材消費が常態的な森林荒廃をもたらしていたとされる。その有様は昔の絵画にも見て取れるほどである。例えば、江戸後期の中山道を描いた「木曾街道六十九次」。木曾の山地を貫く街道の背景は大方草地や疎林として描かれている。そのような資源状況下では、好むと好まざるとにかかわらず、木造は細い柱と梁による軸組みとならざるを得なかったはずだ。時代が下り、大戦期において木造トラスや継手仕口の研究が活発化したことも、資源統制の影響そのものである。

厚さ12センチの無垢材で囲まれた「木のカタマリに住む」内部（提供＝平成建設）

戦後、住宅の大量供給期に至って、伝統木造は在来軸組み構法に姿を変えはするが、省資源志向は継続する。つまり、木造軸組みの歴史は木材節約の歴史と並行してきたのである。

しかし、高度経済成長期が終焉し約四〇年が経過した今、一転して日本の山々はどこもかしこも樹々に覆われ、かつてないほどの森林資源の蓄積期を迎えている。主伐期に達しようとする戦後の拡大造林林分と、伸び悩む木材需要がアンバランスを起こしているのである。山の荒廃を避けるためには林分の更新は不可欠であり、そのために大量の高齢林の伐採と利用を進めなくてはならない。しかし、一方で人口減少により更なる需要低下も予想される。何も山の在り方だけが木造建築の形成理由でもあるまいが、慢性的木材不足を生き抜く中で生まれた軽やかな木造軸組みの背景が大きく変わろうとしている。

山に富を還す木造建築

二〇一五年春に竣工した住宅「木のカタマリに住む」は、森林資源の余剰期における木造建築の在り方として、軸組み以外の価値観を模索したものである。一言でいえば木造による面構造であり、一般的な軸組み住宅の三倍を超えるスギ製材を使用している。木余りの時代だからこその構法と言える。しかし、その特徴は木材の使用量だけではない。「木のカタマリに住む」では、普段無

積み上げられた平角材のデッドストック（提供＝網野禎昭）

駄にしている木材も活用することによって、山に返す富を増やそうと考えた。

この住宅では、通常は梁桁に用いられる平角材という製材を隙間なく並べてビス留めすることで厚板とし、これにより壁や屋根、床を構成している。一本が一二センチ×三〇センチ前後、長さ三メートルから六メートルという立派なスギ製材を三六〇本並べたのだが、実はすべて製材所の片隅に山積みされていたデッドストック材ばかりである。

日本の木材流通の特徴の一つとして、市場での厳しい製品選別が挙げられる。曲がった胡瓜の逸話で知られる商品の均質化である。平角材といえば、丸太中心部分からの木取りの関係上、芯持ちとなることが多く、そのため芯持ち材に特有の乾燥割れを起こしやすい。何十年も手入れをして育てた立派な材であったとしても、割れがあることで市場価値を失うことになる。割れだけではなく、丸みや変色など、木材のネイチャーと考えるべきものも欠点として括られデッドストックとなってしまう。そもそも、製材工程の歩留まりは高いものではない。丸太から角材を挽き出す過程において五〇％もの材積が失われている。これに対してさらにデッドストックというロスが加わることになる。不良在庫となった平角材にいよいよ買い手が付かないとなれば、さらに挽割り手間をかけて欠点を除去し、割高な小割材として販売網に乗せられる。他国に比べ日本では原木価格は安く、製材価格は高いとされるが、その理由の一つはこの非効率性にある。平角材のように大ぶりの挽角材は、小割材に比べて製材効率はよい。たとえ低市場価値材であったとしても、その大量活用が可能になれば、製材歩留まりは改善し、山に戻る利潤も増えるはずである。

主伐期に向けての大径材活用

小さな丸太が盛んに取引される傍ら、一抱えもある大木が無造作に放置されている。原木市場を訪れた方ならば、その光景に驚いたことだろう。

平角材に注目したもう一つの理由は、このような大径材活用の模索である。一九六〇年代前後の拡大造林期から五〇年が経過し、戦後の人工林も伐期に差し掛かっている。しかし、国産材の活用が滞る中、主伐期を六〇年、八〇年と延ばす長伐期施業が検討されている。これは原木の大径化を意味する。一度の伐採で多くの材積が得られる大径材は本来歓迎されるべきものだが、敢えてその活用を模索しなくてはならない点にも、日本の木材産業の問題点が見え隠れする。

大径材が売れない理由。その一つは製材業の在庫リスクの回避にある。大径材から挽きだす梁桁用の平角材には標準断面というものはなく、納入物件に応じて寸法はまちまちである。工事を急がせる現代にあっては、かつてのように注文挽きともいかず、い

平角材を並べてビス固定する（提供＝平成建設）

かに平角材の寸法が多様といえども相応の在庫を持たざるを得ない。これが製材所の経営リスクとなってしまう。そのため、多くの製材所では大径材の製材を敬遠し、断面寸法が一定である柱材に特化した設備を導入し、小振りな中目丸太ばかりを製材することになる。それが先ほどの原木市場の光景を生む。木が細いうちに製品化することは、植林地から早く利益を上げるうえでも好都合だったに違いない。

しかし、いくらリスクが少ないとはいえ、今後市場で優勢となる大径材を何本もの柱に挽割ってばかりもいられない。木材は小さく挽割るほどに歩留まりも落ち、手間もかかることは先に述べたとおりである。大きな木から挽いた大きな部材を使う木造建築。そんな時代がやってきた。

多品種少量生産という付加価値化

五〇立方メートルを超える木材が製材所のストックヤードから現場に運び込まれた。プレカットも施されていない平角材の山である。そしてこれを一本一本手作業でビス打ちしてゆく。「木のカタマリに住む」の施工にあたっては、あえて合理化とは逆行した生産方法をとった。

これではローコスト住宅にならないと、何名かの見学者から声があがった。単価の低いデッドストック材を活用したことをコスト削減のためと思い込んでしまっていたようだ。山を豊かにするということは、木材需要量の増加によってのみ成し得るものではなく、山を支える人々、つまり木材産業の上流で働く人々に還元される富を増やすことでもある。そのためには、山間のどんな零細企業であっても取り組むことができ、その収益の大半が人件費に充てられるような技術が必要なはずだ。つまり省力的な装置産業ではなく、人手をかけた付加価値生産によるイノベーションである。

昨今注目をあつめる直交集成板（CLT）であるが、低質木材の大量活用という点では「木のカタマリに住む」と軌を一にする。しかし、接着積層により高強度な面構造材が大量生産できる反面、高価な生産設備を必要とし、参入可能な事業者を限ってしまう上、収益の多くは設備の償却に充てられる。さらに価格競争力向上のためには素材となる挽板の仕入値を安く抑える必要もあろう。そうなれば、大量生産によるコストダウンが不得手な小規模製材所が挽板の提供で利益をあげることも難しそうである。合板、集成材、LVL、パーティクルボードなど、これまで様々な工業化木質材料が実用化されてきたが、これらもCLTと同様な収益構造を持つものであり、川上への富の還元には結びつきにくい。

一方、「木のカタマリに住む」がモデルとしたものは、一九八〇年代のドイツで開発されたブレットシュタッペルという木質面材である。これは厚さ三センチ前後の低質な挽板を釘やダボで積

学生によるブレットシュタッペルの試作風景（提供＝網野禎昭）

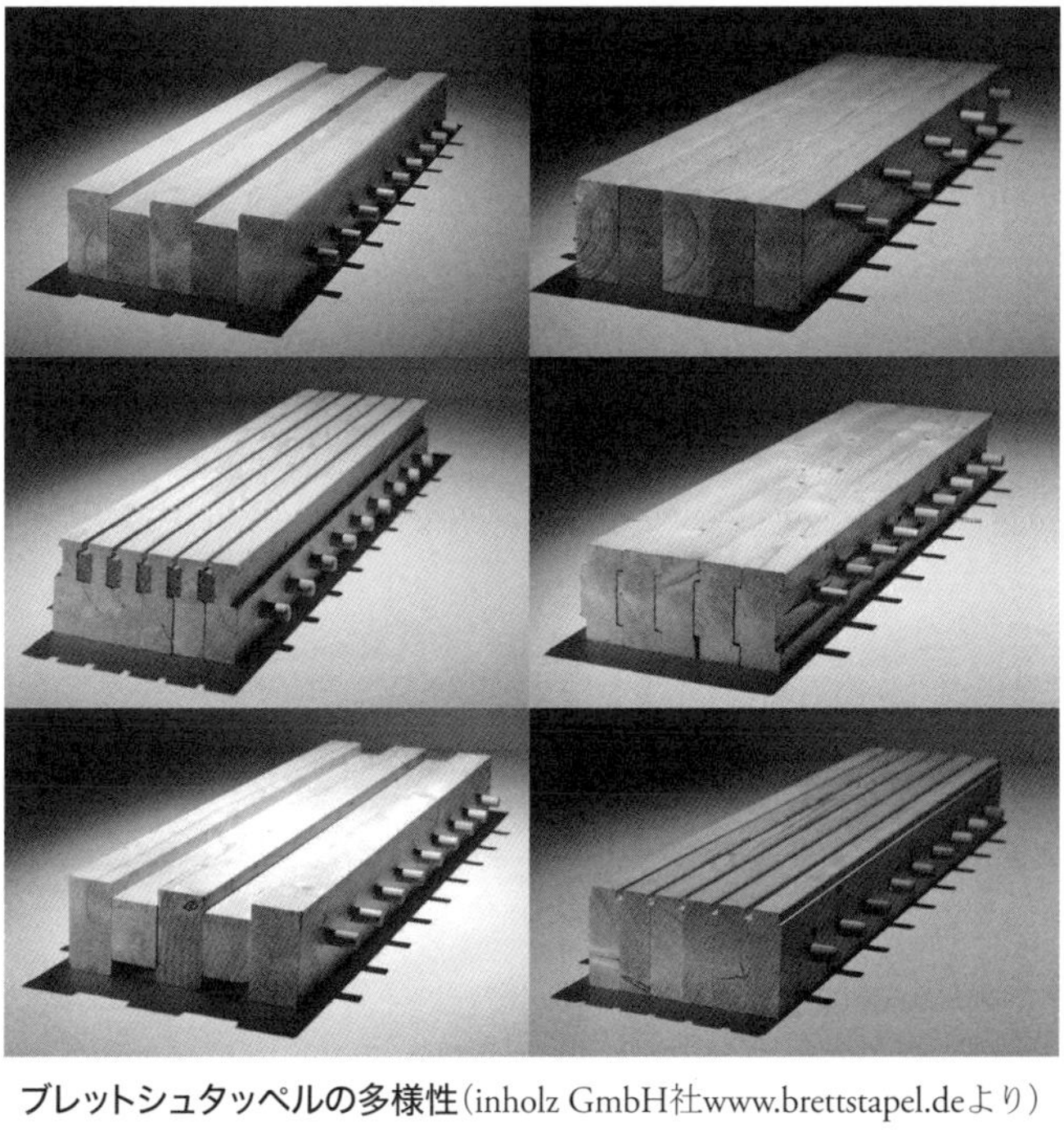

ブレットシュタッペルの多様性（inholz GmbH社www.brettstapel.deより）

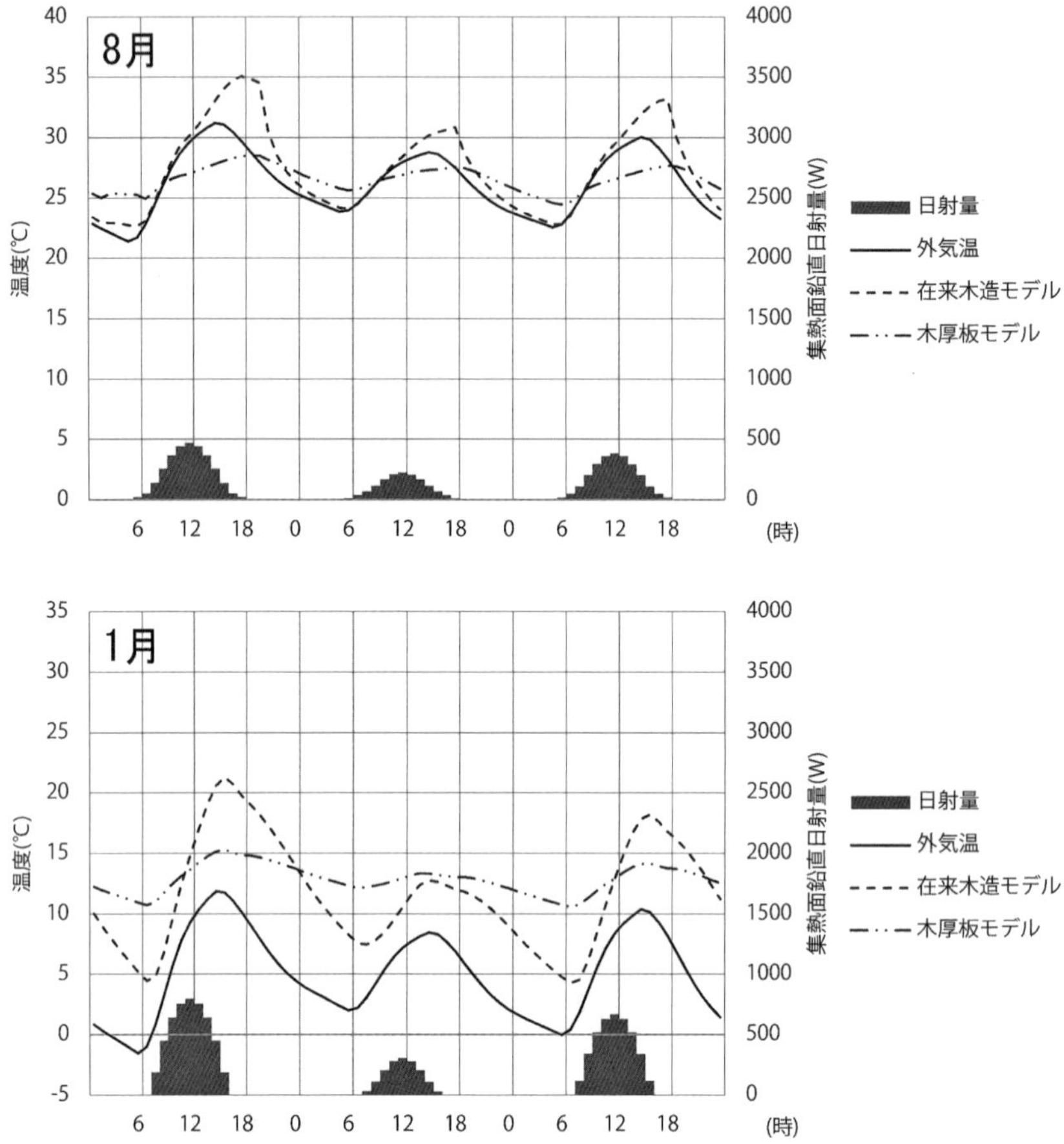

木の量塊効果がもたらす蓄熱性により安定化した室温変動

次世代断熱基準相当の木造在来モデル（軸組みに断熱材を充填）に対し、木厚板モデル（スギ無垢材12センチと断熱材9センチの組み合わせによる外壁・屋根）では自然室温の変動が抑えられる。（提供＝金子尚志）

層させたものであり、中山間地に多い零細企業での製造販売を念頭に開発された。ＣＬＴに比べ強度こそ落ちるが、挽板の種類や並べ方を変えるだけで、同一生産ラインによって様々な品種を製造できる多品種少量型の付加価値部材であり、すでに欧州では二〇社ほどのメーカーが製造している。私自身がかつてこのブレットシュタッペルの研究に参加した経験が「木のカタマリに住む」につながった。ハイコンセプト・ローテック。敢えて特殊な仕掛けに頼らず、身の回りの技術による付加価値化に中山間地域の活路を見出すことはできないものか。

木のカタマリが生む多面的効果

一般に木材の性能は何かと問われた時、多くの人は軽くて強い構造性能を挙げるだろう。これは伝統的に軸組み架構を発展させてきた日本では一般的な認識であるが、木造を組積造として発展させた欧州などでは、木材は圧縮力に対して弱い横置きの状態で組まれており、構造性能以上に、木材に寒さに対する防御が期待されていることがわかる。

「木のカタマリに住む」では木材の量塊効果に着目し、本来の木材が持つ未分化な性能をそのまま引き出そうと考えた。確かに工業材料のように傑出した性能こそ持たないが、木材は、強度以外にも様々な性能を満遍なく兼ね備えている。この住宅では、すべての木材は構造体であり、同時に快適性を生む断熱体、蓄熱体、調湿体、そして仕上げ材でもある。例えて言えば、小動物が巣くう木の洞のような住処だ。窓を通して届いた太陽熱は、日中は木材内部に蓄えられ、その後ゆっくりと室内に放散されてゆく。木の断熱性はよく知られたところであるが、木造は軽量であるというイメージから蓄熱とは無縁と考えられがちである。しかし木は量塊効果により、コンクリート程ではないが同様な蓄熱効果を生む。コンクリートと違うのは断熱性も兼ね備えており、また視覚的にも温もりを感じさせるということだ。

さて、このような木の多面的な魅力は、これから家を手に入れようとしている人々に伝わっているのだろうか。木造建築の特長として、接合技術のオリジナリティーや木材のブランド性が宣伝される場面を目にする。いずれも家を支える柱梁の信頼性に関するアピールである。しかし、安全であって当然の軸組みを差別化することが、ことさら技術や木材に思い入れのない消費者の共感を得られるだろうか。木構造から木環境へ。住まい手が実感できる木の価値を考えてゆこうと思う。

木造建築は縦割り社会にそぐわない

木材の世界で多用される川上・川中・川下という表現は、関連産業が多段階的に構成されていることを、かつての木材水運に例えたもので、川上を林業、川中を製材・加工・流通、川下を建築産業としている。川の流れになぞらえる程に産業間の連携が上手くいっているのかと言えば、実情はその反対であり、林業から建築に至る連携の欠如と利益相反が木材界の最大の問題ともいわれている。冒頭に、森林資源の在り方が建築を左右すると書いたが、それは本来そうあるべきということであり、先に書いてきた様に、大方の場合、川上や川中の在り方に配慮することなく木造建築が設計されているというのが実態であろう。

ある地方の公共建築の事例である。地域木材産業の活性化に熱心なその自治体は、大型庁舎を木造として新築することを決め、設計競技を通して広く案を募った。最優秀案は、独創的な空間提案であったことに加え、住宅用として一般流通する柱梁材ででき る経済的な架構であった点も評価されたようだ。では、視点を変えてこの案を川上川中から見るとどうなるだろうか。まず川上であるが、町は使用木材を地場産材とする条件を課しているため、川上との連携は予定されたものと思われる。問題は川中である。この地域は豊かな森林を抱えてはいるが、加工業の遅れが予てからの課題とされていた。製材JAS認定工場もほとんどなく、プレカット工場に至っては皆無なのだ。つまり、如何に一般性が高いとはいえ、軸組み構法を採用した時点で、部材加工は近隣県に依頼せざるを得ないという状況になり、キャッシュアウトを増やしかねない。建築としての専門的評価を得た案ではあったが、業際的な視点に欠け、地域社会への提案は不十分と感じた。

「木のカタマリに住む」を通して考えたことを一言でいえば、川上川中に対する木造建築の社会的責任とでもなるだろうか。かつてないほどに国産材活用の機運が高まり、様々な木造建築が実現されてきてはいるが、大方のもの、特に専門誌を賑わすリーディングプロジェクトといわれるものでは、専門的新規性が探求される一方、建築が果たすべき森や地域社会に対する責任についての議論が深まっていないようである。新しい建築需要を喚起するためにはマーケットの刺激が必要であり、それにあわせて川上川中が変わるべきという見方もあるだろう。確かに上流が旧態依然で良いはずがない。しかし、森と社会が変わるには何世代もかかることを思い出して欲しい。ならば、まず建築が山に歩み寄ってもよいのではないだろうか。

ドイツ人の木の建築に対する取り組み

内山佳代子

●うちやま・かよこ　一九六七年生。建築家。Peter Ruge Architekten 共宰（ドイツ・ベルリン在住）。設計作品に「ハウスM」（ベルリン）「ハウスW」（ブランデンブルグ）「パッシブハウス・ブルック」（杭州市）等。

木造建築の見直し

ドイツではいま、木の建築がトレンディだ。ここ数年、木の建築作品や特集が雑誌で紹介されることが多くなった。その理由として、まずは環境問題があげられるだろうと思われる。

一九九七年の京都議定書における「温室効果ガス排出量」の削減目標値を順調に達成し、ドイツは欧州内で、地球温暖化政策での先駆的な役割を担ってきた。ところがその後、「二〇二〇年までに四〇パーセント減（一九九〇年比）」というさらなる目標を設定したものの、景気上昇や原発停止に伴う褐炭の使用増加などが原因で排出量が増加してしまった。現状では目標達成は厳しいことが指摘され、エネルギー効率の向上をより強化することに躍起になっている。そこで木造建築が見直され注目されるようになった。木材は炭素貯蓄量が多く、他の建築資材に比べて製造や加工過程での二酸化炭素放出量も少ないからである。

「生きている」素材の魅力

ここでドイツの木の建築について話をすすめる前に、ドイツの

ハウスＭ　ヨーロッパカラマツのファサード
（©Peter Ruge Architekten　撮影：Ira Efremova）

風土についてふれておきたい。

ドイツの気候は北海道並みで、面積はその四倍、人口はその十倍である。平地林は多いが田んぼはなく、火山がないので地震もない。海岸線はごく一部なので津波はないが、他国と多く国境を構えているので昔から紛争は絶えなかった、という地形をもつ。

ドイツといえば「森の国」であるが、じつはその森林率は三〇パーセントと日本に比べてはるかに少ない。世界の森林率の平均値、とたかが知れている。しかしドイツでは原生林がなく、すべてが木材生産のための森林なので、そのための森林面積は約一千万ヘクタールであり、日本とほぼ同じになる。さらに生産量においては、日本の約五倍にも上るという。

とくに今は環境面から、ドイツでは熱帯木材を使用せず、代わって国産材や欧州産の木材の需要が増加傾向にある。中でも、ファサードにヨーロッパカラマツを使用した建築が人気である。ヨーロッパカラマツは、これまでも何世紀にわたってアルペン地方に代表される屋根やフェンスなどに使われてきた材料だ。比較的安価だという理由もあるが、人気の秘密はやはり、塗料や防腐剤で処理しなくても品質の安定性を保持できるという特性にあるだろう。つまり、外装材であっても「素地のまま使える」ということだ。

素地のままで使用すると、最初は赤褐色をしているが、年月とともにゆっくりと灰褐色に変化していく。いわゆる「風化」なのだが、このように変色することで外環境に対する抗体を自ら備えるのである。逆にオイルやペンキを一度でも塗装してしまうと、表面処理を定期的にし続けなければ劣化してしまう。ヨーロッパカラマツの人気は、モノトーンのシンプルな意匠もさることながら、自然治癒力によって趣のある色に変化するという、まさに「生きている」素材だからではないかと思う。

新しい「木の建築」の登場

木の弱点を克服すべくつくられた新材料であるＣＬＴ（Cross Laminated Timber）や、グルーラムと呼ばれる構造用集成材も、ドイツの木の建築人気に大きく貢献じているといえるだろう。これらの出現によって、これまでできなかった規模の建築が建設可能になり、デザインも多様化し始めている。

木造建築は、例えばベルリン州では、原則として四階建てまで、最高軒高は一三メートルまでと規定されている。もっともドイツの建設にかかる法律には都市計画法（Bauplanungsrecht）と建築法（Bauordnung）があり、建築法は実際に建築を行う際の規制で、連邦に立法権限はなく州ごとに制定されている。その各州の建築法が基本とすべきものとしてモデル建築法（Musterbauordnung）が定められていて、木造建築における規定については、ベルリンを含むほとんどの州がこれに準じている。

よって、木の建築といえば小規模な個人住宅か平屋のセカンドハウスが多かった。ましてや、軒高二二メートルの制限によって町並みが揃えられているベルリンでは、都心部で木造建築をつくるチャンスはなかったといっていい。

ところが、二〇〇八年、ベルリンで人気エリアのプレンツアウアーベルグ地区において、欧州で初めて、七階建て軒高二二メートルの木造の中高層建築が完成した。

柱と梁はグルーラム、外壁はＣＬＴで構成されている。床スラブとファサードのエレメントが工場生産可能なので、工期を短縮できることもこの工法の最大の長所だ。一週間ごとに新しい階を積み上げることができるという。ドイツでは日本に比べて建設工期がずいぶん長い。コンクリート工事など、気温が氷点下になるたびにストップする。七階建ての建築の躯体工事を八週間で終えるというのは、従来の工法からいうと破格の短さなのである。

とはいえ、この建物は生粋の木の構造というわけでもない。床スラブはグルーラムの梁とコンクリートスラブが一体化した混構造であり、さらにコンクリートのコア構造を採用している。つまり、適材適所にコンクリートを使うことで木造の弱点を補填している。そうすることで、構造強度だけでなく、ＣＬＴの壁式構造では実現できない「プランの自由度」を高めているのである。

構造強度もさることながら、ドイツにおいて中高層建築をつくる際の最難関は「防火計画」だ。ベルリン州では通常、軒高二二

ハウス W　ヨーロッパカラマツのファサード
(©Peter Ruge Architekten　撮影：Li Yuanhao)

メートルのアパートの場合、屋内階段（窓に面することが必須）と消火活動が可能な道路に面した各室の窓から、二方向避難を確保することができる。しかし今回の木造のケースでは、屋外の特別避難階段とし、各アパートからバルコニーを通って直接避難できることが義務づけられた。さらに、隣家に接してコンクリート造の防火壁を設けること、外壁の両面を耐火性の石膏ファイバーボードで覆うこと、多くの煙探知機の設置も不可欠となった。つまり、ベルリン州では木造の中高層建築に関する建築法がないため、事例ごとの措置によって認可が下りているというのが現状なのである。

同じヨーロッパでも、オーストリアではいち早く法規制がつくられ、七階建ての木造建築が建設可能になった。またスイスでは近年、日本人建築家の坂茂氏が壁・床のいずれにも鉄の接続を使用しない木造・七階建てのオフィスビルを設計し注目を浴びている。現地の優れた木造技術とそれに合わせて整備された建築規制の賜物だという。

求められる法整備

雑誌ではこれだけ木の建築が話題になっているにもかかわらず、二〇〇八年に初めて建設されて以来、ベルリンで木造の中高層建築が一般に普及しているとはいえない。浸透しきれない最大の理由は、木造の中高層建築に関する法規制が未だ不全であるからではないかと思っている。つまるところ、適切な断面をもつ木は鉄より燃えにくいことが証明されていながら、「木は火に弱い」という先入観が日本同様、ドイツでも根強いのである。法規制が不透明なので建築コストも予想できず、そんなリスクを負ってまで建築主は中高層建築に木造を採用しない。また屋外避難階段の設置義務も、寒さの厳しいベルリンには非現実的ではないかと思う。

ドイツでは今日、環境問題を度外視して建築がつくれなくなった。そうした意味でも、建築材としての木の需要は増えるだろう。そして木を建築材として十分に生かすには、木造建築の高層化を普及させなければならない。そのためにも、法規制の整備を早急に進めることが肝要であると思われる。

CLTの可能性と限界

稲田達夫

●いなだ・たつお 一九五一年生。福岡大学工学部建築学科教授。主要論文に「建築分野における木材活用のシナリオ――新築着工木造率七〇％・木材自給率四〇％を目指して」（『木材工業』vol. 66、二〇一一年、No. 12、日本木材加工技術協会）「中大規模木造建築は建築分野を革新するか――CO_2排出削減と林業活性化への道筋」（『建材試験情報』1714、建材試験センター）等。

1 はじめに

近年、中大規模建築（集合住宅、オフィス等）の木質化が注目を集めている。海外からは、ここ数年、大規模な木質構造の住宅等の建設が伝えられているが、その多くは、クロス・ラミネイテッド・ティンバー（直交集成材、以下CLT）等を使用した壁式構造の建物が中心である。このような状況に至った背景としては、地球温暖化対策の観点から、植林することにより再生可能という点でエコマテリアルである木質材料を再評価しようという機運が盛り上がっていること、および我が国の事情で言えば、戦後植林された木材が資源として利用可能な時期を迎える一方、木材価格の下落等の影響により森林の手入れが十分に行き届かず、国土保全などの観点から森林の多面的機能の低下が懸念されることが挙げられよう。また、最近の熟練技能者の不足に起因する人件費の高騰を受けて、プレファブ化の容易な木材が、建設業の労働集約型産業からの脱却の切り札として再評価されようとしていることもその要因として上げられる。

2　新たな国産木材市場開拓の重要性

我が国の木質構造建物の新築着工床面積は、総着工床面積の約三五%を占めるが、その多くは低層の戸建住宅であり、今日の少子化の状況等を考えると、今後戸建て住宅の需要が大幅に増加することは見込めない。従って、国産木材の利用促進を低層戸建住宅市場に求めるためには、床面積の増加ではなく、外材を国産材に置き換えることが現実的な対応となるが、実はそれはあまり得策とは言えない。なぜならば、地球温暖化問題が全地球規模の問題であることを考えると、外材を国産材に置き換えるだけでは、本質的な問題の解決には結びつかないと思われるからである。

表1　新たな国産木材市場の開拓

項　　目	計算結果
年間新築着工床面積	1.5 億 m^2
非住宅非木造建築比率	40%
地上階比率	75%
CLT 床厚	150mm
木材使用量（製材）	675 万 m^3
歩留り	60%
木材使用量（丸太）	1125 万 m^3

我が国の国産木材の利用促進を図るためには、国内に新たな木材市場を開拓することが必要である。具体的には、従来我国では木材の積極的利用が行われることのほとんど無かった、非住宅建物（特に超高層オフィスビル等）の床の構造体に木質材料の使用を進めることを提案する。試算によれば、仮に年間に建設される全ての非住宅建物の床の構造体を木質化すれば、丸太ベースで約一〇〇〇万立米超の木材需要の拡大に繋がるが（**表1**参照）、現況における年間の我が国の国産木材需要が約二〇〇〇万立米であることを考慮すると、非住宅建物の床の構造体の木質化が如何にインパクトのある試みであるかがご理解頂けるであろう。

3　我々が提案する建築システム

表2　我々が提案する建築システム

	通常の超高層ビル	我々の提案する建築システム
柱梁	柱：角形鋼管 梁：H 形鋼	
床	RC 床 デッキプレート	CLT 床 耐火被覆
梁と床の接合方法	頭付きスタッド 充填剤：モルタル	頭無しスタッド 充填剤：エポキシ樹脂
耐震要素	制震装置等	

前節で述べた非住宅建物の床の構造体の木質化とは、**表2**のような構成の建物のことである。柱梁、耐震要素については、従来の鉄骨構造建物と全く同様である。提案したシステムが従来の鉄骨造建物と異なるのは、床の構成と梁と床の接合方法である。**図1**に、提案する建築システムの床の構成の一例を示す。**図2**に、提案する建築システムの梁と床の接合方法を示す。

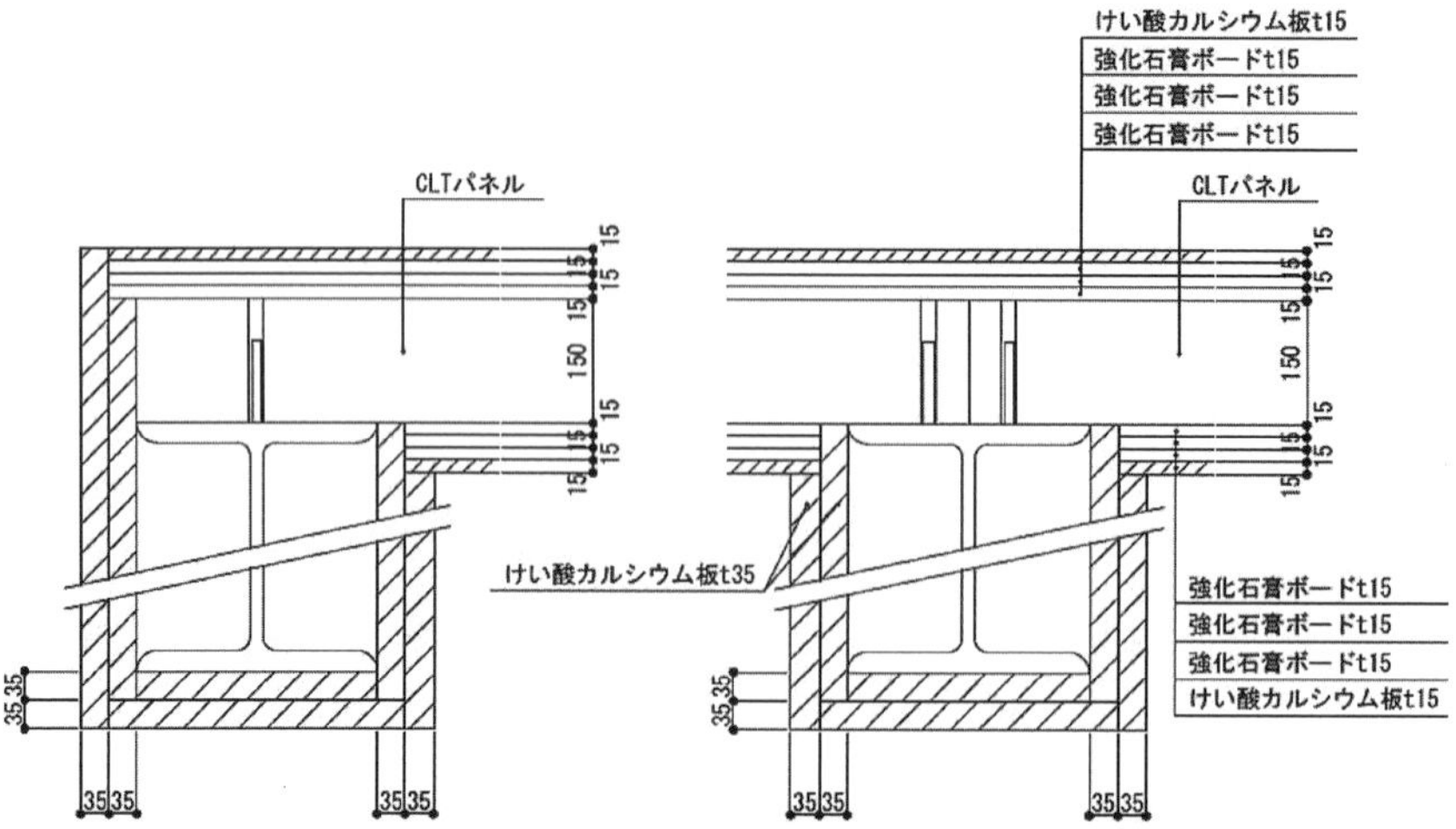

図1　提案システムの床の構成の一例

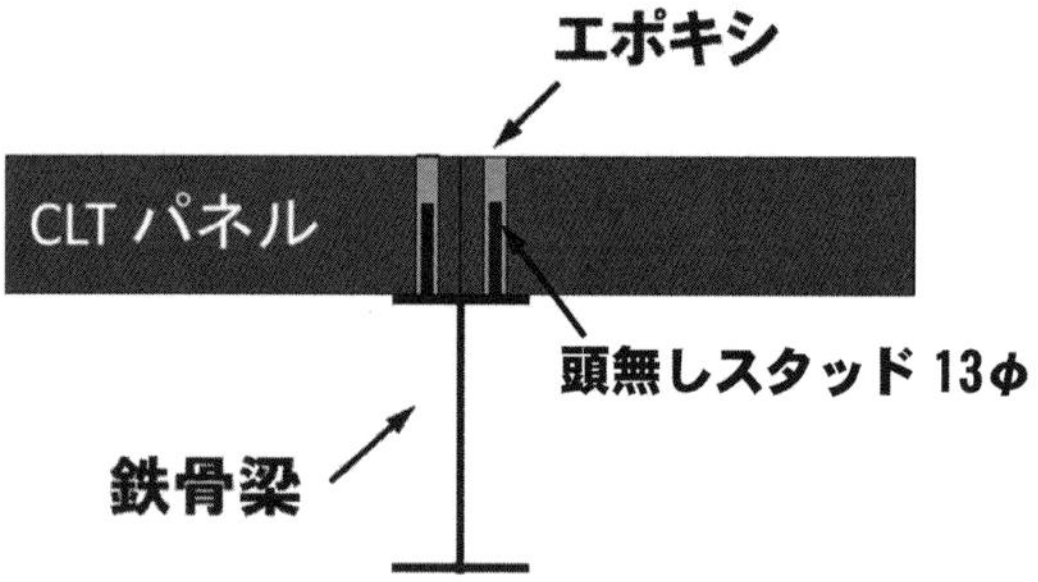

図2　梁と床の接合方法

4　CLTの可能性と限界

それではここで、本題であるCLTの持つ可能性と限界について、考えてみたい。**表3**に私が考える構造種別と適合用途から見た、建物の分類を示す。この表を参考に、木材の市場拡大の観点から、どこにCLTのニーズがあるか考えてみたいと思う。

我が国の建築市場において、資材量から見た場合、大きな市場となり得るのは、以下の三分野である。

（A）在来工法による戸建て住宅分野

（B）柱梁S造床RC構造による多層大部屋型非住宅建築分野（所謂貸しオフィス）

（C）RC耐震壁内蔵ラーメン構造による多層中大規模集合住宅分野（所謂マンション）

これら三分野についてCLTの適用可能性について考えてみたい。

（1）戸建て住宅分野におけるCLTの可能性

戸建て住宅分野で最も大きなシェアを占めるの

表3　構造種別と適合用途から見た、建物の分類

構造種別			適合用途	利　点	課　題	備考
木質構造	軸組構造	在来工法	戸建て住宅	歴史性（少ない資材で高耐震性を実現、我が国が誇るべき貴重な文化）	大規模建築には向かない（寺社建築は別にして）	
		大断面集成材工法	非住宅建築 ドーム等	大スパン構造に適している 軽量	多層建物には課題も	
		SAMURA（鉄筋内蔵大断面集成材工法）	比較的低層な非住宅建築（工場、ショッピングセンター）	大スパン構造に適している モーメント伝達構造を実現	多層建物については未知数	鹿児島大学塩屋教授考案
	壁式構造	2×4工法	戸建て住宅 中小規模非住宅建築	高耐震性、省CO_2 経済性、施工性	大規模建物には向かない 最近は中規模2×4も	
		CLT工法	多層中大規模集合住宅	高耐震性、省CO_2 経済性、施工性	耐火性、重量衝撃音 経済性	
鋼構造	混合構造	柱梁S造＋床CLT構造	多層大部屋型非住宅建築	高耐震性、省CO_2 軽量、改修自由度大	耐火性、経済性 施工方法が成熟していない	
		柱梁S造＋床RC構造	多層大部屋型非住宅建築	経済性 施工性	建設時におけるCO_2排出大 改修自由度小	
RC構造	軸組構造	RCラーメン構造	中小規模非住宅建築			
		RC耐震壁内蔵ラーメン構造	多層中大規模集合住宅			
	壁式構造	RC壁式構造	中小規模集合住宅			

は在来軸組工法である。テレビのコマーシャル等でお馴染みのハウスメーカーが主体となる工業化住宅のシェアは、全戸建て住宅分野の三〇％程度に過ぎない。CLTがこの工業化住宅分野の一つとして、今後新たに登場してくる可能性は無いとは言えないが、それほど大きな市場となるとは考えにくい。なぜならば、CLT構造を望むユーザー層の価値観としては、その構造性能の優位性、例えば高い耐震性等に魅力を感じる人たちと思われるが、先行する工業化住宅は最近の地震被害等の状況から見ても、既に充分の耐震性能を備えている。工業化住宅として見ても、CLTはそれほど大きな優位性を持つとは言えないとすれば、まして、CLTが在来軸組工法の市場を脅かすような存在となることは、あり得ないと思われる。

　従って、CLTが今後市場を開拓する可能性のあるのは、三つの分野の内、（B）多層大部屋型非住宅建築分野と、（C）多層中大規模集合住宅分野の二分野ということになる。この二つの分野が、今後CLTの市場開拓の主戦場となることは間違いないと思われる。

（2）多層大部屋型非住宅建築分野におけるCLTの可能性

　ここでは、まず（B）の可能性について検討する。この分野は、我々がCLTが有望と主張する、柱梁S造床CLT構造の対象分野であり、今後超高層オフィスビル等に適用が期待される分野である。S造建物のRC床をCLT床に置き換えることによるメリットとしては、製品化の容易さが挙げられよう。CLT工法の課題として、過大な設備投資の必要性が指摘されているが、木床の製品化を考える場合、オフィスビルの床は、デッキプレート、エレベータ等の納まりの関係から、モジュールが三〜四mにほぼ統一されており、例えば四m×二m程度の定尺の床の製品化を進めることにより、比較的少ない設備投資額で受注生産によらない製品の供給を行うことができる可能性がある。

（3）多層中大規模集合住宅分野におけるCLTの可能性

三つの分野の内、（C）のRC耐震壁内蔵ラーメン構造は、多くのマンション等で採用されている構造形式であり、これもまた、CLTの大きな市場が期待される分野である。海外のCLT建築もこのタイプのものがほとんどであり、我が国においても今後、CLTの市場拡大の主戦場になることは、間違い無いと思われる。CLTを構造体に使った場合のメリットは、本来は一二m×六m程度の大きな板を用いて、短工期で大型の建物の建設が可能となることである。これは、最近の熟練技能者の不足を考慮すると、CLTが建設業の労働集約型産業からの脱却の切り札となる可能性も考えられ、今後が大いに期待される。その他、本来木の持つ独特の雰囲気や、木材の持つ調湿効果など、住宅としての機能面から、市場の支持が得られる要素を多く含む。しかし一方、大型の板を生産するためには、大きな設備投資を伴うことや、住宅の場合、重量衝撃音への対策など、気になる課題もいくつかある。

（4）CLT建築のメリットとデメリット

一般に、CLT建築のメリットとしては、以下のものが挙げられる。

①建物の軽量化——耐震性の確保を考える場合、建物の軽量化は極めて有効な方法の一つである。オフィスビルについての試算によれば、地上部の床を全て木質化することにより、約二割の建物重量の削減となる。

②施工性の改善——木床システムの大きな利点の一つは、施工性の改善・工期の短縮である。配筋・コンクリート打設が不要であり、基本的にプレファブリケーションにより、工事を進めることができる。

③建築計画上の自由度の拡大——超高層オフィスビル等では、従来より上下隣接する二層のフロアを階段で繋ぎたい等のテナントニーズが潜在的に存在したが、床がコンクリートでは、そのような要求に対し応えることはほとんど不可能であった。あるいは、住宅においても、一部の床を取り払い二層に渡るメゾネット住宅に改装するなど、床を木造とすることによる建築計画上の自由度の拡大は、大きなメリットと思われる。

次に、CLT建築の現状におけるデメリットは以下である。

①防耐火の問題——基本的に中大規模建築が対象となることから、五階建て以上の建物への対応も必要となり、二時間耐火の実現は必須となる。
②建設コスト——永年の努力により徹底的なローコストが図られているRC床に比べると、CLT床はまだまだ高価である。

5　最後に

以上、CLTの可能性と限界について、私見を述べた。ここで述べた内容は、林野庁の二十五年〜二十七年度委託事業「CLT等新製品・新技術利用促進事業」の一環として進められた研究に基づくものである。我々は、3節で述べた技術が、今後のS造超高層ビルを初めとする非住宅中大規模建築の建設に大きな技術革新をもたらすものと信じている。この技術に関心をお持ちの方は、是非ご一報頂ければ、直ちにご説明に伺う所存である。

日曜大工の楽しさ

灰山彰好

はいやま・あきよし　一九四一年生。一級建築士事務所 studio HAIYAMA。日本インテリア学会。著作に『住空間のコンセプトとバリエーション――インテリア記号論の試み』(渓水社)『エコハウスブック――自然となかよくする住まい一二章』(渓水社)等。

戦後の住宅困窮期、日曜大工は草野球と共に男子の一般教養だった。当時の住まいは寝と食で精一杯、子供の勉強部屋の捻出に世の父親は苦労した。押入れの勉強部屋が定番、私は階段室に沿って建坪一畳半二階建ての「研究室」を増築してもらった。

あれから七十年経って今度は家が余り、空き家の処遇が国民的課題、古屋の再生がTVの人気番組になっている。父や祖父の素人工事に失笑しつつ、匠の力量に感嘆する番組構成。家は建てるより直す方が面白い。住宅ストックを活かすココロとスキルは、空き家再生につながる。素人の空き家再生は、無責任な放言ではない。坂の町尾道では、日曜大工系の男子女子が集結し、戦後の造船景気が遺した借家ストックをアトリエ、カフェ等カタカナ系施設に改変し、古寺、昭和遺産とよく調和した観光スポットを手作りしている。イギリスのB&Bはその多くが古屋空き家の改造、カントリーライフの手作り感が心地よい。サッチャー首相は国民に「家は自分で建てろ」と号令したと聞くが、国民は手作りしろと受け取ったらしい。

今日日本で問題となっている空き家は、高度経済成長の遺産である郊外庭付き一戸建て、尾道の老朽住宅に較べるとはるかに優良な空き家である。親は子に継いでもらうつもりで建てたが、子供はマンションに目移りしていて見向きもしない。住宅問題は今や木造とコンクリート造の戦いに移っているのである。

では、日曜大工（DIY）で、空き家再生にどう取り組むか。僭越ながら私の体験を述べてお答えとしたい。

私の最初の職場は建築学科の製図室、卒業生によると、掃除をしよう、コンペをやろう、展覧会をやろう、の三つが私が言うすべてだったらしい。製図室は大学の管理を辞退した自治地区、逃げないで付き合ってくれた学生が設計のプロになっている。

研究が一段落して私立の女子大に転出、工学部ではなく生活科学部の看板の下で、建築教育に従事した。学部設立の趣旨に照らすと日曜大工はお墨付きを頂いたようなもの、実験実習室の整備に学生は面白がって取り組み、結果的にその人達はプロになった。日曜は安息日と定めた大学なので、土曜大工ではあった。

住宅の日曜大工では、公務員宿舎に入れてもらっていた折に、面白い体験をしている。コンクリート外壁に面した押入れが猛烈に結露。スノコを作る板を買いに雑貨店に出向いたところ、スノコの既製品が山積み。自作するより安いので、買って帰った。四国の材木屋が端材で作った大ヒット商品とのこと、その材木屋は後に大規模ホームセンターチェーンに発展した。ホームセンターは日曜大工の味方というが、最初の出会いはライバルだった。

私の日曜大工が本格的になったのは、やはり自宅建設がきっかけである。妻の注文は「クギが打てる家」、私にも教材として建てる義務感があったので、天井を貼らない、木造骨組みが丸見えの素《ス》家を（私が設計して工務店が）建てた。木造だったらクギが打てるのは当たり前、ではない。普通、ビニール壁紙の下は石膏ボードなのでボードにクギ、だからそれなりの工夫が必要なのである。引き渡し後は私のお楽しみタイム、二十余年、注文が多い台所を中心に仕上げ工事が続いている。ハイライトは文字通りトップライトの加設、建て詰まりの敷地ゆえ暗かった室内に一条の明かり、質素な室内が突然、絵になった。

キャリアを終えて現在は毎日が日曜大工、父が遺した家に研究室を移し、工房を設けて子供時代の続きをやっている。一年前に大きな転機があった。バッハをユーチューブで聴いている折に楽器制作のマエストロに遭遇、マエストロに導かれて世界の日曜大工の世界を知った。英語を中心にドイツ語、スペイン語、ロシア語、アラビア語等々がグローバルに飛び交って技量を競っている。住宅事情のせいか日本は劣勢、江戸指物がひとり気を吐いている。職人芸は産業として成り立たないので、日曜大工にグルーピングされているらしい。世界の諸兄に比較して余りに稚拙な我が技量に猛反省、今はスキルアップの毎日である。

さて、日曜大工で山が救えるか。まず端材の販路として役立つ。木造住宅はCO_2のストックとして評価できる等々。しかし何よりも木の家のファンを増やすのが役割、そうすれば自ずと道が見えてくるはず。日曜大工に開眼した記念に、今年の三月、市のギャラリーで「毎日が日曜大工展」を開くことにしている。

家は建てるより直す方が面白い。住宅ストックを活かすココロとスキルは、空き家再生につながる。

どこかで見たロッキングチェア

コラム

木づかいのいろいろ

岡本一真

おかもと・かずま　一九七四年生。プリヤデザイン一級建築士事務所主宰・建築家。著作に『Design Essence from Sketchbook——建築設計のための教科書』（編集担当、京都大学学術出版会）。

本コラムでは、生活空間における内装や改修、そして家具などといった、比較的小規模な建築に着目し、関連する活動について紹介したい。事前に木の特性に触れると、木材は温かく、弾力性に富む点が長所となる一方で、無機物の工業製品である金属やコンクリートと比較して不均質である点が、構造材として使用する場合には短所となりがちである。そのため、大規模木造には、主に集成材として加工することで、そうした木材の有する欠点を補いつつ長所を活かすことが可能になり、目的とする大空間の創造において十分な性質を発揮する。一方、住宅レベルの小空間の創造においては、様々な機能に応答することが第一義となるため、均質化するのではなく、むしろ不均質なままの無垢材を、適材適所を見極めて使用することが望ましいと考える。

木を学ぶ活動　木の特性に応じて使用場所や目的を正しく選択・決定するためには、まず、木の性質について学ばなければならない。はじめに紹介するのは、香川県の山一木材が行っている「KITOKURAS」という活動である。日本人のすまい方の変化に伴い多くの材木屋が倒産、廃業に追い込まれるなか、同社は材木屋だからこそできる提案をエンドユーザーに向けて発信し続けている。例えば、木材倉庫に併設したカフェやギャラリーには、こだわり商品である無垢、自然乾燥、高齢樹の目積み材を利用した家具や内装を施し、家づくりには直接関係のない人々にも、その良さを感じてもらう場や機会を提供する。また定期的にマルシェやワークショップを開催し、地元の小学校に木製の机や椅子を寄贈する活動を通して、人々の経験や記憶のなかに、木のぬくもりや心地よさを自然に定着させていく。この地で育つ子供たちは、木の種類や質感の違いを、心身の成長とともに会得することができるという仕組みである。

木を知る活動　次に紹介するのは、磯田憲一氏（北海道）が代表を務める「君の椅子」プロジェクトである。氏は少子高齢社会への理想像として、「年齢を重ねることに勇気の持てる社会、そして新しい生命のスタートを地域が支え、その誕生に『ありがとう』を言える社会」（HPより引用、以下同様）を掲げる。そうした社会を「それぞれの人生を懸命に、豊かに生きて、限りある生命の営みを未来にバトンタッチしていく」ことを願い、そのためにひとりひとりが参加できる取り組みとして、職人の手で無垢材を使ってつくられた椅子を贈るという「君の椅子」プロジェクトを立ち上げた。椅子は、日常のどこにでも存在する、小さなオブジェクトである。地域や社会、そして自分の居場所のネットワークの中にそうした椅子を見出し、その椅子の背景（どこで育った木が使われ、誰によってデザインされ、どの職人の手によって作られたのか）を紐解くことは、「地域社会の優しく、柔らかなネットワーク」における命の営みのリレーに加わることでもあり、ひいては自分の人生に豊かさをもたらすことになるという、なんとも優しく力強い循環である。

木をつなぐ活動　最後に紹介するのは、三澤文子氏ら（大阪府）が主宰する住宅医の育成活動である。建築改修の現場では、構造の劣化がどのくらい進行しているのか、設備の更新がどの程度可能・必要なのか等、解体前の現場から把握することは難しい。しかし解体前の正しい診断によって、的確な補強方法、改修費用等を導き出すことができれば、愛着ある住まいを後世につなぐことが可能になる。そうした想いから、建築病理学に基づく教育と実践を通して、彼女らの住宅医の育成活動が始まった。特に木造住宅の診断における住宅医は、木にまつわる構造、劣化・維持監理、防腐・防蟻、温熱・省エネ、防火についてのエキスパートである。専門医として町医者のように家と地域を見守ることで、木でつくられた家や街並みによって形成された住文化を受け継ぐことができるのである。

おわりに　木は太古より「御神木」として神格化されるほど、日本人本来の感性や文化に欠かせない存在である。加えて昨今では循環型の資源として改めて木材への関心が高まる。そのようなか、私は先に述べたように、とりわけ生活空間における無垢材の使用は重要であると考える。その理由は、木の肌触りや美しい木目、特有の香りなどといった木の物としての魅力を超え、人や地域の記憶を継承する力に可能性を感じているからである。

そのために、建築家として、家は生活を支える容れ物でありつつも、記憶に定着する場として、木の架構を積極的に取り入れたい。それには、集成材や合板はもとより、石油を加工した建材が一般化する現行の生産システムを変えることが急務となるが、まずは木の構造を壁に隠す大壁構造ではなく、架構を積極的に見せる真壁構造を基本とした新しい民家の在り方を再考したい。これにより、木と共に生きてきた日本人本来の感性や文化を復活させることを切に願っている。

木の物としての魅力を超え、人や地域の記憶を継承する力に可能性を感じている。

Photo by Ichige Minoru

III

適材適所の「木の建築」

適材適所の木の建築

河井敏明

●かわい・としあき　一九六七年生。建築家・一級建築士事務所河井事務所代表。主な設計作品に「四条木製ビル／第15長谷ビル」（大建設計と協同）「京都大学思修館廣志房」（京都大学施設部、南宗和と協同）「ガエまちや」など。

1　歴史に学び木材利用を考える

現代の問題の解決に役立てるために、我々は功利主義者の目で歴史を見なければならない。木材の利用が求められる現在の状況は歴史的な経緯とは無関係に突発的に／周囲の環境とは無関係におこった一つの現象では無く、社会全体の構造の変化とそれに対応する変化への要求を示しており、それ故我々は木材利用の促進にあたって改善あるいは脱却するべき構造へと再び帰着してしまわないよう歴史から学び戦略を設定しなければならない。

そもそもなぜ木材の利用を促進することが必要になったのであろうか？　ここでは今後の指針を導きだすための端緒として、まず木材利用の減少が起こった戦後の状況から観察を始めたい。

一般的には保守合同によっていわゆる戦後政治の方向性を定めたことで知られる一九五五年、木材利用を抑制するための「木材資源利用合理化方策」が閣議決定され、日本建築学会も一九五九年には「木造禁止決議」を発表、これ以降公共建築の発注は原則主要構造を非木造とするという方針が確立された。このこと自体、当時の状況に鑑みれば、強度が低いこと、耐久性の問題、防火性の問題、といった木材の物性から来る弱点に加えて、戦中の乱伐により森林が荒廃しており資源保護の観点から見ても一定の合理性を持った判断として一定の評価をすることは出来る。しかしそれでは、資源が回復し（むしろ余っている）、技術開発により様々な弱点が克服されつつある現在、絶対強度は低くても地震に対して必要な比強度（重さに対する強度の比）は高い木材、それも国産木材利用を復活させるためには法整備等を行い、公的に木材の利用を推奨するだけで事足りると言えるのであろうか？　私の予想は否である。

理由は二つある。まず第一に木材の利用が減少した背景には上記の様な理由の他にも「時代の思考」に根ざした理由があると考えられるからである。そのような部分を放置したまま木材利用を公的に推奨しても木材は使われないであろう。そして第二にこの「時代の思考」そのものが変わってきているからである。つまり上記の木材の利用を阻んで来た時代の思考を理解しそれに基づいて木材利用振興の方策を考えてもその時代の思考そのものが変化しているために有効な施策とはならないのである。更に言えばこの時代の思考の変化自体が実は木材の利用が求められる今日の状況をつくり出していると私は考えている。

であるから本稿は、まず木材が使われなくなった様々な理由を見ながらその背景にある思考の構造が持つ性質を描き出し、その思考の構造がどのようにいきづまりに直面しているか、そしてそのいきづまりに対応して現代の思考構造はどのようにかわってきているのかを考える。その上で現代の思考モデルの中で「適材適所」という言葉がどのような位置を占めるのかを述べた後、その具体的な適用法の一つとして木質化に注目する必要があることを示すこととする。

2　近代主義と木の建築

1　近代主義と木の親和性

それではまず、木材が使われなくなった（先述の理由以外の）いくつかの理由をみながら、その背景にある思考的構造（＝高度成長期以降の日本を支えてきた思考モデルである日本型近代主義の思考構造）が木材の利用を排除する方向に働く仕組みを観察する。

最初に木材の製造の効率性、その中でも熟練技術者への依存が大きいことが近代主義と逆の方向性を持つことを検証する。

建築物には様々な構造の形式がある。壁を主たる構造の要素とする形式や、我々日本人には馴染みのある柱と梁を主要構造とする形式、さらにアーチやドームもそれぞれ構造の形式の一つである。その中で柱と梁によって構成され、ラーメン構造と呼ばれる構造形式においては、建物全体の構造強度は柱梁の接合部（いわゆる仕口）が力を伝達できる関係（いわゆる剛な状態）であることに依存する。このことはマッチ棒の柱と梁によってつくられた模型が、その接着された部分が緩むことによって柱や梁の部材が無

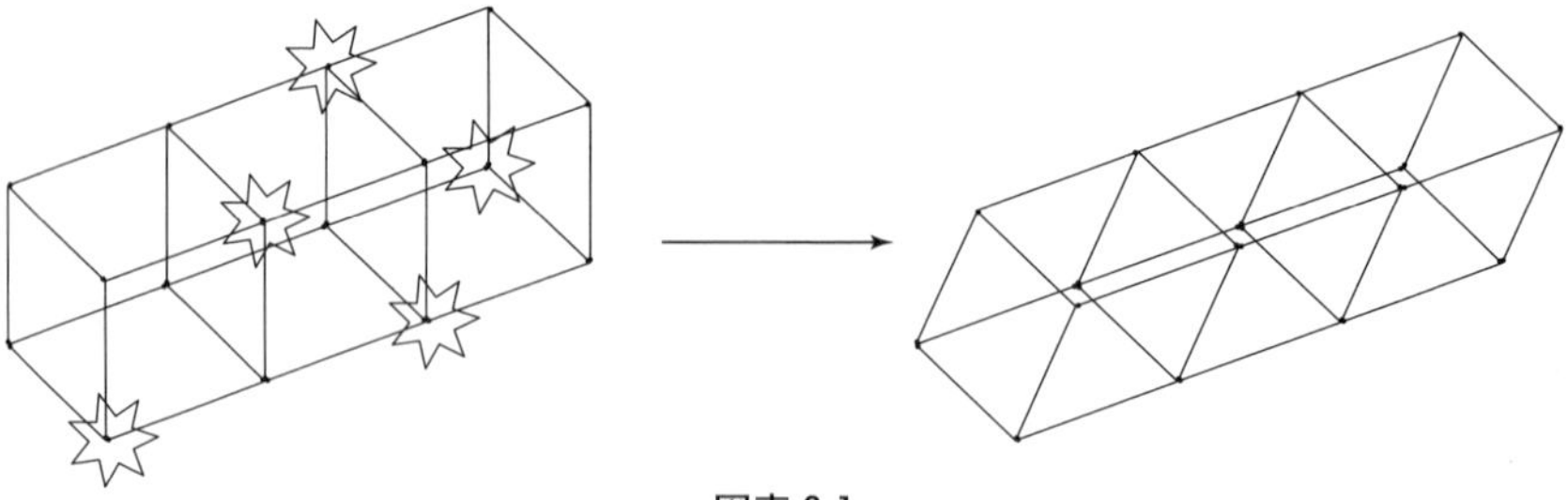

図表 2-1

傷であっても全体がぐらぐらになってしまうことをイメージしてみれば分かるであろう（**図表2―1**）。

実際の木造ラーメン構造の場合、この仕口は柱もしくは梁の一部を切り欠き組み合わせることによって造られる。この仕口の精度が悪い（緩い孔にほぞが入っている）状態を考えれば想像に難くないが、この剛性は施工の精度によって極端に異なる。即ち職人の腕によって出来上がりに大きな差がつくこととなり、誰がつくっても同じものが出来、効率的に大量生産が出来ることが要求された高度成長期の思考モデルには合わないことは明らかである。

別の事象から考えてみる。近代主義は効率性を要求する。建築の構造において効率を追求すれば、理想的な建築の構造体は全体を構成する個々の構造材すべてにおいて、（構造耐力が不足することはNGであるが、余ることもまた無駄であるからNGであり）必要な強度を「過不足なく」備えた構造体であるはずである。このような無駄のない構造体を設計するためには、各部材をつくるための材料がどのような強度を持っているかが正確に「わかっている」ことが必要である。所定の性能を持つよう設計され製造される工業製品とは異なり、生物由来の材料である木材は（日本農業規格＝JAS等の規格はあるとはいえ）その物性を完全に予測することはできない。さらに木材は部材ごとのばらつきが（まさしく自然に）あり、工業製品である鉄やコンクリートに比べて、各構造部材の強度が部材毎に異なるという特性がある。極端なことをいえば、各部材の強度は全ての部材を破壊して試験しなければならないことになるわけである。もちろん、実際にはそのかわりに予測を用いて設計するのであるが、その際に木材はより大きな安全率（ある意味での無駄）を用いなければならなくなる。以上をみても、木を用いて無駄のない設計をすることは難しいことが分かる。それゆえ木造をつくることが設計者に忌避されてきたのである。

また近代主義は「より少数」で「より性能の高い」部材でできた構造を指向する。かつてバックミンスター・フラーは最軽量にして最も高強度を誇る構造としてジオデシックドームを開発したが、このようなるべく少ない材料で最大の強度を得るという考え方自体は、近代主義的な建築設計の思考構造としては大きな位置を占めている（**図表2―2**）。より高い建物を、より広いスパン（柱

図表 2-2　モントリオール万博会場のジオデシックドーム
(By Eberhard von Nellenburg at the German language Wikipedia, CC BY-SA 3.0, https://commons.wikimedia.org/w/index.php?curid=2131675)

間の距離）を持つ建物を、より少ないあるいはより細い柱や梁で建物を実現することは、近代建築の主要な主題の一つであり、このような価値観の中ではそこに使われる材料は単に強度が強い材料が良いということになり、木の様な中庸な強度を持つ材料は好まれない。鉄は木より強い。故に鉄は木より優れた材料なのである。そしてこのことは近代主義の持つイノベーション主義ともいうべき価値観とも親和性が高い。技術の進歩は無限であり、今ある問題もやがて技術の進歩によって解決することができるという「態度」あるいは「信仰」（イノベーション主義）は、近代主義と全くイコールではないが、近代主義の中にも深く根を張った考えである。工業材料はイノベーションによく応える材料である。一方木材は、そこに人間の手が加わるとはいえ基本的に自然の力によってつくられる材料であり、工業製品に比べればイノベーションの余地は少ない、あるいは効率が悪いといわざるを得ない。ここでも木は望まれざる素材である。

そしてさらに近代主義は、ときとして単純な構造形式の美しさを称揚する。そこには一つの数式が世界のすべてを説明可能であるような世界観があり、その実現のためには部材は均質な単位（ユニット）であることが求められる。先述の部材ごとのばらつきがここでも不利なのである。

十分であろうか？　まだまだ例証を挙げることは可能であろうが、これだけ見れば既に近代主義と木の親和性の悪さは本来的なものであることが見てとれるであろう。

2　今日の思考構造と木

それでは今度は近代主義が今日いかに行き詰まっているか、そして今日どのような思考モデルが求められるようになって来ているのかを、先述の木材利用を阻む理由ごと起きている現象を観察しながら考えてみよう。

まず製造の効率性の問題から。工業製品の製造の世界でも、単純な大量生産、いわゆるフォード主義はもはや効率的とは見なされていない。生産の専門家でなく一消費者の立場からでも、確実にいえることは、消費者の好みが多様化している現代では、少なくとも消費の現場ではフォード主義は効率的ではないということである。この様な市場の圧力もあってか、生産のシステムは進化し、単純な大量生産から多品種少量生産への移行は確実におこっている。生産の最先端と考えられる自動車の世界では、ライン上に異なる車種が流れていることなどもはや常識と言ってよいであろう。木材の世界においても、ＣＡＤ／ＣＡＭ等を活用した機械加工の技術によって多様かつ精密な仕口加工を機械化することができる。木材の世界でも誰がつくっても同じものが出来、効率的に多品種少量生産が出来る様な方向性へ進んでいるのである。

次に効率性の問題。（先述の思考に基づく）理想の構造体は全く無駄のない構造体であるが、これを言い換えると何も余っていない構造体と言うこともできる。この理想の構造体では全ての構造材は全体にとって欠くべからざるものとなるので、もし一つでも何らかの理由で構造部材が壊れることがあれば、即時に構造体全体が崩壊することになるわけである。

具体例として三角に部材を組み合わせた構造体＝トラスを見てみよう。三角形は完全な形である。トラスの構造の中では全ての部材がその部材が持つ能力を最大限発揮することができる。そこで各部材の最大限の能力がぴったり全体から要求される能力となるよう設計されたトラスは、全く無駄のない構造となる。しかしこの完全な構造体は、たとえ一本でも部材が破損したらそれは即全体の崩壊を意味するのである。純粋なものは脆いのである。

ここで何かが余っている性質を剰余性と名付けるとすると、近代主義が排除しようと努めてきた剰余性は想定外の事態に対する担保（能力）ということもできる。現実にはこのように剰余性が〇の建物は存在しないとはいえ、無駄を少なくすなわち剰余性を少なくしようとする思考自体が、想定外の事象に対する安全をむしろ下げてしまうことは明らかである。逆に（単純に性能を高めることを希求するのではなく）剰余性をもたせることで「生き残る」能力を高めることを希求するのは、現代の思考構造の特徴の一つとも言える。何故なら「環境の時代」である現代において求められているのは、「勝つ」ための論理ではなく「生き残る」ための論理であるからだ。木材という材料はそのような思考構造に適した材料であるとも言える。

そして近年の飛躍的な情報処理能力の向上は、部材能力の予測や、バラバラの性能をもつ部材の集合体の全体性能をシミュレートすることを可能にしてきている。もはや木材の部材ごとの性能のばらつきはそれほどのハンディキャップではなくなって来ているのである。このような状況を見ると、木材の世界における進化にはイノベーションによる（強度を上げるというような）性能向上よりも、情報処理の発達により起こった使い方の進化の方がより大きな貢献をしているように思われる。木材は先述したように鉄ほど強くはない材料であるが、建築物に使える程度には強い中庸な材料である。強度のみならず、耐久性や断熱性等々様々な物性において中庸な材料である。木材という中庸な性能を持つ材料はそれだけ「使い方」の発達進化を要求する。いわばイノベーションよりマネージメントの進化洗練を要求する材料であり、イノベーションよりもマネージメントを重視する現代的な思考構造に良くマッチする材料である。

適材適所という言葉はまさにマネージメントの要諦を表す言葉であり、木材利用を考える時忘れてはならない言葉であると考えられるのである。

3　木材をどこに使うか

1　木材利用の適材適所とは

木に関して適材適所という話となると、「木（＝適材）をどの建物（＝適所）に使うのがよいか？」という話になるのが普通であるが、ここでは「建物の『どの部位に』木を使うか？」＝逆説的に何処に木（＝非適材）を使わないかの問題から始めようと思う。何故ならそこに木材利用を阻む思い込み、適材適所に利しない考えが既に潜んでいると考えるからである。

どこに木を使うか？　という問いかけを言い換えると、木造と木質化の問題と言うことも出来るかと思う。つまり構造材に木を使うのか、それ以外の用途に木を使うかの区別である。一般的に建築における木材利用というとまず木造と思うのが普通である。これは何も建築の素人に限った話ではなく、専門家である我々設計者も同じである。というよりもむしろ建築の専門的な教育を受けた人間の方が、より「木を使う＝木造」という思考回路の直結が起こりやすいとも言える。

我々現代に生きる建築の専門家は近代主義に基づく建築教育を受けているのであるが、近代主義には「真正さ」に価値を置くこと、言い換えれば「嘘をつかない」ことをひとつの価値とするところがあり、見かけと中身が同じもの、皮とアンコが違うものではなく中までソリッドなもの、いわゆる無垢材と呼ぶものを尊ぶところがある。表面の皮一枚が貼ってあり中身が違うものは「はりもの」時には「はりぼて」と呼ばれ、まるで、芝居の小道具にある上下二枚だけ本物のお札で中に白紙を挟んだ偽の札束のように卑しいものとされる。

つまり建築は見た目の通りに中まで「つまって（＝無垢）」いる状態で全ての機能を充足する「過不足が無い」存在でなければならないのである。つまりそこでは、理想的には建築はワンピースなのである。このビジョンのなかで究極の存在がコンクリート打ち放しということもできる。とはいえ、たとえコンクリート打ち放しであっても全ての部位がコンクリートで出来ていることはほぼ不可能であり、現実には建築物は構造や仕上げにたくさんのいや莫大な数のピースからなる存在である。

建築業界で仕上げを「化粧」というが、設計者も仕上げ材は化粧であり構造材が真実の材料であるという「構造を高い地位に置く」考え方を教育されているので、「木を使う」となればまず「木造でなければならない」となるのである。まず設計という建築における「ことのおこり」で建物のあり方を決めている設計者の思考経路がそうなっているのであるから、あとは宜なるかなである。

しかし二酸化炭素の吸収や炭素固定、森林環境の保全、地域経済の振興といった、今日木材利用が求められる背景となっている問題にとっては、木の使い道が構造かどうかの区別は全く意味が無い。今日木の利用が求められている理由から考えれば、極端に言えば（言い方は悪いかもしれないが）どこに使おうが木を使えばそれで良いのである。

2　木造建築と建築の木質化

そこで、ここでは構造上位のヒエラルキーは一旦外して、構造利用（木造）と構造利用以外の木材利用（木質化）を横に並べ、木材利用の振興に関する貢献について比較することから初めてみることとする（図表3―1）。

木材利用における木造のメリットとしては、一軒あたりの木材利用量が多いことが挙げられる。柱や梁といった構造材は断面が大きいことから当然のことであるが、逆にデメリットは、木材の利用は新築や増築時に、つまり最初に設置する時にしか起こらないため（木材から鉄骨へといった構造材の入れ替えは通常起こらない）、いわゆる建て替えサイクルでしか需要が発生しないことである。一方、木質化はその裏返し、つまり一軒あたりの利用量は少ないが、新築でも改修でも可能なので連続的に、言い換えると常時行えることがメリットとなる。

一方、供給側の論理を考えると、長くかかって出来る生物資源という木材の生産の性質から需要の平準化が重要であることがわかる。工業製品のように急激に生産量を増やすことができない木材にとっては、需要の急増もまた弊害となるのである。コンスタ

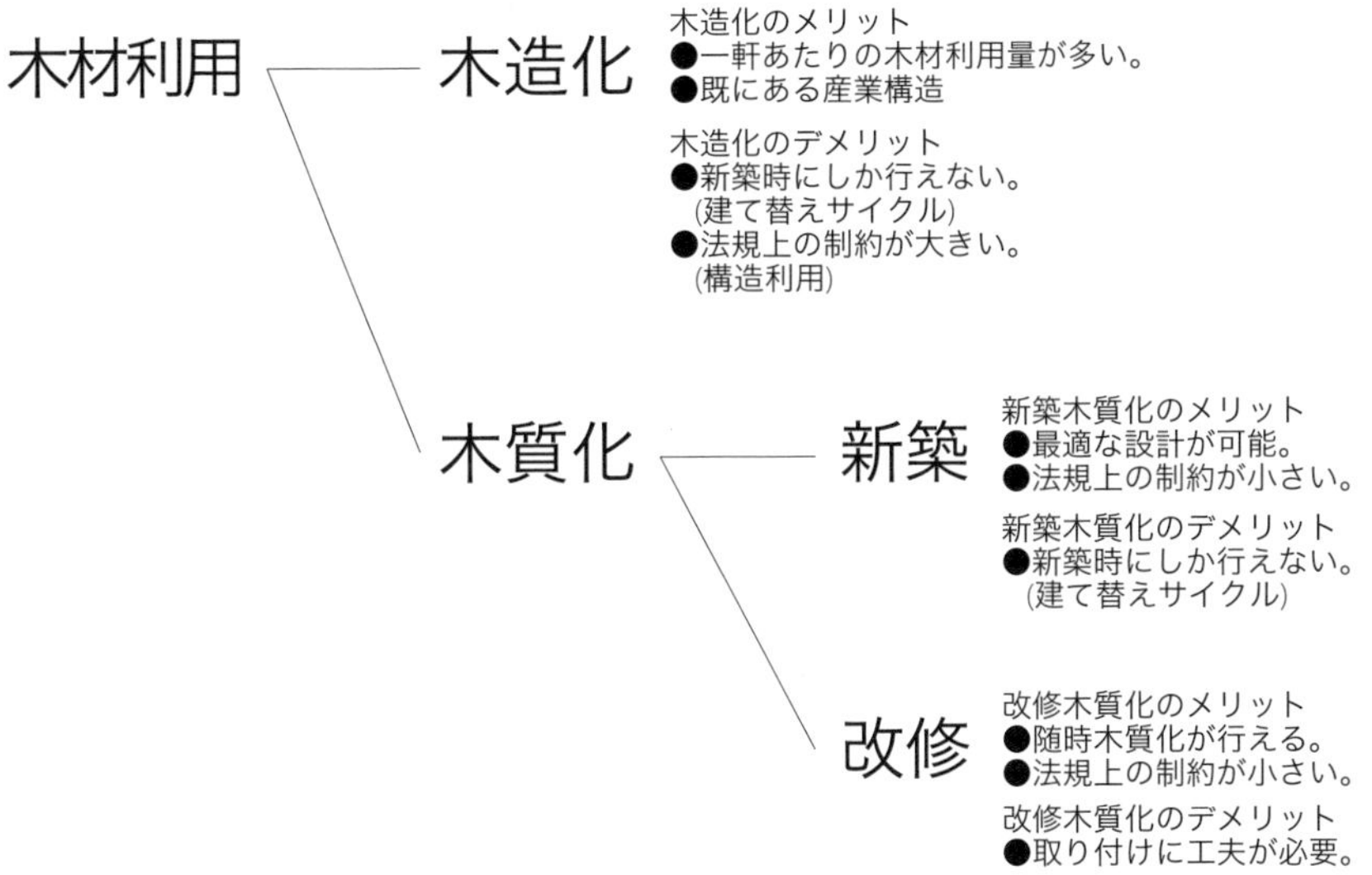

図表 3-1

ントな需要の維持を考えると、木造だけを推進するのではなく木質化も一般化することで、需要の「波」を小さくし平準化することが不可欠である。

ここに見る通り、我々が木の利用を考える時に木造だけを考えるのは百害あって一利無しである。むしろ木造と木質化、まさしく適材適所を考えて、バランスをとって両方を考えなければならないのである。本稿では建築に関連した現在の木材利用促進の議論があまりに木造の方に偏っているので、木質化を中心的に取り上げることとしている。しかしここで注意したいのは木質化を意識しながら木材利用の振興を図るという時、木造を否定するわけではないことである。そのような二項対立的な思考自体が今日の問題を惹起している背景であり、あくまでバランスを意識して木造についても考慮し続けることは必要である。そして木造について考える際もこの様なバランス感覚を持って、木造の中でもニッチな分野についても配慮を怠らないことが必要である。

3 外壁木質化のカテゴリー

先に述べた通り木質化とは木造（化）以外のことであるから、建築の木質化は構造部以外のあらゆる部位で行える。手始めに本稿では、（1）今まであまり使われて来なかった部位なので使われるようになると新しいマーケットが発生して需要の大きな伸びができること、（2）外部から見えるので他の部位に使った場合

	RC造	S造
新築	①	③
改修	②	④

図表3-2　外壁木質化カテゴリー

と比べて発信性が高いこと、の二つの理由から、まず最初に外壁（中でも特に都心部の中層建物いわゆるビルの外壁）の木質化について取り上げてみたい。

ビル外装の木質化は前述の通り新しいことであるから、難しい問題や注意しなければならないことがあるはずである。それらを体系的に導くために、まず建築の外壁木質化を、構造材（鉄筋コンクリート造／鉄骨造分類）の区分と建築行為が新築なのか／改修なのかの区分との組み合わせで分類してみることとする（図表3―2）。

①鉄筋コンクリート造建築×新築

鉄筋コンクリート（Reinfoeced Concrete 以下ＲＣ）は絶対強度が高く、重量も重い。結果として比強度はやや低い。コンクリートで出来た構造体は固い、いわゆる「剛」な構造体となる傾向が強く、地震や風等の外力を受けた時の（二階と三階の間といったような）上下に重なる層の間の動きのずれ（層間変位）をふくめた「動き」が少ない。高層建築に求められる柔軟性や弾力性はあまりないので、一般的に低、中層建築に適した構造形式である。ＲＣ造はいくつかの理由で外壁の木質化は最も容易である。まず躯体として打ったＲＣ壁そのものが下地となるため、木外壁用に新たに下地を設ける必要が無いこと。鉄骨や木材のような線状の形態を持つ材料（線材）を用いる構造の場合、壁という「面」をつくり出すために柱梁等の構造材（線材）の間に下地を組んで造る必要があることに比べて工数が少なくなり、コストや施工の難易度等様々な面で有利である。他に低層で層間変位が少なければ外装材の躯体の動きへの追従や変位の吸収を考慮する必要が無いため、簡単なディテールで留めることができることもメリットである。また躯体自体の耐火性が高いため（木材、鉄骨はともに火に弱い）耐火被覆等が無いことも、やはり構造体に直接取り付けしやすい理由である。

さらに中低層であれば一般論として「取り付き」が良いので元来メンテナンス性が良く、メンテナンスのための特別な工夫がそれほど必要ない。以上を総合すると従来の木材利用の知識の延長上で簡単に対応可能であることがイメージできる。

またＲＣ造建物は他の構造形式にはない木質化のメリットもある。コンクリートは暖まりにくく冷めにくい「熱容量の大きな」素材である。この様な熱的に「重い」建物の温度コントロールは、ゆっくりとしか曲がれないので早くからの予測に基づいた早目の舵取りが必要な大きな船の操縦に例えてもいいかもしれない。コンクリートの建物で夏の暑さを防ぐ（あるいは空調によるエネルギ消費を抑える）ためには、そもそもなるべく熱を入れないことが重要である。外断熱の有効性が語られるのもこのためである。木外壁は断熱材としての性能はそれほど高くないが、直達日射による熱の進入をはね返す遮熱板の役割を果たすため、熱を入れない機能は高い。

またコンクリートは意外に耐候性が低い。これは空気中の二酸化炭素（炭酸ガス）等の影響により、内部の鉄筋を錆びないよう守っているコンクリートのアルカリ性が中性化してしまうためである。近年は酸性雨等も有り更に条件は悪い。意外に思われるかもしれないが木は耐候性がある程度高い。京都で生活していると八〇年や一〇〇年程度使われている木材を見ることは普通のことであるが、工業製品で五〇年以上使われているのを見ることはほとんど無いといっても過言ではない。そう考えるとか弱いＲＣを耐候性が高い木材で守ってあげるのはいたって合理的な回答と言える。

図表 3-3　参考事例「平安郷」
（沖縄県うるま市／設計河井敏明）

ＲＣ造の木質化にあたって、注意しなければならない点がある。断熱方式を外断熱とした場合、その外側にいわば断熱材をまたぐ形で木外壁が取り付くことになる。断熱材は一般に「スカスカ」「ふわふわ」と柔らかいものが多い。これは一般的な断熱材は身近で熱を伝えにくい材料である空気を利用して、小さな空気層を重ねることで断熱性能を持たせているものが多いからである。一方外壁を留めるための下地材は、しっかりと留めるためなるべく固いものが望ましいが、固いものは密実で、断熱材の逆で一般的に熱を伝えやすい。木材はほどほど固く、多孔質で空気層があるのでほどほど断熱性がある。下地に用いても断熱材をまたいで熱を伝えてしまう部分（ヒートブリッジ）になりにくい。但し有機系の材料なので個体差や経年変化を考えてメンテナンスは重要である。この点からも低中層のＲＣ造建物の外壁木質化は理にかなっている（**図表3―3**）。

②鉄筋コンクリート造×改修

ＲＣ造建物はコンクリートという非常に比重の高い材料を用いているため、元々非常に重い建物である。改修に用いられる木はＲＣと比較するとかなり軽いので、ＲＣ造建物の外壁を木質化改修する場合、重量増が相対的に小さいこととなる。それ故、原設計上の安全率の範囲に収めやすい。また（少し専門的な話になりす

図表 3-4　参考事例「大阪木材会館外壁木質化改修」（大阪市／設計河井敏明）

ぎるが）コンクリート壁は告示仕様の耐火構造であるため外部への木の取り付けに法規上の制約が無い（認定仕様の耐火壁には可燃材が取り付けられない）。その他の性能上のメリットは新築のＲＣ造の木質化で述べた通りである。というよりもむしろ躯体による壁があるメリットは改修においてより大きい。というのも改修において新たな下地をつくる必要がないこと、また下地の取り付け位置の自由度が高いことのメリットは非常に大きいからである（**図表3—4**）。

③鉄骨造×新築

鉄は絶対強度も高く比強度も高い材料である。動きにもよく耐えバネの様に復元する能力（弾性）も大きい。このため、ある一定以上の高さの建物はほぼ鉄骨でつくられているというほど高層建築に適した材料である。従って鉄骨造の建物の外壁は元々、建物全体の地震、風、熱膨張などによる大きな動きに追従することが必要である。もし外壁が固い一枚の壁であったら、歪みによって割れてしまうことになるので、高層鉄骨造ビルの外壁は一般的にカーテンウォールと呼ばれる方法で外壁材を一つ一つお互いに「縁を切って」、いわばうろこ状に吊り下げることでこの歪みを「逃がして」、建物全体の動きに追従させている。

　木質化にあたってもこの動きへの追従は設計上の大きな課題である。参考事例は防火地域内の耐火建築としては実質的に日本初の木外装ビルである。木の外壁部材はある程度の大きさのパネルごとにカーテンウォール用の金物を用いて吊り下げられており、各パネルどうしが動く際に干渉して破損しない様にクリアランスを設けて取り付けられている。外壁の下見板を押さえている縦桟に見える部材は、実際には（片側のパネルに取り付けられ、もう一枚のパネルとは縁の切れた）クリアランスを覆うカバーである。このパネルを支持している下地は工場打設のコンクリートパネル（ＰＣパネル）である。このＰＣパネルに先ほどのカーテンウォール金物を打ち込むことで現場での木外壁のための下地工程をなくして、作業の安全性向上やコストダウンを図っている（**図表3—5**）。

④鉄骨造×改修

鉄骨造の建物の木質化改修は先述の二つの条件、線材で出来た構造から下地を取ることがそもそも難しいこと、動きに追従するためには外壁部材ごとの下地が多数必要なこと、が重なって要求されることとなり、また元々の重量がRC造に比べれば軽いため、新たに取り付ける木材の重量が相対的に重くなるので安全率の範囲に収めることも難しいなど、最もハードルが高いカテゴリーであり、私の知る範囲では今のところ事例がない。しかしストック活用が求められる現在、技術開発が必要なフィールドであることは確かである。

現在は、鉄骨造のビル外壁を改修する場合、塗装の塗り替え程度のこと以上をしようとすれば薄板の金属板（中でも耐久性と重量の観点からアルミ板が多い）を張るリニューアル工事がほぼ唯一の選択肢である。しかしアルミニウムはその精錬に莫大なエネルギーを要する素材（製造時の二酸化炭素排出量は木材の一〇〇倍程度）であり、そもそもサスティナビリティーを考えて行うストック活用を行うのに、選択肢がアルミニウムしか無い状況は（サスティナビリティーを求める）社会的要求に応えられる状況とは言えないだろう。鉄骨造の木質化改修はサスティナビリティーのための技術として確立が求められるものであり、早期に確立されることがのぞましい。

図表 3-5　参考事例「四条木製ビル」
（京都市／設計河井敏明＋大建設計）

○（番外編）木造（準）耐火建築×木質化

現在、耐火建築もしくは準耐火建築をつくろうとすると、木造、鉄骨造、RC造のうち、木造が最も「木を見せる」ことが難しいという皮肉な状況に直面することとなる。というのも木造で耐火建築もしくは準耐火建築をつくるためには、基本的にせっかく存在する木の構造体をすべて石膏ボード等の耐火材で覆うことが必要だからである。その上、鉄骨造やRC造の耐火建築もしくは準耐火建築の場合、最終的な仕上げとして木を張ることが比較的容易であるのに対して、木造の場合ハードルが高いのである。参考事例は京都大学構内で初めての準耐火木造建築であり、その発信性、住宅が多い周辺環境への接続を考えて外壁を木質化したもの

図表 3-6　参考事例「京都大学思修館廣志房」（京都市／設計京都大学施設部＋南宗和＋河井敏明）

仕上げに木を張ることを法規上可能とし、木外壁を実現しているである。設計当時唯一の木造準耐火告示仕様を採用することで、（**図表3―6**）。

4　オープン構法とその整備を支える基盤の必要性

ここまでカテゴリー分けに従って外壁木質化の特徴・問題点等を見て来たが、最後に外壁木質化の今後進むべき方向性について少し述べておきたいと思う。

木は（特に日本人なら）誰にとっても「使う」にも「つくる」にも最もなじみある材料である。また日本では前述の近代主義の排斥圧力にもかかわらず、住宅の分野においては木造が生き続けむしろ圧倒的な主流であるという状況もあるため、近代化を経た国としては極めてユニークな「現在でも在来構法の担い手（＝木材を扱う熟練技能者）が大量にいる」という特徴がある（但し、この熟練技能者たちは現在消滅の危機に瀕している）。

とすれば、木材利用の増加を考え都心部のビル建築等の外壁に木材を使用しようとするとき、いたずらに高度な技術を追求して間口を狭めるよりも、このようななじみのよさ、いわば汎用性とも言うべき特性を活かして、多くの人に使ってもらえるよう間口をひろげる方向性が有効であると考えられるし、在来構法という肥沃なバックグラウンドに接続／活用する方法を見つけることが、新しい技術を基盤とした新しいシステムを一から構築するよりも社会全体としては圧倒的に効率的であると考えられる。そしてその接続方法は「一定の基準を守れば誰にでも使える」＝オープンな技術の体系、すなわちオープン構法の確立であろうと思う。オープン構法の確立、言い換えれば外壁木質化のマニュアルづくりといった作業は一人の設計者が行えるものではなく、多くの職能人の知見の集約と合意形成によってのみ可能なことである。そのような集約を行えるプラットフォームの整備が望まれる。

公共建築物に木を使おう

藤田伊織

●ふじた・いおり　一九五一年生。（一社）公共建築協会副会長。著作に『バッハ　死のカンタータ』（大成出版）。「知の音楽」「聖律の音楽」をウェブページで公開。

1　はじめに

昨年末に新国立競技場のデザインが選定されました。二案あって、もともとの発注の要件がそうだったためでもありましょうが、ともに木材を多く使う計画になっていました。現代の公共建築の代表選手が木材を積極的に活用することになったわけで、時代の変化をまざまざと感じさせられます。また、国民が注目するこの事業で木材をかなり大量に使うということから、木材の流通の面などにも大きな変化、改革がもたらされるのではないかと思います。

筆者が建設省に入省した昭和四十九年当時、官庁営繕の目標の一つが官庁施設の不燃化でした。不燃化率という指標は、不燃建築延面積／総延面積のことです。昭和五十一年度末のデータでは約八五％でした。逆算すると木造庁舎が一二五万m^2もあったことになります。木造庁舎と言っても保存するべき対象のようなものではなく、終戦直後に応急に建てられたものが多く、また、昭和四十九年にはすでに建替えが前提になっていて、修繕も最小限に抑えられていましたから、劣化が激しく、入居官署からは、早く建替えて欲しいという要望が強く出されていました。当時は、建替えは不燃化は非木造化あるいは鉄筋コンクリート造化を意味していました。現在のような、耐火木造の技術はなかったので、当然の考え方だったとは思います。私自身もその頃は、官庁施設の不燃化率を早く一〇〇%にしたいと考えていました。

遡ってみますと、終戦後すぐに復興が始まり、国の行政事務が急増しましたが、執務面積が足りず、各省はそれぞれ民間建築を借りたり、応急的に木造庁舎を建設したりしていました。この応急簡易庁舎は火災を頻発し、大きな損害を起こしていました。そんな中、昭和二十五年四月国会衆議院本会議において「都市建築物の不燃化の促進に関する決議」がなされ、特に「新たに建設する官公衙等は原則として不燃構造にする」とされました。関東大震災や空襲の経験からすれば、当然のことと思われます。

ただ、問題はそれだけではなく、木材需給の面にもありました。翌昭和二十六年に閣議決定で「都市建築物等の耐火構造化」が示されました。戦時中の荒廃と戦後の復興需要で、森林が疲弊していること、それでも被災した国民の住宅建設に木材を優先して供給すべきことから、特に国の庁舎などは木材を使って国民の住宅建設を阻害すべきでない、という趣旨でした。

また同年六月議員立法により、「官庁営繕法」が制定されました。現在の「官公庁施設の建設等に関する法律」です。第四条で「建築方針」が示されています。「庁舎は、国民の公共施設として、親しみやすく、便利で、且つ、安全なものでなければならない」との理念です。この「安全な」で、防火や耐震が求められ、不燃化の方向になってきました。「庁舎の構造」の規定では、防火地域内では建築基準法によっていますが、準防火地域では、三〇〇m²を超える庁舎は耐火建築物として、またそれ以外の地域では一〇〇〇m²を超える庁舎は耐火建築物としなければならないと、建築基準法の規定より強化されています。さらに、建築基準法制定に際しての附帯決議で「官公庁は原則として不燃構造とすること」とされました。

また、「高さ十三メートル、軒の高さ九メートルを超える建築物は、主要構造部を木造としてはならない」という厳しい制限がありました。外国産材の輸入への圧力もあって、やっと一九八七年に木造建築の高さ制限の緩和で、木造三階建てや燃え代《しろ》設計などで大断面集成材を用いた大規模、中層の木造建築が可能にはなりました。戸建住宅の木造三階建てや二階建ての木造校舎は増えましたが、官庁施設の中での木造建築は、国立公園の休憩所とか、小規模な営林署など例外的な存在になっていました。大工の伝統技術の活用の画期的な事業としては、京都迎賓館がありますが、構造は鉄骨鉄筋コンクリートでした。

2 「不燃化」から「木材の利用の促進」への抜本的転換

この昭和二十五年から六〇年後に、大きな変化が起こりました。

平成二十二年五月二十六日に「公共建築物等における木材の利用の促進に関する法律」が公布されました。筆者もこの法律の制定に関与しましたが、公布後の八月に国土交通省を退職しました。引き続き、同年十月四日、「公共建築物等における木材の利用の促進に関する基本方針」（農林水産省、国土交通省告示第三号）が定められました。

「基本方針」には「公共建築物における木材の利用の促進の基本的方向」として「公共建築物の整備においては、過去、森林資源の枯渇への懸念や不燃化の徹底等から木材の利用が抑制された時期があり、現在に至っても木材の利用は低位にとどまっている。このため、公共建築物における木材の利用の促進の意義を踏まえ、非木造化を指向してきた過去の考え方を抜本的に転換し、公共建築物については可能な限り木造化又は内装等の木質化を図るとの考え方の下で、公共建築物における木材の利用の促進を図るものとする」と書かれています。確かにこの六〇年間で、我が国の森林は大きく変化し、「戦後植林された人工林資源が利用可能な段階を迎えつつある一方、これら資源の利用は低調であり、木材価格も低迷していること等から、林業生産活動は停滞し、森林の有する多面的機能の低下が懸念される状況となっている」のです。十数年前には間伐材の利用が大きく叫ばれましたが、現在は、成長して、製材として十分使える木が出荷することができずにいる状況です。これを活用しない手はないだろうということなのです。

そこで、公共建築物に注目が集められました。「公共建築物については、木造率が低いなど木材の利用が低位にとどまっていることから、木材の利用の拡大を図る余地が大きく、潜在的な木材の需要が期待できる。また、公共建築物は、広く国民一般の利用に供されるものであることから、木材の利用の促進を通じ、これら公共建築物を利用する多くの国民に対して、木と触れ合い木の良さを実感する機会を幅広く提供することが可能である。とりわけ、国及び地方公共団体が、その整備する公共建築物における木材の利用に努め、その取組状況や効果等について積極的に情報発信を行うことにより、木材の特性やその利用の促進の意義について国民の理解の醸成を効果的に図ることができる」との考えです。官庁施設は合同庁舎化などで、大規模化しているので、なかなか木造庁舎の整備は多くはなりませんが、低層庁舎で可能であれば、木造にするという方針だと思います。府県や市や町など各地方公共団体もそれぞれ「公共建築物等における木材の利用の促進に関する基本方針」を定めています。インターネットで検索するとたくさんの例を見ることができます。「公共建築物の整備においては、可能な限り木造とします」といった表現が多く見られます。

3　積極的に木造化を促進する公共建築物の範囲

まずは、「基本方針」では、「木材の利用を促進すべき公共建築物のうち、建築基準法その他の法令に基づく基準において耐火建築物とすること又は主要構造部を耐火構造とすることが求められていない低層の公共建築物において、積極的に木造化を促進する」わけですが、設計も含め木造関係技術はここ数年格段に進歩しており、また木材製品（製材、集成材、構成材）の進化があり、耐火木造が可能になりつつあります。その意味でも、官公庁施設の大部分が立地する都市内の防火地域での木造耐火建築物の実現が見えてきているといえるでしょう。

実際に現在、霞ヶ関のど真ん中の、以前に政府刊行物センターがあったところに、保育所を木造で建設する計画が進んでいるようです。どんな建築になるのか楽しみです。そうはいっても、「中高層の建築物や面積規模の大きい建築物においては、求められる強度、耐火性等の性能を満たすために極めて断面積の大きな木材を使用する必要があるなど、現状では、構造計画やコストの面で木造化が困難な場合もある」という表現でしたが、可能性はさらに広がりつつあります。

4　最近の国の取り組みで策定されたもの

○公共建築物における木材の利用の促進のための計画

公共建築物等木材利用促進法に基づき、国土交通省は公共建築物木材利用促進連絡会議を設置し、同計画が平成二十三年五月に定められました。

○木造計画・設計基準

平成二十三年に、木造の官庁施設の設計の効率化等のために、耐久性や構造計算等の技術的な事項及び標準的な手法がまとめられました。

○木材利用の取組事例集

平成二十四年七月に地方公共団体等における木材の利用に取り組んだ事例を収集・整理し、「公共建築物における木材の利用の取組に関する事例集」として取りまとめられました。

○公共建築木造工事標準仕様書

従来の主な対象が住宅だった木造建築工事標準仕様書を改定して、官庁施設を対象とすることが明確になるよう名称変更し、「平成二十五年版公共建築木造工事標準仕様書」として制定されました。建築物の品質確保、施工の合理化等のために、木造の公共建築工事に使用する材料等について標準的な仕様が定められました。

○木材利用の導入ガイドライン

主に事務所用途の建築物を対象として、木材利用の技術的事項を整理し、主として設計段階における手引き書として、「公共建築物における木材利用の導入ガイドライン」として取りまとめられました。

○官庁施設における木造耐火建築物の整備指針

「木造耐火建築物の整備手法の検討会」において検討を行い、

平成二十五年に木造耐火建築物の整備に関する技術的事項がとりまとめられました。柱については、メンブレン型、燃え止まり型、鋼材内蔵型といった三タイプの木造建築物が示されています。できるだけ木が表になる構造が好ましく思えます。

○木造事務庁舎の合理的な設計における留意事項

平成二十七年五月には、木造建築物の整備では、建設地域によって調達できる木材が異なることを事前に把握しておかないと、工事の長期化、建設コストの増大につながることなどがあるので、木材特有の情報を把握し合理的に設計を進められるよう「留意事項」がまとめられ発表されました。

この留意事項の対象施設は、低層木造事務庁舎、主に、二階建て延べ面積一〇〇〇m²程度以下の軸組構法、壁構造系で、耐火建築物・準耐火建築物以外の構造計算では三号・許容応力度、四号・仕様規定で対応するものということなので、新営予算要求単価の木造モデル二〇〇m²、七五〇m²モデルに対応した施設を整備するときに適用できる内容ということと考えられます。ただし、「この留意事項に記載した内容は、木造建築物の設計にあたって収集しなければならない情報やその収集・活用の方法やタイミングなど、低層の木造事務庁舎に限らず他の公共建築物にも活用できる」という記載があります。とにもかくにも、この「留意事項」は公共建築分野で木造建築物を整備する際に大変参考になる資料だと思います。

5　次世代公共建築研究会木造建築部会の活動

この木造建築部会は平成二十五年九月に発足しました。国土交通省での取り組みを補完し、さらに推進することを目標としています。国の動きは着実に進んでおり、民間でも木造の建築物が計画、建設され話題になり期待を集めています。この流れを公共建築全体に広げ、木造の市庁舎等の整備が進むよう次世代公共建築研究会で支援を進めるため、多角的に調査研究を進め、成果を公表し、国や地方公共団体やその他公的機関で活用していただくことを目指しています。具体的調査研究内容を次に示します。

(1) 公共建築における木材利用の推進に資する技術の調査

構造・防火耐火・工法分野について、現状の問題点や課題を整理し、解決の方向である木材・鋼材ハイブリッド部材や混構造方式などの調査研究を行う。

(2) 公共木造建築の整備のための木材・製材の供給側の状況の調査

森林組合、製材組合、木造建築メーカーと連携して調査研究を行う。

(3) 木造庁舎単価の適正化に資する技術の調査研究

(4) 先進木造公共建築事例の調査

(5) モデル的事業への技術的支援

市庁舎等を木造で計画しようとしている地方公共団体に情報提供などの技術支援を行う。

(6) 公共建築物等の木造化推進にあたり例えば法規制など解決すべき事項の調査研究

これまで、行政担当、専門家、ジャーナリストなどから情報をいただいたり、アンケート調査を実施したり、現地調査（春日部、掛川など）を行ったり、シンポジウムも実施してきています。また、ミラノの万国博覧会での日本政府館は木組みを大規模に使った建築ということで、現地調査を行いました。あわせて、ロンドンでの最新の木造大規模建築物の実態把握も行ってきました。次世代公共建築研究会木造建築部会の北川原温部会長は、「日本は木の文化、木の建築の国だと言ってきているし、そう思っている人も多いと思うが、最近の欧米の木造建築への取り組みは大変進んでいて、もうすでに追い越されてしまっているかもしれない」との危機感をお持ちでした。

6 公共建築賞での木造の公共建築

平成二十六年の第一四回公共建築賞では、行政施設部門の国土交通大臣賞に、高知県にある檮原《ゆすはら》町総合庁舎が選ばれました。檮原町総合庁舎は、「森林文化社会を基盤にした環境モデル都市檮原のランドマークに相応しい、優れた木造公共建築物であり美しい」という評価を受けました。審査に携わられた涌井史郎委員による紹介を引用しますと、「檮原には、僅か一〇m^2程度の『茶堂』と呼ばれる旅人をもてなす歴史的施設が、今日でも多く現存している。この総合庁舎は、高知県最奥、宇土の県境にあるこの地を訪れる人々の心のランドマークであり、且つ町民のコミュニケーションスペースとしての機能を併せ持った現代の茶堂である。一階のガラス大扉は開放が可能で、時に庁舎ロビーと庁舎前の広場が一体となった祝祭空間が出現する。庁舎は役所ではなく日常のコミュニティスペースであり、かつ桃源郷のように設えられたこの庁舎周辺一連の木造建築物群の臍となっている。しかも庁舎の構造体や内装は、最大限地場の木材を活用した設計となっている。構造体には、自然空調を前提とした木造ダブルラティス構造による外部環境と呼吸できる仕組みや、太陽光発電、氷蓄熱、木製受水槽、木材断熱機密サッシュやブラインドが組み込まれ、CASBEE評価Sランクを得ることに成功している」とのことで、是非、多くの方に訪れていただきたいものです。設計はこの度、新国立競技場の設計者となった隈研吾氏です。完成したのが平成十八年で、「公共建築物等における木材の利用の促進に関する法律」の公布となった平成二十二年より四年も前ですから、木造に対する取り組みの先進性の面でも素晴らしい建築だといえるでしょう。

これまでの主な木造の公共建築賞（優秀賞も含めた）受賞作品（第

一一回〜一四回）はつぎのとおりです。

第一一回公共建築賞（二〇〇八）　くらしの学校「だいだらぼっち」（長野県下伊那郡泰阜村）、高山市立南小学校（岐阜県高山市）、越前市立白山小学校（福井県越前市）、高知市立・龍馬の生まれたまち記念館（高知県高知市）

第一二回公共建築賞（二〇一〇）　福島県農業総合センター（福島県郡山市）、道の駅「上品の郷」（宮城県石巻市）、ながしま遊館（三重県桑名市）、安来節演芸館（島根県安来市）、絵金蔵（高知県香南市）

（第一三回公共建築賞の募集要項からは、公共建築賞・特別賞の要件の特に優れた特徴について、地域振興、環境への配慮、保存・活用、木材活用等を例として挙げられました。）

第一三回公共建築賞（二〇一二）　糸魚小学校（北海道士別市）、真下慶治記念美術館（山形県村山市）、三重県立熊野古道センター（三重県尾鷲市）、伊根町庁舎・コミュニティーセンター（京都府与謝郡伊根町）、養父市大屋市民センター・大屋地域局（兵庫県養父市）、弁天座（高知県香南市）

第一四回公共建築賞（二〇一四）　檮原町総合庁舎（高知県高岡郡檮原町）、幕張インターナショナルスクール（千葉県千葉市）、南越前町立今庄小学校（福井県南条郡南越前町）

学校が多いけれども、庁舎や文化施設など、多様な施設が木造になっているのがわかります。また、最近はさらに公共建築での木造の取り組みが大変多くなってきていますから、引き続き期待したいと思います。

7　課題1　コスト

これまでは、前進する方向のいろいろな取り組みなどに触れてきました。建築基準法の改正やCLTの告示化など、行政面での対応も進んでいますので、こうした機運はさらに盛り上がっているとは言っても、難しい課題も当然あります。なかでもコストの面は重要です。平成二十七年五月に国土交通省官庁営繕部から発表された「木造事務庁舎の合理的な設計における留意事項」にもコストについての留意すべきポイントが多く書かれています。

そこで、国の機関の各省各庁が次の年度の予算要求の根拠とするために国土交通省大臣官房官庁営繕部が各年算定している「新営予算単価」で木造（W造）とRC造のコストの比較を試みます。

平成二十八年度新営予算単価では、階数規模で比較しうるモデルが二つ示されています。

①　庁舎（1）　RC—1　二〇〇m^2　と　庁舎（23）　W—1　二〇〇m^2

②　庁舎（3）　RC—2　七五〇m^2　と　庁舎（24）　W—2　七五〇m^2

新営予算単価では標準予算単価と別途計上の単価を合わせたも

新営予算単価に見る木造とRC造のコスト比較

（単位：円／m²）

28年度要求	庁舎（1）　RC-1　200m²	庁舎（23）　W-1　200m²	W／RC
建築工事	207,700	229,520	1.11（1.11）
設備工事	76,460	102,840	1.35（1.35）
合　計	284,160	332,360	1.17（1.17）

（単位：円／m²）

28年度要求	庁舎（3）　RC-2　750m²	庁舎（24）　W-2　750m²	W／RC
建築工事	158,690	177,210	1.12（1.12）
設備工事	89,220	92,950	1.04（1.04）
合　計	247,910	270,160	1.09（1.09）

のが全体の単価となりますが、「別途計上の単価」は標準単価として算出しがたいものとされているので、ここでは標準単価同士を比較することとします。なお、この標準単価のみでは必要な単価とはならないことを注意してください。全体の単価はこの標準単価に五〜一〇万円／m²ほど上乗せになると思います。

木造だけでなくRC造でも、小規模庁舎は割高になるものです。そのうえで木造とRC造の単価を比較すると、一階建て二〇〇m²モデルで木造が一七％高く、また、二階建て七五〇m²モデルでも木造が九％高い結果になっています。なお、電気・機械の設備工事も割高になっています。「公共建築物における木造の利用の促進に関する法律」の趣旨からいえば、木造にすることを前提にこの単価で要求できることになってはいます。すなわち、単価が多少高くても木造を選択すべき、ともなりますが、やはり単価でみても同程度であることが望まれます。

「木造事務庁舎の合理的な設計における留意事項」によりますと、こうした標準的な設計から、特にスパンなどを変えると、木材単価が急激に増大するという注意事項も示されています。現在、住宅用の規格部材は大量に流通していて安く、大断面になると一品生産でとたんに高くなる。その間を埋めるような仕組みをつくっていくと、もう少し安くなるのではないかと考えます。官庁営繕が主導して断面と長さを、こういう体系で作ってくれれば使いやすいと、外に向かって示せば、業界もそれに合わせて準備するようになるかもしれません。

8　課題2　入札契約制度や市場

また、入札契約制度に係る課題もあります。公共発注システムによる制約ともいえましょう。国の発注では原則的に内外無差別ということになっているし、都道府県や政令指定都市では、大規模な工事はWTO対応で、材料も含めて内外無差別にしなければなりません。ですから、工事の発注時に設計図書で国産材を指定することは安易にはできません。それ以外の地方公共団体等の発注者にはまだ自由度があります。ここは、そうした地方からの取り組みが前に進む力の一つにもなりましょう。

さらに、鉄筋コンクリート造や鉄骨造、そして住宅の木造であれば、設計をして、そのあと工事を発注しても、一般的には材料の調達に問題は生じないのですが、公共建築のようにそれなりの規模や大きなスパンの構造となると、工事が発注されて、建設会社が受注してからの調達だと、山から切り出して、製材して、乾燥して、と考えると工期の面で厳しくなります。そこでそれぞれの発注者は許される範囲でさまざまな工夫をしています。公共建築では、分離発注・事前発注して、あらかじめストックしておかないと地域産材は使えない状況にあるのが現状です。木材の業界では製材の状態でストックしておくことはあまりないといわれています。もっと公共建築を始め、住宅以外の建築物で木造が増加して、供給側も住宅用だけでなく、大断面や長尺の材を安定的に市場に出すことができるようになることが望まれます。製材の段階である程度の量をストックしておくという会社が現れてほしいものです。

9　公共建築物に木を使おう

個人的なことで恐縮ですが、冒頭にご紹介したとおり、国の建築や公共建築に携わることになった当初は、安全や使いやすさや耐久性の観点から、非木造化の一心でしたが、筆者の官庁営繕部での最後の取り組みは、「公共建築物等における木材の利用の促進に関する法律」の制定でした。この法律の力で国も地方公共団体も意識が大きく変わってきていると思います。実際取り組んでみると、それまであまり考えることが少なかった、森や林業や製材業や木材の流通のことにも関心を持つようになり、それぞれの抱える課題の大きさもわかってきました。そうして、森や林業のことが多くの国民にあまり知られていない、まだ、いろいろな誤解がある、とも考えました。例えばかつての「割り箸」の話題です。木をこんな風に使い捨てにするのはもったいない、それで、マイ箸を使うんだ、という誤解です。森は間伐しますが、この間伐材を誰かが使わないと、間伐する費用が出なくなってしまうの

伐採された樹齢40年程度のスギ（和歌山にて2015年筆者撮影）

です。間伐材はかつては薪にし、また炭にして日常的に活用していました。ですから、「木は使われることで山は育つ」のです。そして、林道がないと山からの切り出しに大きなコストがかかるのですが、森の中に木を切り倒して道路を造るのは環境破壊だ、というマイナスイメージを持っている人が多いと思います。また、皆伐も林業の正当な選択肢の一つなのですが、禿山になってかわいそう、という反応すら出てきます。

最近、和歌山に調査にいきましたところ、林業に従事する若い人たちの話を聞くことができました。林業経営の厳しい現状を正確に把握したうえで、将来への取り組みを考えたり、新しい乾燥技術や3Dの加工技術を導入して市場を拡大しようとしていたり、と期待が持てるようになりました。次の世代の人たちが新しい林業をつくってくれることも、公共建築物に木を使うために大切なことだとあらためて考えました。

木の文化と旅館、そして聖なる空間

竹山　聖

●たけやま・せい　一九五四年生。京都大学教授・大学院工学研究科建築学専攻。著作に『独身者の住まい』（廣済堂出版）『ぼんやり空でも眺めてみようか』（彰国社）、「臨床建築学――「死の形式」から「生の形式」へ」（『芸術心理学の新しいかたち』所収、子安増生編、誠信書房）、等。

1　現代建築としての旅館

これまで温泉地に三つの旅館を設計した。箱根の「強羅花壇《ごうら》」、山代温泉の「べにや無何有《むかゆう》」、そして城崎温泉「西村屋招月庭」である。

「強羅花壇」は旧閑院宮別邸と既存木造離れを残したもののほぼ全面的に新築、「べにや無何有」は新築した棟もあるもののほとんどが既存軀体を残した改築、「西村屋招月庭」は全客室の一〇パーセント程度の改装とプールサイドダイニングルームの増築である。つまり、新築、改築、改装、増築、とあらゆる手だてを用いて建築の再生が試みられている。

これは歴史を有する老舗旅館の場合、当然の道筋である。まっさらな分譲地にプレハブ住宅を建てるようなわけにはいかない。強い場所性と自然景観との絡み、そして何より営業形態の継続性と刷新のバランスが必要だからだ。

ここで主題として論じてみようと考えている「木」の有する意味合いも、したがって、各々の旅館を取り巻くコンテクストによって異なってくる。

「強羅花壇」は、箱根登山鉄道の終点強羅駅にほど近く、箱根大文字に向かう広大な斜面地に位置している。いわば自然に一対一で対峙しており、他の建物との関係はまず考慮の必要がない。

「べにや無何有」は、山代温泉の中心に近い丘の上にあり、隣接する旅館群や街並がどうしても視界に入る。

「西村屋招月庭」は、城崎温泉の情緒溢れる温泉街を抜けた一番奥に位置し緑豊かな谷に展開する庭をもっているものの、そぞろ歩きが楽しい温泉街との関係もまた大切である。

木の文化との関わりを論じるにあたって、「西村屋招月庭」に関しては、いまだそのごく一部を改装増築したに過ぎず、とりわけ経営母体を同じくする「西村屋本館」(平田雅哉設計)の木造の素晴らしさを論じないでは片手落ちであり、当の設計者でない私はその任でなくまた紙数も限られているから、今回は「強羅花壇」と「べにや無何有」を例に、木の文化と旅館、とりわけ現代建築としての旅館について論じてみたいと思う。

2　強羅花壇

「強羅花壇」は箱根にある。つまり東京から一〇〇キロ圏というたいへん有利な立地である。もともと良い客層をもつ老舗旅館の全面的な建て替えをめざして、オーナー夫妻とともに関東一円の名旅館をまわる旅を重ね、この旅館の構想は練り上げられた。伊豆山「蓬莱」、修善寺「柳生の庄」、熱海「大観荘」、などなど。オーナーとのやりとりの数々や時代の気分はすでに著書『ぼんやり空でも眺めてみようか』(彰国社、二〇〇七)でも触れているので参照していただければありがたい。

「強羅花壇」は一九八六年秋に設計を開始し、八八年四月に着工、八九年七月にオープンしている。まさにバブル景気まっさかりの計画である。その立地やソフトとハードの素晴らしさ、そして高額の宿泊費も話題となって、オープンするや人気が沸騰した。

ただ、「強羅花壇」のすごいところは、バブル崩壊後もまったくその人気が失せず、むしろ海外にまで日本を代表する旅館としてその名声が響き渡って、オープン二五年をこえた現在もその評価を維持していることである。この旅館をこよなく愛したジャック・シラクをはじめ、海外の「有名人」も多く訪れている。ここを訪れてわれわれに仕事を依頼してくれたクライアントも多く、ホテルを設計してくれと頼まれた台湾のクライアントもいる。

多くのこうしたファンは、「強羅花壇」のきめこまやかなサービスを気に入ってくれているに違いないが、やはりその大列柱廊の佇まいを記憶に深くとどめてくれている。この列柱廊こそが「強羅花壇」のシンボルであり、設計当初から私がめざした「記憶の風景」に刻まれる象徴的な空間であった。それは敷地の尾根筋に沿って走る大列柱廊であって、高さ六m幅三m長さ一二〇mというスケールを有し、通常の日本建築のスケールを超えている。しかし素材には木を用いようとした。和風旅館というプログラムを、

尾根筋を走る大列柱廊。手前にアルミ屋根の八角堂付きのラウンジが見える。その右側には木のフレームが突き出して屋外階段を包み込んでいる。（撮影＝新建築社写真部）

その精神と物質両側面から把握し、これに新しい形を与えようとしたからである。

今日、木を用いることには多くの困難がある。確かにこの二五年で法規は徐々に木を用いることを許す方向へ変わって来ている。ただ、木という素材の火に対する脆弱さ、性能的不安定さ、などは、木を用いようとする時の大きなネックである。

この大列柱廊には法規的に二つの困難があった。ひとつは長さである。この場所は国立公園内にあるので、厳しい規制がかけられている。一つの建物の一辺は五〇m以内としなければならない。五〇mが長辺であるなら短辺は二〇m以内である。したがって、一二〇mの大列柱廊などそもそもありえない。これを建物と建物の間を結ぶ渡り廊下と見なして、風景の中にいかに溶け込んでいるかを示す図を用意し、環境庁と幾度も打ち合わせを重ね、ついに了解を得た。

いまひとつは規模である。このように大規模な建物であると構造としての木造は認めらないから、しかたなく鉄骨造として耐火被覆を施しこれを無垢の板材で覆うこととした。見た目の木造である。不本意であったが仕方がない。今であれば木造という可能性もあろう。

ちなみに大列柱廊に隣接する漆喰調塗装の長大な壁に隔てられた大浴場は、その屋根架構が木造のままで認められた。天井高さがあることと、下が浴槽であるためだ。

120mの大列柱廊。左に見える長い白壁を抜ければ木造屋根架構の大浴場である。（撮影筆者）

部分的に木の使用を認めてもらえるように役所と交渉しながら、局地戦の積み重ねを行う。これが当時の大規模建築において木を用いる場合の精一杯の戦い方であった。箱根の自然環境に恵まれて広大な敷地をもつこの建物だからこそ、ある程度の木の使用が可能となった。

したがって主要な構造躯体はほとんどが鉄筋コンクリートである。ただし、その多くが大地に半ば埋め込まれ、表層部の陰影を醸し出す部分にはテラスや屋根、軒を配し、ここに木質の素材を多用した。全体的には和のサウンドを奏でているといっていいだろう。

精神的な和風、というのは、大地への近しさ、水平的広がり、重層的なスクリーン、軽み、借景、不連続な連続性、などなど、諸々の手法を通して表現される。しかし確たる形式を持つ現代建築でもありたい。そこで、平面計画は西洋古典、立面とディテールは和、ということを意識した。構造躯体からの木造であれば、たとえば桂離宮のように軽やかな雁行をなす大地に接地しながら浮いた架構を実現しうる。しかしコンクリート躯体には、木造と違って、コンクリートのスケールと論理と整合性がある。しかも「強羅花壇」は当初から海外からのゲストを多く迎えるという狙いがあった（女将はもともとファッション業界にいてイタリア語も英語も堪能な国際人だ）から、いわゆる民芸調や似非数寄屋のような料亭建築を望んではいなかった。過去におもねるのではない。めざされたのは新たな和のイメージであり、空間構想であった。木を用い、敷瓦を用い、銅板葺きの屋根を用い、つまり和の楽器を用いても、西洋音楽の文脈でも通用する、確たる骨格をもった現代建築をめざしたのである。木を、そのようなまなざしのもとで、再発見すること。

3　べにや無何有

山代温泉は加賀温泉郷にある。この辺りは関西の奥座敷として昔から馴染まれて来た。サンダーバードで京都から二時間、大阪から二時間半で到着する。名古屋からもしらさぎで二時間半、新幹線米原乗り換えなら二時間である。二〇一五年には東京から金沢まで新幹線が通ったから、東京からもスムーズに行けば三時間ほどとなった。もちろんそれまでも小松空港を利用すれば東京からの時間距離は短い。しかし心理的には箱根に行くのとは大きな違いがある。つまり、箱根とはマーケットの質と大きさが大きく異なっている。

「べにや」は二〇一六年に米寿を迎える老舗旅館である。つまり一九二八年生まれ。時代を経、世代を経て継承されて来た旅館であったが、一九九四年秋に訪れたときにはずいぶんくたびれていた。これは初めて「強羅花壇」を訪れたときも同じである。高度成長期を経て、日本社会が変容を繰り返し、時代が変われば旅館への要望や期待も変わる。いやそうした要望を読み取り、期待をつくり出さねばならない。「強羅花壇」はそれがバブル経済とソフィスティケイトされた消費社会であり、「べにや無何有」は阪神大震災後の成長でなく質の充実をめざす社会であった。時代に応答し、さらに時代をつくり出した旅館は生き残り、そうでないものは淘汰される。厳しい世界でもある。

「べにや」とはそれ以来二一年のおつきあいになる。幾度にも分けて改装と増築を繰り返し、徐々に変身を重ねて来た。このあたりの経緯については大阪建築士事務所協会機関誌『まちなみ』に連載した「ぼんやり空でも眺めてみようか」第二七回「無何有という名の旅館」に詳しい（その抜粋が設計組織アモルフのＨＰ www.amorphe.jp のＴＥＸＴＳ欄からアクセスできる）ので参照していただければと思う。

ちなみに「無何有」とは一九九八年に完成した二期工事、つまりあらたに全六室の離れを造ったときに、一期工事の四室と合わせて一〇室、この新たに手の入った空間に対して新たな命名を求められてつけた名前である。『荘子』の「無何有の郷」から取った。何の役にも立たないように見えるものこそが、本当の価値を持つ。旅人に心地よい木陰を提供する曲がりくねった枝振りの樹木のように。曲がりくねっているから切られて利用されることなく、結局巨大な緑陰を与えるまでに育つ。そうした緑陰で過ごす無為の時間、かけがえのない時間、という意味を込めて名づけた。

そして三期工事が終わり、この時点で全一六室すべての客室がわれわれの設計となり、旅館全体の名前も「べにや無何有」となった。この無何有の思想を体現するような空間が、二〇〇六年完成の第四期工事で生まれた。「方林円庭」である。空っぽの空間、なにもない、だからこそ豊かな空間。

「方林」は道場であり、「円庭」は施療院だ。これはかつて寺院が有していた役割である。もともと「べにや」は薬師山と称された温泉寺の裏山に立地している。温泉と宗教施設は密接なつながりをもち、寺院はかつて学校でもあり病院でもあり図書館でもあり美術館でもありコンサートホールでもあった。「べにや無何有」はこうした文化的機能を、旅館という商業施設にあらためて取り込もうとしたのだ。文化施設としての旅館。

「べにや」の構造軀体は、一部鉄骨造もあるが、ほとんどが鉄筋コンクリート造である。「強羅花壇」と同じく高度成長期に建て増しを繰り返し、ヌエのような不思議な構造的複合体となっている。先にも触れたが、「強羅花壇」はこれをほぼ全面的に建て替え（あえて二年間の休業期間をとって一気にイメージを刷新した）、「べにや」は徐々に変容を繰り返すことによって、ゆっくりした刷新をめざしたのである。「方林」はそうしたプロセスの先に到達した「記憶の風景」ともいうべき象徴的空間である。つまり心に刻まれる空間である。旅館のいわば顔となった。ここで用いられたのが林立する木の柱であった。

「方林」の位置しているのはかつての大宴会場。「円庭」はかつ

エレベーターホールでもある「円庭」から「方林」を望む。このゾーン全体を「方林円庭」と命名した。（撮影＝白鳥美雄）

ての客室と共同トイレが解体されて打ち捨てられたいわば廃墟であった。大宴会場も、すでにグループ旅行の需要が個人や家族旅行に取って代わられ、まったく使われない大倉庫となっていた。この大宴会場の庭側の軒屋根の小屋組を取り去ってみれば、見事な赤松の眺められる景観が広がった。

「べにや」の財産はその素晴らしい庭である。といっても和風につくり込まれた瀟洒な庭ではさらさらなく、さまざまな樹種が面白く絡み合い、新緑、紅葉、雪、など季節に応じた美しい佇まいを見せ、やさしく戯れる木漏れ日を建物内部に投げかけてくれる斜面地の、いわば野趣あふれる庭である。この程よい規模の庭の中央に立つ赤松、この神木とも見立てうる赤松が大宴会場真正面に姿を現したのだった。

この赤松と対話する空間を、まずは道場（そもそもその語感からして、さまざまな目的を持ちうるし、あるいは特定の目的を持たない、という「無何有」の思想に合致している）と目されたこの広い宴会場跡地（建物内部であるが、あえて）に立ち上げねばならない。赤松に面した広いテラスを有し、内部は外の樹木や空の変化を刻々と映し出すような、カメラオブスキュラのような空間とするべきだろう。自身を主張するのでなく、外部を呼吸し、反射し、応答する空間。

そこで導き出されたのが赤松に面した広い板敷きのテラスであり、中央に柱の林立した、天井も床も、その柱そのものも、黒く塗り込められた部屋であった。ただし壁は白。西に面したこの部屋一杯に夕陽を受けとめるためである。

「円庭」という名は、かつてのトイレあとの配管を取り去った穴だらけのコンクリート床の上に設えられた薄く大きな水盤の円い形に由来している。奥の施療院へのアプローチであり、「方林」の前庭でもある。

水と樹木は日本の原風景の、その最も奥底のイメージを形成している二つの要素である。たとえば「山水」というように、これに山が加わるのはいうまでもないが、「強羅花壇」も「べにや無何有」も山の上の傾斜地にあり、そもそもその地形が山である。それも尾根的な地形である。風が渡り光が降る。そこに象徴的な樹木があり、水があれば、日本の原風景は訪れる人々の心の中で完成される、と考えた。そのための建築的装置が、柱であった。「強羅花壇」の大列柱廊も、「べにや無何有」の「方林」も。

「方林」は一辺二mの正方形平面を囲むように建てられた柱が、八m×八mの平面に五×五＝二五本が林立する。二m角は少人数の集まりに対応するスケールであり、これが二五本正方形に配列されれば四×四＝一六のスペースが立ち現れる。そこに場所の成立する縁《よすが》があるのではないか、と考えたのだ。

「方林」は当初、ギャラリーであり茶会の場所であり、夜は酒を持ち寄っての宴があり、朝はヨガのクラスの開かれる道場であったが、いまはそのほとんどをダイニングルームとして用いている。ダイニングルームの個々のテーブル間を隔てる心理的な距離感を醸し出す装置としても、林立する柱は有効であった。聖なる空間が世俗に転ずるのも趣である。食事というのは「いただきます」というように、聖なる行為でもあるのだから。

4　聖なる空間

その文化の質を計測するには「聖なる空間」の在りようを捉えればよい、というのが、これまで京大の学生たちとともに地中海沿岸を駆けて古代ギリシアやローマの遺跡を見てまわったり、大学院時代に西アフリカの集落調査に参加したり、あるいはここ数年毎年スイスの山のなかの小さな街で開かれる音環境の会議に出たり、現在もネパールでホテルの建設に携わったり、世界各地を旅して得た経験的な知恵だ。

そうしたなかで、日本はとりわけその聖なる感覚を、木とともに育んできたのだ、と感じている。もちろん磐座など、神の依り代は岩であり水であり、さまざまだ。これは世界的に見ても同じである。このことは宗教人類学者の植島啓司氏に教えを受けた。岩と水が聖性を体現する。ただこれらの場合抽象性は薄い。具体的な存在感が立ち勝る。

日本建築における見事に製材された木は、そこにいわば抽象性を賦与された聖性を体現する。日本の美の特質は、抽象にある。形を簡素化した、形からははずれぬ抽象にある。日本にあっては、そこに建築の特質もあり、感性の特質もある。

「強羅花壇」も「べにや無何有」も、ことさらに日本に媚びたデザインをしようとしたわけではさらさらない。ましてや料亭建築のような旅館は願い下げであったし、オーナーもまた求めなかった。伝統や精神性に立脚しつつも新しい現代の建築を求めたのだ。

しかしそのさなかに、一二〇mの大列柱廊が生まれ、「方林」の林立する柱が生まれた。ここに日本的な美を見出し、「記憶の風景」に登録してくれる外国からのゲストは数知れない。設計のさなかにケレン味があってはいけない。虚心坦懐に空間に向かわなければいけない。そのように設計という行為に向き合って来た結果、何らかの特質をもった空間が立ち現れ、強い印象をもたらすこともある。そしてそれが日本の伝統と重ね合わされて見られることもあるのだろう。

そうしたときにあらためて日本の美について思いを馳せる。和風旅館であるかぎり、日本的なるものとの対話となることは避けられない。これをいかに現代の文脈において捉えるか。さらには、未来の文脈において思考しうるか。

日常の中にふと出現する聖なる空間の感覚、これが一つの拠り所となるのではないか、といま感じている。木は、そうした世界への門である。

日常の中にさりげなく聖なる空間を忍ばせる。これが日本建築の粋であり、これを感じるのが日本人の感性であり、鈴木大拙に倣うなら「霊性」といってもいいかもしれない。つまり精神と物質の区別を超えたところのはたらきである。

木の美しさ、力強さは、そこに確かにそしてひっそりと、寄り添っている。

都市に木の消防署を

久　隆浩

ひさ・たかひろ　一九五八年。近畿大学総合社会学部教授。都市計画・まちづくり。著作に『都市・まちづくり学入門』（共著・学芸出版社）『都市構造と都市政策』（共著・古今書院）『二一世紀の都市像』（共著・古今書院）等。

不燃建築のシンボルとして

平成二十二年に「公共建築物等における木材の利用の促進に関する法律」が制定され、公共建築物には積極的に木材を利用することが求められている。しかし、実態としてはなかなか進捗をみない。これを促進するシンボルとして消防署を木造にすることを提案したい。「消防署を燃えやすい木でつくるなんて」という反対の声も予想される。それは逆に、消防署を木造にすることで「木造でも火に強い」というイメージを植え付けるシンボル建築にすることができる。

秩父消防本部の取り組み

積極的に木造庁舎の建設に取り組んでいるのが、埼玉県の秩父消防本部である。秩父市、横瀬町、皆野町、長瀞町、小鹿野町の一市四町で組織する秩父広域市町村圏組合の消防事務を扱っているが、分署の統合化を契機とした庁舎建て替えに際して、東・北・南・西の四つの分署で積極的に木材を使用している。平成二十三年に完成した東分署は、構造は鉄骨造であるが内装等随所に木材を使用している。また、平成二十四年以降に完成した北・南・西の三つの分署は、事務棟はすべて木造となっている。

秩父消防署北分署　全景

仙南消防本部の取り組み

また、宮城県の白石市、角田市、蔵王町、七ヶ宿町、大河原町、村田町、柴田町、川崎町、丸森町の二市七町で組織する仙南地域広域行政事務組合でも、平成二十二年から、村田町、川崎町、蔵王町、丸森町の消防署出張所を木造化した。まだまだ事例が多いとは言えないが、徐々

秩父消防署北分署　2階廊下

に消防署の木造化は進みつつある。

分署から始める木造化

建築基準法では、高さ一三メートルを超え四階建て以上、または延べ面積が三千平方メートルを超える建物は耐火構造物でなければならないとされている。先に見た二つの地域の消防本部の場合、本部庁舎は鉄筋コンクリート造や鉄筋造といった耐火構造物となっているが、分署・出張所では規模が小さいために木造化を図ることができる建物なのである。まずはこうした分庁舎から木造化を進めていってはどうだろうか。

耐火性能を高める

消防署ではないが、都心の密集市街地でも木造オフィスをつくっているのが「大阪木材仲買会館」である。竹中工務店が開発した「燃エンウッド」という集成材でつくられた木造三階建ての建物となっている。「燃エンウッド」は、構造材となる木材の周りをモルタルや不燃木材で覆い、さらにそれに燃えしろとしての木材を張った集成材である。これによって、構造材も外装材も木となる集成材ができあがる。これは耐火性能として一時間耐火認定を国土交通大臣からもらった。つまり、火事になっても一時間は崩れない建物であることの認証をもらったということである。一度、お墨付きを頂いた材料は自在に使用できるようになる。じっさい、「燃エンウッド」を使った第二号の建物として、横浜市営地下鉄センター前駅の駅前にある商業施設「サウスウッド」も完成した。

さまざまな防火対策

また、防火性能としては外装に不燃木材を使用する、蔵のように漆喰で塗り込める、などの創意工夫があれば、木造化はもっと促進するだろう。

そもそも、火元がなければ火事にはならない。先ほど紹介した秩父消防本部の分署でも、建物内を完全禁煙にしているし、調理器具も電磁調理器を使用している。庁舎を木造にしたからこそ高まる防火意識であり、それを消防署員が率先して行うことで住民への波及が望める。

以上見てきたように、思い切って消防署を木造にすることで、住民の防火意識を高め、建物の木質化を促進するシンボルとすることができるのである。

（写真提供　秩父消防本部）

消防署を木造にすることで「木造でも火に強い」というイメージを植え付けるシンボル建築にする。

集合住宅を「木の建築」にしてみたら

渡辺真理

●わたなべ・まこと　一九五〇年生。建築家、法政大学教授、（株）設計組織ＡＤＨ代表。「真壁伝承館」の設計で日本建築学会賞（作品）、日本建築家協会賞などを受賞。著書に『集合住宅をユニットから考える』（木下庸子と共著、新建築社）『孤の集住体』（木下庸子と共著、住まいの図書館出版局）等。

震災と戦災が集合住宅を普及させた

集合住宅がわが国に導入されたのはさほど古い時代ではないし、その理由も切実なものだった。関東大震災と戦災である。

一九二三年九月一日の関東大震災では一九〇万人が被災し、一〇万五千人が死亡もしくは行方不明になった。建物全壊が一〇万九千棟、全焼が二一万二千棟である。

一九四五年三月十日の東京大空襲は死者八―一〇万人、罹災者一〇〇万人以上、被災家屋約三〇万戸、当時の東京区部三分の一以上の四一平方キロが焼失した。

関東大震災への義捐金をベースに、一九二四年五月には財団法人同潤会が設立され、一九二五年八月から鉄筋コンクリート（ＲＣ）造の集合住宅である中之郷アパートの建設が開始された（一九二六年八月竣工）。同潤会は東京・横浜の計一六カ所のＲＣ造の集合住宅を建設した。この同潤会アパートは防火防災を念頭に建設されたものだが、水道、電気、都市ガス、水洗便所などの近代的な設備を備えていたことでも知られている。

同潤会を引継ぐかたちで一九四一年に住宅営団が設立されるが、住宅営団は一九四六年ＧＨＱの命令で解散させられた。その後、一九五五年には日本住宅公団が設立され、公団住宅の建設にあたった。公団住宅は住宅団地の手法で、当時二七〇万戸といわれた住宅不足の解消をめざしたが、RC造の公団住宅は都市防災の手段でもあった。玄関のシリンダー錠、キッチンのステンレス流し、浴室設備などにより、公団住宅もまた住まいの近代化に貢献した。中でも2DKという呼び方は、DK（ダイニングキッチン）により西洋式の食事スタイルのわが国への導入に成功したこともあり、その後nLDKへと発展し、現在まで続く住まいの居住単位の呼称として定着した。

ひばりヶ丘団地空撮

賃貸住宅から分譲マンションへ

一九五九年に供用開始したひばりが丘団地は二七〇〇戸がすべて賃貸住宅だった。一九五九年四月十日に結婚した皇太子夫妻が訪米を前にして、新しい時代と新しい家庭の象徴としてひばりが丘団地を訪問したニュース映画を、八王子にある住宅都市再生機構の都市住宅技術研究所で観ることができる。夢のアメリカ式ライフスタイルを体現していたのが、団地であり、公団住宅だった。

（日本住宅公団は）「昭和三〇年代（1955-65）は年間約三万戸の住戸を建設発注していたが、一九七一年のピーク時には年間約八万戸が建設発注された。昭和四〇年代に入ると、それまでの高度経済成長の勢いは弱まり不況となったため、国は住宅建設による景気向上の波及効果を検討、住宅政策『第一期五カ年計画』によって『一世帯一住宅』を目標に掲げて量を重視した。国は五年で六七〇万戸の住戸の供給を目標とし、その内の二七〇万戸を公的資金住宅の供給目標とした」（木下庸子＋植田実『いえ 団地 まち——公団住宅設計計画史』四六〇頁）。

今日では集合住宅といえば分譲マンションがその代表例ということになるだろうが、日本最初の民間分譲マンションといわれる「四谷コーポラス」が供給されたのが一九五六年だった（設計施工：

佐藤工業、売主：日本信販、総戸数二八戸）。四谷コーポラスは今日も残存している。RC造五階建の片廊下の建物である。

一九六二年に「建物の区分所有等に関する法律」（通称マンション法）が制定され、法的位置付けが明確になったことから、分譲マンションの開発が進められ、マンションブームが起きた。しかし、マンションに対して住宅金融公庫の融資制度が始まるのは一九七〇年からである。

前掲の『いえ 団地 まち』の引用にも記されているように、政府の持ち家政策により公団住宅も賃貸だけでなく分譲を開始する。その頃の状況は原武史の『滝山コミューン一九七四』に活写されている。原によると、ひばりヶ丘団地など初期の団地はコミュニティの場だったが、七〇年代以降、私生活主義、マイホーム主義などが社会の風潮となるにつれ、高島平、多摩ニュータウンなどその後に整備された団地ではそれが失われたという。興味あるかたは参照されたい。

木造集合住宅は法規制の中で厳しく制限された

ここまでわが国の集合住宅について概観してきたが、その導入の背景は建築不燃化による都市防災および近代化であることがおわかりいただけただろうか（近代化とはすでに述べてきたような生活様式の近代化だけでなく、建築材料や施工方式など生産の近代化も含んでいる）。

法制度の整備もこの方向でなされた。したがって、燃えやすく、耐震性を担保できない木造建築は排除されることになった。一九五〇年に建築基準法が制定されたが、その中では軒高九m、棟高一三mを超える木造建築、延床面積三〇〇〇平米を超える木造建築は禁止された。また、林齢一〇年以下の人工林が大半を占めていたことによる木材資源枯渇への危機感などを背景として、一九五五年に閣議決定された「木材資源利用合理化方策」によって木材利用が抑制された。一九五九年には伊勢湾台風での木造被害を契機として、日本建築学会は「建築防災に関する決議」により防火と台風水害のために木造禁止を提起した。

こういった状況下で住宅以外の木造建築物と木造に関する建築教育は大きなダメージを受けたが、木材供給と新設住宅着工は一九五五年より増え続け、高度成長期をのぼりつめて一九七三年にピークを迎えた。

木造〝冬の時代〟に変化が見え始めたのが、一九八七年の建築基準法改正である。この改正で、集成材を用いた大断面木造、木造三階建などへの制限が緩和された。さらに二〇〇〇年の法改正により建築基準が性能規定化され、木造建築の高さ制限および延床面積制限が撤廃された。二〇一〇年の公共建築物等木材利用促進法も低層の公共建築への木材利用を促進するものである。

しかし、木造建築（特に特殊建築物である木造集合住宅）に対しては火災に関する法規制は今日でも厳しいものとなっている。現状では技術的には木造耐火構造は一時間耐火が妥当な到達点となっているが、「防火地域内の建築物」（法六一条）「準防火地域内の建築物」（法六二条）と「耐火建築物または準耐火建築物としなければならない特殊建築物」（法二七条）という法規制のシバリの中では、一時間耐火では地上四階建もしくは最上階から四層以下が建設可能領域である。地震と台風という自然災害にたびたび見舞われるわが国の宿命と言ってしまえばその通りなのであるが。

木造のジレンマ

耐火性能の他にも、わが国における木造には、長い歴史の中でつちかわれた慣習というジレンマがあることを忘れてはならない。

「昔からおおくの日本人が中国や韓国に行ってレンガ造建築や石造建築を見てきたのに、明治までレンガや石が日本人の生活空間に一切つかわれなかったのはなぜか？」（上田篤『日本人の心と建築の歴史』一二頁）

木は日本人の生活空間の基本的な素材だった。日本人は木に単なる素材以上のものを見出していたのではないかと、上田篤は指摘する。一方、東京大学生産技術研究所教授で構造設計者の腰原幹雄は次のように述べる。

「……日本には一〇〇〇年以上の木造建築の歴史があって、木造というと、みなさんがイメージするものは法隆寺の五重塔、あるいは東大寺の大仏殿などが一番最初に思いつくと思うんですね。……でもこの都市の中に木を使っていく場所というと、そういう既成概念の場所だけでなく、もっと違う場所に使うことを考えなければいけないと思うんですね。……ですから、伝統や慣習にとらわれることなく、木、木造の新しい可能性を模索して、木という素材が建築の新しい材料だと思ったらどのように使うだろう、ポストRC造のあとに木というものが新素材としてあったら、建築にどのように使うだろうか……」（腰原幹雄「都市と建築と木と山と」TIMBERIZE AKITA、九八頁）

構造設計者として新しい木質構造を提唱する腰原の言い分もよくわかる。木は可燃性など負の側面が強調されてきたが、RCやスチールにはない素材特性（例えば軽さ）を活用すること、LVL（単板積層材）やCLT（直交集成板）などの新技術も積極的に参照すること、新しい耐火木造を提案することが、木造のブレークスルーを生み出すのではないか。

ではこのジレンマをどのようにしたら、乗り越えることができるだろうか？

下馬と白石——二つの木造住宅モデル

ここで実例を見てみよう。取り上げる「下馬の集合住宅」が耐

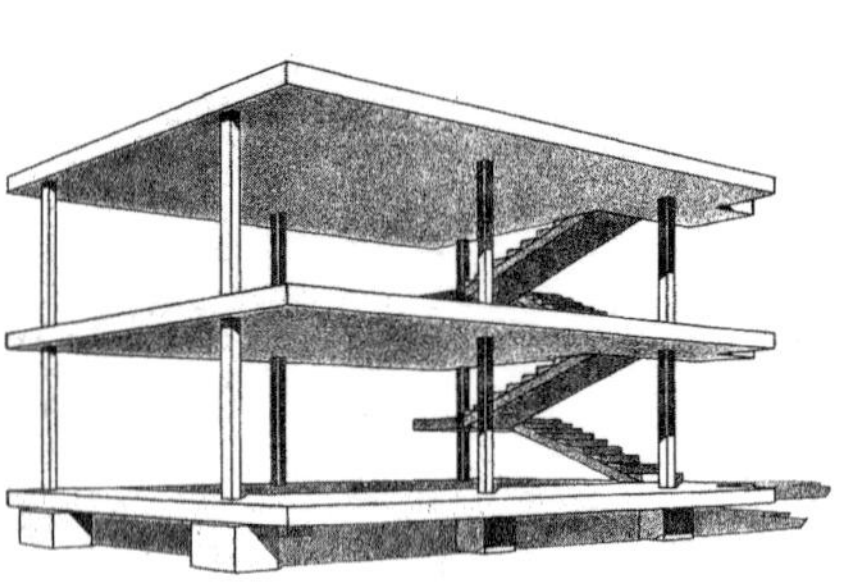

ドミノ・システム

火木造であるのに対し、「白石シルバーハウジング」は外壁防火という一般的な防火木造である。木造耐火のいわばアルファとオメガである。

「下馬の集合住宅」（設計＝小杉栄次郎＋内海彩／KUS+team TIMBERIZE、二〇一四年）は都心部の住宅地に建つ五階建の建物である。二時間耐火が求められる一階がRC造で、その上に耐火木造（一時間耐火）の四階建の木造集合住宅がのっている。「一時間耐火で四層まで」という法規制ギリギリの建物である。しかも、この建物は柱、床の一時間耐火と屋根の三〇分耐火の三点について耐火木部材の大臣認定を取得するという正攻法（ルートC）で挑んでいる。延床面積三七二平米の建物に三つの大臣認定は驚くべきことで、team TIMBERIZE の意気込みがヒシと伝わってくる。

ところが、二〇〇六年一月まで二年間かけて大臣認定を取得し、日本建築センターで建築確認申請済証を受領したにもかかわらず、着工できなかった。木造四階建の建物に融資してくれる金融機関が皆無だったからである。

「リーマンブラザーズ関連の住宅ローン会社まで交渉に行ったが、前例がなく、融資規定に該当しないという他の金融機関に比べて、ここだけは前向きだった」と建築家で秋田公立美術大学准教授の小杉は苦笑するが、国土交通省の木のまち整備促進事業（現、木造建築技術先導事業）からの補助金と金融機関からの融資を得て着工できたのは二〇一二年八月だった。

「下馬」の構造形式は明快である。床は上下を耐火被覆した厚さ二四〇ミリの「マッシブホルツ」（一二〇ミリの杉および米松集成材を直交方向に二枚重ねたフラットスラブ）とし、それを、耐火被覆した（主に）一五〇角の米松集成材の柱が支持する。ル・コルビュジエの「ドミノ・システム」はRC造を定式化したものだが、それにならうなら「木造ドミノ」と言えなくもない。

住戸は面積六八―七八平米で、最上階を除いて寝室と生活室をもつ、いわゆるツールーム型なので住みやすい平面形である。住戸周囲を外部階段が取り巻いている上に、住戸にEVホールからの入口と外部階段からの入口があることが平面に変化をもたらしている。

住戸周囲には木の斜め格子が多用されている。斜め格子は構造的にはブレース材だが、ブレースには耐火性能が要求されないので木があらわしになっている。斜め格子はこの建物に特徴的な木質性をもたらしているが、実際に訪れて見てみると、自然に外部

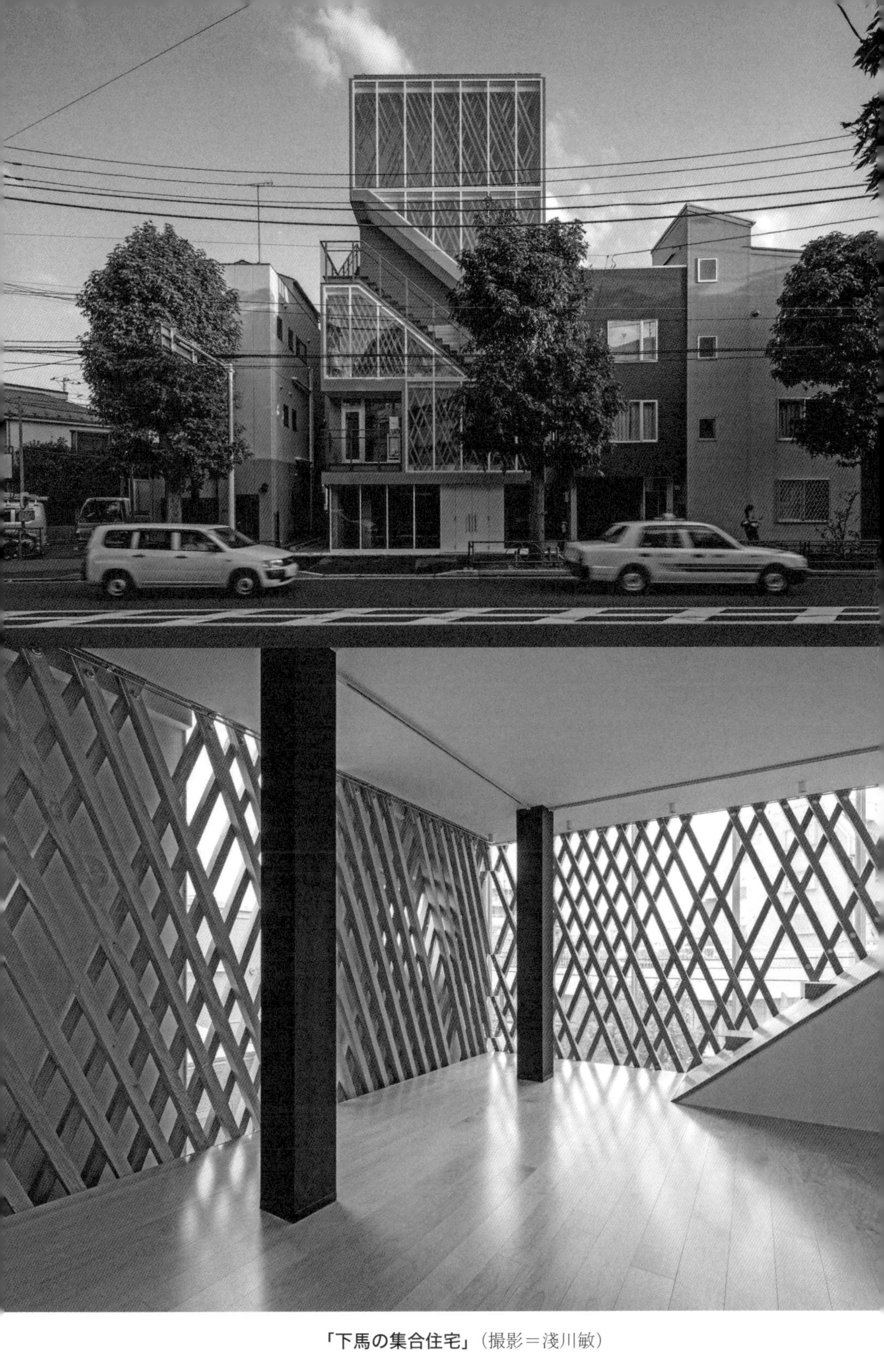

「下馬の集合住宅」（撮影＝淺川敏）

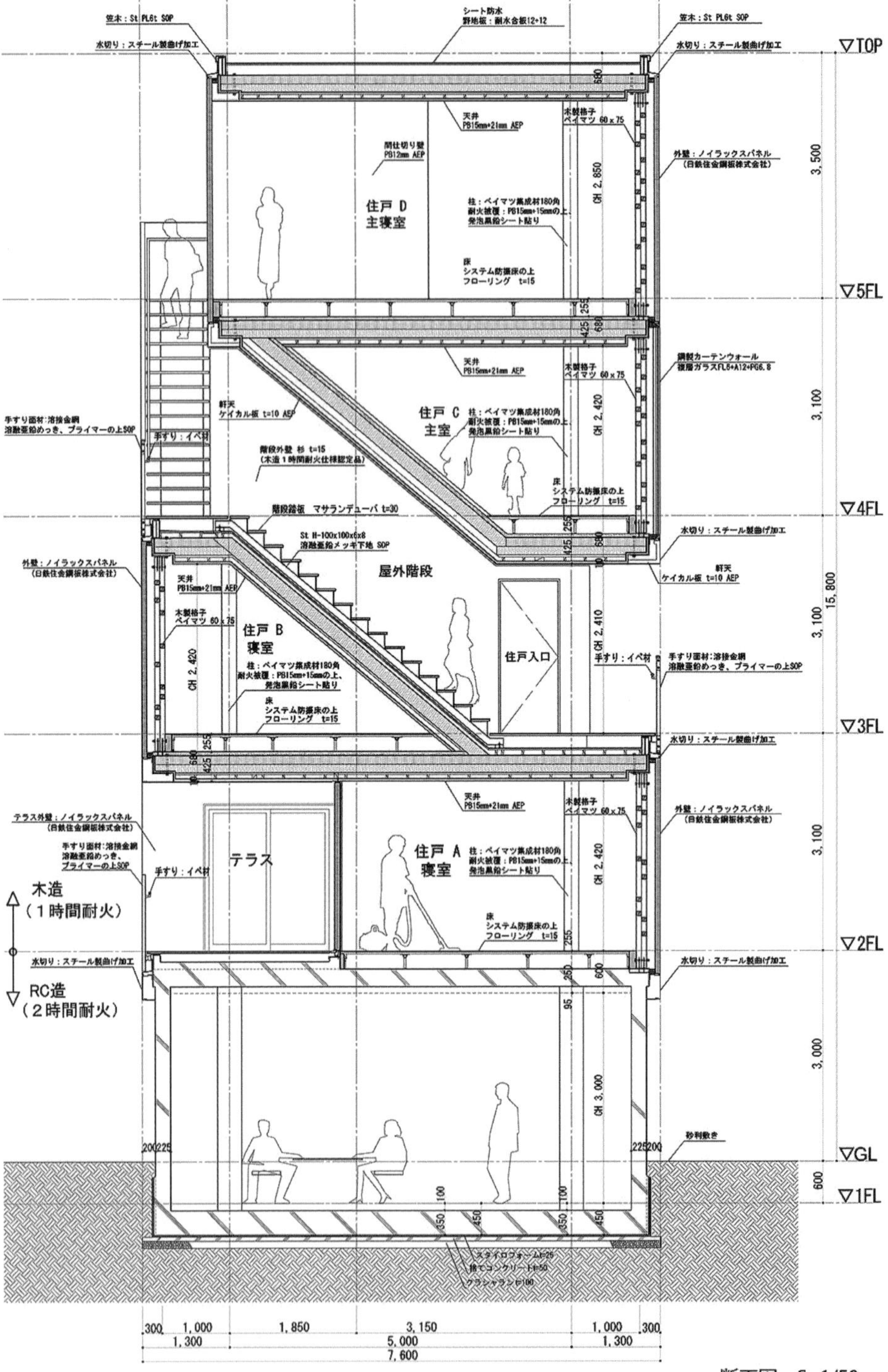

断面図　S=1/50

(図面提供＝KUS)

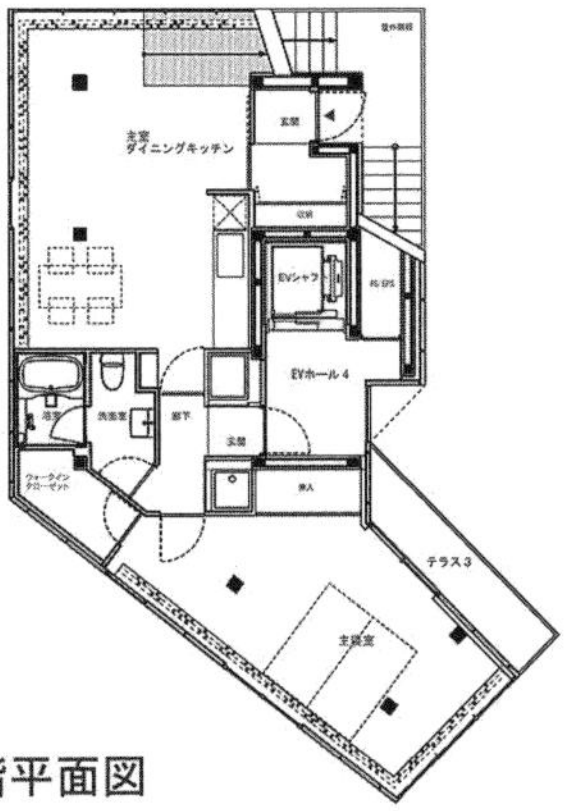

４階平面図

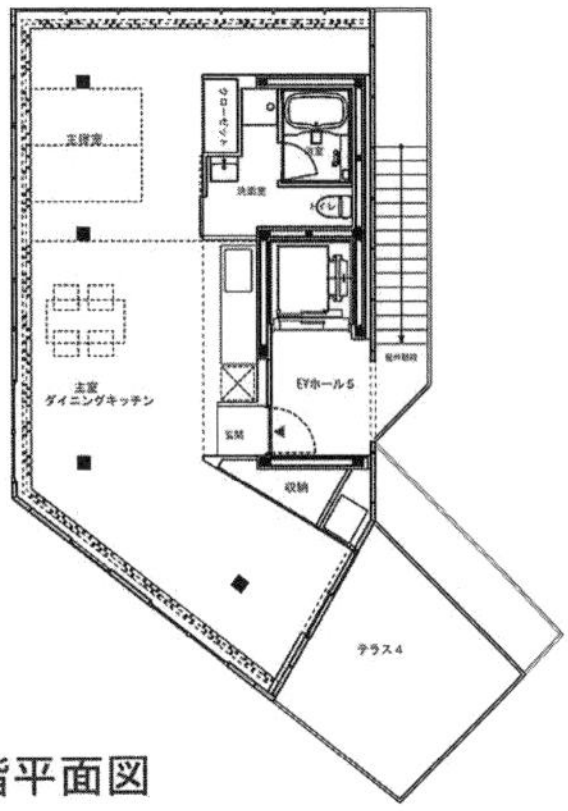

５階平面図

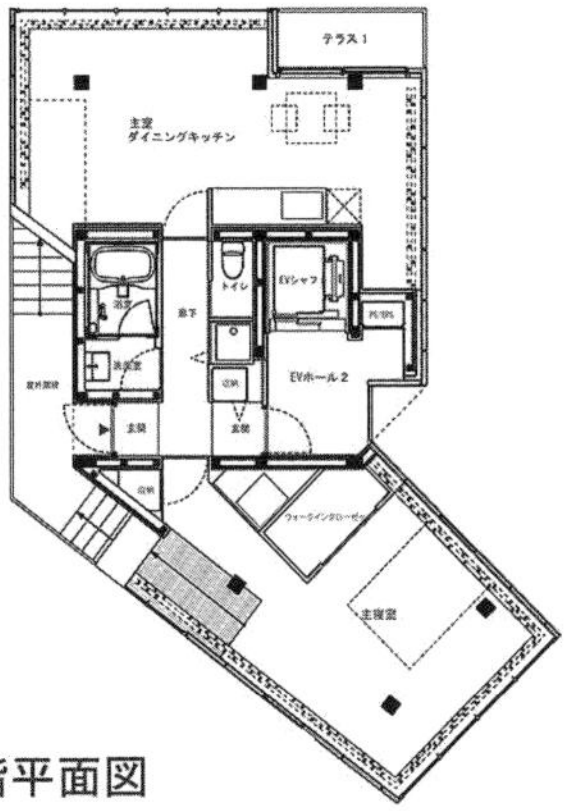

２階平面図

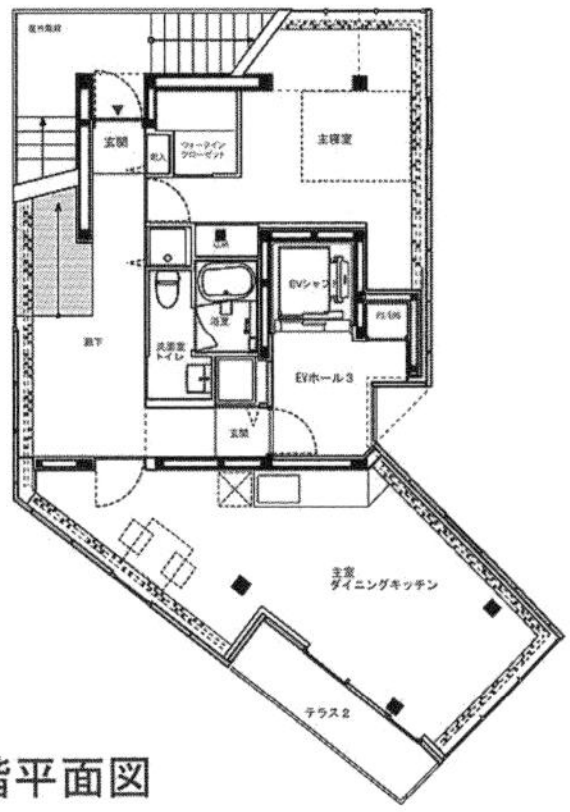

３階平面図

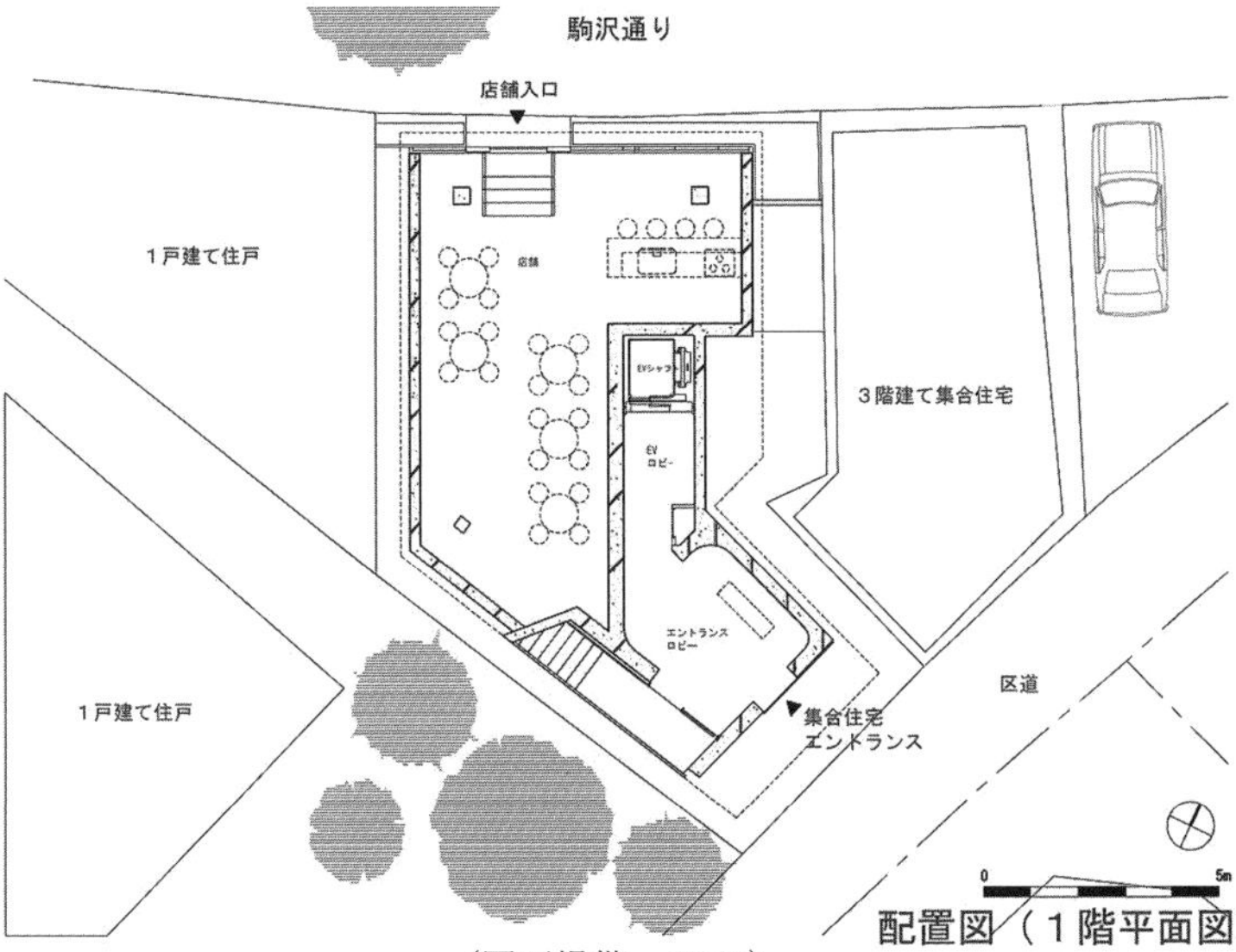

配置図（１階平面図）

（図面提供＝ KUS）

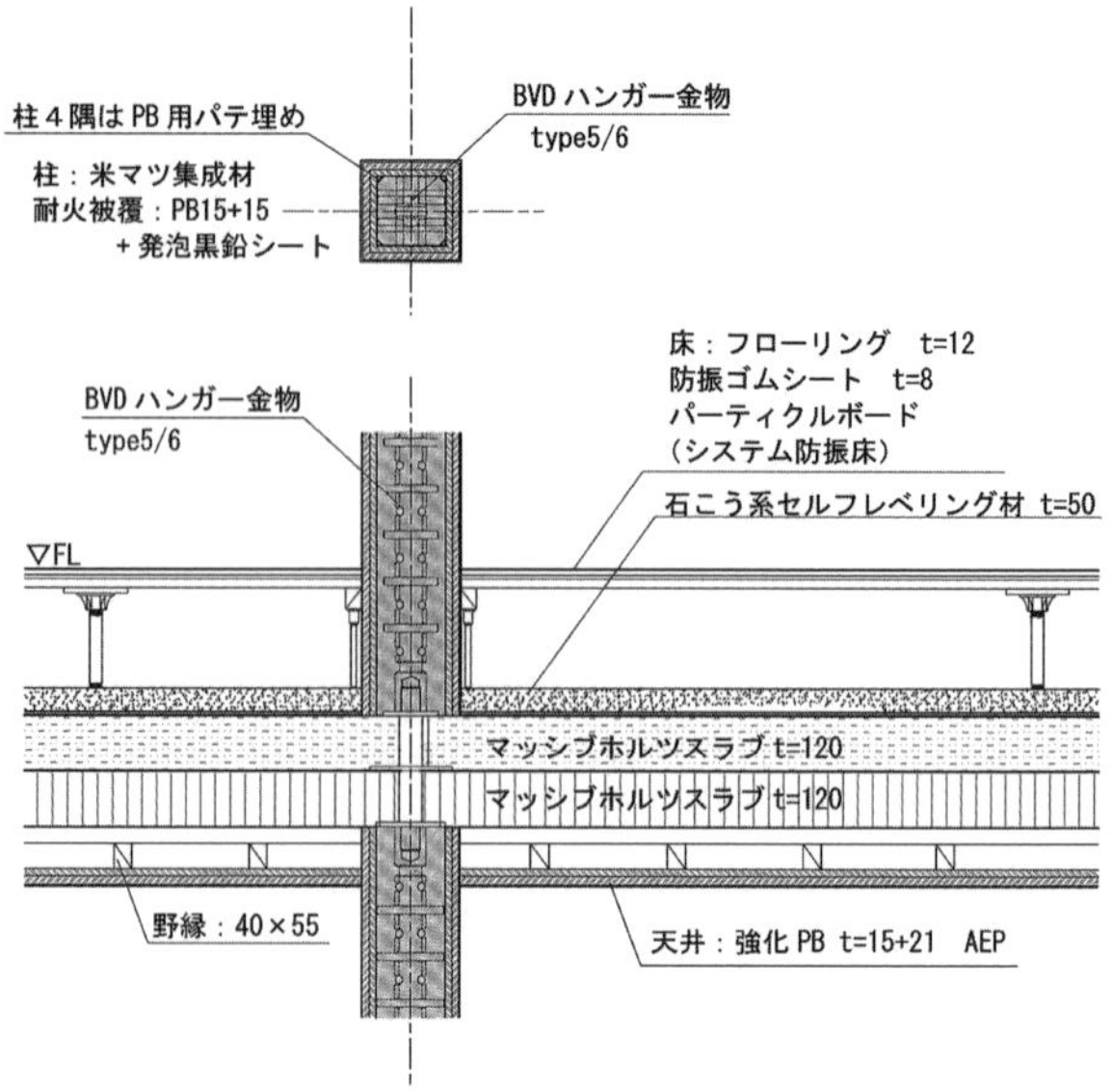

一時間耐火柱・床標準詳細図（図面提供＝KUS）

からの視線を遮るルーバーとしてもよく機能している。

上下階の遮音についてはマッシブホルツの上に防振置き床（二五五厚）を設置することで対応しているそうである。階高三一〇〇、天井高二四二〇という数字はスケルトンインフィル型のRC造集合住宅ときわめて近い。工事コストは同規模のRC造よりは高額だが、木造の先導的プロジェクトであればやむをえなかったのかもしれない。各階に振動計を設置して地震時の建物の挙動をモニタリングしているということだったが、そういったデータの蓄積が新しい木造に展望をあたえる。

もうひとつは「白石市営鷹巣第二住宅シルバーハウジング」（設計＝設計組織ADH、二〇〇三年）である。シルバーハウジングとはバリアフリー化された公営住宅等と生活援助員（ライフサポートアドバイザー）による日常生活支援サービスの提供を併せて行う、高齢者世帯向けの公的賃貸住宅である（高齢者住宅財団のHPによる）。

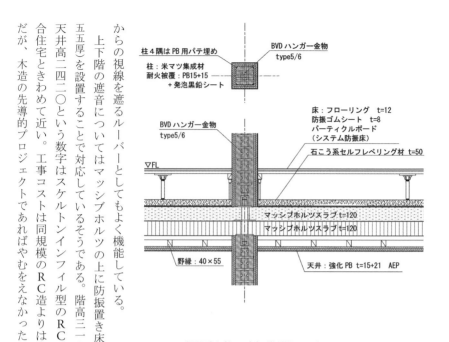

「白石」は高齢単身者、高齢夫婦、身障者、一般世帯用の総数一八戸の住戸の小規模のシルバーハウジングである。一八戸は三つのクラスターに分けられ、木製デッキ（ソトマ）の周囲に囲み型に配されている。

「ここでは居住者間に、おしきせでなく、自然発生的なコミュニケーションを生み出す仕組みを、住まいの内部、また住まいと住まいの間に作り上げることを考えた。『ソトマ』から玄関脇の『エンドマ』を経てすまいの中に導かれる空間構成も、『ソトマ』と『エンドマ』に向けてリビングルームやキッチンなどの開放性の高い室を配し、住人のプライベート空間としての『コニワ』側には寝室などプライベートな室を設けるという『ツールーム』型の住戸形式もすべてそこに帰結する。居住者おのおのが自立した生活を

「白石シルバーハウジング」全景
中央に木板張りの「ソトマ」が見える（撮影＝藤塚光政）

「白石シルバーハウジング」
「ソトマ」の床も編成材である（撮影＝藤塚光政）

編成材　（上）小口径の間伐材を組み合わせて70cm × 70cm × 4m の編成材スラブをつくる。（下）編成材スラブをスライスして希望する断面の再生木材をつくる。

維持しつつも、相互にゆるやかにつながりながら、お互いを扶助しあうことはできないものだろうか。そういった理想を建築だけで実現することは困難としても、それを建築が支援することはできるのではないだろうか。……住戸内では、間伐材の再生木材、『編成材』が天井と構造壁に使用されて木造住宅の印象を強調しているし、ソトマの床も編成材である。白石市は冬の蔵王おろしで知られる土地だが、ソトマは蔵王おろしが適度にさえぎられて、日向ぼっこができそうな暖かさである。ここが子供たちの安全な遊び場、高齢者の気持ち良いたまり場になれば、そしてこういった試みのすべてが間接的であるにせよ、居住者の健康保全に寄与し、『介護予防』につながることがあればと願っている。」（渡辺真理「介護予防に向けて」『新建築』二〇〇三年五月号、一四三頁、一部改訂）

　編成材によるパネル工法について構造設計者の新谷真人は次のように述べる。「このプロジェクトでは小径の小材で編成された四五〇～七五〇（最大九〇〇）mmの角型断面部材から切り出された幅四五〇～七五〇mm、厚さ六〇～七五mmの平板を用いた平板（パネル）構造である。この構造では平板は多機能を発揮する。鉛直

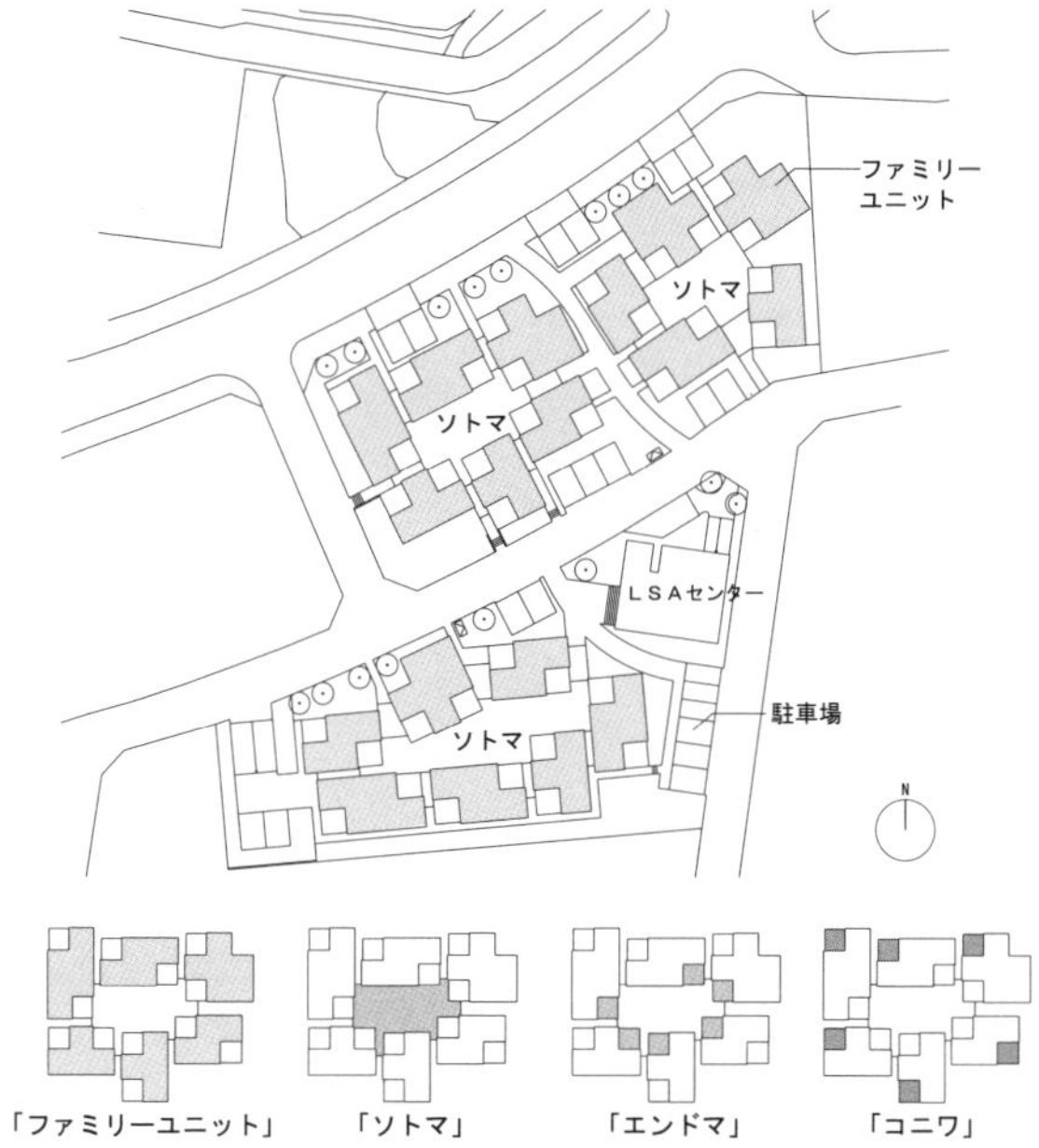

南北の2つのブロックに、18戸の住戸を3つに分割して配置、それらがLSAセンターを中心として緩やかにつながっている

ユニットは

住戸により囲まれた外部空間である「ソトマ」、

外部と内部の中間領域である「エンドマ」、

私的な外部空間の「コニワ」

によって構成されている。

「白石シルバーハウジング」配置計画のコンセプト
（図面提供＝設計組織 ADH）

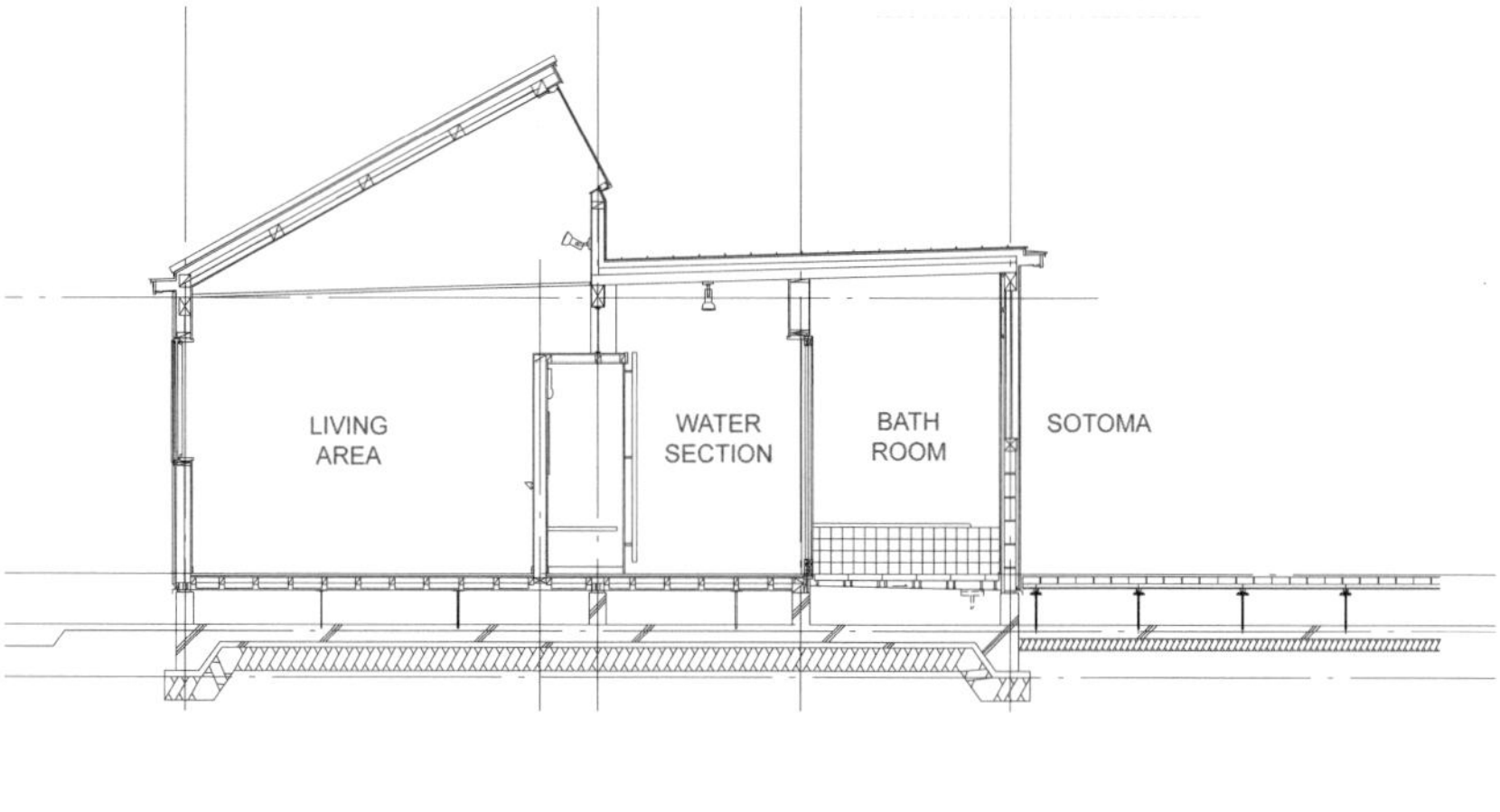

「白石シルバーハウジング」住戸断面図
（図面提供＝設計組織 ADH）

「白石シルバーハウジング」（撮影＝藤塚光政）
「エンドマ」というセミ・プライベート空間が住戸入口に設けてある。

「白石シルバーハウジング」（撮影＝藤塚光政）
天井も壁も編成材がアクセント

アルミ土台は防蟻にも有効

に立つ平板は壁を構成し、鉛直荷重をうける床や屋根を支え同時に地震・風圧に抵抗する。水平の平板は自重・固定・積載・雪などが作用する床・屋根を構成する。壁・床のみで構成されるので部材寸法は薄くなり、有効な空間寸法は広く高くなる。壁そして床は下地材としても機能する。また厚い板は遮音・断熱に優れた性能を有する。構造と機能が一体化した構造である。」

白石では編成材によるパネル工法の他にも、アルミ土台を用いることで耐震性を担保しつつ、シロアリ対策にも配慮している。

アーキエイドが雄鹿半島の東日本大震災の災害復興公営住宅を検討する中で、白石シルバーハウジングがひとつのモデルとなり、京都造形芸術大学教授の城戸崎和佐が担当する十八成浜の住民たちとバスで白石の見学に訪れることがあった。住まいの外観は小さいが内部空間は思いのほか広い、ソトマはお互いがお互いをそれとなく見守れる場所として高齢者の住まいには役立つのではないかなどの意見があった。

二時間耐火木造が認定されれば一四階建までが実現可能だという。一四階建といえば「キャナルコート東雲」の規模である。木造集合住宅で一四階建はほんとうに必要なのだろうか。初期の団地はRC造四階建だったが、木造もまずはそのスケールをターゲットに実績を積み重ねていくという作戦もあるのではないだろうか。あるいはコンクリートの構造体の中に木構造を四層ずつ挿

「白石シルバーハウジング」「ソトマ」夜景（撮影＝藤塚光政）

入するというハイブリッドな解決案はどうだろうか。

構造部材と仕上げ造作材が一致する「白石モデル」はこれまでわが国の木造の基本路線だったが、木という素材を再考するには「下馬モデル」のように構造材を隠蔽するという方法も必須になるだろう。ただし、下馬のデザイン上の成功が木の斜め格子にあることも忘れてはならない。

参考文献

『新建築』二〇〇三年五月号、二〇一四年二月号、新建築社
上田篤『日本人の心と建築の歴史』鹿島出版会、二〇〇六年
TIMBERIZE Exhibition Perfect Guide、Team Timberize、二〇一三年
木下庸子・植田実編著『いえ 団地 まち――公団住宅設計計画史』住まいの図書館出版局、二〇一四年
TIMBERIZE AKITA 市街地木質化実証モデル事業報告書、二〇一四年
原武史『滝山コミューン一九七四』講談社文庫、二〇〇七年

コンクリートの城を「木の建築」にしてみたら

中川 理

●なかがわ・おさむ　一九五五年生。京都工芸繊維大学教授。建築史・都市史。著作に『偽装するニッポン――公共施設のディズニーランダゼイション』(彰国社)『風景学――風景と景観をめぐる歴史と現在』(共立出版)『京都と近代――せめぎ合う都市空間の歴史』(鹿島出版会)等。

城は木造になりつつある

結論から言ってしまえば、今後建設されるであろう日本の城は、その多くが「木の建築」になっていくはずである。城郭史研究で知られる三浦正幸は、今後二〇～三〇年に四〇棟以上の天守が、さらに櫓や城門などを合わせると一〇〇棟ぐらいの城郭建築が、伝統的木造建築で建てられるだろうと予想している。(1) それはなぜか。直接的な契機としては、すでに建設されている鉄筋コンクリート造の天守のコンクリートが劣化し耐震補強の必要性に迫られている事態があるのだが、さらに重要な背景として、城が文化財として認識されつつあるという事情がある。

世界遺産の姫路城を挙げるまでもなく、日本の城郭建築は、昔から文化財であったのではなかったのか。確かにそうなのだが、戦後数多く建設されてきたコンクリート造の天守は、文化財としての枠組みからははずれてしまっているものばかりである。それを本来の文化財に戻そうというわけである。しかし、はたして「木の建築」とは文化財のためのものなのか。木造建築の再興を考える際、この議論は重要となると考えられる。

コンクリートによる伝統表現

名古屋城（**写真1**）、大垣城、広島城、和歌山城、熊本城……。昭和三十～四十年代にかけて、日本では主なものだけでも二〇棟を超えるコンクリート造の天守が「築城」された。それは、太平洋戦争の空襲で焼失した天守を復元しようとするものだったが、それだけでなく、維新の廃城令により除却されてしまった城や、江戸時代に焼失した天守なども、次々に復元されていった。三浦は、それを、慶長期の築城ラッシュに続く、第二次の築城ラッシュであったと指摘する。

写真1　鉄筋コンクリート造で復元された名古屋城天守
（名古屋城提供）

ではなぜ、この築城ラッシュにおいて鉄筋コンクリート造が使われたのか。端的に言って、それは建築基準法に従ったためである。基準法では天守のような不特定多数の人が利用する大規模な建築を木造で作ることは許されなかった。名古屋城を初めとする、戦後の復興天守の計画過程の記録を見てみても、コンクリート造で作ることはやむを得ないのではなく、当然のこととして受け止められていたことがわかる。

城だけではない。そもそも、日本において不燃化のために伝統的な木造建築をコンクリートで建設することは長年にわたって取り組まれてきたことだった。最初にその主な対象となったのは神社仏閣である。横山秀哉によれば、その最初の例は明治四十五年に函館大火により焼失した東本願寺別院の復元（大正四年竣工）だったとされる[2]。そこでは、すでに伝統様式の木割がほとんどそのままコンクリートで見事に再現されていた。その後、関東大震災や太平洋戦争の空襲で被災した社寺の復興などで、コンクリート造の社寺建築は大量に造られていくことになる。

しかし、本来木材を使って木割にしたがって造るものをコンク

写真2　岡田信一郎設計の琵琶湖ホテル（現・びわこ大津館）

リートに置き換えることは簡単なものではなかったはずだ。そこには、例えば大岡實のように、伝統的な古規を継承しながらもコンクリートの独自の表現を模索していった建築家も登場していくことになる。大岡は仏教建築の研究で知られた建築史家だったが、不燃化を実現するために鉄筋コンクリートを使った社寺建築の新築設計を積極的に手がけるようになった。生涯に一〇〇棟以上のコンクリートの社寺建物を設計しているが、そこでは自らの研究成果に基づいた伝統意匠を継承しながらも、独自のデザインを生み出していった。

さらに、そうしたコンクリートによる木造意匠の再現設計は社寺だけに留まらず、近代に生まれたさまざまな用途の施設においても、積極的に取り組まれるようになっていく。西洋建築の上に木造伝統意匠を載せるいわゆる帝冠様式などもそうだが、一部だけでなく建物全体が伝統木造のように見える建築も数多く建設される。

例えば、**写真2**は鉄道省が主導して外国人観光客誘致のために全国で建てられた国際観光ホテルの一つとして建てられた琵琶湖ホテル（昭和九年・現びわこ大津館）だが、これは建築家・岡田信一郎の設計によるもので、入母屋の大屋根に唐破風の車寄せを配する外観は桃山風とも言えるものだろうが、確かに建築家独自の表現も獲得しているようにも見える。大工ではなくこうした建築家による創作として設計される伝統木造のコンクリート再現表現も数多く見られるようになっていく。
こうした成果の上に、戦後の城郭建築の鉄筋コンクリート造による復元も可能となったのである。

記念物としての築城ブーム

ここで重要なのは、伝統的な木割の表現を持つコンクリート建築は、不燃化のための木造の代替として始められながらも、代替品としての完璧さは求められたわけではなかったことである。大岡實の手がけた伝統様式のコンクリートによる意匠では、常に軒先の斗栱などに簡略化が行われ、それが独自の表現となっていた。それは、日本建築の真髄を継承しながらも、コンクリートという新しい材料に適した型式を考えた結果としてあった。

だからこそ、コンクリートの城郭建築にも自由度があった。昭和三十～四十年代に復元された天守が、常に参照したのは昭和六年に完成した大阪城のコンクリートによる復興天守であった。その復興天守からして、「正確な」復元ではなかった。よく知られるように、大阪城の復興天守閣は、豊臣時代のものを基本としながらも、初層から四層までが徳川時代風で、五層目に豊臣時代風の黒漆に金箔がほどこされるという折衷した姿となっているのである。

この天守復興事業は、当時の関一市長の提案により始まる。大阪だけではない。日本の主要都市の大半が城下町を起源としている。維新以降、その中核となる城郭は次々と失われてしまった。近代化の中で、均質化し歴史を失っていく都市空間には何らかのシンボルが必要なはずで、失われた城の復興は、まさにその役割を果たすことができるのではないか。一連の大胆な近代都市改造に挑んだ関一市長が大阪城復興に託した思いは、そうしたものだったと考えられる。

その後建設費の募金に申し込みが殺到したことでもわかるように、関の思いに大阪市民も共感した。市民の総意として大阪城天守は大阪復興の象徴として捉えられたのである。つまりこの復興には文化財の復原が求められたのではなかった。だからこそ、厳密な正確さではなく、シンボルとして相応しい意匠が創出されたのだ。そして、そのシンボルとしての天守の復興は、戦災後の日本の都市に引き継がれていくことになるのである。

しかし、いくら文化財的な正確さは求められない復興だと言っても、戦後に復元された天守には、歴史的な正当さもある程度求められた。例えば、名古屋城の場合には、昭和七年から詳細な実測事業が始められていたため、それによりかなり厳密な復元設計が実現されたし、他の戦後のコンクリート復元天守も、できうる限り「正確な」復元に取り組んでいる。そもそも戦前の大阪城の復興でも建築史の専門家（天沼俊一）も復元設計に携わっており、歴史的な時代考証は踏まえたものとなっている。

ところがその後、そうした歴史的正当性は度外視してしまうコ

写真3　茨城県石下町（当時）に「築城」された地域交流センター（豊田城）

ンクリート城郭の建設も見られるようになる。すでに、第二次の築城ラッシュ時でも、昭和三十九年には、遊園地の施設の一部として隣接する別の場所に伏見城が復元され、歴史上実在しなかった天守が熱海城として昭和三十四年に「築城」されている（いずれも現存）。そして、バブル期からその後の一九九〇年代には、次なる築城ラッシュとも言うべき城の建設ブームがやってくるが[3]、そのほとんどが城郭のイメージだけ借りたような想像の城ばかりとなる。

写真3はその典型として挙げられる平成四年に、当時の茨城県石下町（町村合併により現在は常総市）により「築城」された、地域交流センターである。この地にこうした天守があった史実はなく、あったのは豊田館という館である。いまも豊田城と呼ばれ地域のシンボルとされるが、建設当時には歴史になかった天守を建設することへの批判もあったようだ。

コンクリートの城も新たな文化財

そうして「築城」された史実に基づかないコンクリートの城の数はきわめて多い。最近では、それを「あやしい天守閣」として収集した本も出ている[4]。そこでは、「史実と無関係の天守閣」、「場所違い天守閣」、「創造復元された天守閣」、「デザイン違い天守閣」、「あやしい中世城郭たち」という分類がなされ三〇もの天守閣が紹介されている。それらは「疑惑と混乱」の世界であるとして批判されているのだが、一方で「疑わしくも華麗な街のシンボルだ」ともされている。

そうなのである。史実に基づかない天守は「あやしい」存在になってしまうのだが、それらのほとんどは、城下町を起源とするわが国の街の成り立ちを背景として計画・建設されたシンボル（記念物）であるのだ。それは、関市長が発案して復元された大阪城天守の復元の際から変わっていない。コンクリートにより造られる城は、そのほとんどが建物の機能を超えて、地域のシンボルとしての役割を担って登場しているのである。

だとすると、それらが年月を重ねることで、その記念物としての歴史的価値が生まれることになるのではないか。本来の城郭建築が持っていた史実に基づく歴史的価値とは別に、地域のシンボルとして「築城」されたという事実が、保存する価値として認められなければならないことになるのではないか。

名古屋城では、現在本丸御殿の復元工事が進められている。二〇一〇年には玄関部分が公開されたが、見事な木造の御殿が蘇りつつある。そして、二〇一三年度からは鉄筋コンクリートの現在の天守を、本来の木造で建て替える事業が進められようとしている。これは、河村たかし市長の強い思いの下で進められようとしている事業なのだが、反対意見もある。その最も大きな根拠が、現在のコンクリートの天守も、すでに文化財であり、保存の対象になるはずだとするものである。

先述のとおり、現在の名古屋城天守は、焼失した天守の厳密な実測図にしたがって復元されている。そのために、そもそも木材とは重量の異なるコンクリートで正確に復元するために、上部構造・基礎構造ともに特異な技術的工夫が施されている。そしてなにより、この復元工事にかかる費用においても、大阪城復興と同様に市民の募金が大きな役割を果たしているのである。工事費約六億円のうち、二億円ほどが募金で賄われている。つまり、天守の再興は、都市再建のシンボルとして捉えられたため、技術的困難、経済的困難を乗り越えてそれが実現されたのである。

確かに、これも立派な文化財だと言えるのかもしれない。しかし、そうなるとその後の「あやしい天守閣」も、いずれは文化財の価値を持つようになるのだろうか。

木の建築は文化財か

そもそも、木造であった城郭建築を鉄筋コンクリート造に替えてしまうと、その時点で文化財としての価値は失われてしまうはずだ。名古屋城天守も、形の上で厳密な再現を試みてはいるが、材料が全く異質なものとなってしまった時点で、少なくとも、オーセンティシティ（真正性）の価値はなくなってしまっている。では、そうしたコンクリートの復元建築を元の木造に戻すことは、その価値を復するということになるのだろうか。

一九八〇年代ごろから文化財に代わる景観財としての価値が求められるようになってきた。近代建築の例になるが、例えば、辰野金吾の設計で明治三十九年に竣工した第一銀行京都支店は、二〇〇三年に本来の煉瓦造の建物に替えて、まったく同じ形状で鉄筋コンクリート造で建て替えられた。オーセンティシティは失われながらも景観的価値が維持されたのだ。部分的な保存も含め、近代建築の保存では、そうした例が増えていった。

しかし最近では、そうした説明では収まらない事例も増えてきた。例えば、一九六八年に撤去された東京丸の内の三菱一号館（明治二十七年築）が、煉瓦造として二〇〇九年に再建された（三菱一号館美術館）。構造だけでなく、内外装もほぼ完璧に再現されている。つまりそこでは、景観の再現だけでなく、わが国初のオフィスビルとして、「本物」であることが求められたのだ。近くの煉瓦の東京駅の復原もそうだが、確かに最近、景観的価値としての外観の維持・保存ではなく、記念物としての本物の価値を再現しようとする例が目立つようになってきている。そして、それを可能とするための、防火性能を突破する制度や技術も備わってきた。

木造の城郭建築が建設されていくという傾向も、この流れの中にあると言えるだろう。つまり、形だけの城郭（あやしい天守閣）ではなく、本物の城郭にしようとする流れである。これは確かに、城がより強く文化財として認識されるようになってきたことを示していると言えるだろう。しかし一方で、そうして意識される城は、常に歴史的な正当さを求められることになる。それは常に歴史に向き合い厳密な検証にさらされる。ここに、こうした場合の「木の建築」の危うさがあると言えるだろう。

コンクリートの「あやしい天守閣」は、文化財ではありえなかったからこそ、厳密さから逃れ、地域の記念物として自由に振る舞うことができたわけだ。これから建てられる木造の城郭建築が、文化財としての枠組みに閉ざされてしまうのであれば、そうした自由さを身に付けることは難しいであろう。コンクリートの「あやしい天守閣」は、今後確実にその価値が議論されるようになるはずである。その時に、一方で「本物」とされる木造城郭の価値も改めて問うべきである。「木の建築」は、本物（正当なもの）として評価されるだけのものではないはずだ。本来もっと自由なものであってもよいはずである。

注

（1）三浦正幸「天守閣の木造建替ラッシュに備える」（『森林技術』No. 851、二〇一三年二月）。
（2）横山秀哉『コンクリート造の寺院建築』彰国社、一九七七年。
（3）『日経アーキテクチュア』誌では、この築城ラッシュを、昭和三十年代の再建ブームの次にやってきたものとして、第二次城再建ブームと指摘した。『日経アーキテクチュア』一九九四年五月九日号、第四九〇号。
（4）かみゆ歴史編集部『あやしい天守閣』イカロス出版、二〇一一年。

病院・介護施設を「木の建築」にしてみたら

辻　吉隆

●つじ・よしたか　一九四九年生。㈱竹中工務店 医療福祉・教育本部主監。医療福祉建築の企画・設計。著作に『医療福祉施設計画・設計のための法令ハンドブック』（共著、中央法規）『病院空調設備の設計・管理指針』（共著、日本医療福祉設備協会）『超高齢社会の急性期病棟の運用と施設計画に関する研究』（共著、日本医療福祉建築協会）等。

医療福祉施設の不燃化、耐火構造化整備

筆者は従前、厚生労働省において、国立病院や国立療養所の整備に従事しており、そこでは既存の病院を不燃化のために木造からRC造に建て替える整備を順次進めてきたところである。それが再度、医療福祉施設の木造・木質材料の利活用の時代に巡り合わすこととなった次第である。

戦後、陸軍病院や海軍病院が厚生省所管となり、国立病院や国立療養所として再整備された。その多くが外来棟や病棟、治療棟、管理棟等を中央廊下でつなぐ動線の長いパビリオン型の木造建築であったものを、RC造で不燃化し、各病院機能の中央化を図り中高層化する「施設近代化整備」が逐次進められた。

その後、「都市建築物の不燃化の促進に関する決議（S25・04）」や、「官庁営繕法（公共施設の建設等に関する法律）制定（S26法律第181号第七条　庁舎の構造（防耐火）規定）」等により、病院の不燃化整備が一段と加速された。一九七〇～八〇年代になると耐火構造整備が一段落し、病院から木造建物が姿を消した。

一方、高齢者施設や介護施設などについては不燃化がさほど進んでおらず、一九八七年に起きた特別養護老人ホーム松寿園の火

災事故（東村山市、RC3F、二〇一四m^2、死者一七名、負傷者二五名）等を受け、スプリンクラー設備や防火区画等による不燃化強化が進められた。

仕様規定から性能規定へ

建築基準法では、病院や老人福祉施設等の場合、三階以上は耐火建築であることが要求される。三階以下でも、防火地域では延べ面積が一〇〇m^2を超える場合、準防火地域では延べ面積が三〇〇m^2以上で一五〇〇m^2以下の場合には同様に耐火建築であることとされている。

一九四八年に建築基準法が制定されて以来二〇〇〇年に至るまで約半世紀の間、木造での耐火建築物は認可されてこなかった。

ところが、平成十二年六月の建築基準法改正によって、それまでの「仕様規定」から「性能規定」への見直しが進められ、RC造等と同等の防火性能を有する木造建築物が耐火建築物として認められるようになった。

さらに、「公共建築物等における木材の利用の促進に関する法律（H22法律第36号）」等の追い風により、それまで可燃性材料であることから耐火や不燃構造の分野にはタブーとされていた木質系の材料が癒しの環境材料として医療福祉建築の世界に戻ってきた。

これからの医療施設の方向――医療優先⇓患者優先

これまでの病院計画の近代化の流れの中では、医療行為の効率化、合理化が第一義とされてきた。

米国の医療コンサルタントのゴードン・フリーセン氏（Dr. Gordon A Friesen）が一九六六年のメディケア、メディケイドの導入により経済危機に陥った病院に対して提唱した「フリーセン・コンセプト」（作業効率化、業務内容の分析・改善）に影響されるところも大きく、どちらかというと患者本人よりも、医療優先に病院建築計画が進められてきたところである。

しかし、近年では「プレーンツリー・コンセプト」によるヒポクラテスへの回帰や、癒しの治療が見直され、患者中心、情報、芸術、空間、食事、照明、眺望、水、緑、個室化に価値を求めるようになってきている。

同時に、「患者と家族中心のケア」、「ひと中心型ケアのイニシアチブ」などの考え方が大きな潮流となり、医療優先から患者優先へと病院計画理念のシフトが起きている。

また、患者の療養環境を考える上でも、エビデンスに基づいたデザイン（EBD：Evidence Based Design）が取り入れられるようになってきている。

医療環境デザインのEBDとして、米国のロジャー・S・ウルリッヒ（Roger. S. Ulrich）が一九八四年に『サイエンス』に報告したストレスフリーの研究では、患者のベッドから見える「自然風景」により免疫細胞の活性化、治癒力が向上し、患者は四分の三早く退院し、強い薬剤の投与を五〇〇ドル削減することができたとしている。

同様に、木質系材料の有効性として、厚生労働省老人保健健康増進等事業として（社）日本医療福祉建築協会が行った調査研究報告書（平成十五年）「高齢者施設における木質系材料の効果及び普及に関する調査研究」では、次の性能を挙げている。

（1）科学的な性能

・木材の吸湿性（調湿作用により室内環境を快適に保つ）
・木材の弾力性（患者の歩行・転倒の衝撃に対し有効）
・木材の熱伝導性（構造材の強度と、断熱性能を持ち合わせている）
・木材の視覚的特徴（暖色系の「温かみ」と木目の「ゆらぎ」が心を和ませる）
・木材の吸音・遮音性（音をバランスよく吸収し、適度な残響音を残す）
・木材の芳香性（木材の発する「フィトンチッド」は、抗菌性や消臭効果を持ち、安らぎや、ストレスの解消、心身のリフレッシュなどの効果が科学的に証明されている）
・木材と環境（CO_2を吸収し、生産エネルギーコストが少なく、再資源化が可能。持続的な生産の可能性は、地球環境、生態系にも優しい）

（2）癒しの要素

・木の持つ心理効果（木材の使用率が高いと「温かい」「自然な」印象度が高くなる。木製の飼育箱で育ったマウスは、アルミ製・コンクリート製の飼育箱で育ったマウスより生存率が高い等の実験報告がある）
・木と情緒的特性（木材は五感に対して総合的に働く情緒的な素材）
・木が日常生活にもたらす直接的効果（木材が多く使われている施設では、インフルエンザや骨折、不眠などの発生率が低く、ヒバなどの精油に強い抗菌作用があり、木製の床ではダニの数が減少し、疲れにくく精神状態にも良いという調査結果がある）

（3）可変性

・地域性の表出（さまざまな形の画一ではない施設・住まいの創出が可能）
・改修・増改築が容易（利用形態、心身機能、生活様式の変化に柔軟に対応）
・住まい空間と生活の相互作用（利用者が直接空間に触れ、自分たちの生活に合わせた環境作りが容易）

高齢患者の増加と医療制度改革

六十五歳以上の高齢人口は増加を続け、二〇五〇年代にピークを迎えるが、今世紀中は現在よりも増加したままとなる。患者人口は増加を続ける一方、それを支える生産年齢人口（医療介護ス

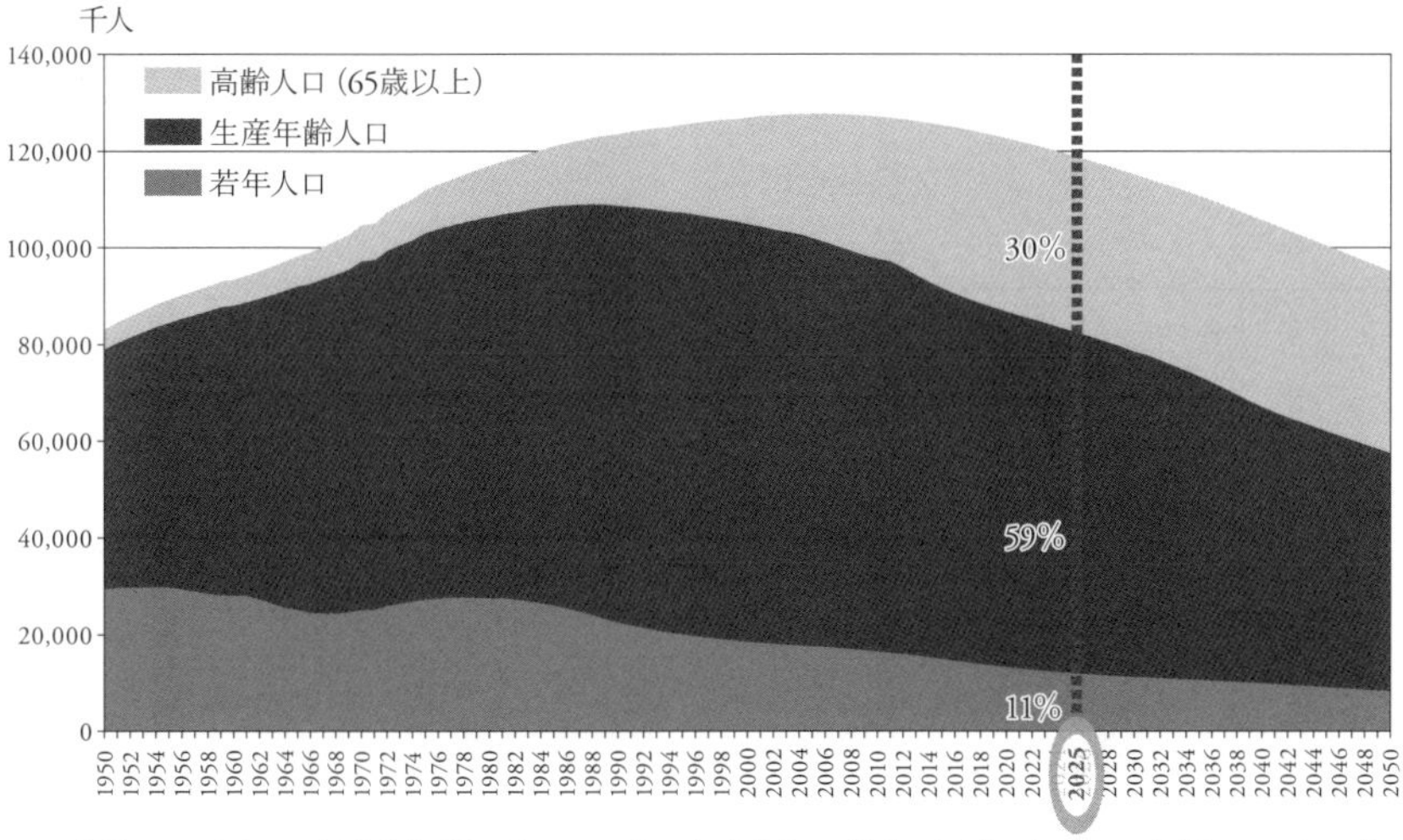

資料：2010年までは総務省「国勢調査」、2012年は総務省「人口推計」（平成24年10月1日現在）、2015年以降は国立社会保障・人口問題研究所「日本の将来推計人口（平成24年1月推計）」の出生中位・死亡中位仮定による推計結果

図１　我が国の人口構造の推移と見通し
（2025年に団塊の世代が75歳以上の後期高齢者となる）

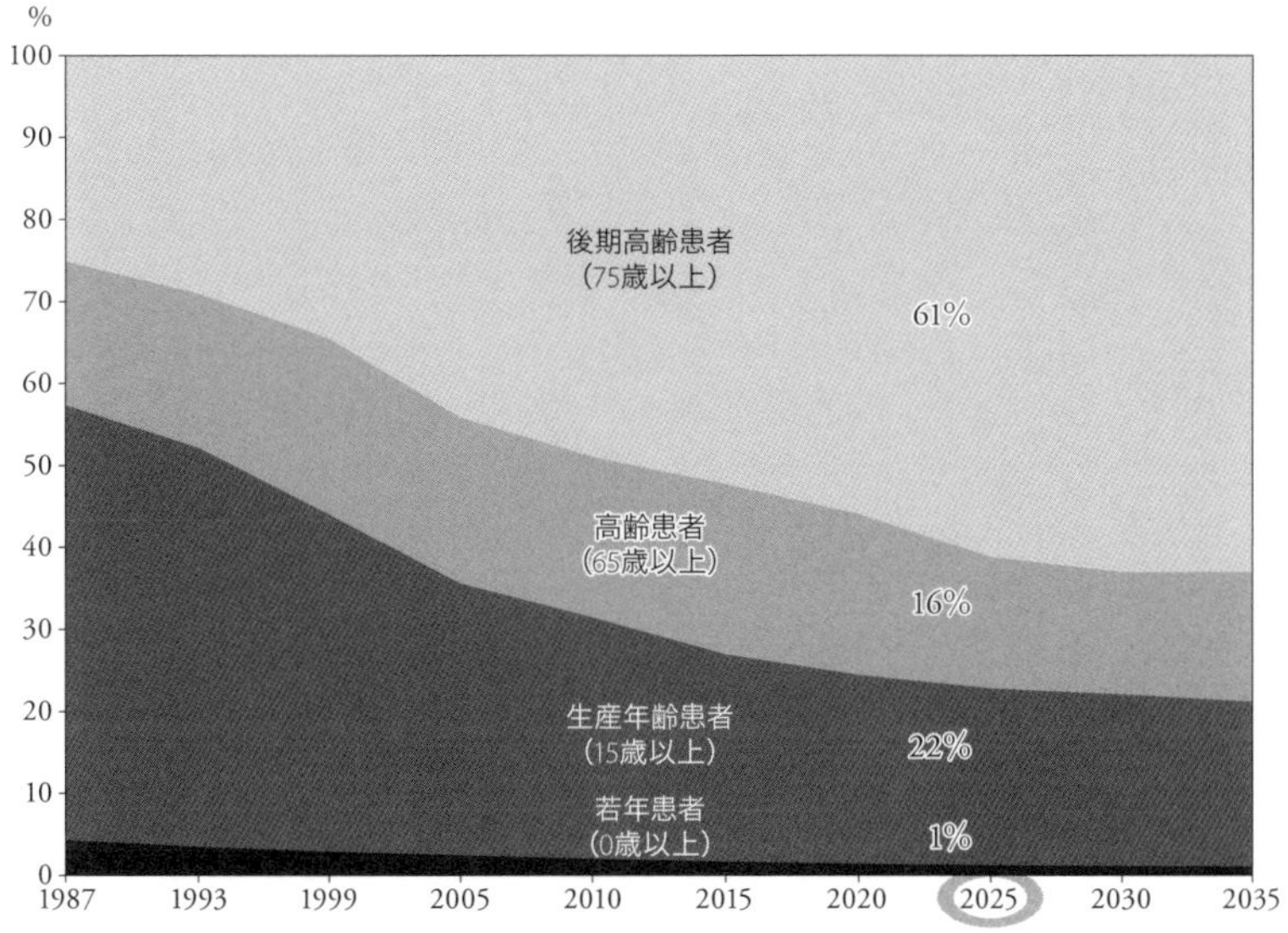

出典：厚生労働省「平成20年患者調査」、国立社会保障・人口問題研究所「日本の都道府県別将来推計人口（平成19年5月推計）」を基に推計

図２　推計入院患者数
（高齢＋後期高齢患者比率が８割近くまで増大していく）

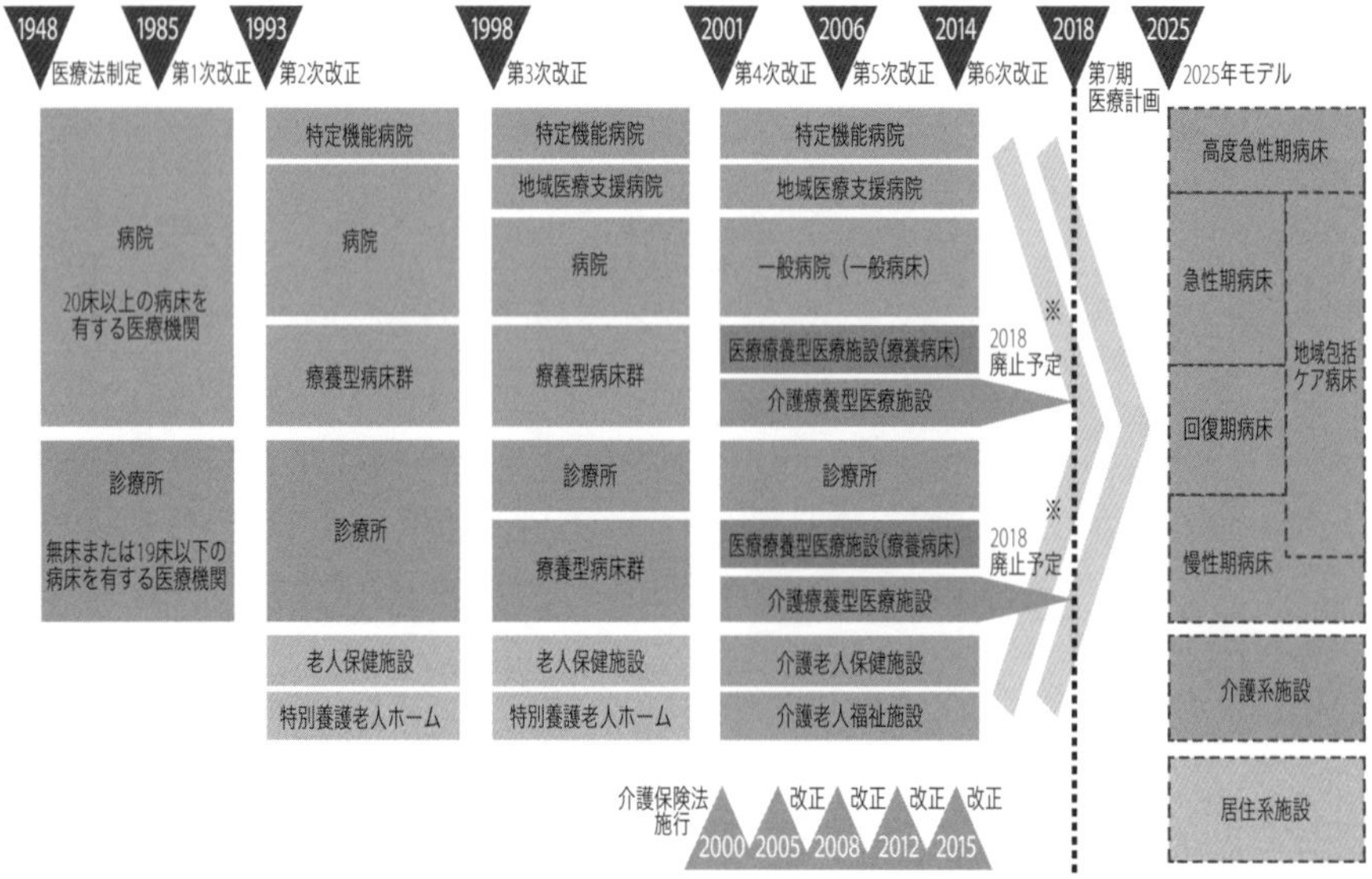

※2018年に廃止の予定だった介護療養型医療施設は、2014年8月の社会保障審議会を受け、存続の方向で検討が進められている。

図3 「2025年モデル」に向けた改革シナリオと機能分化
（医療資源を再配分し、患者を地域に戻す「地域包括ケアシステム」の構築）

タッフ）は減少の一途を辿ることになる（図1）。

入院患者の年齢別分布をみると、六十五歳以上の高齢者がその多くを占めており、一九八七年時点では、六十五歳以上の高齢患者は全患者数の約四三％（その内、七十五歳以上の後期高齢患者は約二五％）だったものが、二〇一四年では約七一％（同約五一％）、団塊の世代が後期高齢者になる二〇二五年には約七七％（同約六一％）、さらに二〇三五年には約七九％（同約六三％）にもなることが推定されている（厚生労働省「平成二十六年患者調査」、国立社会保障・人口問題研究所「日本の都道府県別将来推計人口（平成二十五年三月推計）」を基に推計）（図2）。

このままでは、病院の役割は本来の労働力の再生産の役割を放棄して、在宅・帰宅困難な高齢患者の介護施設となってしまいかねない。

一九四八年（昭和二十三年）に制定された医療法により当初の医療施設は、「病院（二〇床以上）」と「療養所」の二分類しかなかったものが、患者の増加や医療費の増加に対応すべく、病院機能が順次見直され、病院は五分類、療養所は三分類されて医療スタッフや資源の再配分が図られてきた。また二〇〇〇年からは介護保険法が制定され、それにより二類型の施設が加わり、現在では合計一〇類型もの施設体系となっている。

しかしこれまでの度重なる改革によっても、団塊の世代が七十五歳以上の後期高齢者になる「二〇二五年問題」を乗り切ること

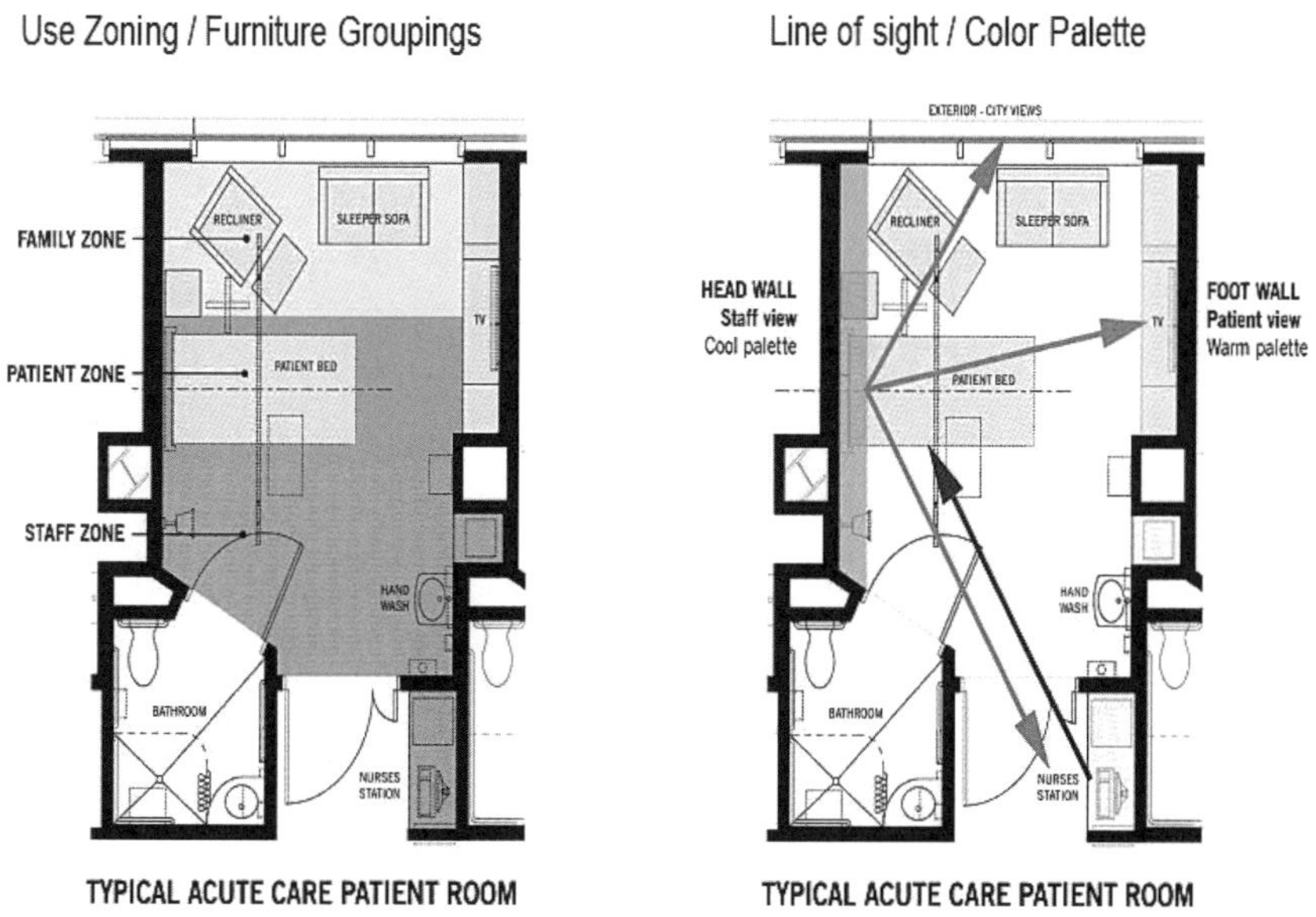

図4　AAR病室コンセプト
（病室内の３ゾーン区分及び、壁機能のサイドごとの意味合い、Rush Univ. Medical Center/ Chicago, Illinois）

が困難となることから、さらなる再編成が模索されている。

現在一般病院に偏在している急性期病床を回復期病床や慢性期病床に転換して限りある医療資源の再配分をすべく、国は各病院や自治体に対して今後の「病院機能報告」をさせて「病床類型振り分け」を進めるとともに、高度医療を必要としない患者を病院から地域や自宅に戻してケアをする「地域包括ケアシステム」の構築の検討段階にある（**図3**）。

「地域包括ケアシステム」を支える介護福祉施設として、各自の異なる状況に応じるべく、特別養護老人ホームや小規模多機能型居宅介護施設、サービス付き高齢者向け住宅等の多くの類型の高齢者施設の整備が順次進められているところであるが、大幅な施設不足やスタッフ不足、在宅介護の限界、地域格差等が見込まれており、まだまだ多くの課題を抱えている。

なお、これらの介護福祉施設の多くは、低層で小規模なものが多いことから、比較的木造化や木質素材の活用は普及しやすい。

急性期病室のデザイン――AAR病室

急性期病棟は、近年平均在院日数が短くなってきており、従来三〇日以上であったものが、現在では一～二週間近くにまで短縮されている。入院期間が短縮することにより、急性期化が進むと同時に病態の変動が大きくなり、その都度転室や転床を繰り返すことになる。このことは、患者やスタッフのストレスを増大することから、近年の米国の病院では同じ病室の中で、急性期から回復期までケアすることのできる装備を備えたAAR病室（Acuity Adaptable Room）が導入されてきている。この傾向は我が国にも次第に取り入れられてきている。

AAR病室の特徴としては、基本的には個室であり、医療ミスを軽減する上から、各病室は同じ向きのレイアウトとし、患者の右サイドからスタッフがアプローチでき、医療設備の配置も同じ配置とする。各病室にトイレとシャワーを備え、転倒防止の上から、ベッドから壁つたいに直接トイレに行ける配置としている。また、急性期用の高度医療設備を装備しておきながら、平常時には余計なストレスを与えないようにその設備を患者の目に触れないように隠しておくデザインとしている（図4）。

病室内の3ゾーニング

病室内のしつらえは、医療スタッフと患者、家族の利用と活動に合わせ3ゾーニングしている。

（1）スタッフゾーン：病室入り口は、患者の医療ケアのための医療備品や設備を備えたゾーンとし、スタッフの手洗い設備を設ける。

（2）患者ゾーン：病室の中央は、患者が療養するためのベッドやハイバックチェアーが置かれたゾーン。

（3）家族ゾーン：病室の窓側は、見舞いの家族のためのゾーンで、ソファーベッドを用意する。急性期化が進み、スタッフの増加が見込めない将来において、家族の付き添いが重要性を増すことから、家族ゾーンの充実は肝要である。

病室壁面の機能と仕上げ

病室内の壁は「メディカル壁」と「癒しの壁」の二機能がある。

（1）メディカル壁：患者の頭側の壁は、医療コンソールが設備されており、患者の病態に合わせて、必要設備を取り出して利用する装備が備えられている。

（2）癒しの壁：患者の足元の壁は、患者の視線の先であり、温もりと癒し効果、エンターテイメント性のある壁とする。木質系の材料等を用いることも効果が大きい。

その他の病院部門の仕上げ

手術室やICU、透析室等においても、木質系の仕上げを導入する動きが出てきている。

手術室では近年、麻酔技術の進歩や感染管理の考え方の変化により、患者は覚醒したまま直接手術室に入り、手術台の上で麻酔をかける方式に移行してきており、手術室に至る手術部の入り口ホールや手術廊下等も患者の目に触れるところとなる。患者の不安を取り除く上から、このエリアにおいても、これまでの無機質な医療本位の壁から、患者を迎えるのに相応しい木質系の温もりのある仕上げとする施設が増えてきている。

ICUや透析室においても同様な傾向がみられ、特に透析室においては、長時間インテリアを眺める時間が長いことから、天井や壁、床、家具に木質系材料等を使った癒しのデザインが求められる。

木造医療施設の事例——NK透析クリニック

木造の欠点である「可燃性」を克服した建材が近年相次いで開発されてきており、その不燃性により、木材の持つ癒しや温もりを医療福祉施設の環境デザインに取りいれる試みがなされつつある。

「クールウッド」や「FRウッド」、「燃エンウッド」等がその代表的な不燃・耐火建材である。

「クールウッド」(シェルター社)は、核となる木材を石こうボードで囲み、外側をさらに木材で覆った耐火木構造部材である。低コストで加工しやすいことに加え、外観が木質のため、温もりを生かした建物に仕上げることができる。燃焼時には石こうボードの発する水蒸気が消火効果を発揮して、荷重がかかる中心部の木材に火が燃え移らない。

「FRウッド」(Fire Resistant Wood:鹿島建設と東京農工大学、森林総合研究所、ティー・イー・コンサルティングの共同研究)は、従来の耐火木造技術とは異なり、木を見せた耐火木造建築物を実現する新技術。国内で最も多いスギを採用し「薬剤注入が容易」というスギの特徴を生かし、難燃薬剤を注入することで耐火性能を確保している。FRウッドの適用により、木が見える新しい建築物を実現することで、環境負荷低減や低炭素社会の実現、森林資源の有効活用、そして国内林業の活性化に貢献できるとしている。

「燃エンウッド」(竹中工務店)は、耐火基準をクリアする木造部材で、火災時に一部表面が炭化して保護層となる「燃え代層」と、内部への熱伝達を抑制する「燃え止まり層」(木+モルタル)を組み合わせている。火災により表面が炭化することで熱を遮断する役目を果たし、さらに木材自体とモルタルの熱吸収により温度上昇を抑制。こうして木が燃え止まり、建物を支える「荷重支持部」を火炎から守ることにより、耐火集成木材となる。

本稿では、「燃エンウッド」を活用して、木材の癒しと温もりの環境をデザインした「NKクリニック」の事例を紹介する。

施設概要(図5〜7)

構造:RC造+S造+木造(燃エンウッド造:一時間耐火)

規模:地上三階三一〇〇m²、一二〇床

用途:透析クリニック

当クリニックでは、コア空間をRC造として地震力を支え、透析室を木造の門型フレームで、開放的で可変性の高いヒーリング

図5　NK透析クリニック（燃エンウッドによる木造）

図6　NK透析クリニック（木造構造部材を現した温もりのあるインテリア）

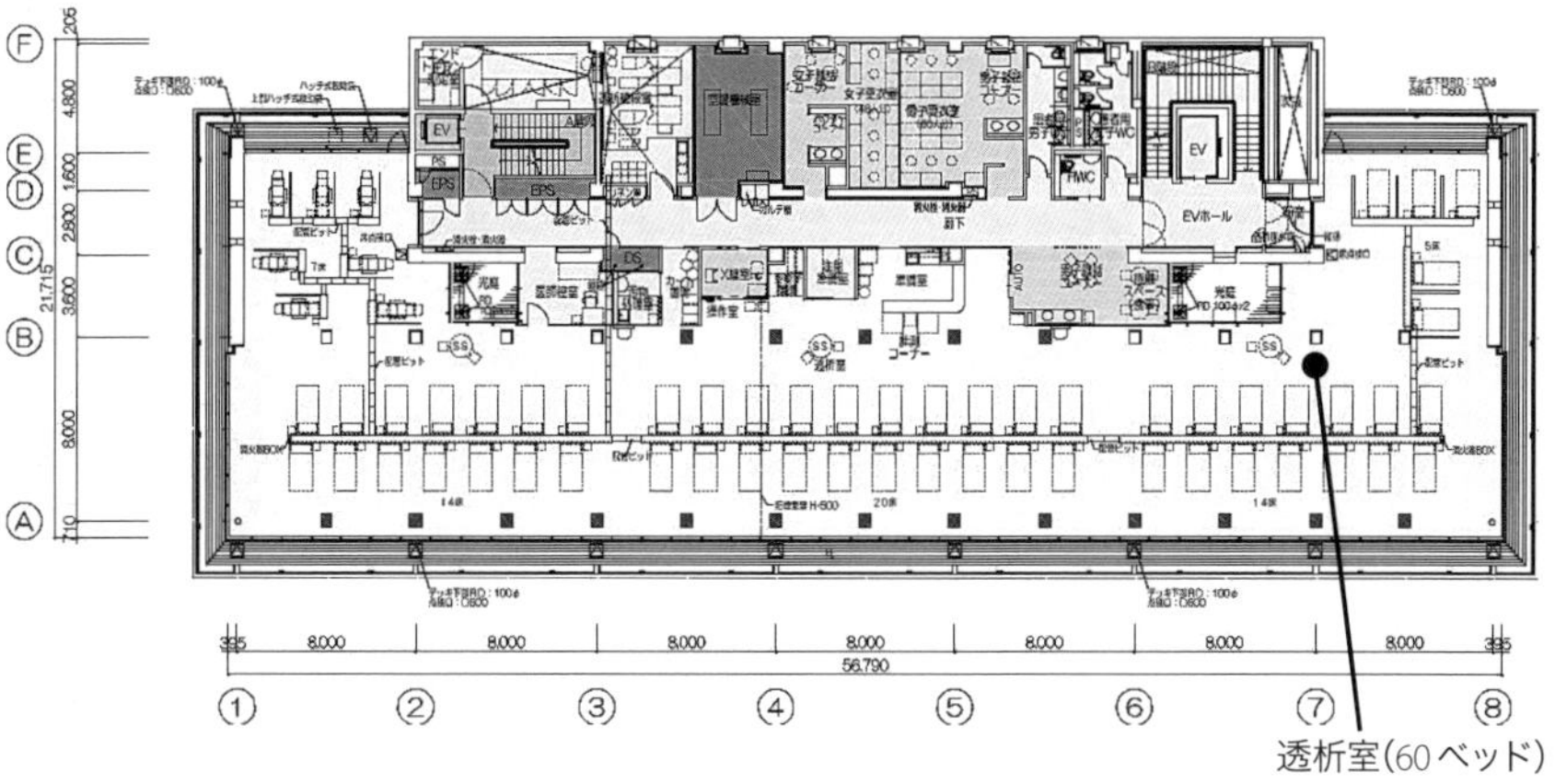

図7　NK透析クリニック 2階平面図
（コア部分をRC造とし、透析室は木造の門型フレームで開放的な癒しの空間としている）

空間を作り出すことに成功している。

　木材の構造材までをインテリアに表す仕上げとしたデザインにより、天井を見上げて過ごすことの多い透析患者にとって、癒し効果の高い温もりのある木質空間を実現している。

　テーマは地元の豊かな水と豊かな緑を取り込み、カラダの浄化だけでなくココロの浄化もできる「森林浴のできるクリニック」とし、木立の眺めや木の香り、木の肌触りを感じながら、ハンモックに寝そべるようにくつろげる透析室を演出している。

　この事例にみるように、医療施設の木造化の実行性が現実味を帯びてきており、今後ますますの普及を期待するところである。

まとめ

　医療の世界は、医療優先の二十世紀型から、患者優先の二十一世紀型へと変化してきている。ひとの「こころ」と「からだ」はつながっており、ひとには尊厳と敬意をもって対処しなければならない（「ひと中心のヘルスケア」WHO、2007）。

　医療施設の計画においても、機能性、合理性主眼の狭いアプローチから脱却して、人の想いや尊厳性に留意したデザインが求められる時代となってきている。本特集の医療施設の木造化や木質材料の活用を薦める「ウッドファースト」の提唱は、時代の自然な流れの中にあると言えよう。

学校を森にする

金澤成保

かなざわ・しげもり　一九五一年生。大阪産業大学学長。都市計画・都市文化。著作に『風土と都市の環境デザイン』（ふくろう出版）『鳥栖市市誌第四巻 近・現代史』（共著、鳥栖市）『路地研究――もうひとつの都市広場』（共著、鹿島出版）等。

学校を木造で建てようとする取り組みが、各地で広がりつつある。「非木造化」を一貫してすすめてきた旧建設省・国土交通省も、パンフレットを作成し、「木造で建築してみよう」と呼びかけている。公共施設の中でも学校建築は、とくに木造化の重要な対象となっている。

木材の活用による二酸化炭素の削減、資源循環といった地球環境問題への対策もあるだろうが、学校は一日の大半を子どもたちが過ごす、もっとも身近な場所であり、自然素材に囲まれ、心身ともに健やかに育ってほしいと願う親や祖父母たちの思いが、学校建築の木造化をおしすすめているのだろう。

山間地域では、木造による学校建築の建設が、地域の活性化につながるものとして期待され、実現にいたっている。岐阜県中津川市立加子母小学校もその例だ。加子母は木曾ヒノキの特産地で、伊勢神宮式年遷宮の御用材のみならず、法隆寺、姫路城などを修復した用材も切りだされている。その豊かな森林資源と木造建築の技術は、尾張藩直轄地であった江戸時代から今日まで引き継がれ、地域文化を育んできた。加子母小学校は、柱や壁、床は地元材であるヒノキと杉を用い、大屋根は集成材で架構している。木材の暖かみある素材感は、この学校を親しみのある心地よい空間にするのに役立っているようだ。

熊本県山鹿市立山鹿小学校も、山間地域に建てられた木造学校建築の好例である。山鹿もアヤ杉の産地なので、それを無垢のままで用いることになった。角材を扇状に組み合わせて架構し大屋根を支え、一般教室の天井には「南京玉すだれ」状の木構造を連ねていることから、あたかも樹木が枝を広げてならんでいるかのように見えるのが、面白い。建物の配置にも特色があり、地域の人々も通れる道空間を敷地内にもうけ、一棟建ての普通教室棟、体育館、図書館、音楽ホールなどが屋並みをつくり、学校というよりも町の一角のように見える。この道空間とグラウンドは盆踊りの会場ともなる。山鹿小学校は、地域にひらかれ、地域社会の「拠点」ともなっているのだ。

既存の樹木と幼稚園を積極的に共存させたのが、東京都立川市にある「ふじようちえん」である。楕円形の平らな木造デッキ状の屋根の上を、日がな園児が走りま

木材の暖かみある素材感は、学校を親しみのある心地よい空間にするのに役立っている。

わって遊んでいる、とてもユニークな幼稚園。屋内外、教室と教室の間の「隔たり」をなくし、大屋根の下には出入り自由な開放的な大空間をつくりだしたのも、大胆で面白い。大きいもので三〇メートルを超えようかという樹木を残して建築と一体化させたことも、特筆すべきことだろう。樹冠よりも広がる根を傷つけないために、床スラブはロングスパンの片持ち梁で支えられている。大屋根から木々が突き出し、木とその穴に張られた落下防止ネットには、子どもたちが群がり遊んでいる。あたかも森の中の「冒険基地」になったようで、建物全体が、子どもたちにとって「遊びながら育つ」ことができる、他に例のない環境となっている。

　学校を森の中につくる。そんな例に、愛知県長久手市のゴジカラ村がある。時間に追われずに人生をゆっくり楽しむ「アフターファイブ」にちなんで、ゴジカラと名づけられたそうだ。木を残すことを優先し、木を避けて建設したので、どの建物も不整形で木によりそうように建っている。「生まれ育った場所の雑木林を残したい、子どもたちを雑木林で遊ばせたい」との想いで、幼稚園をつくり、子どもたちとお年寄りが交流する場として古民家を建て、老人ホームなどの高齢者福祉施設、看護・介護の専門学校、託児所、カフェなどをつぎつぎに建てた。食堂、露天風呂や休息所、生ビールサーバーもあって、地域や外部の人々も気軽に出入りできる、ひらかれた「村」となった。「いろんな木が混ざりあい、少しずつ我慢しあって、助け合って成り立っている」雑木林のように、「人間も弱い立場の人を助け合い、すべての人が生涯安心して生きてゆける」社会の一例になりたいというのが、この「村」の目標である。

　学校を森の中につくり世界的に有名になったのが、インドネシア・バリ島にあるグリーン・スクールで、世界各国とバリ島の子どもたちが、ともに学び、遊んでいる。建物は、竹の弾力性と曲がる特性を利用して螺旋状で有機的な形が基本となっている。土地の形状もできるだけ壊さず庭をつくり、建物には自然光が差し込み、開放的で風が通り抜け、みどりの自然にかこまれて過ごす生活を満喫することができる。ここで子どもたちは、教科のほか、有機農法で稲を育て収穫し、竹の建物をつくる技術も学び、豚や水牛の世話をし、踊りや歌などバリ島の伝統文化も学んでいる。次世代の「グリーン・リーダー」を育てるのが、この学校の目標である。

　「学校を森にする」取り組みを、「学校を木造化する」「学校と樹木を共存させる」「学校を森の中につくる」といった観点から見てきた。自然回帰が背景となった木材の活用、地域の活性化、さらには自然と人間の共生を目指したライフスタイルへと展開していっているのが、見えてきたのではなかろうか。

■右頁
ゴジカラ村（愛知県長久手市）
（現長久手市長 吉田一平氏が創設）
上 「森の幼稚園」
下 「森の学園」
（愛知総合看護福祉専門学校）
（筆者撮影）

■左頁
上 山鹿市立山鹿小学校（熊本県）
（設計＝シーラカンス K&H）
（シーラカンス K&H 提供）

下 ふじようちえん（東京都立川市）
（設計＝手塚貴晴／手塚建築研究所）
（筆者撮影）

成長する美術館

中西ひろむ

なかにし・ひろむ　一九八〇年生。中西ひろむ建築設計事務所 代表／建築設計。設計作品に「反り屋根の町家」「象の家、海と空と石垣の街（瀬戸内国際芸術祭二〇一〇）」。

『美術館と建築』という本の中で、作家であり学芸員資格も持つ原田マハさんが、「美術館は友だちの家」のような存在になって欲しいと表現されていた(1)。ここで、友だちとはアートワークのことであり、それらに気軽に会いに行けるような親しみある場所が望ましいという。森美術館やニューヨーク近代美術館で勤務した経験もある原田さんのおっしゃることだけに興味深く、示唆に富むものだ。

実際には、美術館は多くの人にとって「家」のような気楽な所ではなく、敷居が高くて襟を正して訪れる場所なのではないだろうか。また、各自治体も美術館に文化の殿堂としての役割を担わせてきたため、多くの美術館は理念ばかりが先行し、社会との関わりに乏しく、市民から遠い存在になっている。そのような中、「友だちの家」として美術館を捉え直すことは魅力的で、一考に値するだろう。

ここで、「家」という表現は、建築的にどのような意味を持つのだろうか。まず、「住宅」は「非住宅」に比べて木造の割合が大きい。床面積比率で非住宅が二〇%であるのに対し、住宅は六八%に上る(2)。集合住宅を省くとその割合はさらに高まる。次に、非住宅建築の多くが近代建築特有の画一的なつくりなのに対し、住宅建築はその土地固有の風土や素材、職人の嗜好が反映されていると言える。いささか乱暴だが、以上から「家」のような美術館の特徴は、木造で、その土地に根差していることと言えるだろう。

では、そのような美術館は本当に実現可能なのだろうか。ここで、現在の美術館の実態を見てみよう。日本には公立私立合わせて一二〇〇館以上の美術館があるが、そのほとんどは鉄筋コンクリート造もしくは鉄骨造である(3)。一部のコミッションワーク（開館当初から恒久展示されることを前提としたアート作品）を展示する美術館を除くと、木造による美術館の実例は極めて少ない。

これまで木造が避けられて来た理由はいくつか考えられる。まず、展示空間において、出来るだけ作品鑑賞に支障のないように、天井が高く白い均質な空間が求められてきた。そして、その要求は近代建築が標榜した理念と重なる部分が多く、結果的にコンクリートや鉄など近代的な素材により計画されることに繋がった。さらに、美術館の最重要課題である作品・資料の収蔵において、耐火・防災・防虫といった性能が当然求められ、かつての木造建築においては解決が困難だったことも大きな理由である。結果的に美術館のタイプは大きく分けて、荘厳な「殿堂」のようなものか無個性な「倉庫」のようなものの二種に類別される状況となっている。

　ただし、今や木にまつわる技術は大きく向上し、大断面集成材や耐火木材を用いることで美術館に求められる高い性能を備えることも不可能ではない。また、たとえ全てを木造でつくらなくとも、収蔵庫や展示室のみをコンクリート等で堅牢につくり、その他の部門を木造で設えるようなハイブリッド建築にも大きな意義があるだろう。事実、現代の美術館には収蔵・展示以外にも多くの役割が求められており、これからの重要課題となっている。例えば、近年の計画では教育・飲食・物販などの機能がより重視され、エントランスホールやライブラリ、カフェやショップなどの充実が図られる機会が多い。そもそも収蔵庫や展示室自体は無個性で構わないため、それ以外のスペース、特に街に開かれる部門から美術館の個性が発揮されるべきであろう。

　今や、多くの自治体が抱える一九七〇年代以前に建設された美術館は改修の時期に差し掛かっている。これからの美術館は、そのあり方から再考し、市民の交流拠点としての役割を強めていくべきだ。とは言うものの、市民交流を促進するための建築的解答が明確に存在するはずもなく、時代や社会に合わせて試行錯誤しながら、建築自体が改変・成長していくべきものだろう。ここで木造美術館の大きな強みが発揮される。木造は他の構造に比べてずっと改修が容易だからである。古い町家や民家を見ても、複数回の改変を経て魅力を重ねてきたものがほとんどだ。美術館がまるで「木の家」のように地域と密接な関わりを持ちながら、アートや人と共に成長していく、そのようなあり方が理想的なように思う。

　正倉院を始めとする収蔵庫の歴史に対して、日本の美術館の歴史は案外新しく、実のところ一五〇年程度のものだ。一方、欧米においても、本格的な美術館の誕生は十八世紀の市民革命を待つことになる。考えてみると、その歴史の源流にあるルーブル美術館やウフィツィ美術館は、そもそも他の用途から転用された建築である。これからの社会にふさわしい、真の美術館の模索はまだ始まったばかりだ。

これからの美術館は、そのあり方から再考し、市民の交流拠点としての役割を強めていくべきだ。

注

（1）酒井忠康監修『美術館と建築』青幻舎、二〇一三年。

（2）『建築物ストック統計検討会報告書』二〇一〇年三月、国土交通省総合政策局情報安全・調査課建設統計室。

（3）政府統計＞社会教育調査＞平成二十三年度統計表＞博物館調査（博物館）。

組み込まれた杉丸太の斜材

【くまもとアートポリス 杖立橋＋P-Hall】

新井清一

●あらい・きよかず　一九五〇年生。ARAI・ARCHITECTS主宰、京都精華大学教授・副学長。主な建築作品に「クロフォード邸」「JPGA-Club House」（アメリカ）、「塚本邸」「A-bands bldg（日本）、「大連医科大学総合計画」「瀋陽子供アクティブセンター」「平遥職業高等学校」（中国）、「アクブザット競馬場」「アートスケープ」「バシコルトスタン議事堂」「ウファーホテル」（ロシア）など。

はじめに

私が木造建築として関わってきた建築物を掲げると、主に長年建築に携わってきたLos AngelesのMORPHOSIS時代にデザインしてきた数々の住宅群が思い当たる。その工法は、いわゆる壁構造としての単位素材2″×4″、2″×6″の部材をヘッダーでつなぎ、空間を作る構築法である。基本は構造壁として構造用合板を配し水平、垂直の応力に対応するような工法と位置づけられよう。しかるに、構造材としての木材は表し材（意匠材）ではなく、市中のホームセンターでも購入可能な汎用材である。

ここに紹介する多目的ホールである「P-Hall」はこの工法の真逆と言ってよい。木材をシンボリックに、素材の特性を生かした適用例として掲げたい。

コンテクストとしての川と渓谷

ここに紹介する構築物の名称は、正確に記述すると「杖立《つえたて》橋＋多目的ホール（P-Hall）」である。

この建物のデザイン、コンポジション要因はそのコンテクストから引き出されているがゆえ、それらの記述から結果としての木造空間の提案へのプロセスを述べるのが理にかなっていると思える。

熊本県小国《おぐに》町北部、杖立温泉街の中心に位置する橋の架け替え工事として、このプロジェクトは始まった。この街の地勢、地形、及び周辺の環境、動線として主要な位置付けである杖立橋が架け替わり、街の機動力となる可能性を感じていた。そこで、橋を設計する以前に街並を調査計画し、その延長線上としての将来のあり方を示す手法を採った。既存の状況、オーダー、流れを呼び込んで、できるだけこの地に存在するランドスケープと共鳴して計画すること、そして将来の街の方向性を呼び起こすコンテクストの一端として、指針となることを主題として進められた。

街の中心を流れる筑後川（杖立川）は、杖立温泉の街を真二つに分割している。更にその背後には、切り立った秘境とも表現できる渓谷がそそり立つ。ここでは必然的に川筋に沿った流れ、街並が形成され、顕著なオーダーとして縦空間と横空間を形成するに至ったのは自然なことであったのは言うに及ばないであろう。

この空間に唯一直行軸を促すのが〝橋〟の存在である。流れの中に置かれるオブジェ的な存在である。

ここで浮上したのが、主役（橋）を真っ向から受けとめ、縦動線へと導くためのスクリーン（屏風という表現がふさわしい）として建立すべき建築物であった。

対岸のレベルから高低差で約二〇mを受け止め、なおかつ上部の公道に結びつける階段歩道としての役目も担わなければならない。

当初の委託業務では橋の設計のみであったが、建築物との相関性の提案が認められた。ここに、ユニークな土木関連業務の橋梁設計と、建築都市関連業務の建築物の相関性を持つ提案がなされるに至っている。建物、道路（通路、階段）、歩道、擁壁、建築がバラバラではなく融合し、かつ安全性を伴って機能しなければならない初期設定が生まれた。

橋と融合した建築の独自性

以上のような条件下で設計された、熊本アートポリス計画の第四一回目のプロジェクトである。敷地は熊本県阿蘇郡小国町杖立温泉の中心部に位置する計画である。

小国町はかつて、木パネルの共有空間ドームを中心に持ち、オープン・クラス形式の提案を行った木島安史の「小国町西里小学校」、杉間伐材三角トラス構造の葉祥栄の「小国ドーム」、同じく「小国道の駅・ゆうステーション」、小国町の伝統的工法である置き屋根をヒントにボックス梁構法を使用した桂英明の「木魂館」などがあり、木材の特性、素材としての優位性を建築に生かした建築を配した町として知られている。その情報はメディアを通じて

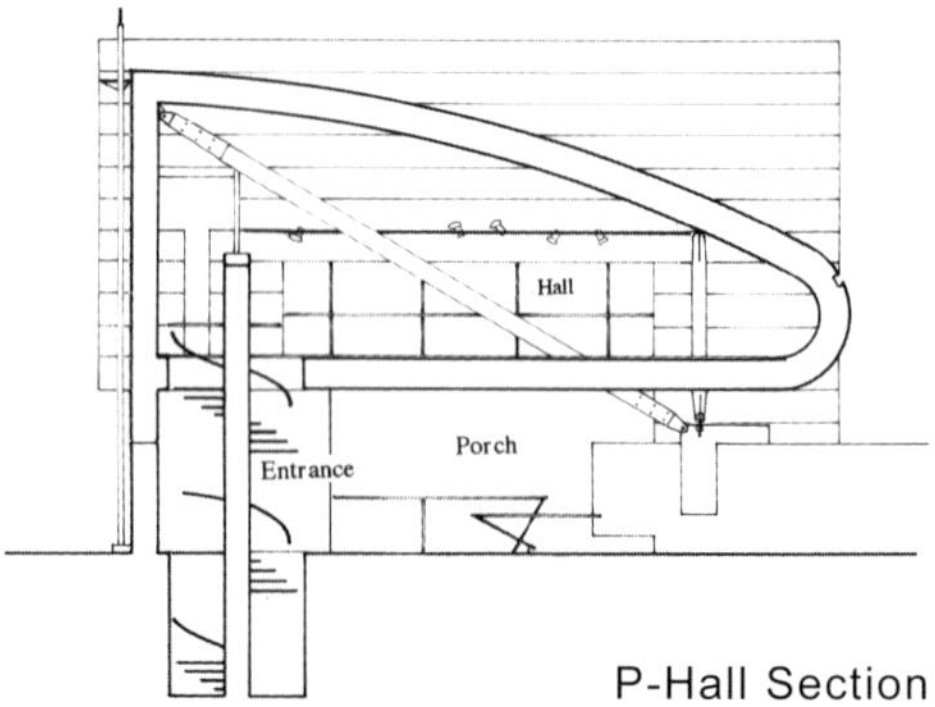

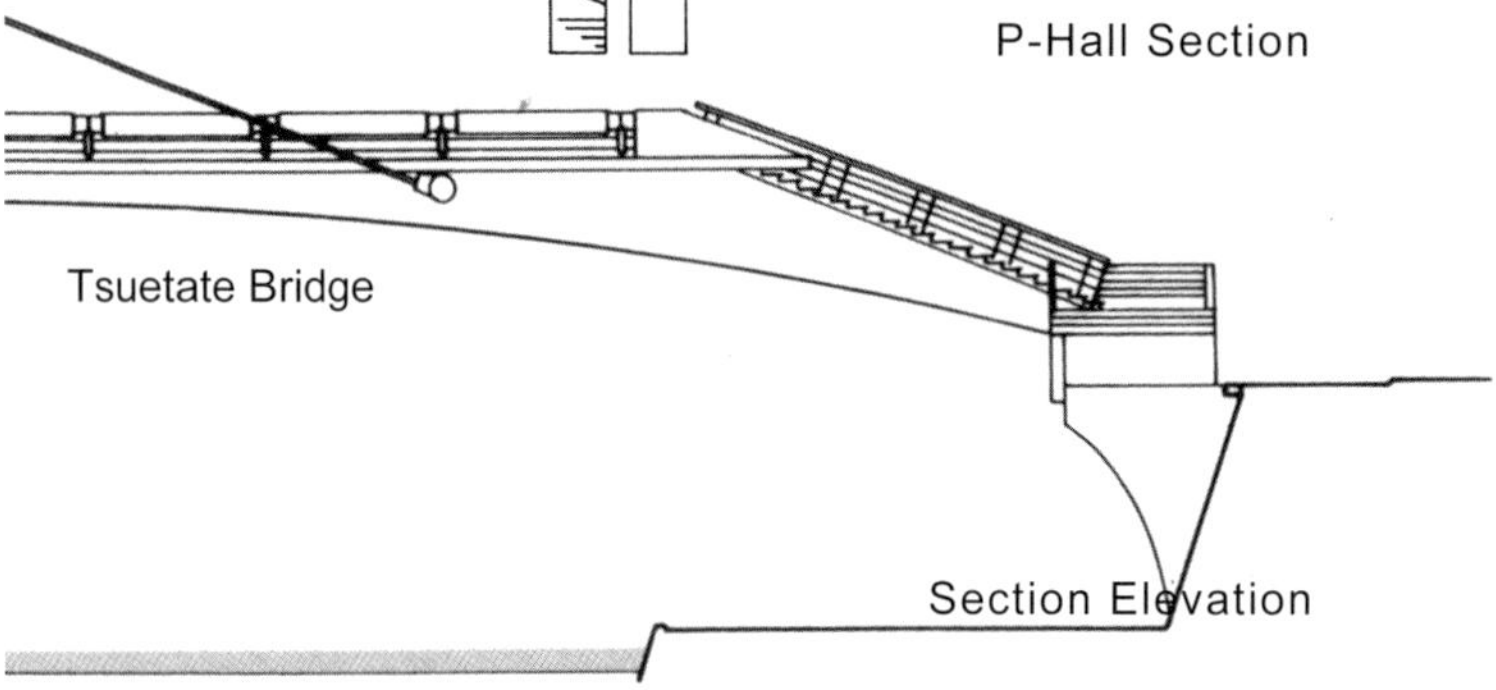

広く紹介されていた。

木構造に関する本題に移ると、この建物は純粋な木構造ではない。鉄骨、及び下部構造のRC造を適所に採用した混構造である。前述の如く、この計画は急斜面を保護する擁壁であり、公共階段を有する通路であり、また橋の力を受けるスクリーンの役目を担っている。しかるに、空間は地上に浮かせなければならなかった。

そのヒントは橋梁の構造にあった。橋梁の橋脚（パイロン）は、橋梁を支える支柱の役目のみならず、洪水時の水流圧に耐えなければならない。それゆえコンクリートの固まりがその役目を担う。これらの要素を考慮し、この建物はその延長線上の空間として、傾斜地にセットされたパイロンの上に載せることとした。この操作は、同時に下部をピロティーとして公共の場に出来る空間の創成に役立っている。

名産小国杉を活かして

小国は小国杉という素材の名産地である。この地における構築物の提案には、地産の素材を使いたいと当初から考えていた。空間の中に君臨する柱、がイメージの中にあった。

数々の試作、構造設計家との検討により、末口三五〇mmの小国杉丸太を三本、全てリフト・アップされた空間を支える構造体と

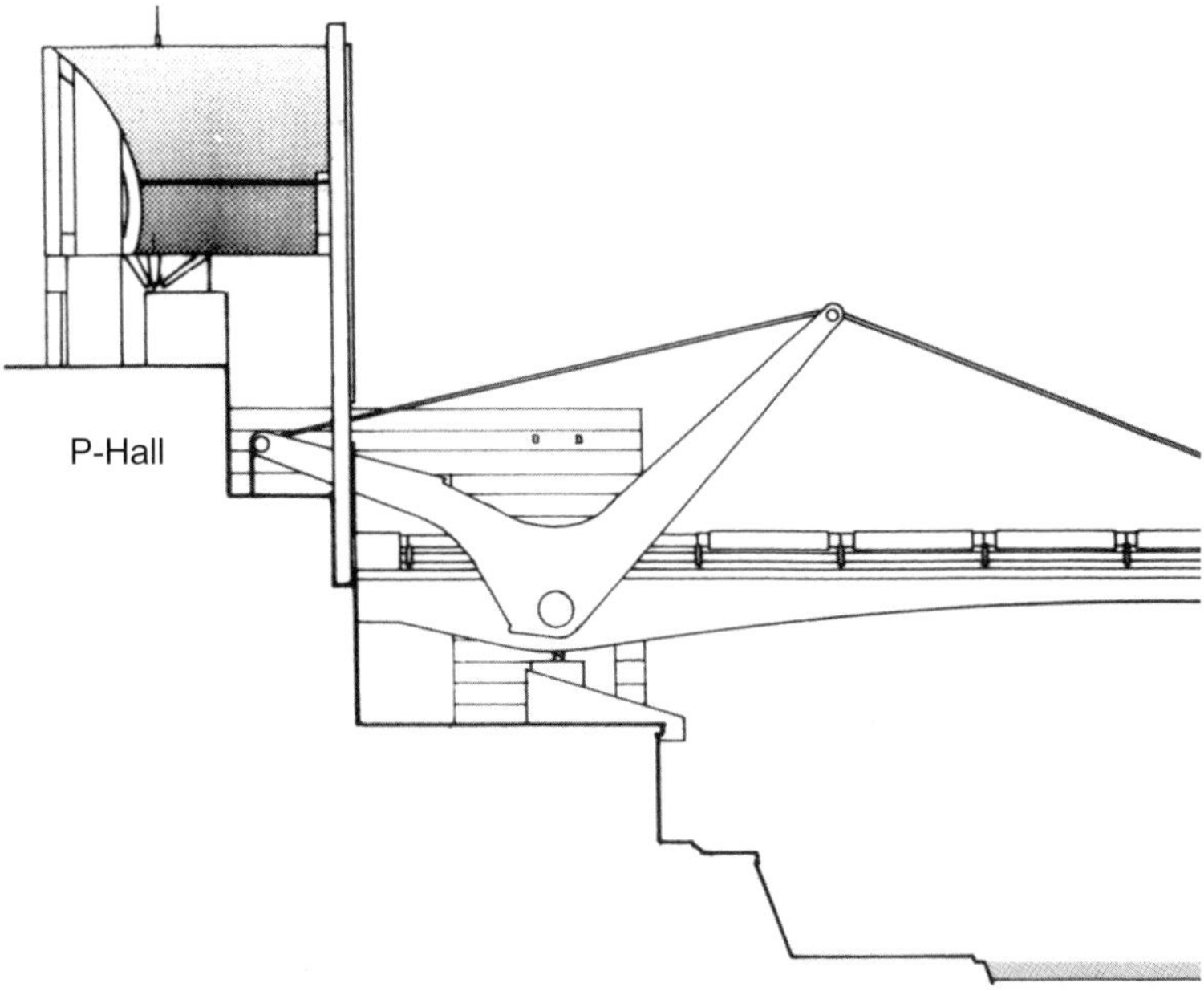

して採用させるに至っている。

その下部は、コンクリートからの台座（シュー）からフォークをボルト締めさせ、床、及び側面の壁に接合させるいわば〝斜め親柱〟の存在が空間をよぎるデザインとなった。杉丸太はこの構造体の場合、圧縮にも引っ張り強度にも作用している。

丸太そのものの存在がシンボリックな側面を持ち始めた瞬間を見た時、この地に育った木が空間を支えていく様に、力強さを感じた。

この建物はカフェを併設し、多目的ホールとして、イベントやコンサートなどに使われている。

建築概要
用途：多目的ホール
設計：アライアーキテクツ・新井清一
構造：TIS&PARTNERS
施工：橋本建設
規模：敷地面積――一五六・六六m²
　：建築面積――九四・九五m²
　：述床面積――一三〇・六〇m²
階数：地上二階、地下一階
竣工：一九九六年四月

東京オリンピック二〇二〇への提案

腰原幹雄

プロフィールは一二六頁参照。

都市で開催されるオリンピックに木を使うというと、「わざわざ木を使わなくてもいいのでは」という声が聞こえてきそうであるが、木を使うということには都市木造と同じ理念がある。

森林の恩恵を授かっているのは、地方の林業家だけではない。森林には、生物多様性保全、地球環境保全、土砂災害防止機能／土壌保全機能、水源涵養機能、快適環境形成機能、保健・レクリエーション機能、文化機能、物質生産機能など多面的な機能があり、都市部に生活する私たちの生活と深く関わっているのである。森林のこうした機能を担っているのが木であり、単なる物質生産としての木だけではないのである。こう考えれば、林業家は木を売って商売をしているのではなく、森林資源、山の手入れをしてくれているのだと考えなければならない。

森林を目の前にした地域では、常にその重要さを意識して生活しており、地産地消の精神で木材をさまざまな形で利用してきた。しかし、森林から遠い都市部では森林は、遠くの存在であり、森林について考えるのは旅行に行ったときぐらいだろう。都市でも、森林の恩恵について身近に考えていくためには、木に触れる機会を増やすことが重要である。「都市に木造を」という都市木造の理念はここにあり、同じようにオリンピックを日本の森と都市の共生について考える機会と考えてみてはどうだろうか。

東京は、森林資源が決して豊かではないが、非常に多くの森林の恩恵を受けているため、地産地消ではなく、地産都消として全国の森林資源を東京で使ってみることを考えてみたい。木とひとことで言っても、トドマツ、カラマツ、ヒノキ、スギなどさまざまな樹種があり、同じ樹種でも地域ごとにさまざまな色、木目を有する自然材料である。さまざまな地域で育った、さまざまな太さ、樹種の木の柱が林立するような建築。これまで都市部で多く用いられてきたコンクリート、鉄といった画一的に規格化された工業製品とは異なる個性がこれからの新しい価値観を引き出すことができるだろう。

残念ながら大規模な競技施設を木造でという時期は過ぎてしまったので、競技の関連施設、周辺施設について考えてみたい。

施設を小規模な建築ユニットの集合体

として考えてみるのはどうだろうか。伝統的に木造建築に用いられてきた木割、現代のモジュールに基づいたユニットを提案し、全国各地から自慢の樹種、断面を使って各地の大工が建設する。それらを東京に集結して設置する。オリンピック終了後は、各地に持ち帰ってオリンピックのレガシーとして活用するのもよい。一定期間のみ使用する仮設建築は、これまでも各地の祭で櫓や観覧席として木材を用いて組立・解体が行われており、木造建築にとっては得意技である。もちろん、そのまま東京に残しておくことも考えられる。この場合、木造建築には必須のメンテナンスは、その地域出身の東京在住者に期待したい。地元の森林を思い出しながら、経年変化による味わいを増した地元材、地元大工による木造建築を自慢できるようにして大事にしていくことが重要である。国立競技場が建設予定の明治神宮の森が、一〇〇年前に日本全国から奉納された一〇万本に及ぶ献木によって現在の森の姿になったように、都市の森を全国の力を借りて実現していきたい。

　こうした施設は、オリンピック施設に限らない。都市で木に触れる機会を増やすのであれば、既存の鉄筋コンクリート造や鉄骨造のビルでも、街を歩く人の目に触れる、手で触れられる地上のエントランスまわりに木を使っていったらどうだろうか。オリンピック観戦は、施設単体ではなく東京に降り立ったときから始まっているのである。空港、電車、バスなどの移動時に見る風景、街を歩く風景、飲食をする憩いの場、さまざまな演出に木を利用する機会があるはずである。普通のビルにというと、耐久性やメンテナンスが不安視されるが、日曜大工やＤＩＹの趣味を復活させて、そのビルで働く人たち、地域住民と一緒になってメンテナンスをしていけないものだろうか。木材は、しっかりしたメンテナンスを行えば、経年変化によって味わいを増すこともできるし、メンテナンスを怠れば劣化によって汚くなってしまう。街の風景の変化とともに、メンテナンスの成果が目に見えてわかれば、建物に対する愛着も増すとともに、自分たちの住む街に愛着をもつことができるようになるだろう。自分たちの街は、自分たちで手入れをする。忘れられがちなことであるが、手のかかる木造建築が、そのことをもう一度思い起こさせてくれて、楽しく魅力的な街づくりに興味を持つ人を増やしていくきっかけとなることを期待したい。そのためには、人の力が重要であり、ジョギングなどの健康志向の次に、日曜大工やＤＩＹのものづくり志向が拡大することを期待している。

自分たちの街は、自分たちで手入れをする。

森のくにの木のまち

中村良夫

なかむら・よしお　一九三八年生。東工大名誉教授。景観工学。著作に『風景学入門』（中公新書）『湿地転生の記』（岩波書店）『都市をつくる風景』（藤原書店）等。

数年前、耐震補強に踏み切った我がマンションの玄関まわりにリフォームを施す機会があった。

磁器性タイルですっかりおおわれた壁や床は、やや重苦しく、冷たく人を拒む感じが気になっていた私は、同じマンションにお住いの新進気鋭の建築家、丸山弾さんに相談をもちかけた。お願いしたデザインですっかり面目を一新した談話室の床は、楢の無垢材を敷き詰め、耐震壁の面はしっとりとした左官工事で仕上った。総ガラス張りになった正面の壁に仕込まれた頑丈な鉄パイプのブレースも、木質の空間への映りは悪くないし、入り口に配した赤御影石の框《かまち》との取り合わせも面白い。

春先になると、そのマンションの一室に陣取る私の書斎の隅にでこぼこの油壺がうずくまる。古いケヤキの碁盤の上だ。庭さきで手折ったヤブツバキを一輪、そこへ投げ入れると、言葉の迷路のように書籍が散乱する室内に、艶っぽい森の気配が立ち込めてくる。年輪の入った木材の功徳というものだろう。

さて、地中海周辺の石の文明を、貴族化した商工ブルジョアが引き継いできた西欧においては、古くは木造であったまちなみも、しだいに石造化して、いまでは歴史観光都市を除いて、ほとんど石のまちになった。また農業の進展にしたがい森も減ってゆく。ゲルマニアの深い森に生まれた西欧文化も、いまや森の多いドイツで国土の四〇%、フランスが二十数%、早くから産業革命の進んだ英国にいたっては五%程度であろうか。どこまでもつづく麦畑のうねりのなかに、くろい森が島のように浮いているだけだ。

それに対して国土の七割を森がおおう日本の建築は、貴賤を問わず木質が伝統だから、やわらかなまち並みの景色が、散在する寺社の森に溶け合ってきたし、背景には奥山の森が霞んで見える。ところが、明治以降、タテマエとして西欧文明に範をもとめてきた日本のまちの表層は、つぶさに適材適所を探る暇もなく、硬い輪郭を成す石や鉄が偏重され、知らずしらずしっとりした風合いの木材を賤視してきたのではないか。そのような趨勢がきわまった昨今、ふと木材への郷愁めいたため息がでるのは、やはり、日本人のホンネが噴き出るからだろう。

ともかく木材だからもろい、短命だと

考えるのは早計だ。私はむかし、阿武隈の山中に築八十年の古民家を借りて夏休みを楽しんでいたが、草葺屋根の一部の葺き替え以外、水回りにすこし手をいれただけで構造体はびくともしていなかった。赤黒く照り映えたケヤキの大黒柱に寄りかかって目をつぶると、大地の底から湧き上がる不思議な精気が、そのまま私の身体を貫いて吹き抜けるような快感をおぼえた。

　それにくらべると、築三十年、蜃気楼のような月日が過ぎれば建物の資産価値は無に帰し、あとにのこるは土くればかりとは、現代日本の住宅市場は何と情けないことか。世代がかわるたびに、ゴミのように家を引き倒し、あるいは朽ち果てるままに捨て置き、また性懲りも無く安手の建築に手をそめるようでは、国民の富は増えるはずもない。人の住まいは、自動車や洗濯機のような耐久消費財にすべきではない。それは、亡国の道である。なぜなら日々の生活を支える住まいの連なる街並みは、国民文化だからだ。フロー経済に溺れた建築・不動産業は、いまや富の蓄積へ舵をきり、住宅行政もそれを推してほしい。そこに世代をこえた恒産の福祉、恒心のデザインがある。耐火、耐湿、強度、などを設計技術とともにいっそう高度化し、製材、集成加工、流通、そして職人養成なども視野にいれつつ、時代にかなった住宅設計思想のなかに、適材適所で木の真価を開花させたい。

　そのとき、国土保全や地方創生の観点からも国産材を見直すべきだが、そのコスト高を吸収するためには優れた住宅を作って末長く使わねばならない。スクラップ・アンド・ビルドの消耗主義に溺れた住宅・不動産市場の体質を根本から改め、国民の富の蓄積型に換えなければならない。たとえば、ノンリコースローン（非遡及型融資）と、不足額追加請求禁止を組み合わせた米国型の住宅不動産政策なども参考になるだろう。そのためには、地域銀行、不動産・住宅メーカー・建設業、それに住宅の環境を守る地方自治体など三者の協力が欠かせない。

　その結果、厳しい設計仕様に基づく融資が増えれば、値くずれしない資産性の高い住宅が増えるから、中古不動産の流通も進み、リフォーム業界やすぐれた家具デザインなどの活性化も促すであろう（この件については野津敏紀氏の未発表論文「富を積む地方づくりの提案」に負う）。

　地方創生の奥の手は、「共同体の身体」（和辻）に他ならぬ風土という大樹を蘇生させ、そこに未来を開花させる市民の自治的精神、つまり風土自治に帰するだろう。この戦略構図のなかで、森林に覆われた健康な国土が恵んでくれる木材の利用は要になるに違いない。わが身体と大地をつなぐ身土一如の思想は、食文化だけではない、建築や都市にもあてはまるのではないか。

人の住まいは、自動車や洗濯機のような耐久消費財にすべきではない。それは、亡国の道である。

和風の屋根が冠されたビルを、どう見るか

井上章一

●いのうえ・しょういち 一九五五年生。国際日本文化研究センター教授。著作に『アート・キッチュ・ジャパネスク』(青土社)『夢と魅惑の全体主義』(文藝春秋)等。

様式史の狭間に浮上する

都市のオフィス街にならぶビルは、四角く形がまとめられている。直方体になっているものを、よく見かける。トウフをきったようなという形容も、しばしば耳にするところである。

このごろは、曲面をおしだしたビルにでくわす機会も、ふえてきた。なかには、そうとういりくんだ形にしあげられたビルもある。いわゆるポストモダンがとなえられだしたころから、異形と言っていい建築はふえている。

ただ、頂部へ木造建築によくある和風の瓦屋根をのせたビルは、ほとんど目にしない。いびつな形状が普及しだした今日でも、オフィス街で遭遇することは、まれである。

京都のような観光都市では、市中の建物でも日本風が奨励されることになりやすい。マンションや店舗ビルの庇《ひさし》に瓦がのせられることは、ままある。あるいは、屋上のパラペット、手摺壁に瓦をあしらったものも、おりおり目撃する。

だが、そんな京都でも、ビルのてっぺんを瓦屋根でおおったような例は、まず見ない。オフィス街へゆけば、この傾向はよりはっきりする。そもそも、和風を意識した飾りつけじたいが、瓦屋根

にかぎらず、見いだせない。今日のビジネス空間は、また建築家たちも、瓦屋根をどうやらきらっているようである。

デザインのやりようがないわけでは、けっしてないだろう。工夫しだいで、瓦の屋根や庇はビルの形にも、おもしろくくみあわせうると考える。

だが、建築家たちは、がいしてそういう細工にむかうことを、いといやすい。できれば、木造や木造めかした瓦屋根はかんべんしてほしいと、多くの者が思っている。

なかには、それをファシズムの手法だと、けぎらいするむきもいる。軍国主義時代のやり方じゃあないかと、否定的に語る人もいなくはない。あるいは、そんな設計でナショナリズムに加担するのは、いやだという者も。

建築家たちが、そういう想いをとどめている裏には、ある事情がある。

戦前の一九三〇年代には、瓦屋根をいただくビルが、建築界でけっこう流行した。洋風建築の上へ瓦屋根をのせるスタイルが、博物館や行政庁舎にとりいれられている。いわゆる帝冠様式とよばれる形式が、そのころには好まれたのである。

後世の論じ手は、それを当時の時流、国粋主義の高揚によりそった形だと、考えた。軍国主義の表現だ、ファシズムの意匠だと、そうみなすように戦後はなったのである。

不肖私は、そんな一般通念を一九八〇年代から否定しつづけた。帝冠様式、瓦屋根の建築に、民族主義的な時流とのつながりはない。ファッショ的だというのは、不当な言いがかりだと、何度も論じている（『アート・キッチュ・ジャパネスク』一九八七年、『夢と魅惑の全体主義』二〇〇六年など）。

しかし、ざんねんながら、私の指摘は建築界に、それほどゆきわたっていない。多くの建築家たちは、今なお古い通念をたもっている。

まあ、話を建築史の研究者にかぎれば、私の言うことがおおむねみとめられていると思う。とりわけ、若い世代の学徒は、帝冠様式にみょうな政治性を読まなくなってきた。だが、実務にいそしむ設計者に、私の研究成果はあまりとどいていない。

この場で、これまでの持論をくりかえすことに、私はむなしさを感じる。帝冠様式は、軍国主義や民族主義の高揚にねざさない。そう私が論じてきたよりどころとなるデータを、いちいち提示することは、ひかえよう。

ただ、なぜ一九三〇年代にあのスタイルがはやったのかは、いちおうのべておく。その勘所だけは、しめしたい。建築史の本をふだんは読まない読者にも、そこはわきまえてほしいと考えるからである。

十九世紀の後半からは、日本でも西洋式の建築がたつようになった。ギリシア風の柱やゴシック風の窓をあしらう、いわゆる様式建築が姿をあらわしだす。古い銀行や教会などを想いうかべてもらえば、おおよそのたたずまいは了解されようか。

いっぽう、一九三〇年代からは、モダンデザインと称されるスタイルが、ふえていく。歴史をしのばせる様式には、とらわれない。平滑な面をキュービックにくみあわせながら、抽象的に建築の形をととのえる。そんな新しいデザインが、隆盛へとむかいだす。歴史様式にしばられた古い建築は、この様式史的な転換期に、解体の相を見せはじめた。

おりめただしい歴史様式ではありえない、諸様式のとっぴなくみあわせも、出現する。異物をとりいれた表現も、登場した。そういう古い様式の解体期に、和風の瓦屋根もまぎれこむ。私は、帝冠様式の浮上を、以上のような見取図でとらえている。

じっさい、瓦屋根をいただく建築は、みな簡略化された旧様式を、軀体にあしらっていた。それが様式解体期の建築例であることは、うたがえない。軍国主義や民族主義などの感化がおよばなくても、それらはじゅうぶんなりたちうる。

もちろん、日本的な瓦屋根をもちこむ背後に、日本回帰の想いはあったかもしれない。そのことをしめす記録はないが、作り手に伝統意識のよぎったろうことは、おしはかれる。

そして、その想いは、どこかで高揚する当時の時流とふれあっていた可能性もある。その点は、私も否定しない。

しかし、同時代に普及しだしたモダンデザインは、はっきりその時流とともにあった。この新しいスタイルこそ、ほんとうに日本的なんだ。戦時下の総動員体制には、こちらのほうこそがふさわしい。当時の文献を見ると、そんなモダニストによる提言のとびかっている様子が、見えてくる。

公平に見て、国家主義へよりそったと言えそうなのは、モダンデザインのほうである。帝冠様式は、そちらからとりのこされる途を、たどっていった。

だが、モダニストの後裔にあたる今の建築家たちは、これをみとめたがらない。国家主義の手先となった、その罪を、帝冠様式になすりつける。そうして、一九三〇年代論をかたづけようとする傾向がある。

「満州国」では、多くの官庁舎が東洋的な瓦屋根をいただくビルになっていた。彼地では、帝冠様式めいた建築が、当局の指導でたてられたと、言えないこともない。

だが、「満州国」に東洋的な建築をもとめたのは、現地の中国人官僚たちである。日本側の当局者たちは、中国側への迎合をしめすために、あの形を採用した。「五族協和」のたてまえを、表面的にはしめしておくために。けっきょくは、日本側に決定権のあることを、おおいかくそうとして。

ここで、以上のように自説を反復しても、建築家たちにはつうじにくいと思う。彼らは、けっきょく、私がのべたようなことを、聞きたがらない。たとえ事実であっても、うけいれたく思わないのである。私がむなしさを感じるのも、そのためにほかならない。

それにしても、なぜ彼らは聞く耳をもたないのか。どうして、ビルに和風の瓦屋根がのることを、ファッショ的だとみなしたいのか。今回は、そういったことを考えていくことにしよう。

国家につかえた建築家たち

一九七七年の夏に、私はヨーロッパをおとずれた。イタリアにもよっている。フィレンツェへも、足をはこんでみた。

あらためて感心したのだが、フィレンツェの建築は、みな瓦屋根をのせている。もちろん、和風のそれではない。トスカーナ風とでも言うのだろうか。とにかく、あちら風の瓦屋根をいただくものが、市中建築の大半をしめていた。

さがせば、市街地でも陸屋根の、てっぺんが平になったビルは、見いだせる。そして、それらは、ほぼすべて、ファシスト党時代の施設であった。瓦屋根をのせないモダンな建築こそが、ファシズムのそれになっていたのである。

日本だと、瓦屋根がファッショ的だと言われているのに、ここではちがう。ファシズムの本場では、モダンなほうがその体制をアピールする建物になっている。おもしろいものだなと、その時から私は考えるようになった。瓦屋根はファッショ的だという建築界の一般通念を、うたがうようにもなったのである。

じっさい、イタリアへいけば、事態は明白であった。ファシズムは、因習的な瓦屋根でなく、フラットな屋根によりそっていたのである。これこそが、ファシスト＝イタリアのあゆんでいく新しい途をさしている、と。

なのになぜ、日本の建築界は因習的な瓦屋根に、ファシズムを投影したのだろう。イタリアへくれば、その正反対であったことが、まざまざとわかるのに。誰も気がつかなかったのだろうかと、私は考えたものである。このことは、まだどこにも書いたことがないので、あえてここに特筆しておこう。

あとひとつ、旧著ではふれていない話を、もちだしたい。さきごろとりこわされた九段会館にまつわる、私なりの読み解きを披露しておこう。

九段会館は、一九三四年にたてられた。竣工時には、軍人会館と名付けられている。在郷軍人会の注文でできた、倶楽部建築である。九段会館の名は、旧軍がきらわれだした敗戦後に、あらためてつけられた。

見ればわかるが、屋根は天守閣のそれめいた形に、まとめられている。武人の館を意識したようなつくりになっていた。当時、しばしばこころみられた帝冠様式の、その代表的な一例だと考える。

軍人会館が瓦屋根をいただく帝冠様式になっている。このことが、例の一般通念をささえる方向に、作用した可能性はあるだろう。帝冠様式は軍国主義の意匠だというような見方を、どこかであとおししたのではないか。

しかし、大阪にできた軍人会館（一九三七年竣工）は、モダンデザインになっている。当時の尖端的なインターナショナルスタイルに、それはよそおわれていた。東京・九段の例だけから、旧軍の志《こころざし》は瓦屋根にあったときめつけるのは、無理である。

いや、そもそも軍人会館は、在郷軍人会に供された施設であった。つまりは、退役軍人がつどう社交の場にほかならない。大日本帝国陸海軍の、現役の軍人たちがつかう建物ではないのである。

そして、旧軍は軍の施設をヨーロッパ風に、それまでたててきた。西洋の城や宮殿にあやかったような建物で、軍務にはあたってきたのである。

もちろん、軍事施設のなかには、応急的なバラックですまされたものも、多くある。みながみな、ヨーロッパにあやかっていたわけではない。しかし、中枢的であることが期待された施設は、たいてい本格的な洋式建築になっていた。各地の師団司令部などは、そうあらまほしきものだと、考えられていたのである。

九段の軍人会館が、和風をゆるされたのも、それが軍中枢の施設ではなかったからだろう。退役軍人の社交場であるからこそ、軍の常道からはずれた意匠も、うけいれられた。大阪の軍人会館も、その点はかわらない。軍の本格的な施設ではないから、ややうわついた新しい表現もみとめられたのだろう。

東京の軍人会館は、デザインがコンペできめられている。どんな図案をえらぶのかが、最初には見とおせないやり方で、その意匠はあんばいされた。軍中枢が、軍人会館の形に強いこだわりをもっていたとは、思えない。じっさい、軍にとって重要な施設なら、その形状をコンペにゆだねはしないだろう。コンペにすれば、軍の意向にそわない意匠がえらばれることも、ありうるのだから。

とにかく、軍人会館の形から軍の意志をおしはかるのは、まちがっている。だが、軍人会館が帝冠様式でたてられたことは、後世の建築関係者たちを、まよわせた。あれこそが軍のもとめた形だと、誤解をさせてしまったのである。

もういちど、くりかえす。かつての帝国陸海軍は、西洋の正統的な建築様式をもとめていた。そこからの逸脱を、基本的にはゆるさなかったはずである。

大和魂を高らかにとなえた軍だから、和風をおいかけたと考えるべきではない。軍隊は多くの日本人にとって、洋服へ身をとおすはじめての場であった。軍こそが、西洋的な生活を日本人にひろめる、その推進母体だったのである。軍の中枢施設が西洋建築へなびいたことじたいを、あやしむ必要はない。

いや、軍にかぎらず、国家の屋台骨をになう建築は、みな西洋的であろうとした。すくなくとも、めざされるべき理想は、西洋にあるとされてきた。近代日本の建築家たちは、そのためにそだてられた人材だったのである。

日本国は、西洋とはりあい、政府庁舎を、たとえば東大寺風にしようとしなかった。姫路城を手本にしようともしていない。政府のしかるべき施設は、西洋にまねることが、ひたすらもとめられた。

帝国大学などで国家にやしなわれた建築家たちは、その尖兵にほかならない。もちろん、彼らのなかには、和風に手をそめた者もいる。しかし、そういう仕事は、けっきょく彼らの使命からそれる、余技の成果だとみなされた。その状態は、今にいたるまで、基本的にかわらない。

ただ、一九三〇年代は旧様式の最末期であり、その規範はデカダンスをむかえていた。様式の束縛も、いちじるしくゆるんでいる。ほんらいなら西洋化をめざすべき建築家が、一時期瓦屋根に興じたのは、そのせいである。様式の解体期に、いく人かの建築家たちは、理想を見うしなったのだと、言ってもよい。

せんじつめれば、そのことがのちの建築家たちには、ゆるせなかったのである。ファッショ的、軍国主義的という言いがかりがとびかいだしたのも、そのせいだろう。ほんとうは、先輩たちの没理想状態を、なじりたかったのだと思う。だが、帝冠様式は一九三〇年代の流行であった。軍国主義的という批判がひねりだされたのも、時期的な符合のせいだろう。

上田篤氏は、この特集で木造の屋根があるビルを、これからはたてよとうったえる。その当否を、建築の設計になじみがない私は、語らない。ただ、それをファッショ的だときめつけるのが、あやまっていることだけはうけあえる。そういう非難の言葉をぶつけそうな手合いが、建築界にはけっこういるだろう。そのことがあらかじめおしはかれるだけに、あえて強調しつつのべておく。

一九九五年「木の建築と都市展」回顧

田中充子

●プロフィールは八八頁参照。

「木の建築と都市展」

一九九五年春、上田篤（当時、京都精華大学教授）は、鉄筋コンクリートの超高層ビルに建替えられた京都ホテルを見て「日本の町に、伝統的な建築材料の木をいま一度見直したい」とおもい、京都をモデルに「木の建築と都市展」なるものを企画し、大阪・京都・金沢の各地でその建築展を開催した。展覧会には十七人の建築家と精華大生二十一人が参加した。

あれから二十一年、このたび「ウッドファースト」特集の雑誌が出ることになり、当時、展覧会のスタッフとして学生の指導にあたったわたしはその発行にひとしお感慨深いものがある。そこでこの機会を借りて、当該展覧会の概要と「ウッドファースト」が生まれた背景について紹介したいとおもう。

このたび上田が「ウッドファースト」を提唱するのは唐突ではない。かつて建築史家の伊藤ていじは「コンクリートの建物は出来たときが最高で、後は時間とともに劣化していくが、寺や民家は古くなればなるほど価値が出る」といった。「新しきもの」にたいする「古きもの」からの挑戦の言である。上田はその言葉にいたく触発された。そして一九六五年以降「町家」「鎮守の森」「木の橋」「五重塔」など立て続けに「木の建築研究」に没頭した。日本の木造建築に目覚めたといっていい。「木の建築と都市展」もその一環であった。

しかしそのとき多くの建築家に展覧会への参加をよびかけたが「参加するのはいいが、なぜ木でなければならないのか?」という質問が相次いだ。上田はかれらに木のもつ優しさや暖かさ、さらには日本神道の精髄である「常若《とこわか》」精神などを説いたが反応は鈍かった。そこでしょうがなしに「これは施主の意向である」といってやっと大方の建築家の参加を得ることができたのであった。建築家が「施主」に弱いのを逆手にとったのだ。もちろんその展覧会に施主などのいるはずもなく、上田にしてみれば「世の中が施主で、やがてはその施主のいうとおりになるだろう」とおもったのではないか?

それはともかくこの言に見るように上田の木に対する思いは、当初、伊藤の「古物礼賛」を受けたものであったが、やがてそれとは正反対の「常若」つまり木に「新しさ」を見るものになっていった。神道の思想に惚れこんだからだろう。それは具体的には伊勢神宮に見る新しさといっていい。じっさい伊勢神宮の社殿とりわけ皇大神宮などは千三百年の歴史を持つが、式年遷宮の結果みな「常若」である。そこで上田は「木の建築と都市展」に木の「常若」を見ようとしたのであった。

展覧会の主旨

その展覧会の趣旨で上田は次のようにいっている。

日本は幕末まで建築物はすべて木でつくることを徹底してきた国だ。それは世界の文明国では稀有なことに属する。また鉄やコンクリートの盛んな今日でも、わたしたちの住まいとりわけ一戸建ての家はみな木である。それは木材資源の多さや地震にたいする強さなどといったプラグマティックな理由によるものではなく、日本人の民族的感性に起因するものではないか。つまり単なる建築材料の問題ではなく文化の問題なのである。

というのも、それは深く日本人の死生観にかかわっているからだ。たとえば西洋人の死生観は精神と肉体の永遠化を求め、それを死後の世界に託するのに対し、日本人のそれは精神と肉体の常《とこ》若《わか》に最上の価値をおき、死後の世界には冷淡なのである。その典型が神道である。そして神道の常若の思想が建築にも反映して、建築材料としては耐火性という面で木にどれだけ問題があっても日本人は木のもつ若々しさや生命力を愛してきた。石は耐火性にどれだけ勝れていても死者の空間にしか使用してこなかったのである。

しかしその結果、木造建築や木造都市はその宿命として火災による消失をくりかえした。ところが、それがかえって都市の新陳代謝と社会の活性化をうながすという副産物をもたらしたのである。いいかえるとダイナミックでユニークな「日本文明」を作り上げたといっていい。皮肉なことに木造建築や木造都市の火災によって「常若」が実現したのであった。つまり木という自然材料を利用した結果「木の建築と都市」という物質文化が作りだされるとともに、それが焼失してもまた生まれ変わる、というといわば精神文化をもたらしたのである。

それはかつての天皇の居所が天皇が死ぬ度に焼却されて生まれ変わったのに似ている。その度に新しい宮居が作られた。そうして社会の進歩が期待されたのであった。両者はいわば同じものなのである。

しかしそれにも限界があった。天皇の新しい宮居が作られるたびごとに近在の山々の木々が伐られて山崩れや洪水が起き、新しい宮居は新しい山を求めて点々と移り変わらざるを得なかったからだ。そしてその後につくられた藤原京以来の帝都も同様の宿命を辿った。『方丈記』などはその都の宿命を活写した文学といっていい。

そうして古代の山々は丸裸になっていったのであった。

展覧会は、そういった矛盾の解決を問うたものであったのである。

木の文化性を問う

確かに江戸時代の都市、たとえば江戸そのものは度々の大火に見舞われた。そしてそのつど再建されてきた。しかし、それは社会に大きな経済的負担を強いるものであった。

そういう伝統は明治以後にも引きつがれた。関東大震災で東京が焼失すると直ちに近代的都市計画が実行され、首都の容貌が一新したからである。それを「災い転じて福をなすもの」としてきたが、しかし、それにも問題があった。第二次世界大戦で日本の大方の都市が消滅してから以後、日本社会と日本人の心に与えた影響に甚大なものがあったからだ。その一つは戦後の日本社会の物心両面にわたるアメリカ化であり、またもう一つはその正反対としての社会主義化である。日本人はいまだにその後遺症に泣いているとおもうのだが、わたしの思い過ごしだろうか?

しかし、そういう結果として今日、世は鉄筋コンクリートを始めとする工業材料の時代になった。それらの工業材料は強度や均質性等にはすぐれているが、それら材料にたいする人々の想い入れや愛着といったことには乏しい。日本人はいまも木造のすまいに住むことを最高の理想としているようだからだ。

そこで上田は「もう一度、生きた自然材料としての木の価値を見直し、木によって構成される建築や都市の現代における新しい可能性を追求したい」とかんがえた。その中から「日本文化としての建築と都市」の意味を今いちど考え直そうとしたのである。そのために純木造あるいは混木造の建築や都市の新しい形と構造を問うべくこの展覧会は企画されたのであった。

ところがこの展覧会の開催を目前にして阪神淡路大震災がおこった。それはじつに悲惨なものだった。

しかし考えてみれば、一八三〇（文政十三）年に京都でおきた直下型の大地震でも多くの土塀や土蔵、長屋などが倒れたが、夕飯どきだったにもかかわらず、火事は皆無だった。すべてが消し止められてしまったのである。

木造都市に住む江戸時代の日本人がどれほど火事に対して用意を怠らなかったか、ということは、そのとき地震が起ると、京都の町奉行が直ちに「交通遮断」なるものを実行したことを見てもわかる。つまり大八車で家財道具を運びだす者を見つけしだい召し取り、消防活動や救援活動を優先したのであった。木は火に弱くとも、それにたいする対策は十分におこなわれていたのである。それも江戸の数々の大火が教訓になったものであろう。それも木造都市のもつ文化といっていいだろう。

しかし阪神淡路大震災はそうではなかった。地震の結果あちこちでガスが漏れ出したにもかかわらず大阪ガスはその供給を止めず、一方、関西電力は各所で切れた電線の復旧を図ったのであった。その結果、スパークした火が漏れたガスに引火して、地震が起きた三、四時間後から各地で一斉に火災が発生したのである。そうして圧死者八百人にたいし五千人の焼死者が出た。そういう事態にたいし行政はそのとき何の対策をもとらなかったし、また後からの批判も封じてしまった。上田はそのことを怒りをもってあちこちの雑誌などに書いている。

一方、木造建築は耐震性にはすぐれたものがある。その証拠に五重塔や三重塔は何百何千と作られてきたが地震で倒れたものはほとんどなかった。そのすぐれた免震構造のためだが（上田篤編『五重塔はなぜ倒れないか』）、しかしそういう技術は近代建築基準法のなかでは大方、廃されてしまった。

阪神淡路大震災では以上のように木の建築のもつ耐震性能や防火性能が議論を呼んだのであるが、どうじにまた以上のような木のもつ文化性をも議論されなければなるまい。この展覧会はそのための一石を投ずるものとして期待されたのであった。

展覧会の実行

展覧会は次のように行なわれた。

まず日時・会場としては、四月六日〜五月二十一日に大阪の国立国際美術館で、七月十日〜二十八日には平安遷都一二〇〇年協会で、そして八月二日からの三週間は金沢市地場産業振興センターでそれぞれ実施された。

高松伸「妙見山信徒会館」

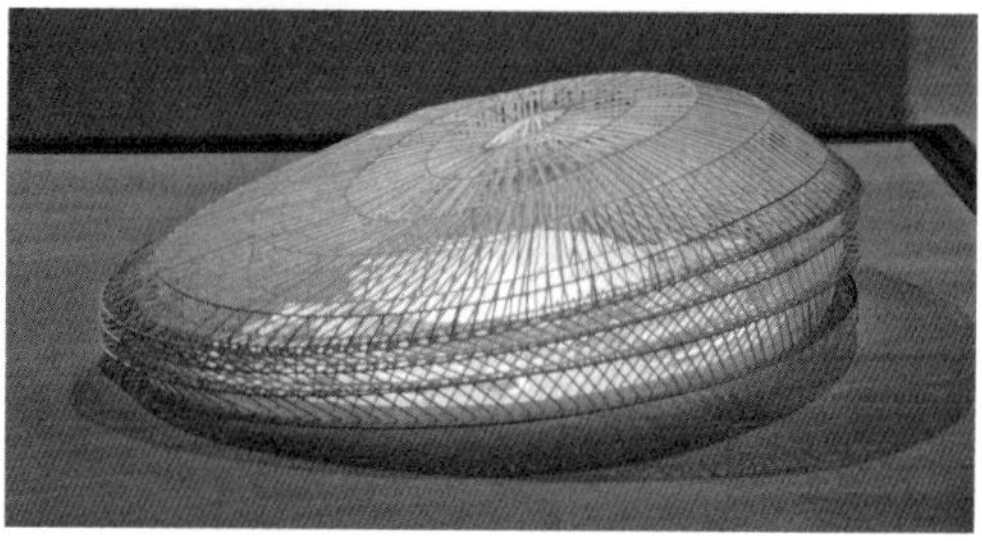

内井昭蔵「木造国会の提案」

横内敏人「木造超高層計画」

参加者は企画監修が上田篤で、作品出展者は阿部仁史、新井清一、出江寛、UOMS（田中充子＋京都精華大学生）、内井昭蔵、河西立雄、隈研吾、末松利紀、鈴木隆之、高崎正治、高松伸、戸田潤也、長坂大、浜田邦裕＋海辺しゅん、葉山勉、横内敏人、若林広幸、渡辺誠の各氏であった。

次に作品の中身は庭園から建築、街区、都市にいたるまでさまざまなレベルのものがあった。なかに、木を素材にした新しい建築の提案が多く見られた。たとえば京都の町角のどこででも現出しそうな携帯庭園とでもいうべき「木庭」（新井清一）、木造街区の延焼防止をはかった「防火図子」（長坂大）、木の仮設性を生かした「木造国会の提案」（内井昭蔵）、商業、文化、行政等の施設を収容した一大都市ともいうべき高さ三五〇メートルの「木造超高層計画」（横内敏人）などが話題を呼んだ。

UOMSの「木の広場」と題したプロジェクトでは、直交グリッドの京都のなかに観光と避難の新しいルートをめざしてつくられる直径二キロの「円小路」、その昔の都市計画にならって龍虎朱雀亀をデザインモチーフとした「四神相応のポリボックス」、今では忘れられてしまった昔の「伏見の七ツ井」につくられる新しい木造櫓《やぐら》の「名水広場」、さらには京都駅南につくられる「新しい市役所」など、都市とのかかわりにおいて木の新しい意味を見出そうとする試みがあった。

むすび

では「木の建築と都市展」と今回の「ウッドファースト」とは何が違うのか。

わたしの見るところ、前者の重要なキーワードは、以上に述べた「常若」ということにあったかとおもわれるが、今回はその大筋を見るかぎり「柱」がキーワードになっているようにおもわれる。それはかならずしも「木の物質」としての良さではなく「木の精神」としての意味への問いかけである。

そういうように内容が変化したのも、今回の企画者である上田の心境変化によるところが大きいのではないか？　上田はバブル景気のころに青森市の小牧野遺跡の調査委員をやったことを皮切りに、各地で発見された縄文遺跡、たとえばチカモリ、真脇、桜町、三内丸山などの巨大木柱跡を見て回り、しだいに縄文の巨木建築様式に心惹かれるようになっていったようだからだ。

一方、話は変わるが、当時、日本のバブル景気に圧倒されたアメリカ政府は、ときの中曾根内閣にたいして「日米構造協議」なるものを提議し、そのなかで第二次大戦後に一貫して苛められ続けてきた木造建築が思いがけずに復権した。つまり日本の建築基準法の木造条項が大幅に改正され、高層建築にも木材が大幅に使えるようになったのである。それによってアメリカからの木材の大量輸入が期待されたのであった。

そのいきさつはともあれ、上田はそういう状況を見ていて、早くも一九九三年には新しい建築基準法により自らの事務所を木造三階建に建替えている。そうして「京町家展——過去・現在・未来」（一九九〇年）などを実行したりしたが、さらにその線上で、この「木の建築と都市展」をも企画実行したものであろう。

そして今回「地方創生」などが叫ばれるなか、上田は「地方の復権は山の復権にある」とし、さらにそれは「木の復権によって実現される」としたものとおもわれるのである。

〈コラム〉

現代建築家と「ウッドファースト」

木造をめぐる技術や制度が変化していくなかで、現代の建築は「木」にどのように向き合っているのか。第一線で活躍する建築家諸氏に、木を用いた自身の作品をご紹介いただいた。（編集部）

伊東豊雄（設計）みんなの森 ぎふメディアコスモス——自然とのつながりを求めることで生まれる新しい省エネルギーな空間

北川原 温 岐阜県立森林文化アカデミー

隈 研吾 檮原町プロジェクト

高松 伸 丸美産業本社社屋

内藤 廣 日向市駅——木と命

坂 茂 タメディア新本社——スイスの木造の可能性と日本の限界

山本理顕 STUDIO STEPS

みんなの森 ぎふメディアコスモス

【自然とのつながりを求めることで生まれる新しい省エネルギーな空間】

設計 **伊東豊雄**

いとう・とよお 一九四一年生。伊東豊雄建築設計事務所代表。主な設計作品に「せんだいメディアテーク」(2000/宮城)「多摩美術大学図書館(八王子キャンパス)」(2007/東京)「台湾大学社会科学部棟」(2013/台湾)等。

二〇一五年七月に開館した図書館を中心とした複合施設である。敷地は、街のシンボルである金華山とその頂の岐阜城を望む、JR岐阜駅から約二km北上したところに位置し、近傍の長良川からの豊富な伏流水が地中に流れている。

新たな文化の中心をつくり、街を活性化させることを目的として、複合施設とその周辺広場についての設計プロポーザルが行われ、二〇一一年二月に我々が設計者として選定された。

建物は約八〇m×九〇mという大きな平面形が二層積み重なる構成である。一階は環境の安定した中央部にガラスで囲まれた閉架書庫(六〇万冊収容)を据え、その周囲を展示ギャラリー、多目的ホール、市民活動交流センターなどがつながりを持って取り囲む。二階は壁の無いワンルームの開架閲覧エリアであり、三〇万冊分の書架や、合計九一〇席の多様なスタイルの閲覧席が設けられている。

サークル状の閲覧エリアや受付カウンターの上部には「グローブ」が吊られている。グローブはポリエステル製のファブリックを主材とした半透明の大きなカサである。この直径八m〜一四m、合計一一個のグローブが、逆向きのろうと形状をしていることによって、風の流れを生み出し、上部からの光を柔らかく拡散するなどの室内環境を向上させる役割を担う。

ゆるやかな起伏を持つ木造の屋根は、一二〇mm×二〇mmという住宅スケールの断面をした木材を、しならせながら三方向に積み重ねることで出来ている。グローブ上部でむくり上がることで、グローブの性能を高めると同時に、周囲の山並みと呼応した外観をつくり出している。

敷地全体には樹木を豊富に植える計画とし、建物西側は全長二四〇mに渡る並木道、南側は幅四五mの広場とした。二階に設けられた三種類のテラスとの関係にはどれも個性的な気持ちよさがある。

グローブが導く自然エネルギーの活用や、伏流水の温度を利用した床輻射冷暖房、太陽光利用などをバランスよく組み合わせることで、建物が消費する一次エネルギーを五〇%以上削減できる見通しとなった(一九九〇年の同規模建物との比較)。

消費エネルギーを減らすことを目的として室内を過度に仕切り・覆うのではなく、かつての日本にあったように、自然とのつながりを求める中で快適で省エネルギーな環境をつくることが、そこにいる人々を生き生きとし、成長させるのではないか。開館した建物がまちのように楽しく賑わい、人と人との新しい関係が生まれているのを見ると、このようなことを強く思うのである。

（記＝庵原義隆・伊東豊雄建築設計事務所）

（初出：『新建築』二〇一五年九月号）

◎著者によるその他の木造建築「大館樹海ドーム」（1997）「水戸市新たな市民会館」（進行中）

岐阜県立森林文化アカデミー

北川原　温

きたがわら・あつし　一九五一年生。北川原温建築都市研究所主宰、東京藝術大学教授。主な設計作品に「ビッグパレットふくしま」「中村キース・ヘリング美術館」「豊昭学園（豊島学院高校・昭和鉄道高校）」など。

八万六〇〇〇本の間伐材を使う　「岐阜県立森林文化アカデミー」の建設に使われた間伐材は建築で三〇〇〇m³、外構で八〇〇m³を超える。すべて岐阜県産である。本数にして八万六〇〇〇本、約一五〇haの人工林の間伐を行ったことになる。かなりの量ではあるが、岐阜県が緊急に間伐を必要としているという森林面積一〇万三〇〇〇haの〇・一五%にも満たない。同県の森林面積八六万haのうち人工林は三七万haで、県では年間八〇〇〇haの間伐を目標としている。日本全体で見ると国土の六五%、二五〇〇万haが森林で、そのうち一〇〇〇万haが人工林、そしてその六〇%、六〇〇万haが間伐期を迎えているといわれている。間伐を施さなければ森林は荒れ良質の木材の産出ができなくなるだけでなく災害の原因にもなる。そして一番の問題は荒廃し痩せた森林は大気中のCO_2の吸収能力が激減する。もちろん間伐をしてもその間伐材を燃やして処理すればせっかく木として固定されたCO_2を大気中に放出してしまう。そこで間伐材の活用が叫ばれているわけだ。できる限り多量の間伐材を使う、それがこのプロジェクトの重要な課題だった。

地獄の面格子　間伐材のほとんどは小径短材である。それで今回のようなある程度のスケールの建築をつくるには、常識的には集成材加工をするか、大量のジョイント金物を用いるかといった道しかない。しかし私たちは集成材にしない、金物も使わないという方法を探そうとした。集成材や金物はそれを製造するために相当量のエネルギーを消費する。すなわち間接的に大気中にCO_2を放出することになってしまう。それでは間伐を施して森林のCO_2吸収能力を高めることに反する。

　小径短材をそのまま用い、金物を使わ

ずに、しかもローコストで建築を立ち上げる構造や構法はないものかと資料を当たっているうちに構造設計家・稲山正弘をつきとめた。彼の提案である「地獄の面格子」と「樹状立体トラス」でいくことに即決した。これらの提案はもともと彼がいつか実現したいと温めていたものだった。

彼が見せてくれたＶＴＲは実に爽快だった。それは大手メーカーをはじめ全国から出品された木質系耐力壁の強度比較試験の様子が収録されたものだった。その中に「地獄の面格子」があった。いわゆる２×４や補強金物で強化された耐力壁などさまざまであるが、それらのどれもが限界を超えると爆裂したり、拉げたり、無惨な姿を見せた。しかし、唯一「地獄の面格子」だけが、変形こそすれ破壊しないのである。文句なく強度一位だった。荷重を外すと、なんと変形したものが元の形に戻ろうと自己復元していくのだ。これには、驚いた。「地獄の面格子」は金物を一切使っていない。面格子の多数の相欠きによる接合部が力を分散して負担し、木特有の粘り強い「めり込み」によってモーメントに抵抗する構造だ。

樹状立体トラス　丸太を用いた樹状立体トラスは部材をずらして架構し、接合金物を少なくすると共に簡素化している。いってみれば樹の幹と枝、枝と小枝の関係そのもの、つまり素朴な自然の樹の合理性に倣っているにすぎない。実にわかりやすい仕組みだが、模型をつくってみると、全体のイメージは複雑でなかなか魅力的だ。そして自然だ。

一番面白いと思ったのは、樹状立体トラスにしても面格子にしても「非近代的」であるという点だ。近代建築における木造は木造ではない。もともと木造は近代的な構造計算にはのらないのである。古来の伝統的な技か、あるいは最先端の難しい非線形的な解析のどちらかでしか木造をつくることはできない。近代的な構造や構法は材料が均質で一定の特性をもち単純な計算にのることを前提としている。木のように非均質で方向性があり経時的変化のある材料は元来非近代的なものなのである。近代の技術は木という生きている材料を生かして扱うことが出来ないところに限界がある。稲山の「粘り」や「めり込み」や「ばね」といういかにも日本的な、感覚的な、複雑だが素朴なその非線形的な性格の構造は近代が排除してきたものである。しかしそこには古来の伝統の技や匠だけではなく、最先端の木構造の姿を見ることが出来る気がする。

マトリクスとファロス　一本の樹は自然の生態系の縮図である。自然はどの部分をとってみても自然界の生態系から独立して成立することはない。部分の中に全体がある。

手のひらにのる木片に森が内在しているのである。それはメタフォリカルに内在しているだけではなく生態論的にも内在しているのである。森のディテールは繊細で優しく脆く弱い。しかし森の総体は圧倒的な存在感と抗しがたい力をもち、ときに畏敬の念を抱かせる。そして屹立する一本の樹はファロスかもしれないが無数の樹が集合した森はマトリクス、つまり胎内的で母性的で包摂的である。

この森林文化アカデミーの建築はそうした森のような「部分と全体の関係」が生まれることを目ざした。

（初出『新建築』二〇〇一年八月号、一部修正）

◎著者によるその他の木造建築
「海上の森」（二〇〇五年愛知万博、愛知県）「長野県稲荷山養護学校」（長野県）「二〇一五年ミラノ万博日本館」（ミラノ市）

檮原町プロジェクト

隈 研吾

くま・けんご　一九五四年生。隈研吾建築都市設計事務所主宰、東京大学教授。主な著書に『負ける建築』（岩波書店）『自然な建築』（岩波新書）『建築家、走る』（新潮文庫）など。

二十世紀の都市は、コンクリート、鉄、ガラスといった工業化社会の産物によって、覆いつくされた。これらの素材は、固く、冷たい質感を有し、触覚的、臭覚的にも、はなはだ貧しい素材であった。都市環境については、しばしば大気汚染や騒音などの問題が指摘されているが、実際にはこれら工業化社会の素材によって、人間の身体と環境との間の豊かで緻密な関係性が失われたことは、人類にとって大きな損失であったといわなければならない。

振り返って、工業化社会以前の建築や集落は、触覚的、臭覚的にも、はるかに豊かな素材を用いて、作られてきた。特に日本においては、木、畳、土壁、紙など、繊細な香りを媒介として、建築と人間とがコミュニケーションを積み重ねた伝統がある。さらにこれらの建築素材は、室内で焚かれた香りや、食物の臭い、特にミソ、ショウ油など発酵食品が発する臭いを吸収し、蓄積し、重層させていく、香りのアーカイブのような働きがあった。結果として、日本の伝統的建築は、時間の経過によって、固有性を有する豊かで「なつかしい」香りの複合体へと熟成していったのである。しかもこの複合体は、季節によって、その温度、湿度、風向きの変化によって、微妙に異なる香りの体験を人に与え続けてきたのである。

工業化社会以前の日本建築のもっていたこの特質を、現代建築の中で再生させることを、われわれはめざしてきた。特に、竹、スギ、ヒノキなどの木材、土壁や日干しレンガ、畳や和紙など、二十世紀のモダニズム建築では使われることの少なかった素材を多用することで、「香りの複合体」「触感の複合体」を再生することをめざしてきた。そのような試みが、やがて日本の都市の姿を変えるだけではなく、世界の都市にも大きな影響を与え、都市に新しい時代をもたらすであろうことを、われわれは期待している。

高知県の檮原《ゆすはら》町に実現した、一連の木の建築は、この試みの典型例であり、われわれはこの小さな町に、すでに四つの小さなプロジェクトを完成させた。二〇〇六年に竣工した檮原町総合庁舎は、単に木で作られただけではなく、飛行機の格納庫に使われる大型の引き戸を用いて、街の広場とひとつにつながれている。山の中の街檮原には、二十世紀型のエアコンは適さないと考えたからである。引き戸は年の半分は広場に対して開放され、エアコンに依存する閉鎖型の庁舎では絶対に味わうことのできない、環境との一体感を体感することができる。人々は山の空気を呼吸しながら、仕事をしている。

かつても日本の建築は基本的に、このような開放型であった。屋根と深い庇によって空間は雨や日射から守られ、心地の良い風が空間の中を吹き抜けていった。木で作られたやわらかな開放的な建築が、日本人の生活の型を作り上げていた。その型のおかげで、日本が豊かな文化を熟成させていくことができ、日本人の心が作られてきたのである。

この型をいかに取り戻すかが、現代の建築家に課せられた最大の課題であると僕は考えている。

◎著者によるその他の木を使った建築「GCプロソミュージアムリサーチセンター」(2010)「サニーヒルズ表参道」(2013)

丸美産業本社社屋

高松　伸

たかまつ・しん　一九四八年生。高松伸建築設計事務所代表取締役、京都大学名誉教授。主な設計作品に「国立劇場おきなわ」「天津博物館」「ビジネスセンター・トビリシ」など。

この建築の始まりは数年前にさかのぼる。世界のトヨタが販売台数世界第一位を視野に捉えて大躍進を続けている頃、それに追随する様に活況を呈していた名古屋で、もとは材木業にその起源を発するこの地方でも有数の企業が、創業六〇周年を迎えるのを機にして本社ビルの建て替える計画を進行させていた。この計画に当たって、経済や環境への企業貢献問題はもとより、建築やはては芸術の域に至るまでの幅広い知識と慧眼をもつオーナーが模索していたのは、これまでに無い新機軸を核とするものであった。

従来のオフィスビル建築に問われる使い勝手や、高度なインテリジェントシステムなどの機能を優先しながらも建設コストを低減するといった手法とは全く無縁。建築における具体的な建材としての木材利用の可能性を、仕上や構造材、そのほかの造作材といった区別なく積極的に推進することで、現在の日本の産業構造の中で林業が置かれている状況を改善。ひいては地球規模での継続的な環境の維持と保全という究極の命題を見据えた上で、木造建築の継承発展に寄与することを根底とした思想の達成を目指していたのである。

　当時、このオーナーより設計の打診を受けたことは、永年にわたり機会あるごとに大規模木造建築を提唱し、発表した数々のプロジェクトスタディーで〝木〟という素材の可能性を追求し続けていた我々にとっては、またとない好機であった。ゆえに、我々は一点の迷いもなく即座に「木造の本社ビル」を提案したのである。現行法規に照らす限り、この提案の実現にあたっては、実に様々な難関が待ち受けていることが予測される。しかして、クライアントは、案を見るなり即座に決断した。

　敷地は名古屋市街の一画であり、当然のことながら、法的規制としての耐火建築物の設計を要求されている。これを踏まえ、かつ、あくまでも「木造の本社ビル」という理念を死守しつつ、研鑽を積み重ねた結果、カラマツ集成材にH型鋼を内蔵した「木質ハイブリッド構造部材」を主要構造部に使用することを案出するに至った。ちなみにこの部材は、国土交通省総合技術開発プロジェクト（通称総プロ）と日本集成材工業協同組合によって、一時間耐火構造部材として既に大臣認定が取得されており、正式には「木質ハイブリッド鋼材内蔵型集成材」と呼ぶものである。本計画は国内で二番目の使用例となり、規模としては最初の事例（エムビル・金沢・延床面積三七〇m^2）をはるかに凌駕している。

　ある意味において、当為以外のなにものでもないとも言えるこの解法の合理性はともかく、なによりもこれが、比肩すべきものの無い美しい軀体をもたらすことになったという事実が、幾多の難題にもかかわらず「木造の本社ビル」実現へと我々を導いたと言ってよい。ダブル・スキン・ガラスによる透明なファサードは、繊細で緊張感に満ちたファサードを生み出すとともに、なによりもこの建築の真髄であるところの木の美質をダイレクトにひとつの都市風景として立ち上がらせ、ただひたすらその美しさを引き立たせている。あまりにも明澄なこの建築の形姿は、これまで技術的に困難であったところの大規模木造耐火建築実現を通して「木の可能性を見せる」というメッセージであることはもとより、持続可能社会に向けた木造文化再生という我々の希求の似姿であると言えよう。

◎著者によるその他の木造建築
「能勢妙見山信徒会館〝星嶺〟」(1998)「蒲郡情報ネットワークセンター」(1998)「大規模木造構想」(2000)「近畿産業信用組合難波支店」(2013) など

日向市駅

【木と命】

内藤　廣

ないとう・ひろし　一九五〇年生。建築家、東京大学名誉教授。主な設計作品に「海の博物館」「安曇野ちひろ美術館」「島根県芸術文化センター」など。

宮崎県日向市の鉄道高架化にともなって、駅と駅周辺を造り替えることになった。鉄道を高架にして駅と駅前広場を造る。そこまでで十二年、そのあと駅周辺の街造りが続いている。付き合いは二十年になる。

このなかで駅は中心的な役割を担っている。当初から、県と市、そして住民からも、駅舎を木造にしてほしい、それも地元の杉を使った木造駅舎にしてほしいという強い要望が出された。日向市は耳川流域に広がる杉材の集散地として八〇年代までは賑わった。その後、林業の不振にともなって中心市街地の衰退が激しかった。だから杉材に対する思い入れがことさら強い。そしてこの材料をみんなが愛している。

鉄道駅、それも全覆い型のトレインシェッドの覆い屋を木で造ることにJRは大いに反発した。一旦造ってしまえば鉄道線路上空は滅多なことではいじれない。おまけに列車振動がある。JRの言い分も分からないではない。わたしも疑問だった。それでも地元の熱意はそれ以上に強かった。

構造を川口衞先生にお願いし、都城にある県の木材試験センターでの破壊実験を二年も繰り返して、ようやくひとつの結論に達した。それが実現した架構である。柔らかな杉材ならではの不思議な構造体が出来上がった。川口先生によれば、杉の柔らかさを前提にした構造だという。柔らかい素材に無理をさせないようにすることから導きだされた形だ。

良く晴れた穏やかなある日、プラットホームに立っていると、到着した列車から腰の曲がりかけた老夫婦が降りてきた。腰を伸ばし天井を見上げ、杉の香りがするねぇ、と嬉しそうに語り合っている。そうか、香りというのがあるんだ、と気づいた。それまで杉材の力学的な特性や工法などに神経を集中させてきたから、杉の香りのことなどすっかり忘れていた。

気がつけば良い香りがする。嗅覚は人の深いところに眠っている記憶を呼び覚ます。日常生活では視覚情報に振り回されてきているからだ。杉独特の香りは日向の人たちのDNAに結びついてもいるのだろう。この建物は市民から愛されている、とわたし自身は思っている。JR九州管内では唯一乗降客数が増え、高架下の自由通路は頻繁に使われ、駅前広場で催されるイベントは年間七十回を超えるという。街造りは依然として道半ばだが、街が元気になりつつある。その様を見るのはうれしい。

鉄道高架事業は区画整理事業が伴うので時間がかかる。計画は進んでも、持て余すほどの時間がある。それならその時間を使って街造りをやろう、ということになった。仲間とともに行政の計画造りに協力したり、市民との交流を深めたり、様々な関わり方をするようになった。

そうした動きのひとつに「杉コレクション」というのがあった。宮崎県木材青壮年連合会（木青連）の主催だ。仲間のデザイナーの南雲勝志が仕掛けた催し物で、お題を出して全国からアイデアをつのり、十数点にしぼって、それを地元の木材関連の人たちが実際に造り上げ、出来上がった作品を並べて審査してグランプリを決めるかなり大きなイベントだ。その審査委員長を務めた。これが毎年ものすごく盛り上がる。二〇一三年まで十年ほど続いた。

この催しが始まって四年目、宮崎県の木青連の大会に呼ばれた。壇上に呼び出されて、熨のついたたいそうな紙包みを渡された。中の紙に杉山一丁部進呈、とある。半分は感謝の気持ち、半分は遊び心だ。これであんた日向の山から逃げられませんよ、というメッセージでもある。心憎い限りのプレゼントだった。次の日、その山に案内され、手始めに杉の木を一本切り倒すことになった。もちろん初めてのことである。五十年木だからかなりの太さがある。V字に切れ目を入れてもらい、最後にチェーンソーを入れて切り倒す。

いまでもそのときの手の感触と心の中に感じたことが忘れられない。チェーンソーを入れていくと、あるところで木が傾き始め倒れていく。そのとき、命を絶つ、という気持ちがわいてきた。申し訳ないという気持ちと感謝の気持ちがない交ぜになった生まれてこの方体験したことのない感情だ。

これまで木材をずいぶん使ってきた。木のことならかなり熟知しているつもりになっていた。しかし、頭では分かっていても、実際の体験として、命あるものを絶つ、その上で木材という材料を手にしている、という感覚はなかった。自然の恵みをいただきながら建物を建てる。その感覚は建築家にとってとても大切なものであるように思えた。

この時から、木に対する接し方が少し変わったのではないかと思う。木に無理をさせない。可能な限り木の特性に合わせて素直に使うようになった。そして組み上がった架構を見るとき、それらの材料が山からやってきていること、遙か彼方のその山の風景を思い浮かべたりするようになった。もし、全国のあらゆる木造の建物が、そのようなイメージとともにあれば、と夢想する。木と命、自然と命、そのなかに人の命も含まれている、というように思えれば、建築の在り方も変わっていくはずだ。それこそがわが国の建築の新たな個性になってゆけばと思う。

◎著者によるその他の木造建築
「牧野富太郎記念館」（1999）「倫理研究所 富士高原研修所」（2001）「静岡県草薙総合運動場体育館」（2015）など

タメディア新本社
【スイスの木造の可能性と日本の限界】

坂　茂

ばん・しげる　一九五七年生。坂茂建築設計主宰、京都造形芸術大学教授、慶應義塾大学環境情報学部特別招聘教授。主な設計作品に「ハノーバ国際博覧会日本館」(2000)「ポンピドー・センター・メス」(2010)など。

チューリッヒを中心に、スイスのドイツ語圏最大の新聞社、雑誌社を数々かかえるメディア企業タメディア（Tamedia）は、市中心部に隣接建物を買い、または新築し、各社の本社機能を集約してきた。この計画はその一環として、街区の北角の建物を解体し、七階建のオフィスと南隣の五階建既存建物の上に二層を増築するものである。

オーナー側の要望は三つ、従業員があたかも家のリビングルームで寛いでいるように仕事できる環境をつくる。コストは同等のオフィスビルから大きく上回らないこと。そしてマスメディア企業として透明感がある建物にする、という分かりやすいものであった。そこで、スイスのシャレーのような木造をカーテンウォールで包んだオフィスを考えた。しかしチューリッヒでは、都市景観を守るため Baukollegium という委員会があり、計画段階でファサードのデザインチェックを受ける。委員会はとてもコンサバティブで、単純にガラスのファサードに難色を示すので、外部ロール・ブラインドが納まる水平無目と垂直のマリオンを使い、隣の様式建築のファサードのパターンを隣まで引き込むことにより、それをクリアした。

これまでもいくつか大きな木造建築を設計してきたが、常に考えている架構は、木造ならではの構造形式の提案である。近年多く見られる木構造は、スチールジョイントを使い、鉄骨造でもできる。あるいは鉄骨造の方が適切な構造形式で、単に部材を木にしただけの架構である。今回のタメディアでは、柱・梁の単純な架構をいかにスチールジョイントとブレースなしにリジッドなフレームをつくるかがテーマであった。そこで、柱を二枚の梁で挟み、それを楕円形断面の直行方向の梁で貫通しリジッドなジョイントを作った。さらにフレーム全体の剛性を高めるため一〇・九八ｍスパンの架構の両側には三・二ｍスパンの小さなフレーム空間を設けて、オフィスの個室や、外部と内部の中間的エリアとして各階を空間的に連続させる階段やガラスシャッターを開くと半屋外化するラウンジスペースを設けた。

現在、ヨーロッパでいくつかの木造を使ったプロジェクトを手掛けているが、これらの木造構造はヨーロッパでしか実現できない。つまり、そのような木造建築は日本ではつくることができないことに大きな矛盾を感じる。日本での木造にはいくつもの問題がある、まずは制度面である。二〇〇〇（平成十二）年の法改正により、耐火構造に「燃え代設計」の考え方が使えなくなったことが最大の問題（不条理）である〔初出編注＝準耐火構造では可〕。日本では大臣認定を受けた、PBやモルタルで燃え代の内側に燃え止まり層を設けた製品か、燃え代を難燃加工した木で構成するハイブリッド型の材を使わざるを得ず、もうこれらは純粋な木造とは呼べない上、今回タメディアで考えたような単純な接合を作ることも不可能である。次に、私は技術至上主義ではないが、スイスやドイツで多用されている三次元のカッティングマシンを持つ木造加工メーカーが日本にはなく、また三次元の木造の設計ができる構造家もいないことで、日本での革新的木造の実践には限界があるのである。日本の火がスイスの火より強いわけでもないのに、過剰な法規制は、木造の振興や普及を妨げ、日本独自の木の文化は終焉を迎えつつある。それはいわゆる木造の「ガラパゴス化」とも言えるであろう。

（初出：『新建築』二〇一三年九月号）

◎著者によるその他の木を使った建築
「大分県立美術館」(2014)

STUDIO STEPS

山本理顕

やまもと・りけん　一九四五年生。山本理顕設計工場主宰。著書に『地域社会圏主義 増補改訂版』（LIXIL出版）『権力の空間／空間の権力』（講談社選書メチエ）など。

「スタジオ・ステップス」が竣工したのは一九七七年である。設計を依頼してくれたのは、同じ大学出身の二人の卒業生だった。結婚したばかりの二人は、一人は彫刻科、もう一人は油絵科出身のアーティストだった。この住宅地にアトリエをつくりたいと依頼してきたのである。単にアトリエあるいは住宅としてだけではなく、近隣の人たちに対しても、多少は貢献するような建築にしたいという強い思いをもっていた。ピアノのコンサートができないか。展覧会場のようにも使いたい。

私はまだ駆け出しの建築家だった。実績もほとんど無かった。それでも、私に設計を依頼してくれたのは、学生時代からの長いつきあいで、お互いの考え方をよく知っていたからである。

私たちが考えたのは、住む場所であり、一方で働く場所であるような「家」であった。もともと近代化される以前の住宅は単に私生活のための場所ではなくて、そこで仕事をする場所でもあったのである。そういう家をつくったらどうか。いわば町屋のような家である。町屋は「見世」だった。「見世」は仕事をする場所であった。「見世」で商売をすることが、町方として、町場に住むことだったのである。それがすっかり変わってしまったのである。国の住宅政策である。つまり、住宅地の出現である。住宅は「見世」ではなくて、単に子供を育て、家事をする場所であり、家族の維持管理の場所になってしまったのである。あるいは賃労働者として、そこから働きに出る場所になってしまったのである。

かつての家はそこで働くことによって経済的な利潤を得、さらにその地域社会の人たちとの間に豊かなコミュニケーション・システムをつくることができる、そういう家だった。

二人の若いアーティストはそのような家をつくりたいと考えたのである。

前面道路に面して大きな開口のある、ワンボックスの家を考えた。外から中の様子が丸見えの家である。中はアトリエである。あるいは人が集まる場所である。あるいは展示室でありギャラリーである。巨大な階段がそのワンボックスを二つの空間に仕切っている。その巨大階段の上半分（正確には四分の三のボリューム）が、アトリエであり、展示室であり、時にはコンサートの場所である。あるいは二人のリビング・ルームである。そして階段の下が、ベッド・ルームであり、食堂であり、お風呂や洗面所である。つまり、一般的な住宅部分である。巨大階段はコンサートの客席になり、展示場である。

構造は木造。福島県からきてくれた大工さんたちが四カ月かけてつくってくれた。福島の山から切り出してきた米松が主要構造材である。大きなトラス架構の建築である。実際この建築は様々な用途に使われた。年に数回のコンサート。時にはピアノ、時にはバイオリン、時にはパーカッション、時にはカラオケ大会。そして二人のキュレーションによる版画の展覧、即売会。いつも人が集まるような「家」になった。

周辺の何の変哲もない住宅地の中でひときわ目立つ木造建築である。その後、この「家」は持つ主が変わった。ところが新しい住み手は、二人のアーティストと同じように、この「家」の活動を続けたのである。この「家」が好きだからだという。多くの人が来てくれるだけでも楽しいという。多くの人が楽しんでくれているのを見るのが楽しいという。

すでに四〇年近くの歳月を経過して、この木造の「家」は周辺の人たちにとって欠かせない建築になっている。

これが木造の建築だったというのは長い時間に耐えた大きな要因のひとつだったと思う。木造は簡単に増改築が可能である。実際このスタジオ・ステップスも何度も改築した。そして、なによりも木造は古びない。どんなに時間が積み重なっても、その時間の歴史を伝える建築なって行くからである。

◎著者によるその他の木造建築
「山川山荘」(1977)「山本邸」(1978) など

Photo by Ichige Minoru

Ⅳ 山を生かし、里を生かす

山を生かし、里を生かす

速水 亨

●はやみ・とおる 一九五三年生。山林業(速水林業代表)。著作に『機械化林業への取組み』(共著、林業改良普及双書)『スギの新戦略2』(共著、日本林業調査会)『森林の百科』(共著、朝倉書店)『森林と木材を活かす事典』(共著、産業調査会)『森林環境二〇一〇』(共著、森林文化協会)『日本林業を立て直す』(日経出版)等。

1 今が最高の状態の日本の森林

日本の今の森林は最も充実している。江戸時代の絵や明治時代の写真を見ると、如何に日本の森林が疲弊していたかが分かる。江戸時代の木と人々の関係を考えると、専門的な知識を持たなくとも、江戸の循環型社会と言われる状態が、森林を犠牲に成り立っていたことに気づく。

当然ながら家は木造、その屋根も多くは樹皮か板を使っている。そうでなければ茅葺きだ。橋は木橋で、それを支えるための基礎杭も当然丸太、河畔の工事も木を使う。新田開発には多くの木の杭や水路のための板が使われた。海辺の干拓も同じだ。つまり建築や土木作業は全て木と石と土が使われていたと考えて間違いない。屋根材料の茅の調達の為には、山の中腹に草原の状態の茅場が作られた。

燃料も、光を採るには菜種油や鯨油が使われていたと思うが、蠟燭はハゼやウルシの木の実から抽出された。熱を使う場合も森林からの薪か炭だ。

このような木材需要は、歴史的には飛鳥、藤原京、平城京、長岡京、平安京等の都の建築、それに伴う巨大寺院の建築が続き、畿内の森林は荒廃し、製塩・たたら製鉄で瀬戸内や山陰の森林も荒廃した。その後、森林の過剰利用は築城や人口増もあり全国に広がり、伊勢神宮の式年遷宮の用材も伊勢周辺や宮川流域から、愛知から長野の木曾まで時代と共に大径木を求めて変遷していった。

その結果河川の河床は上昇し、洪水による被害が多発し、明治に入りオランダから招いた治水の専門家のデ・レーケは「日本の川は滝だ。これを治めるには上流の植林が必要」と言ったと言われる。

結局全国の森林が順調に緑化され順調に生長したのは、第二次世界大戦後であり、このような意味で、今の森林は最高の状態と言って良いだろう。但し、人間にたとえれば少々メタボの状態でもあるというのが一番正しい。

2 「里山」「里地」とは

「里山」があれば「里地」もある。「里山」は林学者の四手井綱英氏が昭和四十年代に使った言葉で、農業に必要な資材を入手するための農用林であった。「里地」は「里山」より広い地域を表す言葉で、集落を中心に農地、地域の特性に応じて溜池や採草地、放牧地、用水路などが存在し、それぞれが関係して、人々の関わりによって元の自然状態から変化が起きて、その状態で比較的安定している地域が「里地」と言われた。

どちらも人の行為の影響を受けている自然であり、変遷の過程ではなく、その人々の影響のままに安定している状態であることが重要である。それは野生生物の影響も、その人々の存在によって、おのずから管理されている状態でもある。

近年、里山は農作業の変化によって、ほとんど利用価値がなくなり、人々の関わりが無くなった結果、安定した状態から変遷を始めていた。里地も同じ状況で、安定していたものが、耕作放棄も含めて変遷が始まっている。

人々の関わりによって安定していた里山を維持しようとする努力を続ける活動が各地で見られる。時には景観的に見れば成功している場合も多くあるが、実際は里山も里地も人々の生活の結果の必然で出来上がった状態だったのであり、その生活が変わってしまっている現代では、本来の意味では再生維持は不可能である。

特に里地は里山に比べて人々の関わりがより強いため、農家の生活が全く変わった現在ではその再生や維持は難しい。里山はその点ではまだ人々の関わりが里地に比べると少ない。そのため里山再生については、見た目の景観の再生維持は、しっかりとした理論と継続した労働投下があれば可能だと考えられる。

自分たちの働きが、次第に里山の景観を作って行く楽しみは、例えばボランティアの活動としては、とても充実した活動になると思われる。

さて、里山を四手井氏の意味づけで紹介したが、環境省は里山を集落の周辺に限定せず、そこから続く人工林の森林も里山に入れるという説明をしているはずだ。里山を重んじる方々の中には、単純に見える人工林を毛嫌いする人もいるが、森林の利用が、その森林の周辺に住む農家の人々が中心である里山と、もっと広い経済の流れに乗った利用が目的であった人工林とは自ずから比較するようなものでなく、社会の大きな変化の中での土地利用の違いとなったと理解するのが良いと思う。

3 野生と人々の生活

各地で野生動物の活動と人々の生活の接点に軋轢が生じている。農業被害や林業被害、街中の徘徊など様々な形で起きている。中山間地域と呼ばれる山地に隣接した、あるいは囲まれた地域では、農業ではイノシシとシカとサルが三大害獣となっている。

山村では、人が住むところ、あるいは田畑だけを金網でグルッと囲って被害を防いでいる風景が一般的な田舎の景色になっている。年配者の多い中山間地域では、この農作物への獣害で、居住が困難になる。

これらの野生動物が運ぶマダニやヤマビルの増加も大きな問題となっている。ヤマビルはお茶畑や果樹園にまで広がり、農作業をする人に取り付き吸血する。マダニは人の血を吸うときにしばしば自らが宿主となっている重症熱性血小板減少症候群のウィルスを感染させる。SFTSウィルスと言われて人が死ぬこともあり、毎年日本でも死者が出ている。これら野生動物と人々との接触が増えることで間接的な被害が発生し、ますます里山に入りづらくなったり、人々が山村に住みづらくなったりしている。

これらの人間の活動する地帯と野生動物が生息する地帯は、本来、林業地帯を含む、人の気配がする里山がバッファーゾーンとなって人々と野生動物間に立ちはだかり、棲み分けができていた。里山が、野生の地域でもなく人の生活する地域でもない、それぞれを隔てる緩衝帯の役割を果たすことで、野生生物と人々は大きな問題もなく共存していたといえる。

しかし木材価格が下がるとともに森林所有者は森林の手入れをしなくなり、日本全体の森林も手をかける時期を脱していた。すでに里山の農業利用に限れば、人々が林業への興味を失うもっと以前に里山との関わりはなくなっていた。そこに林業への労働投入が激減することで、野生生物の生息は、人々の生活範囲に接しはじめ、その結果、農作物への食害被害や街並みへの侵入などが頻発している。

また、温暖化の影響は積雪の減少などを引き起こし、ニホンジカの増加に影響を与えている。雪がなければ、出産した小ジカの生存率は高くなり、故に生息密度も急激に増えて、植林地も農地と同じように網で囲い込まないと植林した苗木が食害を受けて、森林は成立しない。時には成木した森林でも、シカにより樹皮の剝離が見られて大きな被害を引き起こしている。

様々な合理化を林業の現場では行っている。最近では若い人の姿も林業の現場で見ることができる。しかしニホンジカの生息数の増加は林業に新たな負担を与えるようになっている。シカ防護用のネットの設営はシカの密度が高いところでは必須となっており、それだけで五〇～一〇〇万円／haの出費となる。この問題の解決は、日本の林業の今後を決めるかもしれないほど重要な問題となっており、対策は急務である。

このニホンジカの急激な増加の影響は、林業や農業被害だけでなく、自然林の植生や標高の高い場所の貴重な高山植物なども食害を受けて生態が変わってしまっている。有名なところでは、神奈川県の丹沢山系、三重県・奈良県にまたがる大台山系などで、山頂に近いところで、丹沢では裸地化したり、大台山系では素晴らしいトウヒの純林が無残な枯れ木となっていたりしている。高原湿原で有名な尾瀬ですら、湿原にニホンジカが侵入し、貴重な湿地植物を食い荒らしている。

このように極端でなくとも、ニホンジカの多いところは、人工林も自然林も下草や灌木がシカの食さない植物ばかりになってきている。

温暖化も人々の関わりであり、そして農業の大きな変化、林業の衰退や、さらに身近な点では人々の生活の変化などが、野生動物と人間の関係を大きく変えてきてしまっている。

4　日本の林業の現状

日本の森林の充実は、その蓄積の増大を見るとよくわかる。一九六六年から二〇一二年の間に、国内の森林全体二五〇〇万haでは約二・六倍、人工林一〇〇〇万haに限れば五・四倍にもなっている。しかしこの蓄積の増加が、手入れ不足林を引き起こしている。

日本の森林の管理技術は、木材の市場に左右されて育林方法が変わってきている。私が林業経営している尾鷲林業地帯は、三重県の南部、熊野灘に面した大台山系の南東面の海から標高一〇〇〇mくらいのところで、主にヒノキを育てているが、この地域は三〇〇年以上の林業の歴史があり、ヒノキを一万本／haつまり一mに一本ずつ密植して多間伐で育ててきた。このような育林作業は、目の込んだ良質材を作るために行われたといわれているが、実はまだ細い木の間伐から、農業用や漁業、土木など様々な利用方法があり、商品価値があったことで、早期に育林投資を回収するためであったと私は考えている。それが人々の生活の変化に伴って需要が変わり、密植することのメリットがなくなってきた。そのために私自身、速水林業では植林本数も減じてきた。

このように、林業の施業は、変わらないように見えて社会の変化に対応した形で変化してきた。ただし近年は、林業自体の収益性の極端な下落によって、変化に対応することができなくなってしまい、変化ではなく作業の放棄につながっている。

日本では、一九四五年までの戦争と戦後の復興に多くの木材が使用され、その後一九六〇年代まで現在の三倍以上伐採されて森林は若齢化した。その後の森林回復活動と輸入木材に需要が代替されることで、現状まで回復した。日本の森林はやっと育ってきた状態である。この森林の造成では、現在価値に換算し二五兆円の資金と延べ一〇億人の労力を投入したことになる。

林業のGNP比は、一九五五年に三・三％あったものが二〇一三年には〇・〇三％しかない。経済的意味での林業の存在意義は今の日本では極めて乏しい。二五兆円の資金を投じていると書いたが、人工林の一〇〇〇万haで割れば二五〇万円／haとなる。今の森林は二〇万～一〇〇万円／haくらいの間で売買されているので、今の収益性からみると投資額以下のものになってしまうのだ。そうであるならば、今は補助金が前提となった林業の体質を変え、合理的で適切な投資を行い森林資源の経済価値を高めることで、過去の投資を有効に使うべき時期となっている。それが地方創生の一助にもなるだろう。

二〇一三年の木材生産額は二二二一億円で、例えば一九九五年の五二六六億円と比較すると四二％程度しかないが、最近は幾分上昇気味である。ただし同じく二〇一三年の栽培キノコ生産額は二〇三五億円で、この二つの合計とその他を合わせて林業産出額は四三二二億円となるので、近年はキノコ生産額と木材生産額が拮抗している。一企業の赤字が一〇〇〇億とか三〇〇〇億とかいう時代に、木材生産額が二二〇〇億円程度というのは全く寂しい話である。TPPで影響を受ける農業生産額の予想が二〇〇〇億円程度、大人用の紙おむつの輸出額が二〇〇〇億円。こうなってくるとまことに情けなくなる。

国内の森林から切り出される木材は、丸太換算で二一一一万七〇〇〇m^{3}であるから、森林面積の二万五〇〇〇haで割れば〇・八四m^3／haとなるが、haあたりの成長量は二〇一〇年で二・九m^3／haもある。成長が日本より少ない北欧諸国でも生産量は二・五m^3／ha以上で、中部ヨーロッパなどは概ね三～五m^3／ha生産しており、日本はイタリアやスペインより低い数字となっている。

二〇一〇年に政府は二〇一五年の伐採量を概ね二八〇〇万m^3、二〇二〇年で三九〇〇万m^{3}としているが、すでに二〇一五年の数字の達成は少し厳しそうだ。二〇二〇年の三九〇〇万m^{3}でも二m^3／haに届かない。今後、毎年の成長量と伐採量をどのような形で管理していくかが、大きな問題である。

林業労働の現状も見てみよう。『林業白書』によれば、二〇一三年の就業者総数は六三一一万人、うち林業就業者は八万人で〇・一三％だ。一九八〇年には一九万人で、二〇〇五～二〇〇九年の六万人を最低に二〇一〇年から若干増加傾向にある。最近の若者が林業に来ることが原因で増えているのかといえば、実は統計の仕組みが変わって、森林組合の作業員が団体職員から林業労働にカウントが変わったために増加したものが大半である。しかし、近年は若者の林業への就業が着実に増加していることは事実であり、頼もしいことだ。特に新規就業者は、二〇一三年は二八二七人で、民間事業体へは一九九三人、森林組合が八三四人と、二〇〇五年まで森林組合への就業が多かったが、最近では民間事業体への新規就業が増加してきた。良い傾向だと思われる。

そうは言っても、林業労働の日当は育林作業に従事する者で一万二〇八一円／人日、伐採作業に従事する者で一万二九六八円／人日となっており、年収としても全産業平均が四一四万円であるのに対し、林業は年間二一〇日以上働く者の平均で三〇五万円と一〇〇万円以上の差となっている。

もう一つの問題として、林業は労働災害がとても多い。労働者一〇〇〇人・一年あたりに発生する休業四日以上の労働災害の発生率は全産業が二・三に比べ林業は二六・六と圧倒している。死亡事故も二〇一三年で一七二三人となっている。これは林業就業者が八万人であるから、二%に当たり、一〇〇人の職場があれば年に二名の死亡事故が発生するというおぞましい現実がある。

個人的には、林業事業体の安全管理への意識の低さ、林業林産業災害防止協会の機能不全、林業機械などの安全を研究する研究者の努力不足など、書き出せば切りがないような状態であり、この問題は今林業の労働問題で最も力を入れる必要があると思われる。

現在は政府の間伐作業への補助金などは極めて手厚いものがある。特に標準作業、標準作業量、haあたりの補助対象間伐材積など規定があり、結局労働に対する補助金となっていて、林業現場で働くことは現時点ではお金の流れを見れば半公務員化しており、あまり生産性の向上がはかれるインセンティブが効いていない。生産性が上がらないことに加えて、本来市場性がない木材が間伐補助によって市場に流通して、木材価格全体を引き下げている。

結果的に、主伐時の皆伐した木材価格も下落しており、再造林がむつかしい場合が多い。造林放棄に関しては様々な規制があるにもかかわらず、造林しないため皆伐された木材も再造林コストを含まない木材価格が当たり前になり、結局、再造林を行うという意識を持っていても、極めて厳しい状況ができてしまっている。すでに一〇〇ha以上所有の森林所有者の平均林業所得は赤字となってしまっている。ある意味、林家の「間伐補助貧乏」が起きているといえる。二〇〇四年の林家の年間林業所得は四一万七〇〇〇円であったが、二〇一三年では二〇～五〇haクラスで七六万円、五〇～一〇〇haクラスで九万円、一〇〇～五〇〇haクラスでマイナス一一万一〇〇〇円、五〇〇ha以上はマイナス四五〇万五〇〇〇円となっている。つまり、林業作業は補助金で採算が合うが、林家にはお金は多くは届かず、作業の場で吸収されてしまっている。すでに森林を持っている価値がないのだ。その上、この数字が証明するように大規模化による優位性が林業では機能していないのが分かる。

5　世界の森林における日本

世界の木材生産は、二〇〇八年ＦＡＯ（国連食糧農業機関）のＦＡＯＳＴＡＴで三五億m^{3}とされているが、そのうち半分以上の一九億m^{3}弱が薪炭利用であり、残り一六億m^{3}が産業用丸太量である。木材が貿易される量はわずかに一億二千万〜一億三千万m^{3}に過ぎない。生産された木材が大半は自国消費に費やされていることに気づかされる。

その中で二〇一三年には五二七五万m^{3}が日本に輸入されて、国産材は二一一二万m^{3}である。最近は中国の伸びが激しく日本を凌駕したが、このようにいまだに日本は木材貿易の中で重要なプレイヤーの一人である。そのように考えると、日本の木材生産や消費動向が、海外の特に主要な木材輸出国の森林に影響を与えることは容易に理解できる。ゆえに国内の成熟しつつある森林資源を有効に使っていく努力が求められる。

さて、では国内の林業が森林資源を市場にスムーズに供給するためにどのような問題があるだろうか。また、諸外国と比較して、どのような違いがあるだろうか。

木材搬出の効率の違いは、私が海外の機械を導入し始めた一九九〇年のころは、日本の森林地形の急峻であることや褶曲が多いことなどを理由に、大型機械を国内の林業に導入することを否定的にとらえた方々が多かった。導入された機械も、残念ながら現場の支持が得られないままに、稼働率の低いままに放置されるようなことが多発した。

当時は一部の研究者を除けば諸外国の林業を理解している林業経営者も少なく、せいぜい林業機械展の見学程度で、機械の中身や組み合わせ、その組み合わせの理由など詳細にわたって理解する人が国内にほとんど存在しなかった。

その後概ね二〇年経た現在は、海外からフォレスターを招いたり、渡欧してしっかりと現地を学ぶ若者が出てきたりして、多くの海外情報が日本に入り、海外メーカーも日本市場をしっかりと理解するようになり、多くの林業機械が国内に導入されたが、まだまだその性能を充分に引き出しているとは言えない状態でもある。

また日本独特の機械化で、頻繁に使われ能率が高いといわれている簡易作業路を利用した間伐作業や、皆伐時にパワーシャベルにグラップルを付けた搬出機械を林地に入れるために傾斜地の森林に登坂路を強引につけて搬出する仕組みは、その後の森林土壌の流出など考えると極めてリスクの高い作業だと考えられる。

オーストリアのフォレスターの中には、日本では無理な簡易作業路を開設するよりも、タワーヤーダーなどの簡易架線の導入とそれに合った林道作業道密度を検討する選択肢もあると意見を述べる方もいる。間違いなく賢明な指摘だと考える。

育林の合理化はむつかしい。なぜなら林業の作業の変化の結果が出るのに時間がかかることと、基本的に今の作業体系でも森林は育つためだが、右肩下がりの木材価格を乗り切るためには、同じような森林を育てるとしても、全く異なったアプローチをしないと経営として生き残れない。しかし先に述べたように、補助制度などが創意工夫の余地を残さないような規定で作業を求めてくるため、育林の合理化に現場が適応しづらくなっている。

林野庁の調査によれば、今の日本では三〇年生までに概ね一haに対して二〇〇万円程度の投資を必要としている。北米の八倍から一五倍、ニュージーランドの五倍ほどかかっている。

木材貿易という舞台では、北米のヘムロックやダグラスファーもニュージーランドのラジアータパインも、木材市場では常に競合関係にある。木材価格は生産費に関わらずその時の市場経済で決まってしまうから、やはり育林もこれらの国の水準を目指して合理化していくしかない。

ではドイツやオーストリア、あるいは北欧の森林更新はどうかというと、これはまた日本と全く異なり、今のところ比較しようがない。かの地では、苗木を植えるという行為は補完的な行為でしかない。つまり天然更新で、今まで育てていたトウヒやモミを伐採した後の空間に、苗木がひとりでにhaあたり数万本から数十万本が芽生えてくるのだ。時には生えない場所もあるので、そこを埋めるのに苗木を植栽する。その程度のもので、これと完全な植林で森林を再生する日本との比較はなかなかむつかしい。そこで植林の盛んな北米やニュージーランドとの比較となる。

国内の林業は、林業活動の中に政府の補助が組み入れられており、その補助対象となる作業が疑問を持たずに選ばれていく。本来林業はそれぞれ地域にあった独自の育林作業体系が実行されるべきもので、また市場の変化によっても作業の選択は異なってくる。特に歴史ある林業地はそうだ。全国的に、戦後の林業地の拡大により、経験の少ない林業地はお互いに学びつつ失敗と成功を繰り返しながら、地域それぞれに育林のやり方を模索していた。ところが近年、急速に政府の指導する方向にそった一様な育林体系になってきている。つまり、生態に裏付けられた現場の技術が必要だという意識が消えていこうとしているのだ。

林業は、自然の働きの中に、人の力を少し加えて人々が使いやすいものを、つまり木材を生産していくという産業であり、自然に大きく逆らった作業は避けるべきことと考えればよい。その意味でも補助事業に誘導された画一的な作業は、林業としてはリスクが高く、将来が心配である。

6 日本での育林作業の合理化

私自身は、尾鷲林業という極めて集約的な林業地帯で林業経営を行ってきた。全国の植栽本数が三〇〇〇本／haだったが、速水林業では私が林業に携わるようになった一九八〇年頃までは八〇〇〇本／ha植栽していた。もっと昔は一万～一万二〇〇〇本／ha植えていた。このような密植の林業は、年輪の密な高品質な木材を育てるために行われたと言われているが、私は当時の需要を考えると、農業用の稲架や土木用の杭、当時始まりかけていた養殖漁業のための栽培生簀用の筏、そしてもちろん建築用の足場材と、小径木の丸太需要が多くあったと考えている。特に尾鷲林業は江戸時代から海運で江戸に木材を運んでいたために、東京の足場丸太のマーケットの占有率が圧倒的に高く、そのような需要を背景に密植林業が行われ、造林投資を早期に回収することができて、柱が挽ける太さの丸太が生産されるときは、すでに投資回収が終わっており大きな利益が出たのだ。もちろん密植効果での密度の高い木材は、綺麗に目がそろって、見かけでもとても美しい木目が表面にあらわれる。

しかし密植して、下刈りもなめるように繰り返し、枝打ちを繰り返し、なんと三〇年生までに四〇〇人／haも投入していた。一万円／人日としても、四〇〇万円以上かかっていたこととなる。当時の木材価格は、尾鷲林業では極めて高価に取引されていて、立木のまま販売しても、一haで一五〇〇万～五〇〇〇万円という驚くほどの価格だったために可能であった数字である。この数字を見ながら、将来の人手不足や、木材価格の変動に耐えられる経営を作っておく必要を感じて、思い切った合理化を進めた。紆余曲折はあったが、現在は同じような森林を九四人／haで仕上げようとしている。それも四〇〇人以上かけていた時代にはなかったシカの獣害防護細柵の設置がシカの増加で必須になり、ここに一二人／ha、金額で八〇万円程度が必要になっている。合計で二五〇万円くらい必要になってくる。これは枝打ちを実行しているためで、それを省くとしたらたぶん三八人／haぐらいで済むので、こうなると一四〇万円まで抑えられる。さらに、シカの被害の小さい地域では防護柵が不要なので、六〇万円／haでできるはずだ。そうするとニュージーランドに近い数字となり、もし今の造林補助がそのまま続けば、自己負担は三～四割だから、一八～二四万円くらいで仕上がり、完全に競争力を持つこととなる。

7 林業としての森林への関わり

林業は、森林という自然の産物を人間に使いやすいように大きく改変してきた。欧州の森林も、標高が高いところにあったトウヒやモミが使いやすい木材ということで、低地のブナやナラの森林に植林し、針葉樹林に変えてきた。有名なドイツのシュバルツバルトももともとはブナの森林であったものが、トウヒやモミの森林に変わり、また再びブナの森林を増やしている。

日本では七二〇年に書かれた『日本書紀』に、スサノオの言葉として、「ひげを抜いて植えると杉の木が生え、胸毛を抜いて植えると檜が生え、尻の毛を抜いて植えると槙の木が生え、眉毛を抜いて植えると樟の木が生え、船を作る時は杉や樟がよい。檜は宮を作るのによい。槙は寝棺を作るのによい。これらの木をたくさん植えるように」と書かれている。

この言葉が本当にスサノオの言葉かどうかはともかく、時の為政者が樹種を指定して、使い道を明らかにして、目的を持って植林推奨をしていたことが理解できる。このことから、日本の人工林の歴史が世界の中でとびぬけて古いことが分かる。

もともと関東以南の標高が低いところは照葉樹林帯、そこから以北は落葉広葉樹林帯が広がる。照葉樹林帯でも標高が高ければ落葉樹林帯があり、逆に関東以北の落葉広葉樹林帯でも海岸に沿ったところでは照葉樹林が細く北上している。そして標高が高いところではこちらでは針葉樹林帯が出てくる。北海道では、落葉樹林帯が中心だが、標高が高くなったり北に行ったりすれば針葉樹林帯が広がる。

このように本来広葉樹中心であった日本の森林に針葉樹の人工植林を行い、とうとう二五〇〇万haの森林面積中四割の一〇〇〇万haまで人工林を広げた。これは自然の大きな改変であった。

しかし日本の戦後の復興には木材が建築材料として重要であり、一九六四年に、不足している木材供給を補うためとして丸太の輸入関税が全てのものに先行して撤廃され、電気製品や自動車などの輸出が増加して、円がドルに対して強くなるにつれて輸入材の価格的優位性が増し、以降輸入材がじわりじわりと国産材に取って代わっていった。円・ドルの為替レートは二〇〇〇年に入ると比較的安定してきたが、同時にユーロが導入されて、木材輸出志向の強いオーストリア、二〇〇二年にはフィンランドがユーロとなり、東欧諸国のユーロ圏入りにより相対的にユーロ安が強まり、この二カ国からの欧州材の輸入が増加した。

それとともに阪神・淡路大震災がきっかけになり、大手住宅メーカーの耐震に対する丁寧で科学的な説明が的を射て、地方でも地元工務店を中心とした無垢の木を使った住宅の市場を侵し始め、集成材の利用が増加して木材価格は下落していった。つまり、無垢の木材利用に対して、集成材の同じサイズの木材は同価格なので、その加工費用を差し引くと、原木価格がその分マイナスになることとなる。最近の「都市の木造化」という言葉は夢が広がるが、木材が無垢の材料から集成材のラミナー原料となると、その価格は半額以下となってしまう。

このような木材価格の下落は、林業の活動を一気に低下させて、林家の森林への関心はどんどん低下していった。

植林した森林は自然の改変の結果であり、林業の成果である森林は、環境要素そのものである。そのために私は、管理する森林に対して可能な限り環境管理に配慮すべきであると考えているが、残念ながら今の林業の中には環境管理の施業ガイドラインがない。先に述べたように、日本は南北の気候帯に極めて大きな差がある。森林に依存する生物も大きな差があり、森林環境は森林、渓流、河川と連なってその周辺にも影響を与える水の流れとなり、海に注ぐ。ゆえに森林管理の影響は森林だけにとどまらないからこそ、それに影響を与える林業は常に可能な限り、いやそれ以上に環境配慮を求められている。残念ながら、今の国内には環境配慮のガイドラインの公式なものはない。もし一人の林家が自らの森林に対して、より環境に配慮した管理を行おうとした時には、そこに的確に助言ができる者がすべての県にいるわけではない。どちらかといえばほとんどいないと言ってよいだろう。少しの気の利いた県の職員か、わずかの大学や研究所、そして民間の林業家にも幾人かはいるだろう。これでは「林業は環境に優しい産業だ」「環境保全のためには森林が必要で、管理する林業は重要だ」などという言葉が空虚に響く。

これは行政が実行すべきことであるが、森林の林業経営上の環境管理ガイドラインが必要である。すべての人が実行するのが適切ではあるが、やはり強制ではなく、地域に配慮したポイントを書き出したようなものでも良い。

本来、森林管理は環境管理を前提として、森林管理を続けていく時代に入っている。ところがそのガイドラインがないばかりか、今は間伐を推奨する補助金がしっかりと出ていること、あるいは国有林が自らの間伐の生産性が上がらないために導入した列状間伐という作業を民有林に補助金事業を通じて普及させたこともあり、将来の森林の姿をしっかりと想像して行う間伐は、一部の地域では技術として消えたといってよい状況である。

私は森林管理のコンサルタントの会社を持っているが、時には「ああ、この森林は間伐などしないままにして有ればよい森林にリストラできるのに、これでは手に負えない」と感じる森林に出会う。それほど今の森林管理は私の目から見るとレベルが低くなっている。林業という産業は、想像力が大事である。しゃべらない樹木を相手にした時間の積み重ねで森林が育っていく、その将来の姿を、今の森林から、その時に行う作業から想像することがとても大事である。その想像の翼をもぎ取られた人々が多いことが悲しい。

8 人々がどのように森林を守れるか

林業に従事する者が想像の翼をもぎ取られた現在は、どうしても今一度、想像の翼の再生をしていかないと、林業が森林に対する責任を持てなくなっている。想像力には現状の認識がとても大事である。国内林業の一つの欠点として、森林の現状掌握が適切でないことが多い。

まずはよく言われるように、森林への関心が薄れていったことで、林地の境界だけでなく所在までも分からなくなっている所有者がいる。もちろん間伐のやり方ひとつで森林の状態は変化し、その変化をデータとして管理していく必要がある。

すでにほとんどの県が「森林ＧＩＳ」という土地情報システムを導入して、森林組合なども導入しているところも出てきているが、そのデータ自体が現地の実情を表していない場合が多い。

最近、私が経営するコンサルティングの会社で、森林の内部で稼働させると一分ほどで周囲のデータがＰＣ上に表示されるレーザーを使った機械を開発したが、早速購入や問い合わせを多数いただいている。やはり森林の現状掌握の必要性を切実に感じている人が多いことがここでも証明されている。

また、当然だが森林は命ある木々の集まりで、土壌にも多くの土壌生物や微生物が潜み、もちろん野生動物も暮らす。つまり森林は命の集合体で、我々はその中で目的樹種を育てていることに気づかされる。ここを管理する以上、様々な科学的な知識が必要となってくる。

大学で「林学」という学問の名前を聞かなくなって久しい。どうも「林学」では学生が集まらないらしい。そこで「生物科学」や「生物資源」「森林科学」「森林生態」などという学科名になっていて、それなりに学生が集まっている。その結果と言っては少々語弊があるかもしれないが、森林管理を俯瞰的に学んだり、現場での知識を学んだりする機会が減っているように感じる。

その意味では、森林関係の大学を出た者であっても、科学的な裏付けを持ち系統的に森林施業を見ることのできる者がいないことに気づかされ、その結果として、林野庁の行政も各県の行政も、どうも森林施業を科学的に見ていないと思われることが多い。

ゆえに、我々民間の森林関係者は、まず今一度森林を科学的に見る目を養う必要があり、行政が次々と求める森林の姿を冷静に取捨選択しながら判断しなければ、将来に禍根を残すだろう。

すでに先進国の森林管理は、政府の関与は次第に減じている。特に産業的な部分への関与からは政策的な誘導策は避けられて、森林の環境管理に政府の補助などは集中していっている。日本も政府の予算が厳しくなっていくなかで、政策的な選択を迫られる時代は目の前に来ている。その時に、林業が森林に対する働きかけを政策的にどの方向にもっていくか、どこを省いていくのか、今一度、業界や国民を巻き込んだしっかりした議論を呼び起こし、将来の方向を決めていく必要があろう。

9　どのような森林を目指すか

では、今考えられる将来の森林の姿はどうであろうか。近年林野庁は一〇〇〇万haの人工林を約七〇〇〇万ha以下に減らし、三〇〇万haを広葉樹が中心の森林に転換しようとしている。これは聞こえが良いが、経済官庁としての林野庁の林業政策の効果が出ないままに、再造林意欲が低下して、伐採しても再びスギやヒノキを植えたがらない現実があり、それの後追い政策であるように見える。また、以前の公団造林の伐採期が近づいてきたことへの対応策の一環が広葉樹林化でもあろう。本来は、このような政策は先進国の林業政策ではほとんど行われない。広葉樹を増やすにしても、きちんと経済的な価値を持たせた混交林である。

日本では、今ある人工林をただ広葉樹林化するのではなく、木材生産と環境要素の高い森林の両立を狙うべきであり、それは多雨地帯の温帯林では少しの工夫で可能になる。そのためにも、針葉樹人工林の広葉樹林化を進める前に、針葉樹人工林を主な対象とした環境管理ガイドラインが必要であろう。

木材生産を可能にしたまま、生物多様性や景観の多様性などを確保することで、中山間地域の雇用も維持される。困難なことではあるが、そのような挑戦を日本の森林関係者は行うべきであろう。

林業経営の困難な課題をどう解決するか

【林業経営を支援する木材利用とは】

榎本長治

●えのもと・ちょうじ　一九四六年生。株式会社山長商店 代表取締役社長、山長林業株式会社 代表取締役社長。著作に『フロンティア欧米を行く　林業編』（共著、フロンティア・クラブ）『紀の国からの主張』（共著、清文社）等。

はじめに

昨年十二月初め、次世代公共建築研究会の尾島俊雄会長始め約一〇名の方々が和歌山を視察されました。その折、弊社の製材工場とプレカット工場をご覧いただきました。その際、三六〇〇×一二〇×六〇〇〇のスギ無垢（貼り合わせたりしていない）製材品の乾燥平角が普通に住宅建築に使われているのを見て、「国産材でこのような物ができるのか、国産材といえば一〇五角か一二〇角ぐらいだと思っていた」と驚いていただきました。

私どものお客様は、これまで住宅を建築する工務店業界であり、公共建築物は稀にしかありません。しかし、「公共建築物等木材利用促進法」が二〇一〇年に成立し、公共建築物に木材の利用を推進する原則となっていますが、二〇一四年の公共建築物の中で木造化されたのは七％にしか過ぎません。この法律は、地球温暖化対策と地域林業発展を目指したものと考えますが、フォローの風は強くなってきているとはいえ、その実現への道のりはまだまだです。そしてそのためには、建築関係者、行政官庁、学会の皆様のご理解がなければことは進まないと考えます。

その際お話ししたことなどをまとめ、日本の林業並びに国産材

国産材・外材別の木材需要（供給）量（丸太換算）

			H7年 (1995)	12 (2000)	17 (05)	20 (08)	21 (09)	22 (10)	23 (11)	24 (12)	対前年増減率（%）
総需要（供給）量			113,698	101,006	87,423	79,518	64,799	71,884	74,403	72,189	▲3.0
用材			111,922	99,263	85,857	77,965	63,210	70,253	72,725	70,633	▲2.9
薪炭材等			721	940	1,001	1,005	1,047	1,099	1,157	1,119	▲3.3
しいたけ原木			1,055	803	565	548	543	532	520	437	▲16.0
用材部門別	総数	小計	111,922	99,263	85,857	77,965	63,210	70,253	72,725	70,633	▲2.9
		国産材	22,916	18,022	17,176	18,731	17,587	18,236	19,367	19,686	1.6
		外材	89,006	81,241	68,681	59,234	45,622	52,018	53,358	50,947	▲4.5
		自給率(%)	20.5	18.2	20.0	24.0	27.8	26.0	26.6	27.9	1.3
	製材用	小計	50,384	40,946	32,901	27,152	23,513	25,379	26,634	26,053	▲2.2
		国産材	16,252	12,798	11,571	11,110	10,243	10,582	11,492	11,321	▲1.5
		外材	34,132	28,148	21,330	16,042	13,270	14,797	15,142	14,732	▲2.7
		自給率(%)	32.3	31.3	35.2	40.9	43.6	41.7	43.1	43.5	0.4
	パルプ・チップ用		(6,280)	(6,537)	(7,974)	(6,509)	(5,662)	(6,192)	(6,725)	(6,708)	▲0.3
		小計	44,922	42,186	37,608	37,856	29,006	32,350	32,064	31,010	▲3.3
		国産材	5,989	4,749	4,426	5,113	5,025	4,785	4,914	5,309	8.0
		外材	38,933	37,437	33,181	32,743	23,981	27,565	27,150	25,702	▲5.3
		自給率(%)	13.3	11.3	11.8	13.5	17.3	14.8	15.3	17.1	1.8
	合板用	小計	14,314	13,825	12,586	10,269	8,163	9,556	10,563	10,294	▲2.5
		国産材	228	138	863	2,137	1,979	2,490	2,524	2,602	3.1
		外材	14,086	13,687	11,723	8,132	6,184	7,066	8,039	7,692	▲4.3
		自給率(%)	1.6	1.0	6.9	20.8	24.2	26.1	23.9	25.3	1.4
	その他用	小計	2,302	2,306	2,763	2,688	2,528	2,968	3,464	3,275	▲5.5
		国産材	447	337	316	370	340	379	438	454	3.7
		外材	1,855	1,969	2,447	2,317	2,188	2,589	3,026	2,821	▲6.8
		自給率(%)	19.4	14.6	11.4	13.8	13.4	12.8	12.6	13.9	1.3

注1：需要(供給)量は、丸太の需要(供給)量と輸入した製材品、合板、チップ・パルプ等の製品を丸太材積に換算した需要(供給)量とを合計したもの。
　2：自給率＝各部門別の国産材用材供給量÷総用材供給量×100
　3：その他用は、構造用集成材・加工材・枕木・電柱・くい丸太・足場丸太等。
　4：( )は、製材工場等の残材による木材チップで、外書。
　5：計の不一致は四捨五入による。
資料：林野庁「木材需給表」

の利用について、皆様のご理解を深めていただく一助になればと思います。

国産材はなぜ使われないか

まず、木材需要量七〇〇〇万m^3／年に対して一億m^3／年のバイオマスが蓄積されているのに国産材の需要（供給）が一九〇〇万m^3であるのは何故かという質問をいただきました。

『森林・林業白書』にある上記の表を見ると、用途によって国産材比率が大きく違います。一番価格が高い用途は「製材用」でこの自給率は四三％（一一三二万m^3）、次が「合板用」で二五％（二六〇万m^3）、「パルプチップ」は一七％（五三〇万m^3）となっており、国産材合計の供給量（需要量）が一九五八万m^3となっています。我々林業としては、価格が高い製材用の需要動向に一番の関心があります。というのも、山から伐採・出材・運搬する経費を差し引くと、製材用以外の用材価格では山手がほとんど残らないからです。

では、製材用材に焦点を当ててみましょう。次の図「木材価格の推移と構成」ですが、棒グラフの全体の高さはスギ正角（四角な柱）一m^3当たりの価格を表しています。

濃い色の部分の先端はスギ正角グリーン材（一〇・五cm×一〇・五cm×三mのスギ未乾燥材）の価格推移を表しています。二〇〇〇年、

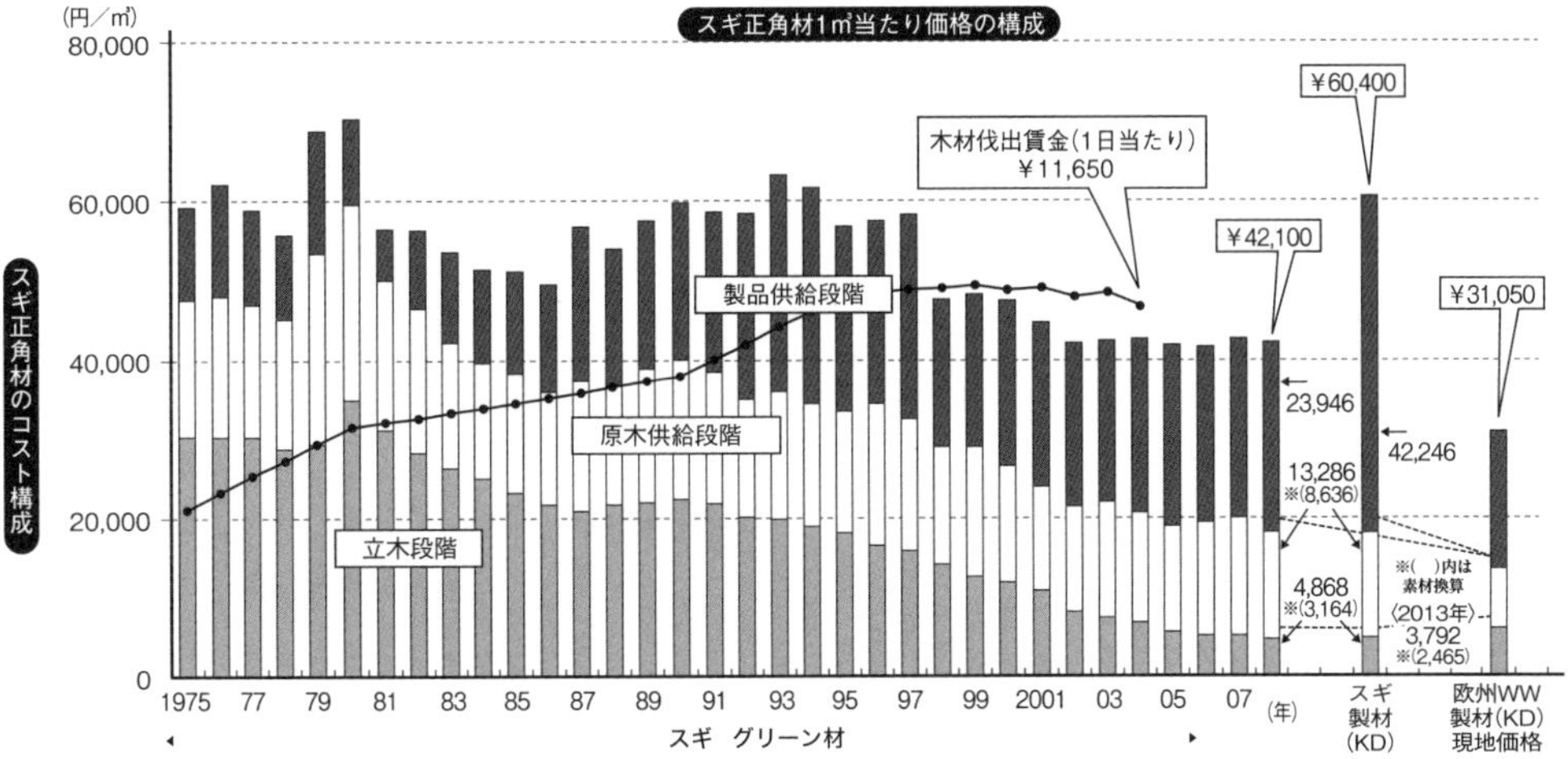

（注）データは2009年9月現在の資料をベースとした。立木段階は、スギの山元立木価格、原木供給段階は山元立木価格とスギ中丸太価格の差額、製品供給段階は正角グリン材価格と中丸太価格の差額とした。山元立木価格は、製品1㎥当たりの価格。スギ中丸太価格は、製品1㎥を製造するのに必要な原木材積（歩止まり65%として約1.54㎥）で積算。スギKD製材価格は、比較のためのもので2007年度の価格。
欧州WW製材価格は、梶山恵司「ドイツとの比較分析による日本林業・木材産業再生論」富士通総研 研究リポート216(2005)による。
（出所）「山林素地及び山元立木価格調」(日本不動産研究所)、「木材価格」(農林水産省)、「林業労働者職種別賃金調査」(厚生労働省。ただし、2004年をもって調査を廃止)

木材価格の推移と構成

「住宅品質確保促進法」が施行され、瑕疵に対して住宅建築業者が一〇年間責任を持たなければならなくなったので、乾燥材に移行し、北欧集成材（北欧産木材の乾燥した薄い板を同一繊維方向に接着剤で張り合わせた材）が一気に一般的になったと同時に、グリーン材の価格も下がり四万二〇〇〇円／m³になりました。ちなみに乾燥材（KD、人工乾燥機で乾燥された材）価格は右の背の高い部分で六万円／m³となっています。国産スギ乾燥柱と北欧集成材の柱の価格は為替によって変動しますが、ほぼ同程度と考えて良いと思います。

このグラフの薄い色の部分の価格に製品歩止り（ここでは六五％）を掛けたものが立木価格になりますが、右肩下がりになっており、濃い色の部分の製品加工流通コストの増加と白い部分に当たる伐出コストがほぼ一定なのと好対照です。すなわち、製品価格低下とコスト増加の結果が全て立木価格にしわ寄せされていることがおわかりだと思います。

このように、立木価格すなわち山林所有者の所得が、ここ三〇年で約一〇分の一に低下しているという現実があります。山林所得は再造林の原資でもあり、伐っては植えるという循環型の林業の経済的な条件が危機に瀕しているということです。

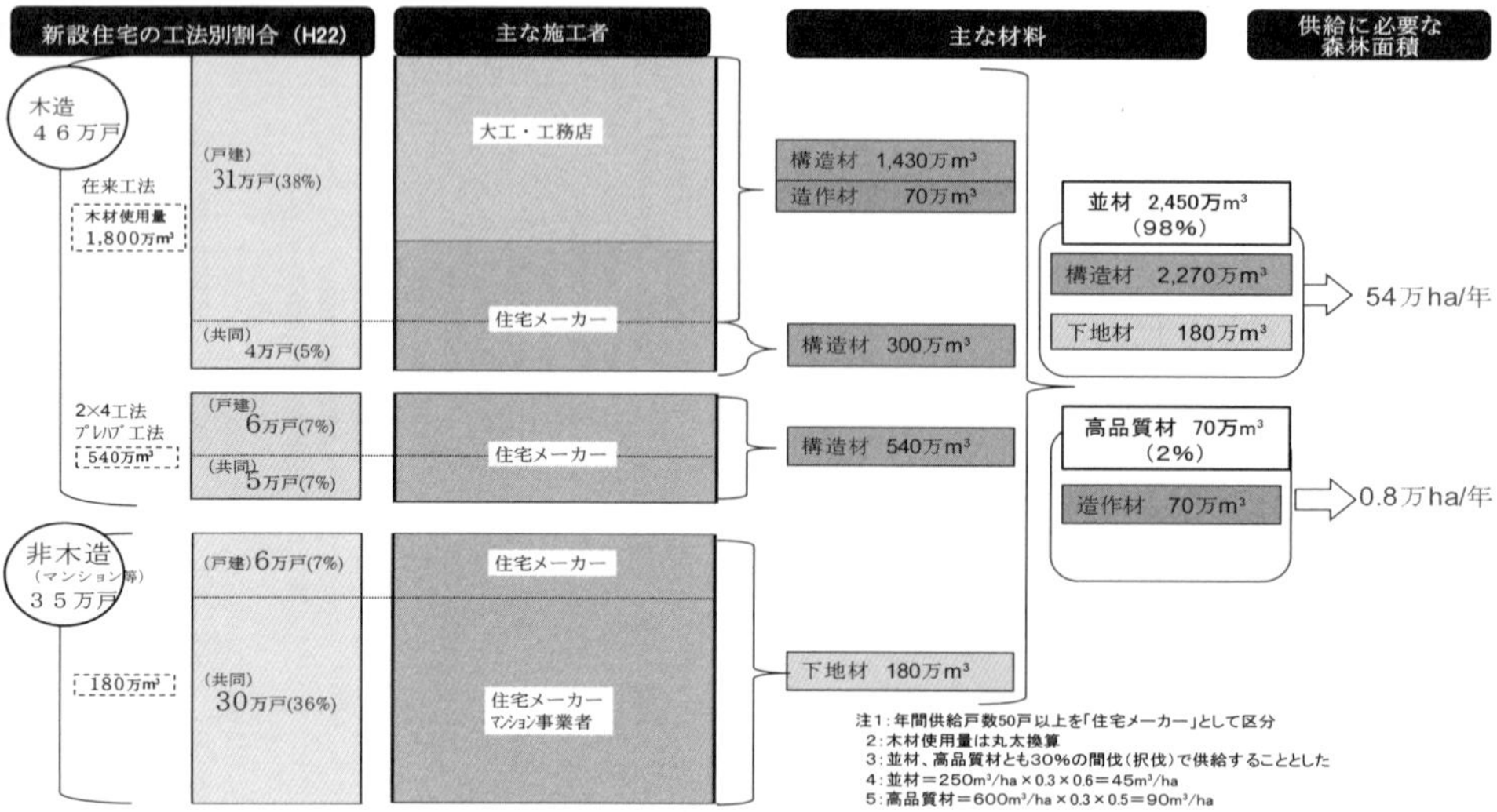

マーケットからみた木材供給に必要な森林面積（試算）

需要構造の変化

このような価格状況を引き起こしたのには、いろいろな要因がありますが、まず大きいのが、需要構造の変化です。すなわち在来木造住宅が、軸組真壁工法（柱が表に見え、柱の間に壁がある伝統的な日本家屋の工法）から大壁工法（柱が壁の中に隠れる工法）が一般的になったことです。洋風生活の普及で日本間が減少し洋間が増加しました。このことにより、構造材が壁の中に隠れ、無節の柱や敷居、鴨居、長押などの高く売れる役物需要が激減しました。また、国産材以外の需要先であるプレハブ住宅や2×4住宅（鋼材、米材現地挽、欧州製品）の増加や大規模建売のパワービルダーの台頭、プレカットの普及により、量と質、価格の安定供給の要望に対応した欧州産集成材が大きく進出したことが挙げられます。

ここで住宅需要における木材需要の内容を見てみたいと思います。二〇一〇年と少し前のものですが大まかな内容をご理解いただけると思います。

まず、住宅着工戸数のうち木造住宅比率は五六%、その内訳は在来軸組工法が七六%、2×4工法が二一%、木質プレハブ工法は三%となっています。この在来軸組工法の約六〇%は、年間供給戸数五〇戸未満の大工・工務店によって供給されています。

次の図は、年間供給戸数五〇戸以上のビルダーで構成される木

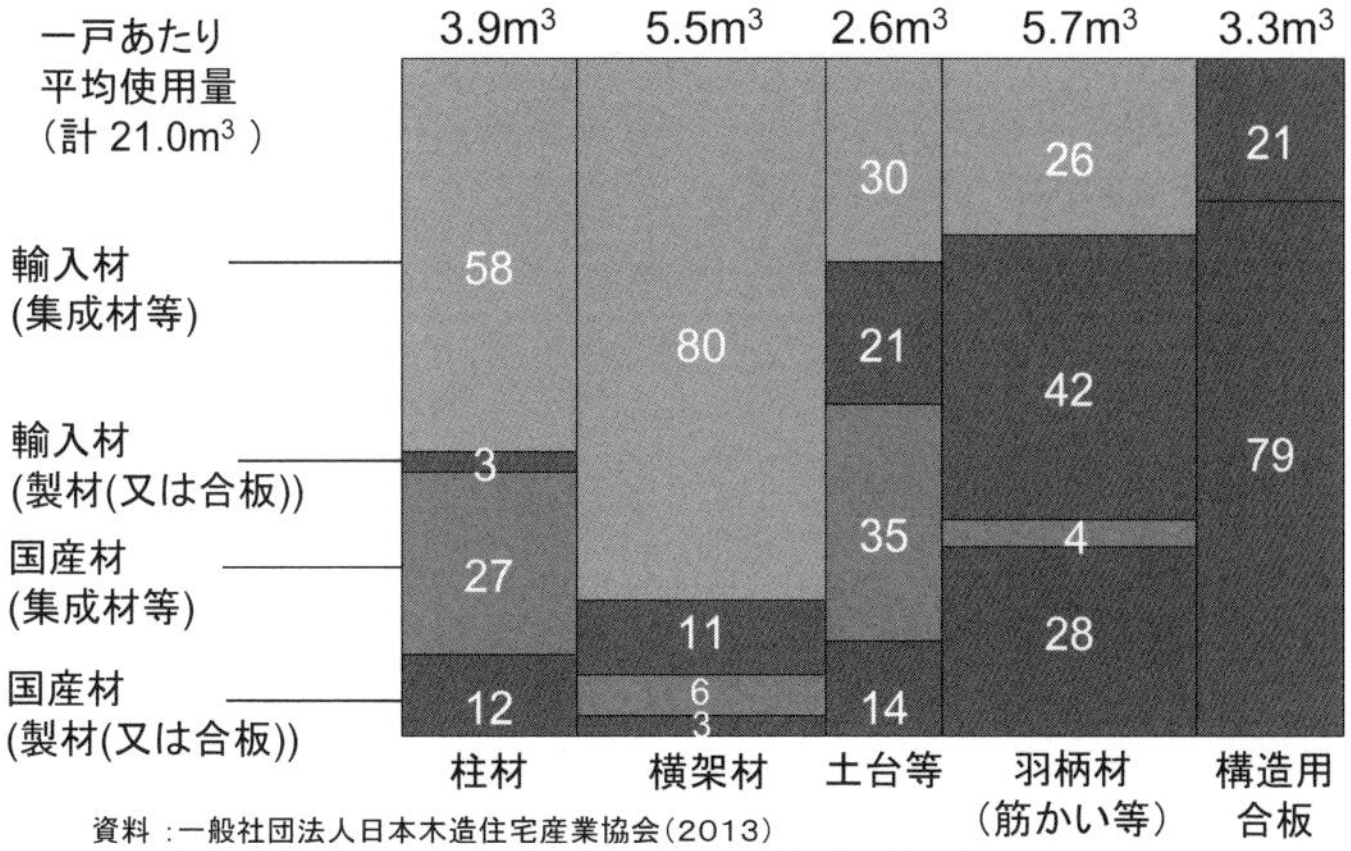

資料：一般社団法人日本木造住宅産業協会（2013）
注：国産材と外材の異樹種混合の集成材等・合板は国産材として計上

木造軸組住宅の部材別木材使用割合

造住宅産業協会のメンバーが建築している住宅の部材別木材使用割合です。柱材、横架材、土台、羽柄材（主用材を挽いた残り材から作る意味で、貫、間柱、垂木、筋交い、床板など）等です。まず柱の国産材比率は三九％ですが、そのうち無垢製材品の柱は一二％に過ぎません。土台では一四％、羽柄材は二八％ですが、一戸あたり五・五m^3も使用する横架材における国産無垢製材品の割合は、わずか三％に過ぎません。大部分の八〇％は欧州からの輸入集成材が使用されています。柱においても五八％が輸入材の集成材です。集成材においても近年国産材の集成材がそれなりの比率を占めてきていますが、大手の木造住宅メーカーの使用部材は集成材が主体であるということです。

　ではスギやヒノキのA材から生産される柱や梁や土台はどこに使われているのでしょうか。その回答が、最近JBN（JAPAN BUILDERS NETWORK）と日本林業経営者協会青年部、日本木材青壮年団体連合会、国産材製材協会によって行われた中小工務店の実態調査で明らかになりました（次頁）。

　年間供給戸数が五〇棟以下の大工・工務店六二一社のデータによると、土台の八二％がヒノキの無垢材、見え隠れの柱は社数で七九％、棟数では六四％がスギ・ヒノキの無垢製材品であり、見え掛かりの柱では社数で八五％、棟数では七三％がスギ・ヒノキの無垢製材品です。横架材に於いても見えがかりの横架材では棟数で三七％、見え隠れでは二七％で、大手の木造住宅協会の会員

調査対象の概要（建築実績）

建築実績が年間1～10戸の会社が69%
1～20戸の会社で85%を占める

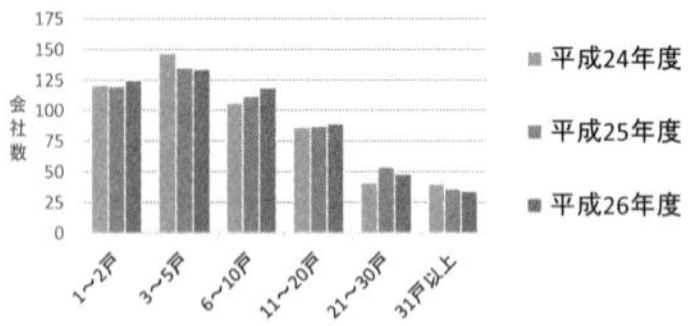

過去三年間の建築実績

土台に使用される樹種

ヒノキが82%と圧倒的

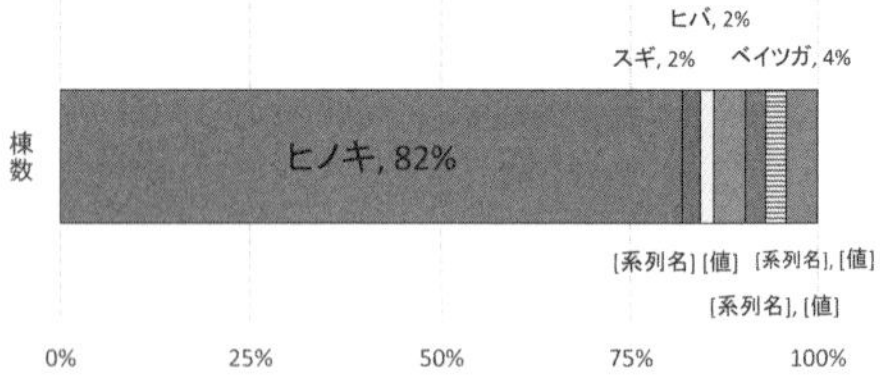

柱に使用される樹種（見え隠れ）

スギ・ヒノキの製材品で80%近くを占める
棟数換算だと64%となり、規模の大きい会社はWW・RWを使用

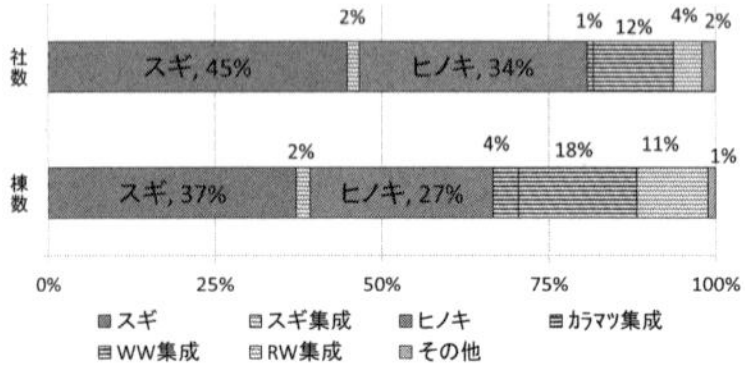

柱に使用される樹種（見えがかり）

ヒノキが40%を超える
棟数換算だと「ヒノキ集成」が11%（化粧単板貼集成材？）

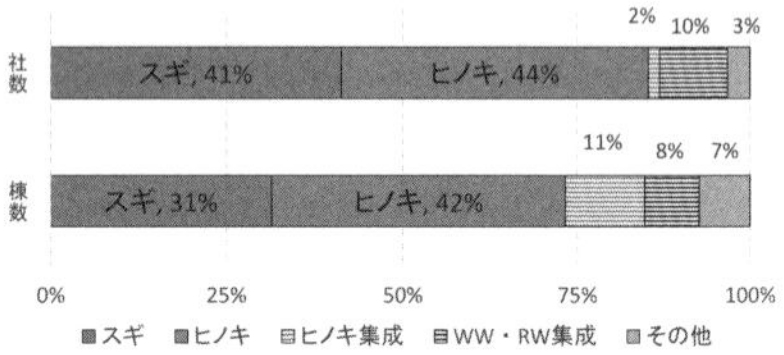

梁・桁に使用される樹種（見え隠れ）

スギ製材品が30%近いシェア
しかしベイマツがほぼ半数を占める

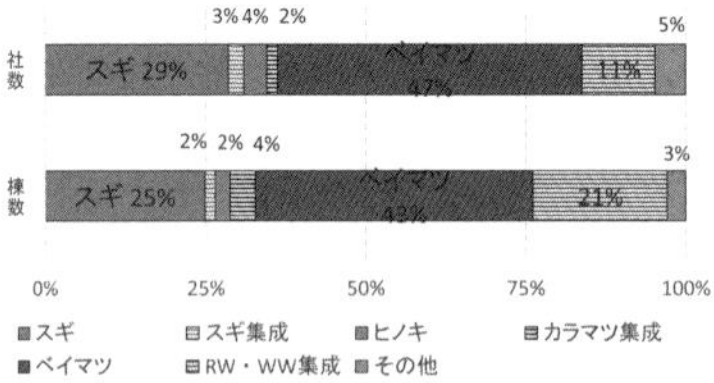

梁・桁に使用される樹種（見えがかり）

見え隠れと比較してスギが5%増。
意匠的な面での需要が伺える

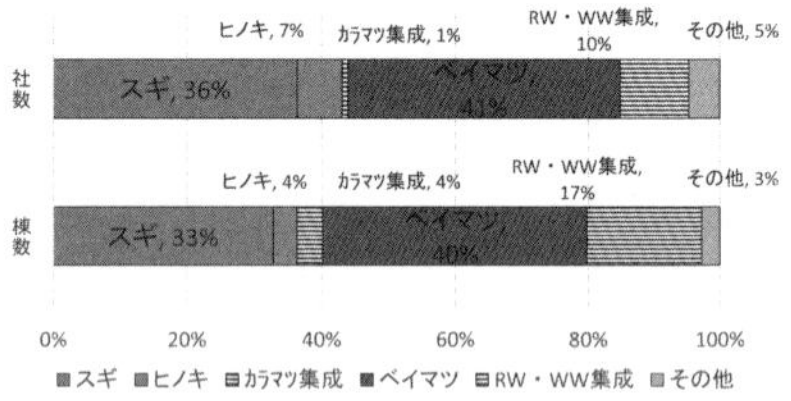

垂木に使用される樹種

社数ではスギとベイマツが拮抗するも
棟数ではベイマツが勝る

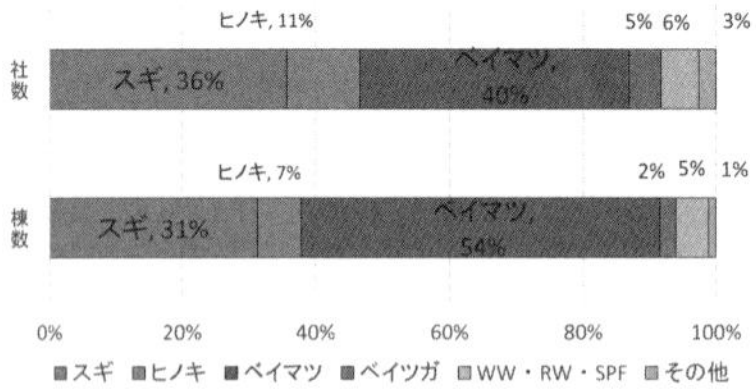

間柱に使用される樹種

垂木・筋違と比べるとスギの割合が高いが、
棟数では欧州産材のシェアが高まる

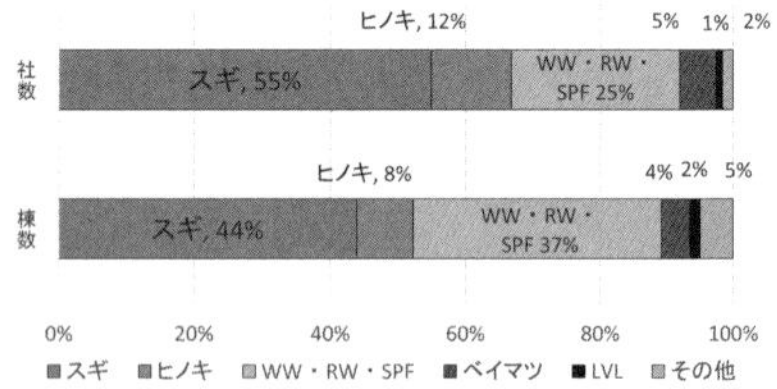

樹種の選択について

樹種選択に施主が介在するのは28%
施工会社としての判断が大半

貴社が供給する木造住宅の木材の選択は、
誰が行いますか

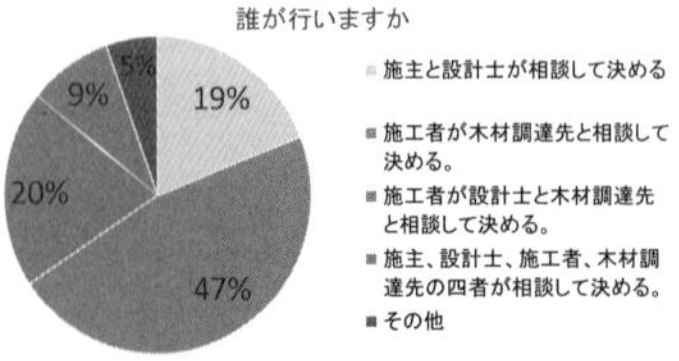

工務店が求める国産材とは

75%が「品質・性能が明確な国産材」を求めている

どのような国産材の供給を望みますか
（621社・複数回答）

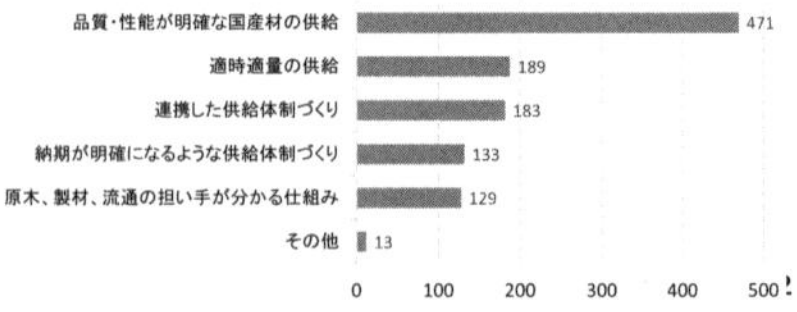

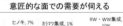

社の統計と大きく違います。

このように、スギ・ヒノキの国産無垢材の一番の顧客は中小ビルダーと大工・工務店なのです。

彼らは小規模需要と品質と顔の見える家守りによって、大手ハウスメーカーと差別化を行なっており、主に持ち家需要に対応しています。そして顔の見える家づくりを行い、国土交通省の地域住宅ブランド化事業などの政策補助支援を受け、先進的な工務店は品質、省エネ性能、デザイン等を向上させ、大手ビルダーにはない家作りを行なっているのです。

それでは、なぜ大手ハウスメーカーやパワービルダーは無垢製材品ではなく集成材を利用するのでしょうか。まず、年間一万戸の家を建てる全国を市場とするメーカーの場合、一軒の住宅に使用される柱を八〇本とすると、八〇万本の柱が必要となります。全国で、均一の製品を使用しようとして、国産材の製材品でこの供給をある地方の一軒の製材工場に発注しようとしてもこれを供給出来る工場はありません。それに引き換え、北欧材の集成材は工場規模が大きく（日本の大手と比較しても約一〇倍の規模）集成材ラミナー（貼り合わせる前の原板）の供給体制が整っており、それを集成加工する日本のメーカーも大規模で、ほぼ均一のＪＡＳ製品が供給可能です。価格においても、為替による変動はありますが、割合安定しています。

一方、無垢国産材製材品を使用する中小工務店の場合は、年間五〇戸としても四千本で、この程度なら、地方の中小製材工場でも安定した供給が可能です。このように地方による国産材素材の品質の違いも含めて、中小工務店の方が国産無垢製材品を使いこなし易いのです。

二〇〇〇年の住宅品質確保促進法施行以来、住宅に乾燥材の使用が必須となりました。スギ・ヒノキの国産無垢材の心持ち製材品も、乾燥が要求されました。それまでもヒノキについては中温乾燥機で乾燥可能で、背割りをした乾燥材のヒノキ柱が使用されていましたが、スギはお手上げでした。スギは細胞の構造からも水分が抜けにくくなっており、中温乾燥機に一カ月入れておいても、スギの心材（中心部の赤褐色の部分）はほとんど含水率が落ちない状況でした。しかし、一五年ほど前、高温蒸気式乾燥機を使用したドライングセット乾燥法が実用化され、大きな技術革新を遂げました。何よりも約一〇日間の乾燥日数で、柱の四面が割れない形でスギの柱の含水率が二〇％を切ることが出来るようになったのです。初期のうちは内部割れの発生も多くありましたが、各社乾燥プログラムを研究し、内部割れのほとんど無い製品が供給されるようになりました。この一番の利点は集成材の柱と同等の形状の安定性です。

そして、現在では柱一本一本の含水率（材料内の水分量の比率であり D値で表す。二〇％以下がＪＡＳ基準）とヤング係数（たわみ易さを表す数値で、値が大きいほどたわみにくく、強度も高い、E値で表す）を測定し、ＪＡＳマークとともに材面へ印字されるようになり、自然物でばらつきのある国産材製材品の品質の「見える化」が行われています。こうなれば、全く集成材と同等の品質保証があることになります。これに加えて、国産無垢材の持つ意匠性、本物感があるわけですから、中小工務店が国産無垢製材品を使用する大きな理由がここにあるのです。サイズによって違いはありますが、価格においてもほとんど差は無く、時によっては無垢材のほうが安いような状況です。近年、集成材もスギやヒノキの利用が増加していますが、最小の加工エネルギーで利用可能となる無垢製材品を再度見直していただきたいものです。

林業をめぐる厳しい状況

林業は長い年月をかけた育林技術で無垢製材品の原料を目的に生産してきました。そして、無垢製材品の需要増加は立木材積の六〇％を占めるA材需要増（ちなみにスギA材一万二〇〇〇〜一万五〇〇〇円／m^3）につながり、価格の違いから林業所得の増加につながります。近年の集成材需要の増加はラミナーを挽く適材のB材需要の増（スギB材八〇〇〇円〜一万一〇〇〇円／m^3）につながります。和歌山県は地形急峻で、出材コストが高めで、八〇〇〇円／m^3程度かかります。それを差し引いたのが山手価格で、山林所有者の取り分になります。

ラミナー価格に接着剤、集成加工費用を足した集成管柱（三mの集成柱）の製品価格と無垢柱角の製品価格がほとんど違わない（ほぼ六万円／m^3）のですから、無垢製材品を利用できるところは使用していただくことが、日本の山にお金を返すことになり、日本林業のサステナブルな経営の推進に繋がるのです。

近年の林業を取り巻く情勢は厳しさを増してきました。その一つに役物価格の低下があります。無節の柱や、造作材の価格が以前より大幅に低下しました。そして需要も減少しています。また、ヒノキの価格低下も顕著です。以前はスギの価格の二倍近い時もあったのですが、今やスギとの価格差は僅かになりました。また、当然素材においてもA材とB材C材の価格差が少なくなり、林業経営は危機に瀕しています。

しかし、林業は木材供給の起点であり、山村地域振興の起点です。山林所有者の伐採の意思決定がなければ、原料供給はなされないのです。このような価格低下によって、山林所有者の所得は限界まで減少しており、山林所有者は今の価格で伐採するか、将来に希望を託して長伐期を選択し、それまで他の所得で食いつなぐかを迫られています。

これまでは、地球温暖化対策としてのCO_2吸収源対策として間伐促進の補助金により、出材が促進されてきました。近年戦後の拡大造林木が六〇年生に達し成熟段階になり、皆伐再造林の循環過程に入る段階になっています。成長が良く並材産地である九州

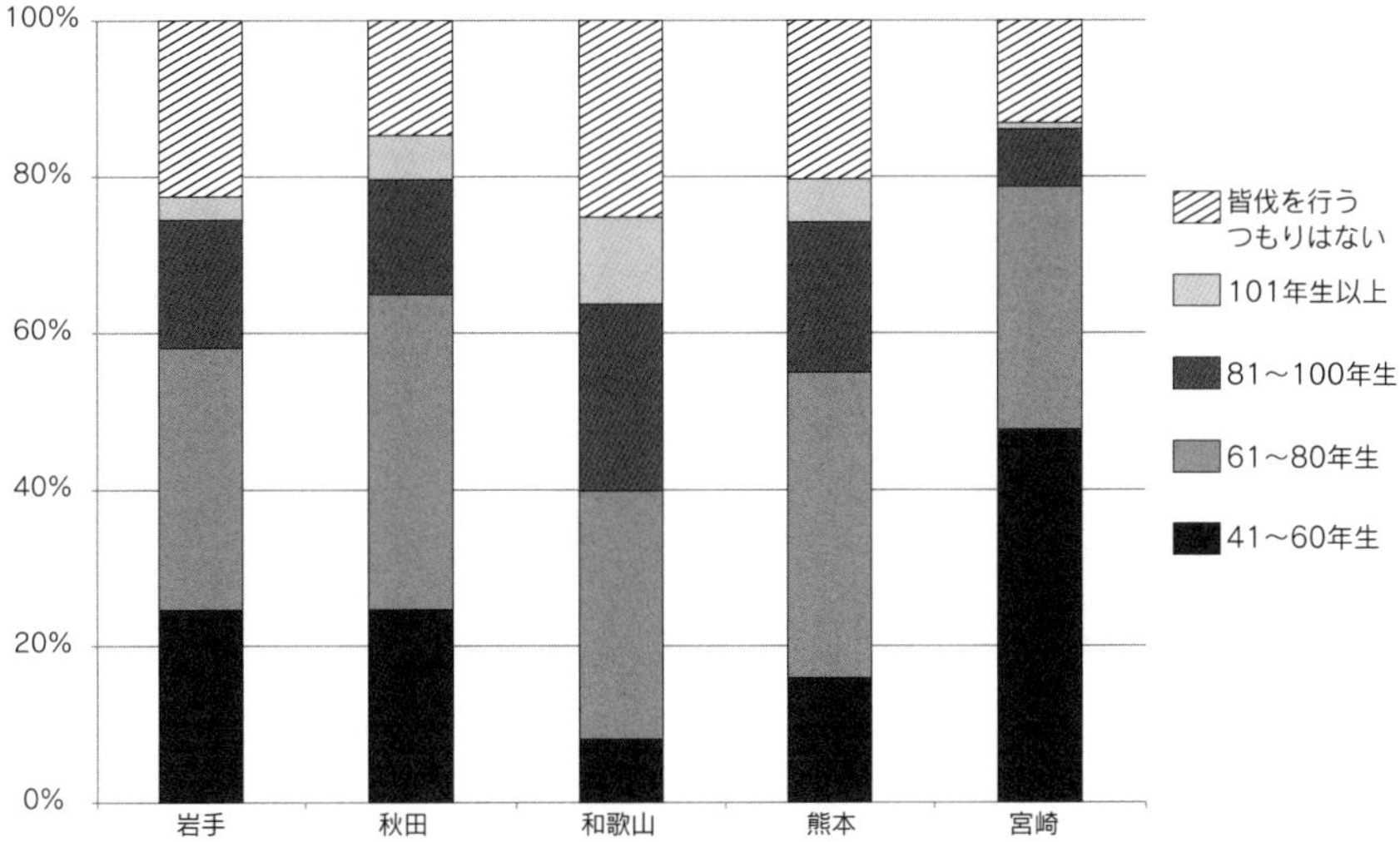

想定する伐期齢

地方がいち早く伐採量が急増しています。

ここに森林総合研究所が二〇〇七年〜二〇〇九年に行なった山林所有者の意識調査があります。これによると、地方により山林所有者の意向が随分違うことが判ります。宮崎県では四一年生〜六〇年生で皆伐しようと考える所有者が五〇%近く居ます。まさに、宮崎県は現在一六〇万m^3という現在日本一の素材生産量を記録しています。秋田県では四一年生〜六〇年生が約二五%、六一年生〜八〇年生が約四〇%と合わせて六五%となり、日本第二の生産県になっています。それに引き換え和歌山県では六〇年生以下で皆伐したいと考えている所有者は一〇%に達しません。多いのは六一年生から一〇〇年生といったところでしょうか。現在和歌山県の年間伐採量は一六万m^3に過ぎません。

この理由の一つに、九州地方では植栽本数も少なく、成林して元玉（立木の根元に一番近い部分から採った丸太）が太くなっても、基本的には並材で、需要の多い柱材適寸の二二cmを超えるとかえって安くなるといった価格構造があります。

一方和歌山県のように植栽本数が多く成長を抑制しながら育林している地方では、枝落ちが細いうちから起こり、高樹齢になるほど元玉や二番玉から、節が少ない役物の製品が取れるため、高樹齢に持っていくことが、必ずしも不利ではなく高付加価値を期待できるということなのです。

次の図は、ヘクタール当たりの立木価格がいくら期待されると

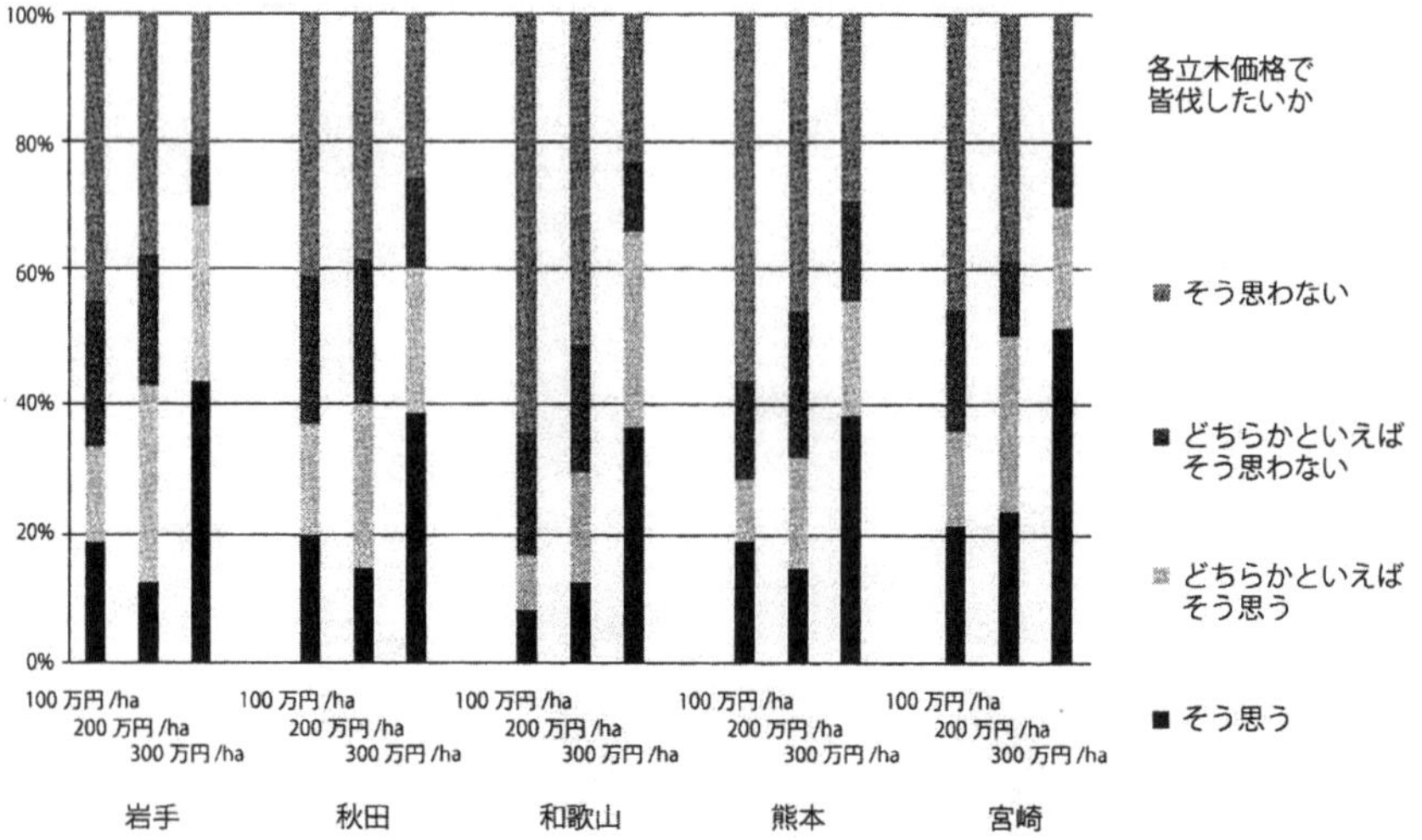

立木価格と皆伐意向

皆伐したいと考えるかということを、各地の山林所有者に尋ねたものです。これによると一〇〇万円／haの収益があると約三〇%の所有者が皆伐を望み、三〇〇万円／haですと六〇～七〇%の所有者が皆伐を望むということです。これまでかけてきたコストを考えると無理のないところなのですが、現実はとてもそのようなものには遠い現状です。

サステナブルな循環の実現のために

日本の林業を生き返らせ、山林所有者がそれなりの所得を期待して伐採し、跡地に再度造林を行い、いわばサステナブルな循環過程を実現するための条件を考えてみたいと思います。

これまで見てきたように、A材需要を喚起し立木価格を価値付けるということがまず第一です。先ほどみた中小工務店の国産材利用においては、構造材表しの洋風住宅がよく建設されています。国産無垢製材品の大黒柱や二階梁や天井の木材を表しで見せ、住い手の自然志向に応えると同時に、国産材の良さをアピールすることで、大手住宅メーカーとの差別化を図っています。製材品の平角を使用することは、日本の森林が成熟して今後ますます増える元玉の大径材の最適な利用方法です。このような平角を製材する過程から、幅広の板材もとれ、羽柄材や内装材への利用の道も開けます。そして、一番材積のある元玉が高く（一万三千円から、

背割りなし化粧用スギ乾燥平角（見え掛かり梁用材）

きれいで太くて長い物は三万円程度まで）売れることに繋がります。これらは確実に山にお金を返すことになります。

公共建築物の木造化を考える場合にも、このことを考えることが必要だと思います。無垢製材品を使用して中大規模建築を作ることは、建築家、構造設計者、材料供給メーカーの共同作業に類することも必要ですが、相互に協力することにより、きれいで合理的で低コストの建築物も可能ですし、国産材の優良材を使用して、生活空間の中に国産木材の良さ、素晴らしさをアピールすることも可能です。そしてこれらの現代建築における木材需要は、打ちひしがれている全国の林業者に希望を与え、サステナブルな循環実現に大きく寄与するものになると思います。

一方、林業の生産流通過程におけるコストダウンも立木価格の上昇に大きく寄与します。前出の木材価格の推移と構成に戻って考えてみると、製品供給段階のコストダウンです。まず、製材加工の技術革新でコンピューター制御の自動化や大規模化やコンビナート化により、加工コストの低下が進みます。これらは並材産地でここ一〇年ほどの間に大きく進展しました。また、プレカット工場が流通の要になったことにより輸送コストの削減や流通段階の省略も進みました。国有林が主導してシステム販売と称して素材市場を通さない販売が大きな部分を占めるようになってきました。

原木供給段階に於いては、伐採・搬出の低コスト化がテーマです。木材の搬出には林道・作業道網の整備が不可欠です。林地の傾斜が二五度未満の緩やかな林地では、低コストの作業道を高密度に作設して車両系出材機械を利用した間伐材の出材が広く行われて効果をあげています。

一方、三〇度を超える急傾斜地では架線による出材が行われるのが一般的です。弊社の山林がある和歌山県は非常に地形急峻で、架線集材による出材がほとんどです。スカイラインを利用した出材には集材機という三胴ウインチを使用しますが、戦後六〇年根本的な技術革新はありませんでした。弊社は仲間とともに三年前から林野庁の補助金をいただき、この技術革新に取り組んでいます。それが無線自動走行可能な油圧駆動の集材機の開発です。

事故の多い集材作業で荷掛け手が自ら無線で操作することによって、作業の安全性が増し、集材機の操作員が集材機械を離れて操作でき、プロセッサーという枝払い玉切り機の操作員が運転席から集材機を操作することも可能となり、労働生産性の向上も見込めるものです。まだ、商品として市場には出ていませんが、今後、和歌山県のような急傾斜地の林業の大きな力になると期待しています。

また、育林コストをいかに下げるかも大きな課題です。日本のスギ・ヒノキは植栽後、下刈と言って、七年から八年間、周囲の下草や広葉樹を刈り取り、生存競争の手助けをしてやらなければ、成林出来ません。ヨーロッパのトウヒやモミは陰樹といって日光

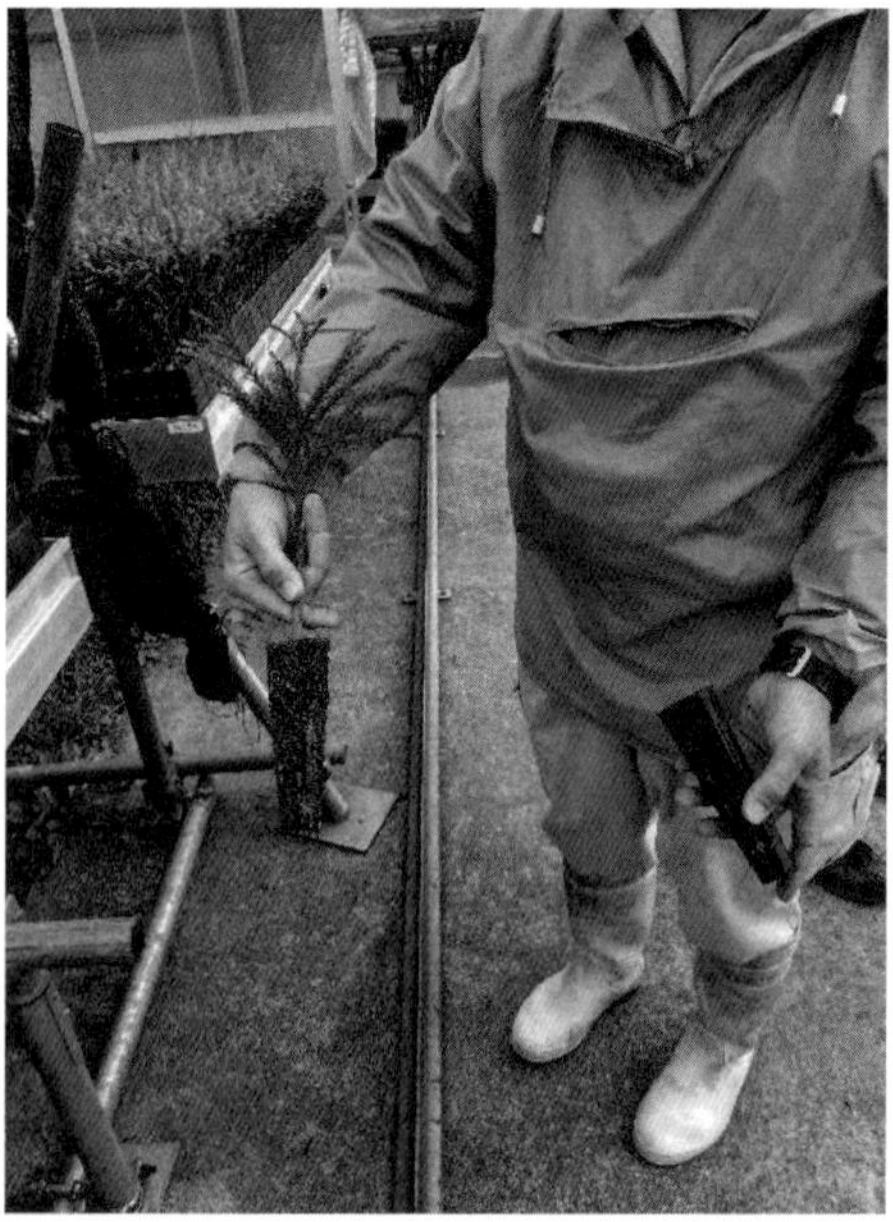
コンテナ苗

が少ない中でも成長していくので、天然更新が可能です。それだけに再造林コストをいかに下げるのかが、重要な問題になります。最近試みられているのが、時期を選ばず植栽できるコンテナ苗を使用して、皆伐後、直ちにコンテナ苗を植栽して、地ごしらえ費を省くというものです。

また、成長の優れたエリートツリーの植栽で下刈回数を減らして下刈費用の削減を図る試みも進んでいます。

最近日本各地で鹿の生息密度が大幅に上がり、スギやヒノキの若芽を食べてしまい、盆栽のようにして全滅させてしまう被害が続出しており、植栽地の周囲をネットで囲んだり、一本一本植栽

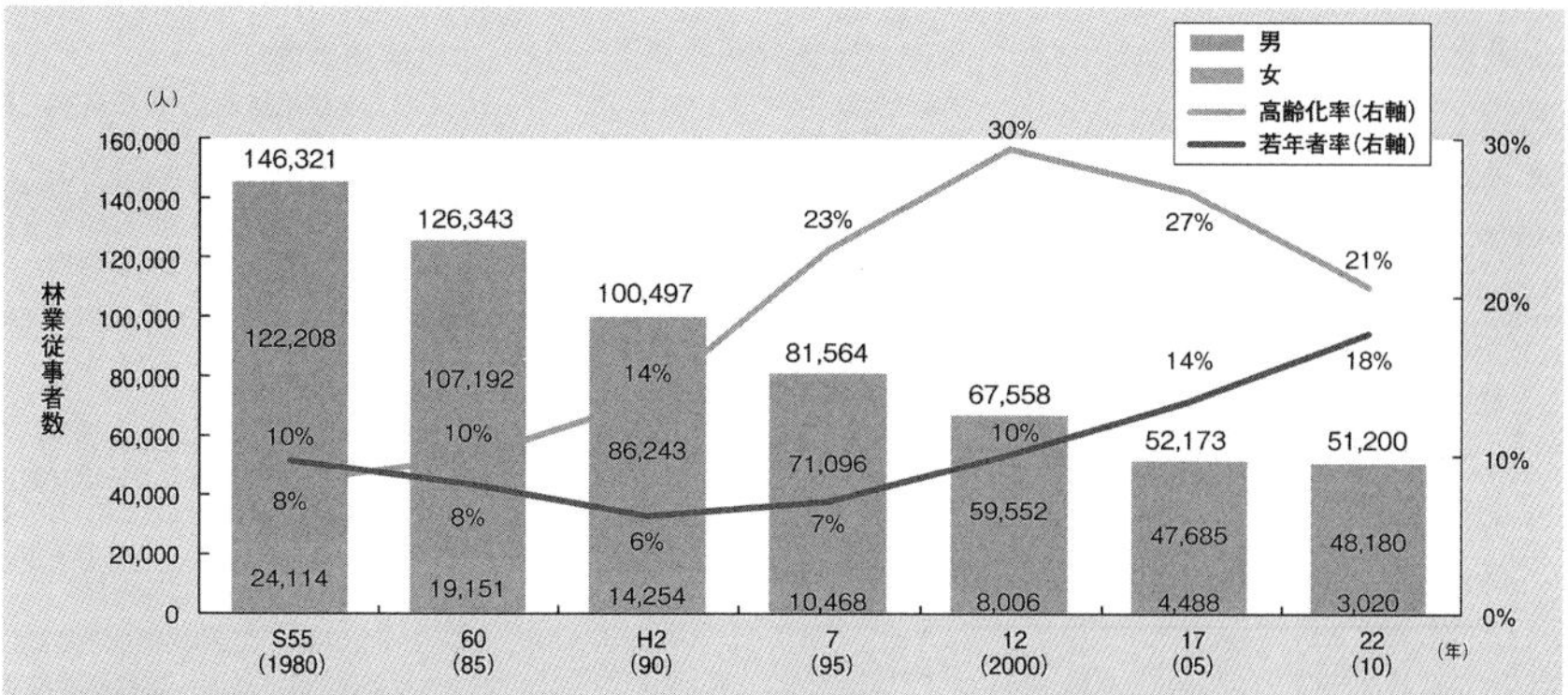

注1：高齢化率とは、65歳以上の従事者の割合。
　2：若年者率とは、35歳未満の若年者の割合。
資料：総務省「国勢調査」

林業従事者数の推移

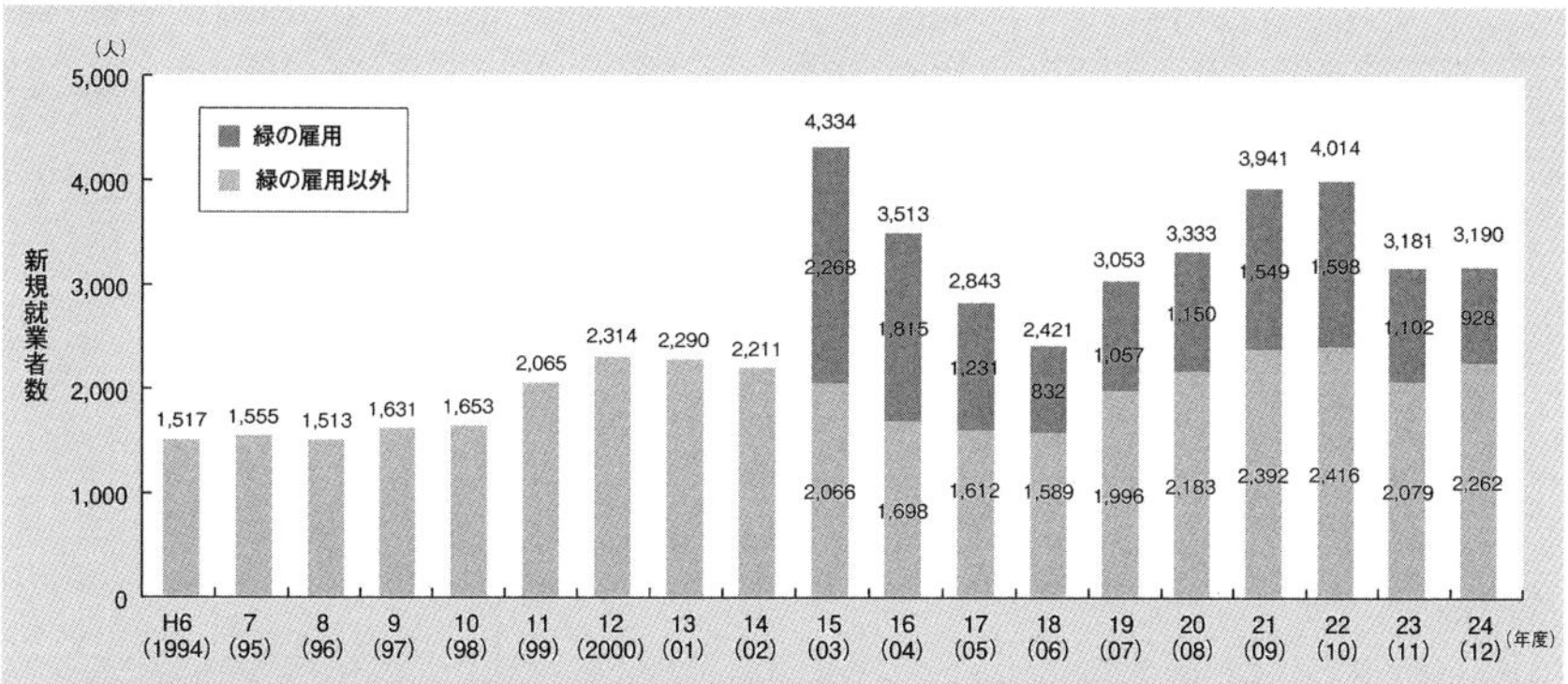

注：「緑の雇用」は、「緑の雇用」現場技能者育成対策事業による１年目の研修を修了した者を集計した値。
資料：林野庁ホームページ「林業労働力の動向」

環境技能者として林業へ新規に就業した者（新規就業者）の推移

林業労働力不足にどう対応するか

苗木に筒状のプラスチックをかぶせたりして、その被害を防いでいます。これも大きなコストアップ要因です。鹿と林業の共存のためには鹿の生息密度を三頭／km²以下（和歌山県の現在の生息数の六分の一）にしなければなりません。鹿の密度管理も緒についたばかりです。

林業労働力の不足

このように林業を取り囲む課題はたくさんありますが、その中でも、林業労働力不足にどう対応するかという重要な問題があります。近年緑の雇用の効果もあり、年間約三千人の新規就業があり、林業従事者の若年率が上昇していることは喜ばしいことです。高性能林業機械化に伴って、伐出作業を中心に増加しています。地形の関係もあり、機械化が進まない育林労働が問題になっています。この対策として、伐出と造林をセットにして伐出した後、

間伐（現状）

素材生産量　55 ㎥/ha
森林作業道作設　30 m/ha
路網密度　50 m/ha
生産性　4.5 ㎥/人日
作業員の賃金　12 千円/人日
（保険料等を除く）
収支（補助68%）①　130 千円/ha

主伐・再造林・保育（現状）

【素材生産量 等】
素材生産量　350 ㎥/ha
森林作業道作設　0 m/ha
路網密度　50 m/ha
生産性　6.7 ㎥/人日
作業員の賃金　12 千円/人日
（保険料等を除く）
収支②　500 千円/ha

【再造林・保育】
作業面積（累計）　10 ha
作業員の賃金　11 千円/人日
（保険料等を除く）
経費　1,780 千円/ha
補助金　1,210 千円/ha

収支③　▲ 570 千円/ha
収支②＋③　▲ 70 千円/ha

※10年後までに必要な作業路網を整備

間伐（10 年後）

素材生産量　60 ㎥/ha
森林作業道作設　0 m/ha
路網密度　90 m/ha
生産性　8.2 ㎥/人日
作業員の賃金　17 千円/人日
（保険料等を除く）
収支（補助68%）①'　260 千円/ha

主伐・再造林・保育（10 年後）

【素材生産量 等】
素材生産量　440 ㎥/ha
森林作業道作設　0 m/ha
路網密度　90 m/ha
生産性　11.1 ㎥/人日
作業員の賃金　17 千円/人日
（保険料等を除く）
収支②'　1,150 千円/ha

【再造林・保育】
作業面積（累計）　8 ha
作業員の賃金　17 千円/人日
（保険料等を除く）
経費　1,420 千円/ha
補助金　970 千円/ha

収支③'　▲ 450 千円/ha
収支②'＋③'　700 千円/ha

《共通事項》
- 丸太価格は現状・10年後とも、間伐9,000円、主伐10,000円
- 作業員の賃金は、現状は森林組合統計平均値、10年後は民間給与実態統計調査（国税庁）平均値より試算。

《効率化のポイント》
- 施業集約化による事業規模拡大
- 路網整備の推進による集材範囲の拡大と歩留まりの向上により、出材量を増加
- 使用機械の選択と配置を適正化し、特に木寄、集材の功程を改善
- 間伐における列状間伐を推進し、省力化
- 主伐・再造林の一貫作業を推進、コンテナ苗植栽により、地拵・植付工程を向上
- 作業員を多能工化（素材生産、造林・保育の兼務）

➢ 間伐および主伐・再造林を通じて収支を改善
➢ 作業員の常勤化と、賃金水準の引き上げ

生産性等の水準を達成した場合の林業経営の具体像
～ 施業地レベル収支改善モデル（1ha 当たりの比較）～

すぐコンテナ苗を植えることで、作業の平準化と低コスト化を目指しています。

一方、労災の発生率が全産業の一二倍という高率で、一面大変危険な職場であり、平均所得は全産業と比較して一一〇万円／年安いという統計が出ています。このように労働条件と労働安全の改善が課題です。これらのコストを機械化や生産性向上で吸収できるかが、問われていると言って良いと思います。

林地の条件によりますが、まずは作業道の密度を上げ、機械化を進め労働生産性向上と安全性の向上を目指すことが積極的な対応の一つと言えると思います。

現在林業労働は単純労働と見なされ、外国人労働者の導入はなされていませんが、将来これらも検討課題です。

これまで見てきたように、林業経営の採算が回復し、サステナブルな林業に復帰出来るかは、無垢材製材品の需要増と生産性向上によるコストダウンが図れるかどうかにかかっていると言えると思います。

現在、森林林業基本計画の改定作業が行われていますが、その議論の中で提示されている数字が上記の数字です。それによると五年後二〇二〇年までに皆伐と間伐の生産性を約二倍に上げ、皆伐で一一～一三m³／人日、間伐で八～一〇m³／人日という意欲的な目標を設定しようとしています。造林保育においても二割減という目標です。

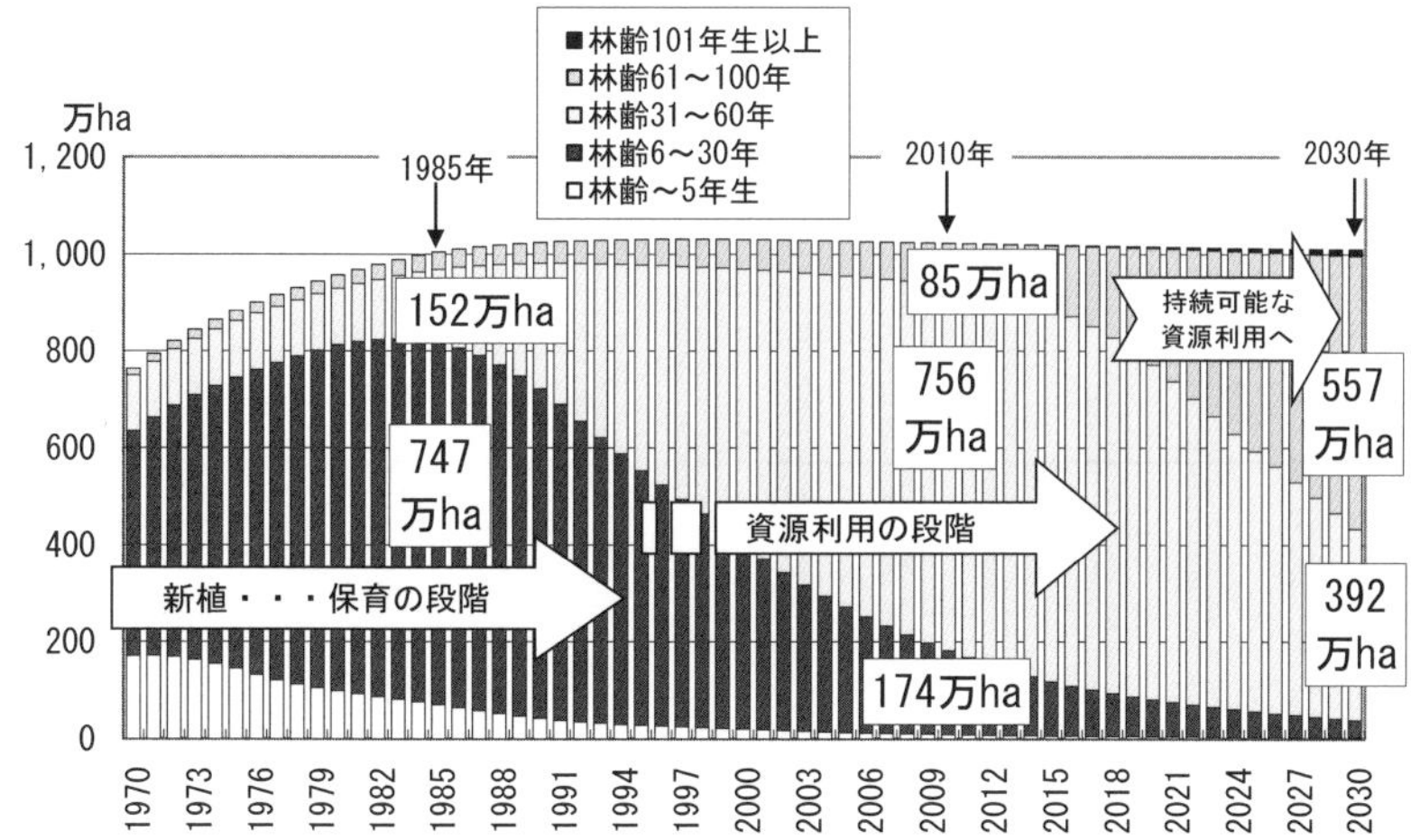

注：「林業セクターモデル」による推計結果（2003年以降、素材需要量一定1,692万m^{3}のケース）

人工林の林齢別面積の長期推移（予測）

必要な作業道が整備され、これらの合理化を行なった場合の一〇年後、二〇二五年の林業採算の試算が行われています。

森林資源の未来像

では今後日本の森林資源はどのように成熟していくのでしょうか。ここに森林総合研究所の林業セクターモデル二〇一一による推計結果があります。それによると、今後六一年生を超える林分が急速に増加し、林木の径級も太くなって成熟した林分が増加して行きます。

それではこれに応える需要はどのような傾向が予測されるでしょうか。現在の日本林業が期待している住宅需要はどうなるのでしょうか。二〇一五年六月に発表された野村総合研究所の住宅着工戸数予測によると、現在年間九〇万戸の住宅着工戸数が、二〇一七年四月の消費税率のUPの影響で七七万戸に急減し、その後いくらか回復するも二〇二〇年以降徐々に減少し、二〇二五年には六四万戸、二〇三〇年には五三万戸と急速に減少していくと予測しています。

この背景には、今後日本の人口が少子高齢化により減少していくこと、国土交通省の住宅政策による長期優良住宅の推進で、戸建て住宅の長寿命化の影響、空き家の増加やリフォーム需要の増加の影響などが考えられます。

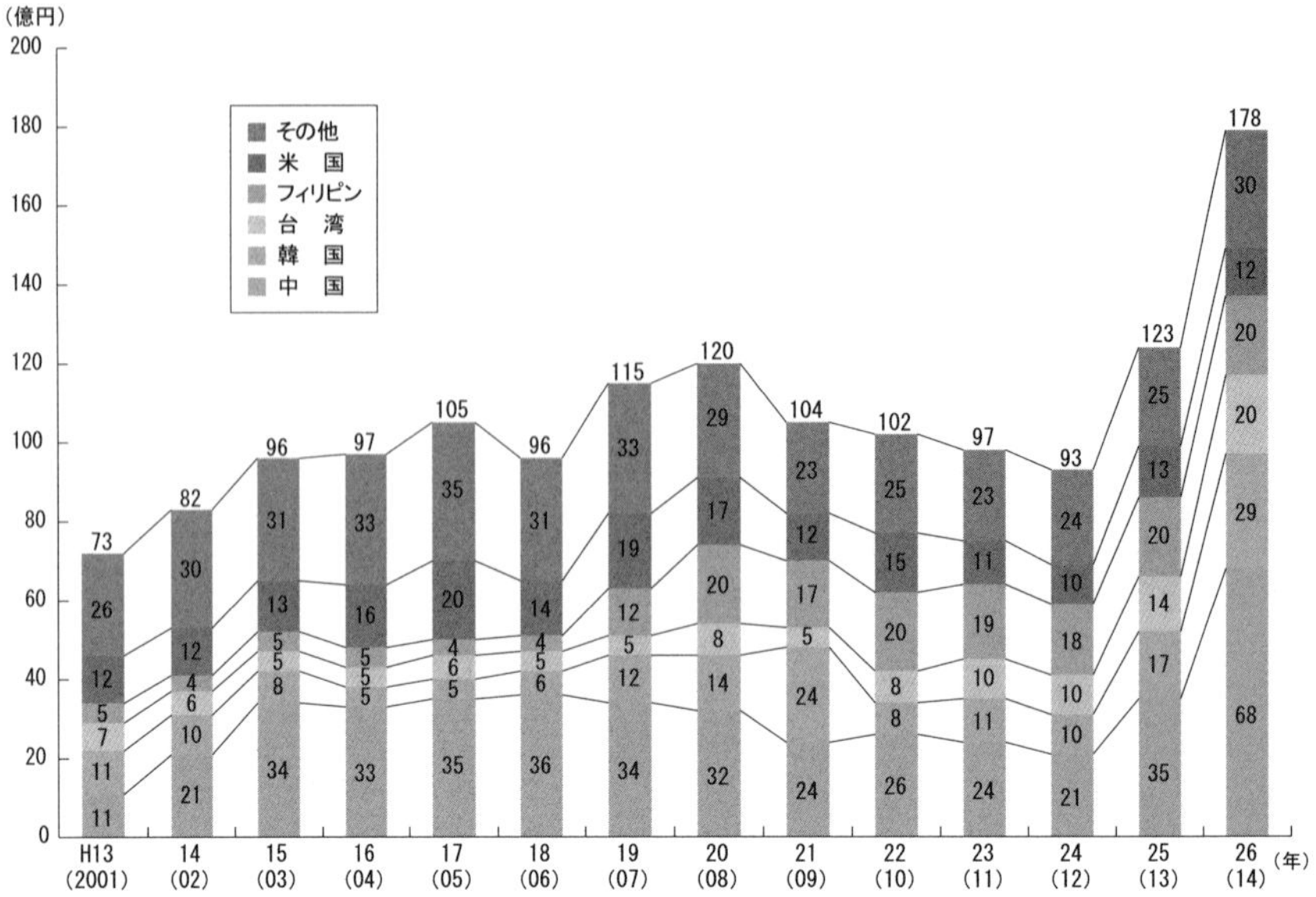

注：HS44　類の合計。
資料：財務省「貿易統計」

我が国の木材輸出額の推移

それでは、日本の林業はどこに需要先を求めて行ったらいいのでしょうか。

①中大規模木造建築物（公共建築物と民間）

まず、公共建築物の木造化の進展に期待したいと思います。公共建築物の木造化は民間の中大規模建築への木材利用を先導するものだと思います。その意味でも公共建築物への木材利用、中でも無垢製材品を利用した建築を進めていただきたいと思います。

②中国の木材需要の伸び

現在量的に顕著に増加しているのが、海外への木材輸出です。

③都市の木造化

また、新築のビルや既存ビルの屋上を木造化する場合には容積率を緩和するというようなインセンティブ政策は取れないものでしょうか。言わば、都市に森を移すことにより、潤いのある生活空間を作り出し、CO_2吸収源対策に繋がるものだと思います。

④CLTの普及

CLTも現在急ピッチで建築基準法上の整備を進めており、平成三十六年までに年間五〇万m^3の国内での生産を目標としています。しかしCLTもどちらかと言えばB材需要です。

⑤バイオマス発電の拡大

また、現在各地でFITによるバイオマス発電所が計画され、また既に操業を開始しています。一般に採算的に五千kW以上の発電所が望ましいとされますが、この規模の発電所で、年間六万トン（約一〇万m^3）のバイオマス資源が必要とされます。そして基本的にはC材・D材が原料ですが、各地で原料不足が起こり、C材D材の価格が上昇しています。これら既に操業中と設備認定済みを合わせるとバイオマスの必要量は七〇〇万〜八〇〇万m^3にもなるともいわれています。

これまで見てきたように、木材需要の総量はバイオマス発電等もあり、増加していますが、これまで、日本の林業経営が目指してきた無垢製材品の需要については、集成材化の流れの中で、低迷しているのが現状です。そして、無垢製材品の質を求める需要、すなわち高品質優良材の需要も低迷し、価格も低下しています。これらが、日本の林業経営に与えている深刻な影響は大きな社会的損失を引き起こしています。今後の林業経営のあり方においても、その合理化の進展は木材需要から引っ張られる形で進展するものと考えます。その意味で、再度国産材の利用の望ましいあり方を考えていただきたいと思う次第です。

林野庁においても、今後森林資源の充実に伴い、間伐材だけでなく、主伐材のA材需要を喚起する必要性を認識するに至っていますが、その具体策については今後の大きな課題となっています。建築関係者及び住宅関係者の方々のお知恵を拝借し、資源の充実した日本の林業が活き活きと再生されることを期待しながら、日々努力を重ねていきたいと考えています。

日本林業の現状と課題

海瀬亀太郎

●かいせ・かめたろう　一九四三年生。マルカ林業株式会社 代表取締役社長、ネッツトヨタ和歌山 代表取締役会長、慶應義塾評議員。

はじめに

日本列島は南北に長く、また列島を東西に縦断する山稜により遮られ太平洋岸と日本海岸では地質や気象条件にも大きな差があります。また経営する森林面積も極端に差があり、一口に日本の林業を論ずることはできません。従って今回は我社が林業を営む紀伊半島中央部に視点を置き考察しました。

我が社の立地と特徴

我社が所有する山林の面積は約四二〇〇ha（四角形に整形すると一辺が約二〇km）でその内一六〇〇haは京都大学と和歌山県に長期契約で貸与しています。従って経営面積は約二六〇〇haと日本では中堅規模の林業会社です（表1、2）。

所有林は紀伊半島中央部に位置し、標高は六〇〇mから千mと比較的高地にあります。また狭い地域に山林が集中しており森林を管理する上では有利な条件を満たしています。

しかし林地の傾斜角は平均で約三五度と急峻で、また断層運動により地層が粉々に砕かれた破砕帯が多く、常に山腹崩壊の危険性を孕んでいます。したがって林道や作業道などの林内路網はあまり整備されておらず、育林から伐採・搬出作業コストが高い地域です。

また林地が急峻なために、獣害防止ネット等による日本鹿の食害防止効果は十分には発揮できず、日本鹿の被害も深刻な地域です。

所有山林の林分は、スギ・ヒノキの純林にモミ・マツなどの針葉樹が混在しています。樹齢は百年生前後の高齢樹林が多く、九州ほど若齢時の旺盛な生長量は見られないことから、年輪が細かく高品質で強い強度を持つ、スギ・ヒノキを主として生産・供給しています。当社が経営を行う和歌山県には、大型製材工場、合板工場、大規模木質バイオマス発電所といった大量に木材を使う工場は現時点では設置されておらず、高品質のスギ・ヒノキ材の供給を前面に出した木材生産活動を行っています。

表１　大手が所有する日本の山林

事業体	所有面積（ha）
国有林	785.3 万
王子製紙	18.3 万
日本製紙	8.2 万
住友林業	4.6 万
三井物産	4.4 万
日本全体	2,508.1 万

表２　規模別林家数

所有面積	軒数
1 ～ 100ha	903,447
100 ～ 500ha	3,089
500ha 以上	269

図1　マルカ林業の所有林(上)と150年生のヒノキ林(左下)、スギ原木(右下)

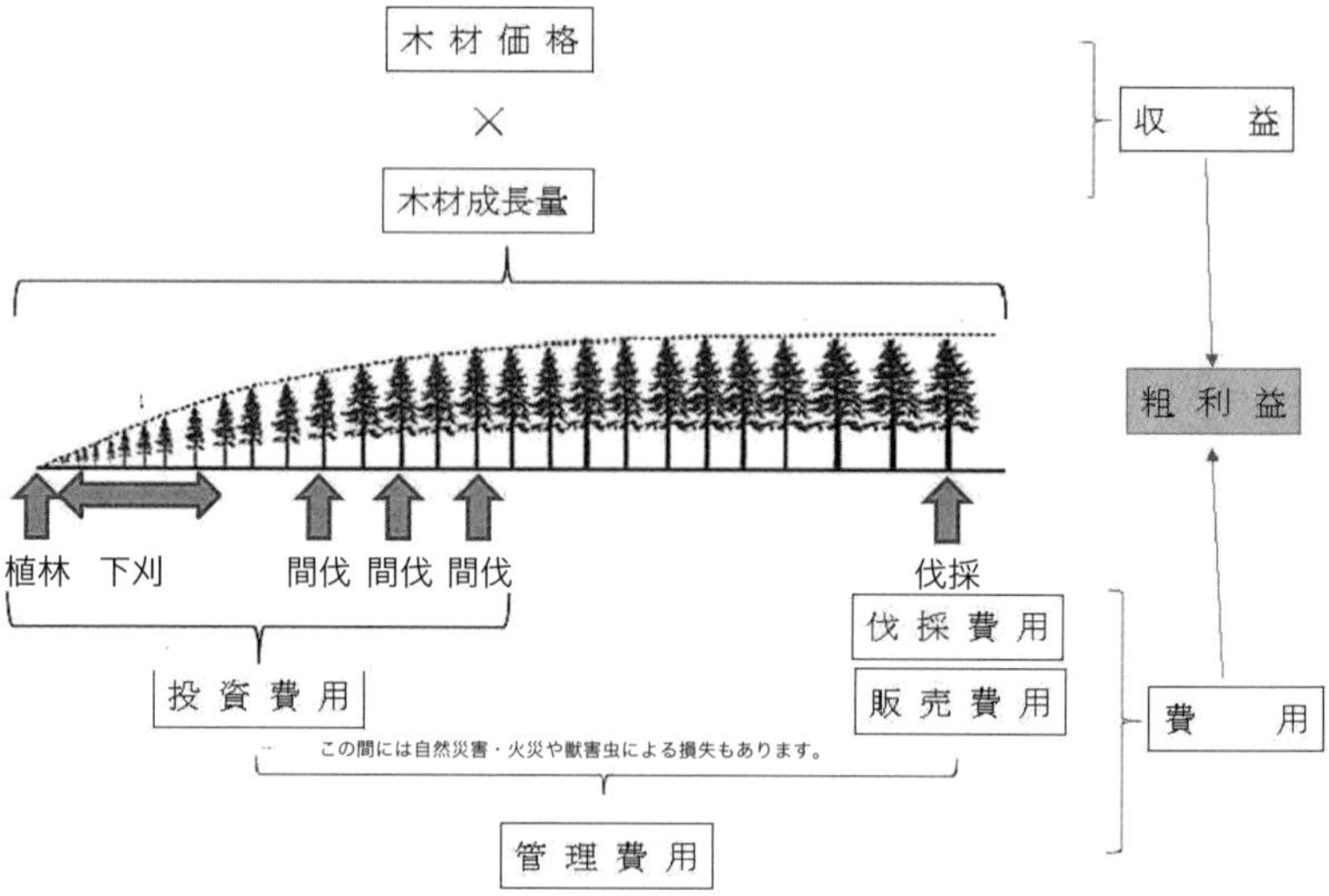

図2　林業経営の収支構造

経営の現状

過去の造林投資と将来に渡る育林投資を継続する持続的な森林経営に必要な原木一m^3当たりの価格は、当社の現状に当てはめて試算すると、最低でも二万円／m^3、補助金を受けた場合でも一万七五〇〇円／m^3以上を確保する必要があります。

ちなみに当社の売上単価は年度によって変動は有りますが、直近の平均単価価格は一万七三三〇円／m^3と補助金なしでは必要経費を賄えない状況です。

経営対策

売上単価の維持

出荷前の選木・造材を市場動向に精通した社員により行い、樹種・直径・品質に応じて出荷先別に原木を振り分け、少しでも有利な販売ができるように工夫しています。また木材需給の季節要因（柱や桁などの構造材の需要拡大期にはヒノキを、造作材などに使われるスギの需要期にはスギ）を加味した出材時期の調整も行っていますが、全国的に低迷する原木価格の趨勢の中においては、その効果は限られています。

経営コストの低減

比較的に地盤が安定している尾根筋に基幹となる林道・作業道を開設し、搬出コストの低減と作業員の通勤時間の短縮を図る他、費用対効果を検証しつつ林業機械の導入を図っています。しかし地形条件が急峻であり路網を開設する費用も高くなっています。高性能林業機械の導入も地形的条件から稼働率を確保することが難しく、限られた範囲での導入・利用に留まり、それらによるコスト削減効果は人件費の高騰に追い付くのが精一杯の状況です。また、木材伐採後に必要となる苗木についても、苗木生産者の高齢化や後継者不足も重なり、今後の安定供給に対する不安と価格高騰を危惧し、試験的に直営体制での苗木生産を試み、総合的にコスト削減ができないか挑戦しています。

新たな需要の開拓

まだ着手したばかりですが、文化財補修用などの特殊材を注文に応じて、直ちに出荷できるようにする基盤整備や育林に努め、内装材向けの用材生産、製品開発も模索しています。高付加価値材の供給には繋がる可能性は有りますが、現状ではそれがどの程度A材（柱・桁などの建材に無垢で使われる良質な原木）の需要拡大に繋がるかは未知数です。

複合経営の推進

原木価格の低下により、林業だけで経営を維持することは不可能な時代となり、不動産貸付やコンサルティング事業に進出し、管理コストの一部を賄っています。また別会社としてカーディーラーを営んでおり、厳しい中にあって何とか経営を維持しています。

林業の再生に向けて

以上、我が社の現状を述べましたが、現在の状況が続く限り日本の林業に明るい展望が開けません。木材需給バランスの適正化により、A材価格を持続可能な林業経営に必要な額まで引き上げることが最重要課題です。政府も木材需要の拡大に力を入れていますが、効果は合板用木材（ベニヤ板・集成材・CLTなど）やバイオマス発電に使うチップなど低質材の需要拡大に偏っています。地域にもよりますが、これらの低質材（B・C・D材）は、国や地方公共団体の出荷補助金なしでは、生産コスト（伐採費・輸送費）に見合った価格にはなっておらず、紀伊半島を見る限り一部の森林組合や木材生産業者を潤す効果はあっても、山林所有者への還元は期待できません。

A材の需要拡大とそれに伴う再生産投資を可能とする適正価格の形成が、日本の森林を再生するための最大の懸案事項となって

図3　原木とその用途

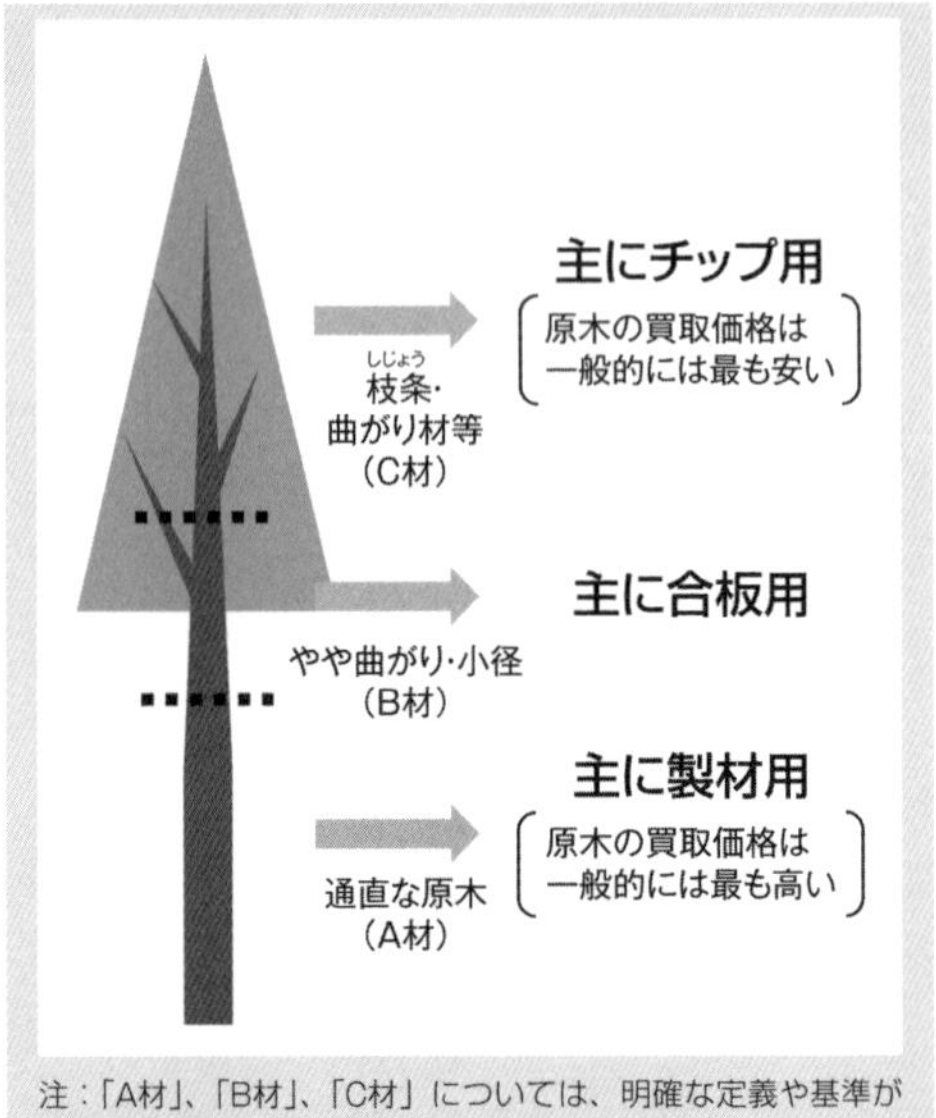

注：「A材」、「B材」、「C材」については、明確な定義や基準がないため、一例として示したものである。

（出典）平成27年度版『森林・林業白書』

います。ここでA材需要減退の原因を整理したいと思います。

A材の需要衰退の原因

A材の最大の需要先であった戸建て木造住宅は、少子高齢化の影響により着工件数が大幅に減少しています。

生活様式の変化もあり、軸組み工法から大壁工法へ移行し、また、プレハブ住宅（2×4を含む）の増加により無垢の構造材の需要が減少しました。

人口の大都市集中により、戸建て住宅から鉄筋・鉄骨コンクリー

図4　製材用原木の需要量推移（1965～2014年）

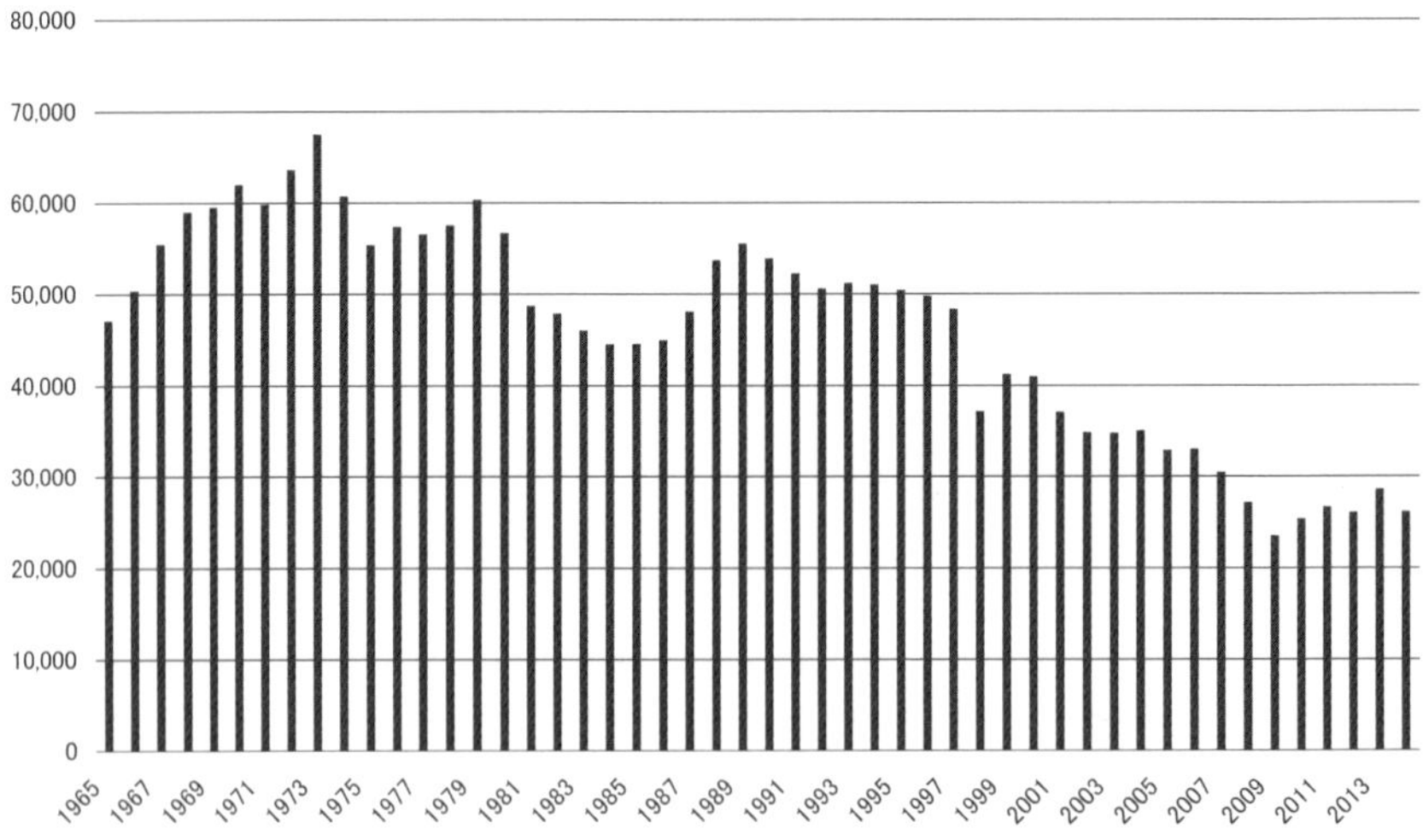

図5　用材の国内産と輸入の推移

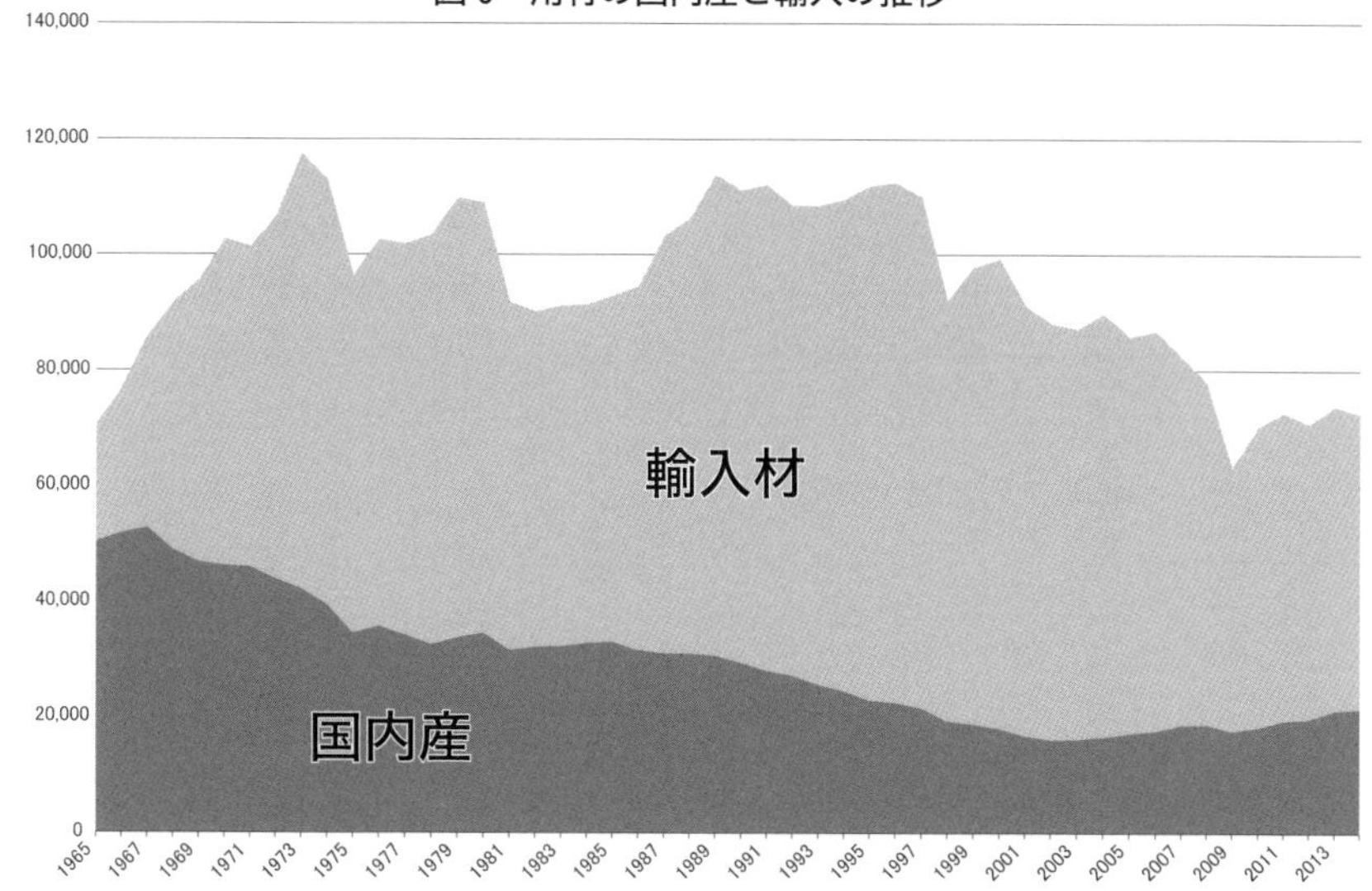

製材用材（A材）需要の推移は、国内産材は1967年がピークで52,714百万 m^3、2007年がボトムで17,176百万 m^3（1967年比32.5%）、2014年は若干持ち直し21,489百万 m^3（同40.7%）となった。国内産・輸入の合計では、1973年がピークで67,470百万 m^3、2009年がボトムで23,513百万 m^3（1973年比34.8%）、2014年は若干持ち直し26,139百万 m^3（同38.7%）となった。国内産材と輸入材のピークが異なっている原因は、1967年に国内産材の需要が急騰し、それに伴い輸入が増加したためと思われる。

トの高層集合住宅に住宅需要が変化しました。

プレカットの普及とパワービルダーの台頭により、量と質が担保された北欧産の集成材に需要が移行しました。

品確法（二〇〇〇年制定）で十年間の瑕疵保証義務が工務店に課せられたことにより、スギ・ヒノキの無垢材から北欧産の集成材に構造材需要が変化しました。

国内産のスギ・ヒノキは昭和五十年代に高騰したこともあり、国産材は高価だという思いこみだけが強く残り、建築設計者を始め公務店・消費者に至るまで敬遠されています。

A材の新たな需要の開拓

戸建て住宅に国産のスギ・ヒノキを使っていただく取り組みの継続はもちろん必要ですが、少子高齢化で新築住宅の着工が減少する中では、将来に向けて大きな期待を抱くことはできません。そこで次のような考察を加えることが必要と考えています、

住宅以外の非住宅と言われる商業施設への木材の利用拡大が望まれます。純木造建築は望めないまでも、鉄筋・鉄骨との組合せ利用でスギ・ヒノキの無垢材を大いに活用する方策を講じる必要があると思います。

公共建築物の木質化は政府が推進していますが、更なる進展を期待しています。木の良さを知っていただくために保育所・幼稚園・学校施設・図書館等の木質化や机・本棚などの備品への国内

産無垢材の活用は、教育効果も含めて特に力を入れていただきたい分野です。

無垢材の良さを知り、その木材が比較的リーズナブルな価格で利用できることをより広く知っていただくことが重要と考えます。

輸出も本格的に取り組む課題と考えます。原木で輸出するのではなく製材品として、または住宅資材としての輸出拡大は重要と考えます。

次世代を担う若者の教育も重要です。日本は森林国と言われながら、残念ながら学校教育において、必ずしも自然や森に触れ合う教育がなされていません。北欧では、森林についての知識と森林が生み出す製品と活動の価値について、若い世代の理解を深めることを目的として、LEAF（LEarning About Forest）といった自然体験教育が行われています。青少年に森林の大切さを教え、「将来の木材消費者」を想定して木に親しみを持った人々を育てる遠大で息の長いプログラムですが、このプログラムを導入した国では徐々に効果が出ていると言われています。

供給サイド（原木生産者）の課題

原木を生産している大多数の原木生産者は、自らが育て収穫をした木材がどのように加工され何に使われるか情報も知識も持たないまま、専ら市場の価格動向に目を向けて原木を出荷販売してきたと思います。そのような状況下で今後検討していかなければいけない課題として、次のような点が考えられます。

市場ニーズに応じた原木の供給

木造の戸建て住宅が多く建てられていた時期は、柱材と横架材の需要が旺盛で、専ら柱材を中心に原木出荷をしていればよい時期がありましたが、状況は変化しつつ有ります。新築住宅から増改築需要への変化への対応、大規模な公共建造物や商業施設への対応など、情勢の変化を捉えて原木生産も変革する必要があります。

川下川上間の情報ネットワークの構築

大規模木造建築を手掛ける設計者や工務店から、必要とする木材を探す苦心談を聞かされます。これらの情報は、工務店の資材調達担当者やブローカーを通じてもたらされています。しかしそれでは限定的な範囲でしか情報は伝わらず、情報ネットワークとして充分機能を果たしているとは言えない状況です。無垢の特殊材を使いたいが、木材市場や製材工場では見つからないので、やむなく集成材の利用に傾くとの声もあります。原木生産者サイドが、供給できる量・品質・コストを踏まえて、A材利用の可能性を訴えていく必要があります。

利用者の立場に立った原木規格の整備は必要か

現在も原木の規格は有りますが、それは主として形状や色・節の有無などで、大規模な公共建築物や商業施設に使う場合は現在の規格で良いのか、原木段階では強度などの表示は必要ないのか研究課題だと考えます。

需要量に応じた原木供給体制

短期間で変化する木材需要の変動に、長期的な経営スパンを持つ森林所有者（原木生産者）が対応することは、伐採現場の施設整備や作業員確保の問題があり困難です。木材加工工場や製品流通の過程で、在庫による調整はある程度はなされていますが、山元でも考える必要があるか検討課題です。原木を粗挽きし在庫することも考えられますが、今ほど乾燥材の規格が厳格化された状態では、自然乾燥では求められる含水率を達成することは困難であり、また在庫資金の調達や粗挽材の流通ルートの整備なくして直ちに取り組むことはできません。しかしながら将来の課題として検討する必要があると考えます。

長木や大径材などの特殊材の供給体制

これらの材は加工・流通経路で在庫することは困難で、山元から注文に応じて出荷できる体制を作ることが有効だと考えますが、前項の原木供給体制と併せて検討する価値があると思います。

以上、供給サイド（原木生産者）が持つ課題を列挙しましたが、個別にこれらの課題に取り組んでいる人々もあります。将来はテーマによっては組織的に、また個別に取り組める事項は地道に取組を始める必要があると考えています。

最後に

森林は木材生産の場として、また治山・治水などの国土保全機能を保つ上で大切だと言われています。また森林浴に見られるように健康保持の上でも大切な機能を持ち合わせています。

この森林を健全に育成するためには、林業が産業として成り立つようにしなければなりません。貴重な税を使って林業を支える事は短期的には止むを得ないとも思いますが、持続的に森林を健全に保っていくためには林業が産業として成り立つように、皆様とともに叡智を結集し取り組む必要があります。

今後とも宜しくお願いします。

付記

私の経営する林業会社が所有する和歌山県の奥地を念頭に記述しましたので、林地をお持ちの地域によっては的外れなことも多々有ったかと思います。冒頭にも述べましたように自然を相手にする仕事ですから、地域によって全く事情が異なりますので、このような考えも有るのだと笑いながらお読みいただければ幸いです。

山林地主

中岡義介

公有無主。公私共利。

山林は誰のものでもない、誰が利用してもよい、という意味である。

じつは、これは、日本最初期の法令の養老律令（七一八年撰定）雑令第九国内条の主旨である。共利といってはいるが、そこには山林は国あるいは権力者が掌握するのだという意図が透けて見える。

ところが、現今、国土面積の六六%を占める山林二五一〇万haのうち国有林は三一%、残り一七四一万haは民有林である。国有林は東日本に多く、民有林は西日本に多い。民有林のうち公有林が二八三万ha、私有林が一四五八万haである。公有林は財産区有林、市町村有林、県有林からなる。この民有林は意外なようだが公私共利がもたらしたものである。

このような所有形態の基礎となった画期が、明治時代初期におこなわれた、いわゆる「官民有区分」である。まず、藩有林と社寺有林が明治政府に編入されて幕府有林とあわせて国有林が成立した。次いで、残った山林に対して、明治六年の地租改正の一環として定められた「山林原野官民区分処理法」により、明治九年から山林所有区分を明確化する官民有区分が中央官吏を現地に派遣して実施された。が、木材の商品化や育成林業が発達していたところでは私有林となったが（吉野、熊野など）、用益の面からいえば民有林になるところが官林になるなど（秋田、飫肥）、不可解な区分も多かった。

平成二十二年統計では私有林の林家は九一万戸、うち山林面積一～三ha未満が半数以上、二〇ha以下が九五%ほどを占め、一〇〇ha以上はわずか〇・三%、三三〇〇戸である。

膨大な国有林とわずかの大山林地主、そして絶対多数の里山の中小山林というのが現在の構図である。

第二次世界大戦後、国破れて裸の山が残って、「拡大造林」がおこなわれ、おもに広葉樹からなる天然林を伐採した跡地や原野などを針葉樹中心の人工林（育成林）に置き換えた。これを一手に引き受けたのは所有規模五～二〇haの、農業も営む家族的林業経営層だったという（遠藤日雄『スギの新戦略Ⅱ』）。農閑期の余剰労働力、手軽な植林技術、薪炭林の遊休化などがその主たる動機であった。収穫期を迎えたこれらの山林の多くは放置されている。

なかおか・よしすけ　一九四四年生。兵庫教育大学名誉教授。地域都市計画。著作に『首都ブラジリア——モデルニズモ都市の誕生』『バリ島巡礼——集住の村々を探る』（以上鹿島出版会）『奥座敷は奥にない——日本の住まいを解剖する』（彰国社）等。

この時、大山林地主は伐り惜しむ財産保持集団と批判された。大急ぎで「開かれた林業経営者像」なるものを構築したが、うまく機能しなかった。

　この大山林地主は、どのようなものなのか。その系譜と機能に着目して、豪族豪士的大林野所有／商業高利貸資本の大林野所有／財閥の大林野所有／産業資本の大林野所有（鈴木尚夫）や、地頭的山林地主／商人的山林地主／特権的山林地主／資本家的山林地主（阿部正昭）、伝来地主／新地主／小地主（甲斐原一朗）といった山林地主化が提示されている。

　その具体的な展開はさまざまだが、大分県日田市中津江村で、明治以降、積極的な山林経営をおこなったG家は、大山林地主の典型のひとつといってよかろう（堺正紘「成立期における地主森林経営の構造」）。

　もともと久留米藩の御典医であった同家は、のちに在野の医者となり、明治維新以降は村政にも深くかかわった。医業のかたわらの金貸し業と金山の株の配当金で得た資金を山林投資に向けた。江戸時代末期から明治初期にかけては集落に比較的に近いところの農民の小規模直挿し造林を購入し、その後は大面積の天然林（旧製炭地帯）の購入と吉野林業に学んだ実生苗による大規模造林をおこなった。

　前者では、立木だけを買ったり、伐採後は床地を返還したり、売却後も成木になるまで売渡人が撫育作業をおこなうなど、さまざまな売買形態があった。ともあれ地主の大規模造林の前段階に農民造林が広い範囲に存在していた。その農民造林の直接的な契機が焼き畑であり、樹芸林業が中心であった。同家は山元の在地商人として活動していた。

　後者の自然林は、中世豪族の後裔である伝来地主が占有していた広大な林野を購入したものである。詳細は割愛するが、この中世豪族由来の占有山林は、後世の私有林の原型のひとつであろう。その実態は、そこで暮らす人々の、冒頭でみた古代律令に記す公私共利であった。

　人民を完膚なきまでに掌握しようとした律令の規定にしても、郷戸という家父長制家族共同体を媒介としてのみ具体化が可能であった（永原慶二『日本封建制成立過程の研究』）。すると、律令の実施は、よりふるいものを全否定するのではなく、それを取り込み活用しながらおこなわれたと考えるのがより現実的であろう。

　このように考えすすめていくと、わが国の林業の原型は、世界に類をみない、一万年も続いた縄文時代——それは縄文文明といってよいかもしれないが——にまでさかのぼるものなのかもしれない。

　ところが、古代には貴族が、中世には領主が、都や城をつくる時に農民を督促しておこなったのは、ほとんどが「略奪林業」ではなかったか。「市場林業」と呼べるものはなかったのではないか。そして、今もそうではないか。

わが国の林業の原型は、一万年も続いた縄文時代にまでさかのぼるものなのかもしれない。

真の林業再生・中山間地域創生のための自伐型林業論

中嶋健造

●なかじま・けんぞう　一九六二年生。ＮＰＯ法人持続可能な環境共生林業を実現する自伐型林業推進協会 代表理事（通称：自伐型林業推進協会、自伐協）、ＮＰＯ法人土佐の森・救援隊 理事長。著作に『バイオマス材収入から始める副業的自伐林業』『Ｎｅｗ自伐型林業のすすめ』（以上、全国林業改良普及協会）「自伐型林業者を組織化することの意義」『山林』（大日本山林会）等。

刹那的な現行の日本林業と木材産業の方向性

木材価格低迷から二〇年以上が経ち、日本の林業は衰退産業の代名詞のように言われ「林業は儲からない」が一般化して久しい。いろいろ策は打ってきたのだろうが、思うような効果があがらなかったため、その焦りか諦めか昨今の林業界と木材産業は短絡的というか刹那主義的になっているように感じる。

日本は温帯地域に位置し、国土の約七割が森林で、四季があって海に囲まれ雨も多い。故に多様な樹木が育ちやすく、林業の歴史は古く技術も豊富、本来世界の林業をリードし、指導的存在であってしかるべきである。多様な原木を生産し、その多様な原木を加工し、多様な製品を供給し、国内のみならず海外需要にも応えるような状況を創ることは難しくはなかったはずである。しかし、現状は全く逆となり、欧米の後塵を拝している。

そういう中、上流側である現況の林業は、先人が苦労して造林・育林してくれた山林がやっと五〇年を超え材として使えるようになったばかりであるが、使えるからと言って安易に伐採・搬出に猛進しているように思われる。樹木の成長は七〇年を超えてから本格化すると言っていた植物学者を思い出す。五〇年というのはこれから良木を生産するスタート台に立ったようなものであるが、そのようなことはほとんど考慮されず伐採に一気に走っている状況である。これは山村地域振興や森林環境保全より原木生産量拡大を優先させた政策が展開され、山林所有者や地域住民により請負事業体を重視し、地域の生業となる持続的森林経営より伐採業（素材生産業）の企業経営を優先させたからにほかならない。さらに大規模木質バイオマス発電により、里山の資源は使い尽くせという風潮が強まっている状況が加わり、この林業展開にはちょっと怖さすら感じる。

下流側も同じような状況だと言えないだろうか（私はこの専門家ではないが）。若齢林が多かった時期に、この若齢間伐材等を建材化するために発展・拡大したのが合板や集成材（CLT含）である。ところがこの需要が高まり、大規模な集成材工場が増えたからと言って、林業側はこの大規模集成材工場に如何に大量かつ安定的に出荷するかが最大かつ重要な点であるというような主張ばかりとなり、その一辺倒化も甚だしい。集成材向けの原木はあくまでB材である。しかし、五〇年以上となりA材として使えるものまでも現状ではB材として扱われている。「大径木など必要ない、すべて小径木でよいのだ」「五〇年などと言わず、四〇年でどんどん皆伐すべき」という無茶な言動まで聞こえてくる。木質バイオマス発電所向けの原木は本来C材・D材である。原木の需要を価格の安いB材以下ばかりにすることが林業と木材産業の再生であるはずがない。大径木は製材した時の歩留まりは高く七割以上製品化できるが、小径木は五割以下である。同じ原木量でも大径材は製品量が増えるのは当然である。製品量が増えるということは収入が増えることにも直結する。多様な高品質の製品を製造して国内需要だけでなく海外需要をも創出させていくことが、大径木化しつつある山側にとって最も重要な開発領域であると確信するが、残念ながら現状はまったく無視されている。刹那的というか、とりあえず今だけという対応ではさらに衰退化するのは目に見えていると感じるのは私だけではないと思うが。

日本林業は根本療法が必要

先にも述べたように、地球上でも林業実施に恵まれた立地に位置し、さらに国土の七割を森林が占めながら衰退産業の代名詞のようになり下がり、「林業は儲からない」が一般化し、高額補助金が当たり前という状況になり長年経つということが、どういうことか真剣に考えなければならない状況でありながら、打ち出される政策は短期的視点の対症療法ばかりではなかったか。また「現行の大規模林業だろうが自伐だろうが、どちらでもよいのだ、それが多様性というものだ」などと現状を肯定するような呑気な意見が、素人からではなく専門家から聞こえてくるのも事実である。なぜ林業が出口の見えない不況になってしまったか、その理由がこういう深く考えない状況からも垣間見える。

我々は、この衰退産業から脱皮するために、日本林業の根本療法として自伐型林業を提案している。「自伐は軽トラで素人が短材を出荷して小遣いを稼ぐもの」とか「自伐は大規模林業のすき間を埋めるもの」というような補完的役割と認識している人が多いようだが、これは間違いであり、全くそうではない。この十数年間、調査・研究・実践・実証してきた結果、林業の理想的な形態こそ自伐林業・自伐型林業であって、林業の主流をなし、委託・請負型林業の方が自伐林業・自伐型林業を補完する形が本来の姿ではないか、こうなることが真の林業再生であり、地方創生、中山間地域再生であるという結論に至った。その理由をこれから述べさせていただきたい。

「林業は儲からない」の内容

「林業は儲からない」は、山林所有者が儲からないということだ。日本一の大山林所有者は国有林である。国有林は約三兆円の大赤字を積み上げ、数年前特別会計から一般会計に移行された。さらに各県が民有林を集めて行った県営の公社等による造林（分収造林）も大赤字、国と同じく約三兆円あると言われており、破綻した公社も多く、ほとんどが不良債権の森と化しボロボロだ。さらに民間の企業や個人の山林経営も大赤字となっている。特に個人の大山林所有者は破産したところも多い。これらを合わせると一〇兆円近くになるのではないではないか。このほとんどが、植樹～下刈り～枝打ち～除伐～間伐～主伐をすべて作業委託する形で展開したものばかりだ。主伐等による収入を造林・育林・伐採・搬出経費が大幅（数倍）に上回る。これは、すべての作業を委託する手法は現行木材価格では全く成り立たないことの証拠である。この手法は材価が高い時代だけに通用した手法と言え、低価格時代の今、日本林業はまだこの全面委託型を変えようとしていない。

また現在何とか残っている請負事業体である森林組合と素材業者は、この山林所有者が赤字覚悟で委託してくれたのに加え、さらに国と県による補助金を年間数千億受け取ることができるから何とか生き残っているといえる。これは、現行林業（委託・請負型）が山林所有者の破綻の上に乗り、さらに高額補助金が必要であるという、自立した産業とは言えない状況であることをさらけ出していると言える。

この一事を見ても日本林業は根本療法が必要と言える。しかし、先の森林・林業再生プランも、根本療法に踏み切るかと思いきやそうではなく、小規模な間伐実施者の補助金をカットし、経営計画を立てられる規模（一〇〇ha程度以上の集約化か個人所有）の事業体だけに絞り込み、この事業体への補助金を二～五倍に増額する補助金倍増プランという、まさに対症療法そのものと言えるのである。本来、儲からない主原因を見極め、そこを根本から変える政策、誘導する政策を実施しなければいけないが、これまでの政策は現状を前提とした対症療法の繰り返しであったと言えるのである。

現行林業（委託・請負型林業）と自伐型林業の比較

自伐型林業の定義は、限られた森林を離れず（山守型）、自ら持続的に経営・管理・施業しながら、持続的に（毎年）収入を得ていく自立・自営の林業である。故に主体は地域に住む山林所有者や地域住民となる。この際の山林は、自己所有（純粋な自伐林業）であるにこしたことはないが、契約であっても山を離れず持続的に実施していれば自伐型と言える。

自伐型の特徴は、山が限られ、その山林で持続的に収入を得るため、その山林に常に出荷できる原木が必要であることだ。年々収入を上げていこうとすれば、その山林の木材の価値（単価）を上げるか、管理森林を多目的に活用し、木材生産以外の生産活動を付加する必要がある。故に良好な森林の維持が絶対条件となり、良好な森の維持と収入をあげる施業とを両立させる、非常に優れた環境保全型林業と言える。一回の施業の採算性より、長期的な森林経営や環境保全を優先させ、面積当たりの森林の価値を最大限に上げていくことによる持続的な安定性を求める。つまり価値創造型林業で農耕型林業だ。施業手法は自ずと長伐期択伐施業や多間伐施業化していく。

一方、現行林業である委託・請負型林業は、所有と経営を分離させ（山林所有者は委託、請負事業体が実施）、その山林を集約し、高性能林業機械を導入した請負事業体の施業を大規模化させ、施業単位の生産性と生産量を追求する手法である。主体を請負事業体とさせる林業である。長期的視点より、その一回の施業の採算性を優先し、終了すれば次の山へと転々と渡り歩く狩猟型林業である。一回の施業にて大量の材を出荷し、合板や集成材工場に安定供給することを主眼に置いているので、施業手法は皆伐施業（短伐期）となり、故に現行林業の予定調和は五〇年皆伐が一般的となっている。

このように、自伐型と委託型は真逆の手法となる。全く違う手法なので、きちんと分類されなければいけないし、どちらでもよいというものではない。逆に優先順位を付けないといけないだろう。分水嶺の如く違っており、どちらを選ぶかにより全く違う森にもなるし、経営手法・収入・支出構造に至るまで全く違うものになる。ひいては日本林業や森が全く違うものになるということだ。この重要な議論がこれまでの日本林業では、まったく抜け落ちていたと言える。森林組合か業者か個人かで担い手を分類し、つまらない差別や競争を引き起こしてきた感がある。担い手を分類して競合させるのではなく、手法を分類し、担い手に選ばせることが重要であると考える。故に森林組合でも業者でも自伐型林

現行林業と自伐型林業の比較表

比較表	現行林業（委託・請負型林業）	自伐型林業
経営手法	所有と経営・施業を分離させ、請負事業体を主体とした林業 山林所有者から、その都度委託された事業体が施業する 事業体は、次々と山林を変えながら伐採業（素材生産業）の企業経営を実施	所有と経営・施業を一致か極力近付け、山林所有者や地域住民が主体の林業 所有者及び長期にわたり管理する山守（契約型）が自ら施業する 自伐林業者は所有 or 管理する森林単位の持続的森林経営を実施
施業方法	短伐期皆伐施業 植林・育林をおこない 50 年で皆伐し、再造林を繰り返す手法 1 回の造林に対し、1 回の生産＆収入（主伐）	長伐期択伐施業（100 年以上、更新は数反単位の小面積再造林） 植林・育林後、多間伐（収入間伐）を繰り返しながら、木の生長を利用し、面積当たりの材積を徐々に増やす手法。生産量は 200 年スパンでは 50 年皆伐の数倍 1 回の造林に対し、複数回（吉野林業では 10 回以上）の生産＆収入
必要な機械と作業道	規模の大きい作業道（3m 以上）＋高性能林業機械セット 高投資・高コストを生産量・生産性で採算を合わせる	小規模（2.5m 以下）高密作業路網＋小型機械（ミニバックホー・林内作業車等） 低投資・低コスト、高密路網で生産性・安全性を確保し、収入を上げる

業は展開できるのである。

現行林業（委託・請負型林業）は問題点が多すぎる

林業手法は一般の方からすると、ブラックボックスのようでまるでわからないということをよく聞く。わかりやすくするために現行林業の問題点を、①林業経営の方向性、②施業手法、③使用機械や作業道に関する考え方、の三点に分け論じてみたいと思う。

①現行林業における経営の方向性は「所有と経営を分離」した請負事業体を主体とした林業だ。先の森林・林業再生プランも、多数の山主の山林を集約し、森林組合等が請負う形が大前提。ただし一〇〇ha以上の山林所有者は認めると後から修正された（「予定調和」の五〇年皆伐施業の場合毎年二〇ha程度皆伐しないと収入にならないため、実質は一〇〇〇ha以上の所有者でないと実施できない）。これは、国土の七割を占める森林を大規模施業ができる請負事業体と大山林所有者だけで独占しますよと言っているに等しいことではないだろうか。山林所有者の九割以上を占める小規模山林所有者切り捨てである。経営を分離された山林所有者は林業から離れざるを得ない。山林所有者の林業離れや、経営意欲がないという問題が起こったのは、所有と経営の分離を意図的におこなった政策の結果によるのである。林野庁は『森林・林業白書』で小規模山林所有者の経営意欲がないことを問題として述べているが、林野

規模の大きい作業道の崩壊

庁自体がそう仕向けたのであり、これは自己矛盾を起こしている発言と言える。

本来、林業の経営体は山林所有者である。その経営体が経営を分離され経営をしない、できないという状況がどういうことか。農業では農地を持つ農家が自ら農産物を生産して販売することは当たり前である。漁業者もそうであるし、二次産業のメーカーも、三次産業の商店も、金融業でも主となる業は自ら経営するのが当然である。しかし林業は経営体が経営や生産を他者に委託するのである。こんな業界は林業だけである。このいびつさに気付かなければならない。林業の経営体はブローカーばかりと言われても仕方ないのである。

もう一つ大きな問題点は、山林所有者が森林経営から切り離された場合、請負事業体が森林経営を実施しているかということである。現実は全く行っていない。森林組合等の請負事業体は山林所有者から木を伐って出荷することを請負っており、つまり伐採業（素材生産業）の企業経営をおこなっているのである。森林単位の持続的森林経営などできないし、そういう環境にはない。山林所有者ができず、請負う事業体もしないということは実質的な持続的森林経営の消滅を意味している。実際、森林組合が管轄する広大な森林の経営など、彼らにできるはずもないのである（理想的な持続的森林経営可能な面積は一人あたり一〇〇～二〇〇haだと考えている）。

次に、②皆伐施業（特に五〇年皆伐）という施業手法である。こ

過間伐

の手法の最大の問題点は、現行の材価では採算が合わず、成り立たないということだ。山林所有者が事業体に委託し主伐（皆伐）すると、山林所有者の収入は平均約五〇万円／haとなる。その後、再造林すると約一〇〇万円／haかかり、早くも赤字となる。その後も下草刈り・除伐・枝打ち・間伐と費用が積み上がる。再造林にかかる費用は二五〇万円程度とされている。その原資が五〇万円なので全く話にならない状況だ。とっくに破綻した手法と言える。過去、国有林や各県の県行造林・林業公社等が大赤字になり、大山林所有者が破たんした主原因はこれなのだ。さらに昨今はシカ被害と難題続き。つまり現状の木材価格下では、この手法は持続的（循環的）な林業はできないということだ。しかし、これまで何度も出されてきた林業政策は、全くこの前提を変えようとしない、再造林はまた補助金で対処するしかないと考えているようだ。これでは学習能力がないと言われても仕方ないということだ。

また面的な皆伐施業は、過去の経験上も林業と木材産業に大打撃を与えている。この現象は昭和四十～五十年代は日本中のいたるところで発生したはずである。材価はこの時代高騰しているが、皆伐された地域は出荷する材が少ないため、悔し涙を流しながら林業からの撤退を余儀なくされ、同時に製材業者も見る影もなく消え失せ、皆伐された山からは土砂流出が激しく災害も頻発。これらが重なり集団移転が促進され、山間地の村は消滅した歴史がある。皆伐施業がもたらした悲劇だ。高知県東部などこの悲劇を

荒い作業道

もろに受けた地域ではないだろうか。今後もこの皆伐施業を全面展開した地域は本当に消滅自治体になるのではないかと危惧する。

そして残る一つは、③使用機械と作業道だ。大規模化する施業は高性能林業機械導入が一般化、この大きな機械が作業できる大きな作業道敷設となる。高性能林業機械システムを分解すると、三～四人の作業員の人件費＋一億円近い機械投資＋年間一千万円程度の修理費＋一日二〇〇～四〇〇ℓの燃料費（年間約一千万円）である。これが高投資・高コスト型であることは間違いない。これを安い材売上（主に集成材等へのB材出荷）で採算を合わせないといけないので大変である。よく「高性能林業機械で低コスト林業を」と聞くが、これは全く根拠がない、だまし言葉ではないかと思える。故に現場は、荒い間伐施業（列状間伐・過間伐・荒い作業道）、皆伐へと向かうのである。そして、荒い作業道や皆伐は、豪雨が頻発する現在、山林崩壊や土砂災害を頻発させるのである。既にその状況が増えつつある、これは大問題である。

この他にも、面積当たりの就業者が少ないという問題点も指摘されている。中欧のドイツと比べると林業就業人口は一〇分の一以下である。大規模化・高性能林業機械化は就業者さえ減らすのである。

このように問題を挙げれば次から次に出てきて、書ききれないほどである。現行林業の問題点をまとめると、①所有と経営の分離、②皆伐施業、③高性能林業機械導入、この三点に集約できる。このうちの二つを展開した林業は「儲からない林業」になっている感がある。皆伐されて使えなくなる前に、根本療法に取りかからないと大変な状況になることを認識しなければならないだろう。

自伐型林業は現行林業の問題点を解決できる根本療法

そこで、この現行林業の持つ問題点を自伐型林業で解決できるかが重要である。私はほぼすべて解決できると考えている。

まず①持続的森林経営であるが、自伐型林業はこの視点がないとそもそも成り立たない。間伐を繰り返しながら、残った木の生長を利用し、材積・材質の向上により収入を徐々に増やしていく手法である。細かい立地や地形・土質・気候等を見ながら適木や育林手法を、一つの山の中でも変えながら、臨機応変に対応していく林業である。その山林の知識や経験が必要で、まさにフォレスターであり森林経営である。また林業は季節性があるため地域特性を生かした兼業型になる場合が多く、実に多様な経営が展開されるのである。

次に②自伐型林業の施業手法である長伐期択伐施業は、二割以下の間伐を繰り返しながら、残った木が成長することで次の間伐時（約一〇年後）には面積当たりの材積を大きくアップさせていく。材積が増えるということは収入も間伐毎に増えるということで、八〇年を超えてくると質も大幅にアップする。二〇〇年スパンで見た場合、五〇年皆伐に比べ生産量は三～五倍、収入は数十倍になると考えられる。これが、自伐型林業が儲かる大きな根拠である（図「択伐マジック」参照）。この展開がうまくいった山林は、日本一の天然林と言われる高知県千本山の状態に近づいていることに気が付いた。つまり理想的な天然林は自伐型林業者の目標林となるのである。将来、極相天然林のような凄い森を創出する林業家も生まれるかもしれない。

また長伐期択伐施業実施者の再造林は、長期になり限界に達したと思われる山林において小面積（数反単位）かつ長期的に展開され、間伐施業の収入の中で、空いた労働力や時間中で展開されるため、大きなコスト化や労働力不足とならないよう展開されている。これにより現行林業では大問題であった再造林問題も、自伐展開の中ではなくなるのである。

③自伐に必要な作業道は小規模（二・五m以下）で高密度に敷設（二・五m以下だと林地は減らない）することで、小型機械でも生産性と安全性を確保していく林業である。高密度に敷設された山林では、小型機械でもかなり生産性が上がる。一トンの林内作業車だけで搬出している自伐林家で、「高密度路網があれば、一人一日七m^3程度ならば十分可能ですよ」と言う人も存在する。大径木化していることも生産性をあげることにつながっている。しかし、高い生産性を追求する必要がない林業（一人一日一～二m^3で十分）が自伐型林業である。

生産性以上に高密度路網で重要な点は安全性の飛躍的向上であ

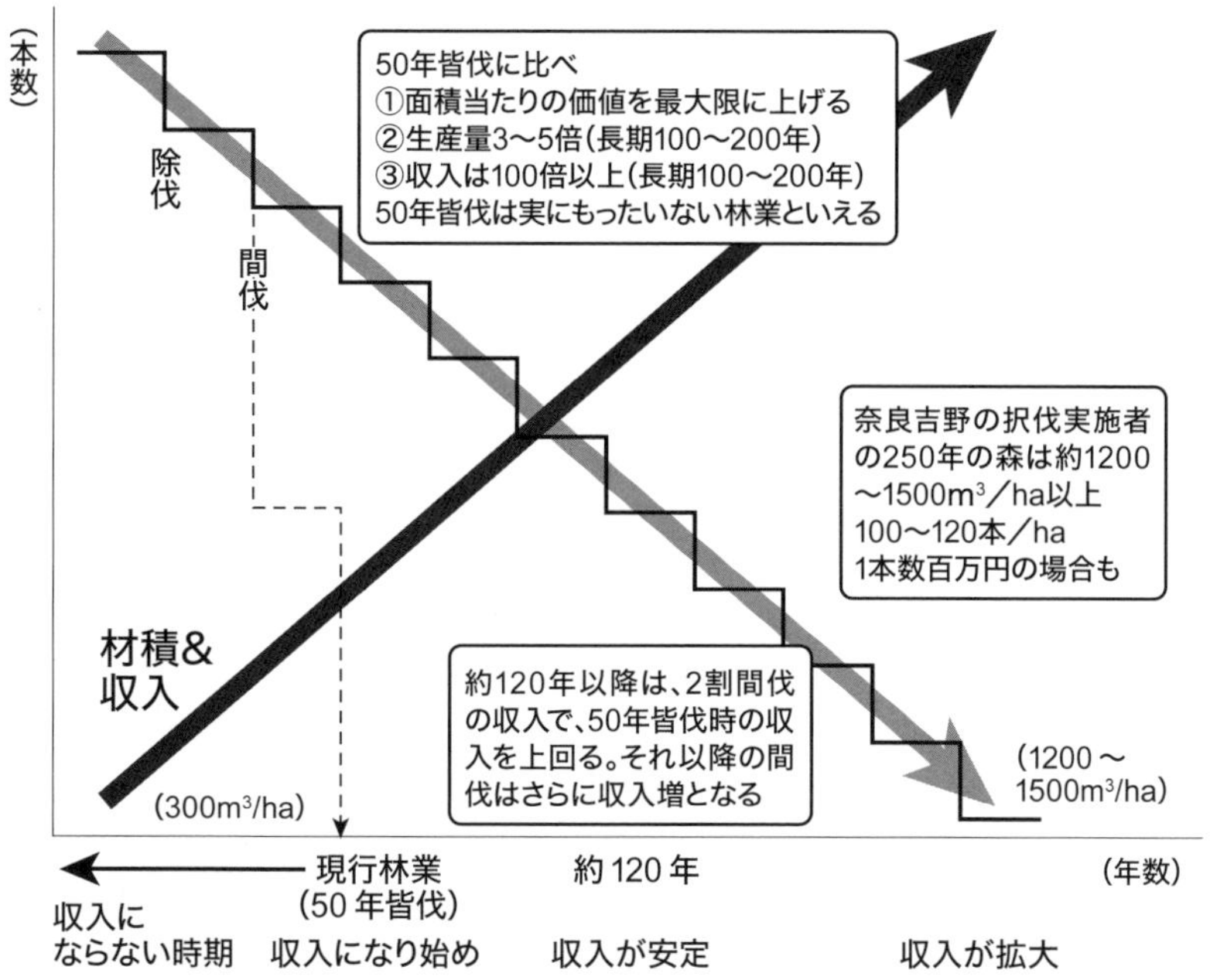

択伐マジック（自伐型林業が儲かる根拠）

る。一haあたり三〇〇mを超えた自伐林家の方がしみじみと「haあたり二〇〇mを超え始めたころから飛躍的に安全性が向上した。三〇〇mになれば三ちゃん林業（じいちゃん・ばあちゃん・かあちゃんでもできる林業）が可能になると確信した」と言っておられたが、実際にこういう山に入ってみると本当にそうだと思えるのである。林業を始める際はきちんとした林業研修を受けるのは当然であるが、危険度が高いとされてきた林業作業の安全性を飛躍的に向上させる自伐型林業の施業手法は大きな特徴であり、大いに注目されてよい点である。

また小型機械でよいため低投資・低コスト型となり、山林所有者や地域住民等の参入容易性が生まれる。これも新規参入者を増やすには実に重要なことである。使う機械も小さいため山への負荷は小さい。それと最近わかってきた重要なことがある。長年展開してきたベテラン自伐林家の森は、昨今の強烈な豪雨を頻繁に受けても、全国で被害続出の中、不思議なくらい崩壊を起こさないのである。この要因として高密度な小規模作業路網（壊れない道づくり）が効いていることがわかってきた。谷を渡る「洗い越し」は砂防堰堤、三〇mピッチに入る枝道は山腹工、木組みはアンカー、ヘアピンは水の分散、等々、予防砂防・予防治山の役目を果たしていると考えられる。haあたりの路網密度が二〇〇mを超えてくるとこの機能が徐々に発揮されてくるようである。自伐を展開すればするほど、災害に強い森、災害を予防する森となるのである。

古くからの自伐林家の200年の森

幹線は尾根、支線は中腹へという敷設方法、二・五m以下という幅と丁寧な敷設がカギではないかと見ている。これまでも森林整備することで災害に強い森になるということは言われてきたが、実際には森林整備した結果、逆に山が崩壊するような整備が多かっただけに、この自伐林家たちの成果はレベルが違うと言える。また一人がカバーする面積が約五〇ha以上となるため、これまでの森林環境保全団体とはカバー面積の広さが断然違うのだ。さらに持続性も担保される。この自伐型林業者の成果は環境保全政策としても画期的であると言ってよい。

また昨今大問題になっている獣害であるが、現在は集落以外の山林がすべて獣の生息領域になり、その面積が以前より広くなっているために頭数が増えているのである。自伐林業者が面的に里山に毎日のように入るようになれば、里山が人間領域となり獣が入りづらくなる。これが獣の生息領域を減らすことになり頭数を減らし、また彼らは猟を趣味にもするのである。自伐展開は獣害対策の根本療法ともなるのである。

自伐型林業の可能性

先の説明のように日本林業は、専業事業体で高性能林業機械を所持し、山林の集約もおこなわなければならず、実にハードルが高かったと言える。これでは地域住民では手出しもできない。そ

始めて3年目の22歳の若者自伐林家の作業道と森（間伐実施後）

れに比べ、自伐型林業は低投資（機械投資五〇〇万円程度）で低コスト（一日二〇ℓ以下の燃料費＋α程度）、また山林の確保も小・中規模でよい。小規模山林所有者でも地域住民でも対応可能としたことが重要である。実際に素人の状態から技術研修を繰り返しながら、約一年程度準備してスタートした地域住民が二～三年目に主業になる収入を得るようになる事例がどんどん増加している。山の確保がうまくいった人ではサラリーマン収入を上回る事例も続出中である。古い自伐林家ではビックリするような収入を得ている人も存在する。高知県で自伐林業を始めて三年目の二十代の若者の事例では、自己所有の未整備の山林にて経営計画を立て施業を開始し、二十六年度実績が、間伐（二割程度）で三・五ha、作業道敷設一・二km、搬出量二〇〇m^{3}で、経費を除いた実収入が四〇〇万円を超えている（作業道補助金は二千円／m程度）。今年度はもう少し実施量が増え、収入も増えるようである。彼の二十六年度実施量がちょうど主業と副業の境目ぐらいであり、仕事量的にもそれほど難しいレベルではない。彼の搬出量は約二〇〇m^{3}で、年間の施業日数は二〇〇日をかなり超えている。故に彼の生産性は一人一日一m^{3}以下となる。この程度の実施量でも、作業道を敷設しながら間伐でき始めれば十分先が見え始めるのである。未整備林の基盤整備である作業道にこの程度の補助金（国・県・市町村合わせて）が適用される状況があれば、彼のようにスタートできるのである。自伐展開を始めた若者たちを見ていると、三年目ぐ

小規模な作業道と適正間伐された自伐林家の森

1994年（上）当時、作業道を入れ3回間伐（択伐）された森、さらにそれから2回間伐（択伐）を経た2015年（下）の様子。

らいからこのレベルに到達し、自立し始めている感じである。IUターンで対応する若者も急増中である。このスタートアップを行政がきちんと支援できれば、対応者は急増してくるだろう。その後、高密作業路網の敷設が完了し、八〇年生を超えた山林は補助金から卒業できるのである。戦前から植林していた自伐林家の中には補助金なしで自立し始めた人も出てきている。

また自伐の大きな特徴に兼業・副業で対応できる点がある。おそらく今後も兼業型が増えるものと考えている。実際の対応例を見ても兼業の方が安定し、総収入も大きい場合が多い。農業や畜産と兼業、観光地では観光業（カヌー等）と兼業、下流側の製材や炭焼きと兼業、変わったところではゴルフ場が自伐を兼業、軽い自伐展開であれば障害者もという事例も出ている。中山間地域は地域活性化をこの一〇年間やりまくってきたが、その結果「消滅自治体論」まで言われるようになった。これはこの一〇年の地域再生活動が若者の就業に実質的につながってないのである。これは、日本の特徴である森林率が高いということをきちんと認識していないからである。中山間地域は八割以上が山である。小面積である農地や観光地ばかりに目をやり、農産物六次産業化や観光ばかりやっていても就業は増えないのは当前である。大面積の森林活用に目を向けなければならない。中山間地域では、森林を活用する自伐展開を主業としながら農業を副業として展開すれば、十分自立できサラリーマン収入を超えることも可能である。農業レベルも今のままでよく、主業とする自伐型林業を安定させてから六次産業化等の対応をすればよいのである。順番を間違えてはいけない。故に、中山間地域の農業や観光を救うカギも自伐型林業と言えるのである。つまり農家や観光業に携わる人も自伐型林業の担い手候補なのである。この展開がされれば、全国の中山間地域に五〇万人（現状の林業従事者の一〇倍）以上の就業を創れるのではないかと考えている。高知県では自伐を政策実装した二自治体とＮＰＯ法人土佐の森・救援隊周辺だけで、既に一〇〇人以上が自伐型林業に参入し、この三分の一が移住者という実績が出始めている。全国でも自伐型林業事業体（チーム）が急増中である。政策実装する自治体も急増中（現在約一五市町村＋三県）だ。まさに地方創生のカギではないか。これまでの地域再生活動の成功とされてきた事例は、スーパーマンが存在するような特殊事例が多かったと言える。これは他の地域では真似できないのである。こういう特殊システムではなく、誰でもどの地域でも対応できる汎用システムが地方創生には必要なのである。それが自伐型林業システムなのである。

それと、この新たに始めた若者中心の自伐型林業者の施業レベル、森づくりレベルが、始めて数年にもかかわらず、結構高いのである。彼等を指導してくれているのは、数は少なくなっていたが、持続的森林経営を長年実践し、かつ研究熱心・向上心旺盛なベテランである。真の日本一の林業家たちである。この人たちは後継者育成にも熱心で、積極的に指導に回ってくれている。これには大変感謝している。現行林業の事業体は伐採業中心で持続性を重視しないため荒い施業が多いと指摘したが、一方真のプロに習っている新規参入者たちは、伐採・搬出能力では事業体に劣るかもしれないが、間伐技術や作業道敷設技術等の施業レベルは事業体を遥かに上回っている。それは間伐終了後の山を比較すれば一目瞭然である。収入額も事業体職員よりはるかに高い。よい森を創り、持続性も担保でき安定性を向上させ、収入もよい、さらに森林経営ができ、自分次第で発展も可能という魅力ある仕事になっているのである。これまで３Ｋ扱いされ、敬遠されがちだった林業仕事を、やりがいがあり創造性の高い魅力ある仕事に変身させてしまうのが自伐型林業なのである。ここに若者が食いつくのである。

このように自伐型林業は、一人あたりは小規模だが、現行林業の大問題点を解決し、大きなポテンシャルがあり、他産業（中山間地農業・観光等）をサポートし、獣害対策の根本療法となり、大きな環境保全活動となり、土砂災害防止にも貢献するという、中山間地域にとって万能型なのである。またどの地域でも展開可能なのである。当然課題もあるだろうが、日本林業と中山間地域は非常に重要な開発領域であると考えている。多様な材を生産する自伐型林業者が増え、その材を使い尽くす木材産業があってこそ真の地方創生ではないか。対応する地域や自治体・企業が増えることを願ってやまない。

フォレスター（山森長《やまもりおさ》）制度の提案

【山を「自立自治」する】

玉井輝大

無責任の蔓延　自動車排ガス不正、家電粉飾会計など、次々に起こる大企業による犯罪。そして謝罪会見だけの対応でどうして幕引きができるのだろうか？

　株式会社制度には、あのアダム・スミスも反対していた。「株主は有限責任であるために、会社から受け取る配当金のことだけしか考えず、会社の業務には関心がない」、「株式会社の経営に当たる取締役は自分自身のカネを投下するのではないから無責任になる」と。

　だが、いま経営を、企業は利益、国は国民総生産（GDP）でしか考えない。ここに善悪はない。そして、大半の人間も企業や政府で働き、このことに従っている。求めるのは拡大だけ。ここに「社会の無責任化」の根源がある。日本でさえ、切腹、命がけの責任思想はもうどこにも存在しない。

　「初めに言葉（ロゴス）ありき」で始まるキリスト教は、普遍性を求めて「善悪」をすて、論理と数式だけの科学哲学を発展させた。そして、欲望と強者（アダム・スミスとダーウィン）の論理によるGDP拡大の神話を私たちに植えつけ、物量による支配を世界に実現した。「拡大こそ是」、これが今世紀末には気温が四・八℃上る環境と、人を賃金でしか考えない社会をつくり出している。

　しかし、誰も右肩上がりが無限に続くとは思っていない。

山の引力にひきもどす　探査機「はやぶさ2」が十二月上旬、地球の引力を使って進路を変え、小惑星竜宮へと向かった。同じように、真っすぐ闇に向かう近代の動きを、美しさが繰り返すつながりの道筋へ軌道修正したい。

　ここで頼る引力は日本の「山」である。日本の山は豊かである。クマ（神）が棲み、いのちの水の源である。落葉の冬には雪をたたえ真っ白に、春には新緑の中で鳥がさえずり、夏には青い深緑で私たちを見守り、そして、秋には紅葉と実りの喜びを繰り返してくれる。山は私たちの霊性をつくってくれた。枯れる悲しさ、しかし、蘇える喜び。その常ならぬ変化に共感する、もののあわれの心を持つ私たち。この共感で世界の進路を変える。

フォレスター（山森長《やまもりおさ》）制度の提案　市町村には森林整備計画がある。それは、森林関連施策の方向や森林施業に関する指針等を定めるものとある。ただ、内容

たまい・てるひろ　一九五一年生。(有)abc機会社 代表取締役。都市計画コンサルタント。「旧福岡県庁舎・教育庁舎の保存運動」、「博多まちづくり学校」の運営に従事。著作に『自立』と『連帯』が稀有の国スイスをつくった」『季刊 日本主義』(No. 14)等。

を見ると、林野庁の森林・林業基本計画の焼き直しにすぎず、森林ビジョンがなく、事業の目標年次も、その実施を裏づける組織も予算もない。

山森は打ち捨てられている。その証拠に、山は荒れている。豪雨による地すべり、花粉の飛散、鳥獣害といった問題もさることながら、中に入ると風倒木だらけで汚い。所有の境界線すら明確でない。

林野庁も森林総合監理士というフォレスター制度を始めている。その主な業務は、マスタープラン作成、住民合意形成、構想実現とあるが、現時点では人材育成事業に止まっている。ここでは「自立自治（住民自らの手による自治）」を目指し、山《やま》森長《もりおさ》による山森管理の骨格を提示する。

1　峰単位か、流域単位で、自分達で管理するエリアをきめる。

2　そのエリアで、将来像（憲章）とその将来計画をみんなでつくる。

3　関わることに同意する住民の選挙で山森長を選ぶ。

4　山森長は住民でなくてもいい。望ましい能力のある人を広く募る。

5　山森長がそのエリアの森林のすべてを管理・活用する。

6　山森長は「山森講《やまもりこう》（執行組織）」をつくりスタッフをもつ。その経費は各種事業で賄う。

7　「山森講」の運営を定期的に監視し、助言を与え、重要事業の最終決定をおこなう「山森会議」を置く。

8　山森長は地元企業とともに、造育林・伐開保全・商品化などを行なって地域経済の盛り上げを図る。国・地方自治体にたいして河川の設置や移動を提言する。

9　「山森を生かす世界会議」などといった、これからの世界を考える会議を定期的に行い、共感の輪を広げ、山村での定住者を増やす。

そして、山から「自立自治」の動きを広める。

「自立自治（住民自らの手による自治）」を目指し、山森長による山森管理の骨格を提示する。

「自立自治」を広げる　いまの自治体がやっていることは「自治」ではなく制度の運用である。本来の「自治」とは、顔の知れたみんなで、やることを決め、自分たちでやることだ。エリアを決め、やることの意義を「憲章」にし、やることの「決定会議体」をつくり、決まったことの「執行機関」をつくり、事業を行っていく。それが「自立自治」である。顔が見え、やることが見える「自立自治」からは無責任は消え、凜とした人たちのつき合いが広がる。

博多山笠は市が支援するまでは、「自立自治」でおこなっていた。近代以前ではすべての地域活動が「自立自治」だった。ここに戻すのだ。誰も何もしない山で、拡大よりも繰り返す地域づくりを始める。人知を合わせ、体を動かすイキイキとした活動に共感の輪が広がる。山森《やまもり》長《おさ》制度から私たちの世界を取り戻す。

国産材をもっと使うためには

長谷川香織

●はせがわ・かおり　一九六四年生。住友林業株式会社　資源環境本部　山林部長。著作に「広葉樹未利用小径木の利用に向けて」（『林木の育種』No.238、二〇一一年一月）「社有林を活用した地域活性化の可能性」（『山林』No.1564、二〇一四年九月）「産業界とともにめざす森林再生の未来　第6話」（『森林技術』No.872、二〇一四年一一月）等。

「国産材をもっと使うためには」という題目を与えられると、すぐに用途開発の話になると思われるが、日本の林業はこれまでと同じ経営をしていては、仮に用途開発したとしても必ずつまずくはずである。国産材の価格（概ね製材用丸太）は、一m^3あたり一〇〇ドルが国際相場と言われ、材価の上振れがほとんど見込まれない状況で、一〇〇ドルで成り立つ林業を創造しない限り、国産材が使われ林業が「産業」として再び輝くことは不可能と考える。

国産材（製材品）が輸入材（製材品）と対等になるためには、安定した「供給」「価格」「品質」が重要と言われて久しいが、これは「木」を原料として俯瞰した際に出てくるワードであり、国産材が今後使われ続けるためには山林所有者に対して安定した「収益」を確保することが必須である。

1　木材の自給率

二〇一五年九月に林野庁は、二〇一四年の木材需給（丸太換算）を発表した。総需要七五八一万四〇〇〇立方メートルに対し、国内総生産量は二三六六万二〇〇〇立方メートルとなり、木材自給率は三一・二％と一九八八年以来二六年ぶりに三〇％台を回復したとある。しかしこの数字には、バイオマス発電による燃料用チッ

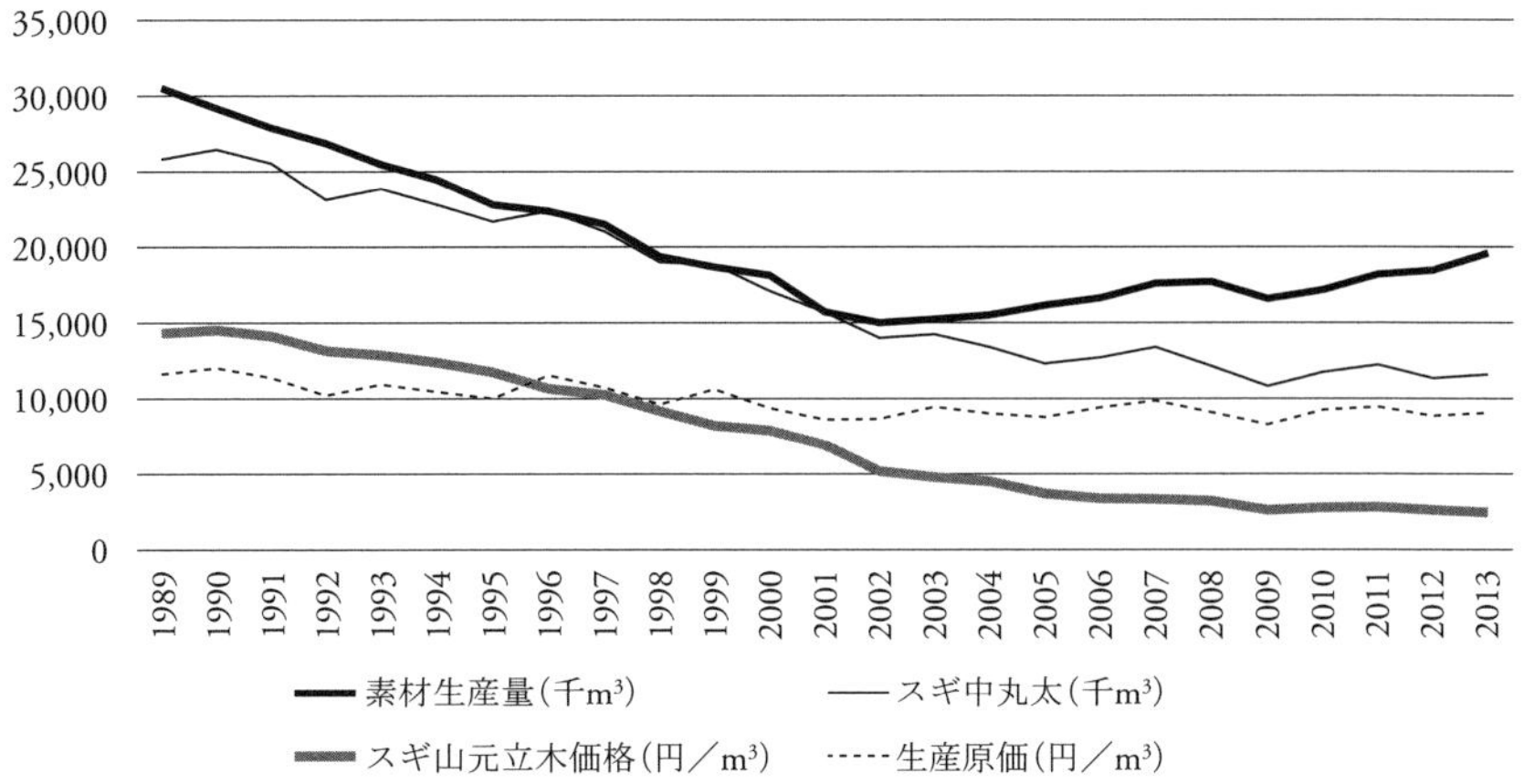

素材生産量とスギの売上・想定原価・山元手取りの関係

＊素材生産量、平均価格は農林水産省木材需給報告書、山元立木価格は、一般財団法人日本不動産研究所の山林素地及び山元立木価格調を使用。
＊スギ中丸太は、建築用構造部材で使用されるボリュームゾーンの丸太で当然ながらこれより廉価な丸太も多く含まれるため、スギの平均価格を現しているものではなく、山元立木価格は丸太 1m³ あたりの価格なのでこちらは平均値とも言えるため、これを減じた想定生産原価なるものは、実際の生産原価を現しているものではない。

プが加わったことによるもので、これを除くと木材自給率は二九・八％となる。

国産材の自給率を上げることは、国内林業に従事しているものにしてみれば嬉しいものであるが、この業界の最上流に位置している山林所有者は、自給率上昇による経済的恩恵をどこまで享受できているのだろうか。

上記グラフは、一九八九（平成元）年から二〇一三（平成二十五）年までの、素材生産量、スギ中丸太（径一四～二二cm、長さ三・六五～四・〇m）の平均価格（A）、スギ山元立木価格（B）、想定される生産原価としてAからBを減じたものである。

今世紀に入り素材生産量が増加している理由は、

・戦後一斉造林した人工林の利用期を迎えたこと。
・CO_2吸収源対策として政府が間伐を促進したこと。
・合板メーカーが国産材を使用し始めたこと。

と考えられるが、スギ中丸太の価格と山元立木価格は高い相関があり、かつ下落している。しかし、このふたつを減じた想定生産原価は、ほぼ一定といえる。

日本の林業の問題点、国産材が使われない理由はここに集約されているのではないだろうか。

2　我が国の林業の歴史

コンラッド・タットマン著、熊崎実訳『日本人はどのように森をつくってきたのか』（築地書館、一九九八）によると、我が国とドイツは世界に先駆けて収奪的な林業から持続的な林業へ転換をはたしたとある。我が国の持続可能な育林型林業経営システムは徳川時代に成立し、そこに大きく寄与したのは、幕藩体制内での自給自足システムと記されている。

我が国の林業は、伐期の長いスギ・ヒノキを中心とした人工林経営であり、戦後荒廃した森林を旧来と同じ生産目標で造林、育林を行っている最中に、利用方法が全く変わってしまったと言える。

3　伐採搬出システム

前掲のグラフでは、一九八九年以降のデータしか使用していないので、最も山元立木価格が高かった一九八〇（昭和五十五）年から一九八五（昭和六十）年の五年間のスギ中丸太の価格と山元立木価格、想定生産原価を調べてみると、下表のようになる。

	スギ中丸太価格	山元立木価格	想定生産原価
1980 年	39,600	22,707	16,893
1981 年	33,400	20,214	13,186
1982 年	30,900	18,366	12,534
1983 年	28,000	17,076	10,924
1984 年	26,400	16,347	10,053
1985 年	25,500	15,156	10,344

想定生産原価に注目すると、現在の生産コストは一九八三年頃以降変わっていないといえる。一九八一年に間伐促進総合対策事業が始まり、間伐に必要な各種作業を助成対象にするという制度が創設された。一九八三（昭和五十八）年の『林業白書』を見ると、林業機械の普及として、チェンソー、林内作業車、モノレール、集材機が掲げられている。北海道等の緩傾斜地以外は架線集材が主体で、小径間伐木用に小型の運材車やモノレールの利用が始まった頃である。平成に入ってから導入が始まった枝払い造材を行うプロセッサやプロセッサの機能に伐倒の機能がついたハーベスタ導入は、チェンソーによる手切りから生産性を大きく向上させ、生産原価低減に大きく寄与したと考えていたが、一九八三年以降ほとんど変化がない原因はあるのだろうか。

4　高性能林業機械の普及

前述のとおり、平成に入ってからハーベスタやプロセッサの導入が加速度的に進み、林野庁は毎年高性能林業機械の保有台数を都道府県別に公表している。

二〇一三（平成二十五）年の都道府県の素材生産量を、ほぼ同じ機能のハーベスタとプロセッサの保有台数の合計値で除した一覧の中から、機械一台あたりの生産量の少ない順に都道府県別に並べたのが左の表である（素材生産量一〇万m³以下の都道府県は除いている）。

都道府県	ハーベスタ（台）	プロセッサ（台）	素材生産量（千m³／台）	生産性（m³／台）
高知	35	112	495	3,367
長野	34	69	370	3,592
群馬	12	45	225	3,947
和歌山	9	33	166	3,952
徳島	12	53	295	4,538
静岡	33	24	269	4,719
福岡	18	15	159	4,818
兵庫	9	40	240	4,898
福井	8	13	107	5,095
愛媛	46	46	504	5,478

ハーベスタ、プロセッサですべての枝払いや造材を行っていないこと、また、機械の所有者に紐付いた統計資料のため、他都道府県での作業量が考慮できないというデータの不完全な点がある（高知県等の素材生産業者は複数県をまたいで作業をしている）。

機械の金額を、ベースマシン一台あたり三〇〇〇万円、法定償却年五年で均等に償却する場合、年間素材生産量三〇〇〇m³ならば一m³あたり償却額が二〇〇〇円、四〇〇〇m³ならば一五〇〇円になる。三〇～五〇%の補助金が入っている機械も多いと思われるが、機械の稼働率が上がらなければ生産コストは当然割高になる。森林組合等で、補助事業の適用になるからと利用計画が定まらない状態で導入した林業機械が、本来の生産性を発揮すれば、生産コストの低減は図られていくだろう。

5 補助事業

次頁の表は、某県のホームページに掲載されている補助事業のメニューであるが、人工造林から間伐まで補助金のメニューがあり（林野庁の事業で都道府県も一部負担している）、この表に都道府県、市町村が上乗せで助成をしたり、近年では皆伐にも補助金を支出する自治体まで出てきている。

この表には、「単価」「標準的な補助金」「実質補助率」と記載されているが、単価は都道府県が算定している標準的な作業単価で、国の定める森林経営計画等の認定を取得した場合、作業単価の六八%は補助される仕組みとなっており、両者を乗じると標準的な補助金となる。

ここで問題になるのは、この仕組ではコスト削減の意識が働かないことにある。本来ならば林業経営者や事業体の努力により作業コストを下げる工夫を行うべきであるが、補助事業は標準単価で行うものという暗黙のルールが出来てしまっている。

森林経営計画認定森林の補助金額

作業の種類	補助要件	区　分	単価（千円／ha）	標準的な補助金（千円／ha）	実質補助率（%）
人工造林（再造林）	1500 本以上／ヘクタール	スギ 2600 本／ヘクタール	953	648	68
		コナラ 2600 本／ヘクタール	852	579	68
人工造林(拡大造林)	1500 本以上／ヘクタール	スギ 2600 本／ヘクタール	1,117	759	68
		コナラ 2600 本／ヘクタール	1,016	690	68
下刈			149	101	68
枝打ち			215	146	68
除伐			127	86	68
保育間伐	伐採率 20%以上		123	83	68
間伐	車両系 伐採率 20%以上	0 ～ 10 立方メートル	96	65	68
		10 ～ 20 立方メートル	184	125	68
		20 ～ 30 立方メートル	242	164	68
		30 ～ 40 立方メートル	301	204	68
		40 ～ 50 立方メートル	359	244	68
		50 ～ 60 立方メートル	417	283	68
		60 ～ 70 立方メートル	476	323	68
		70 ～ 80 立方メートル	534	363	68
		80 ～ 90 立方メートル	593	403	68
		90 立方メートル～	651	442	68

スギ人工林の造成に要する費用

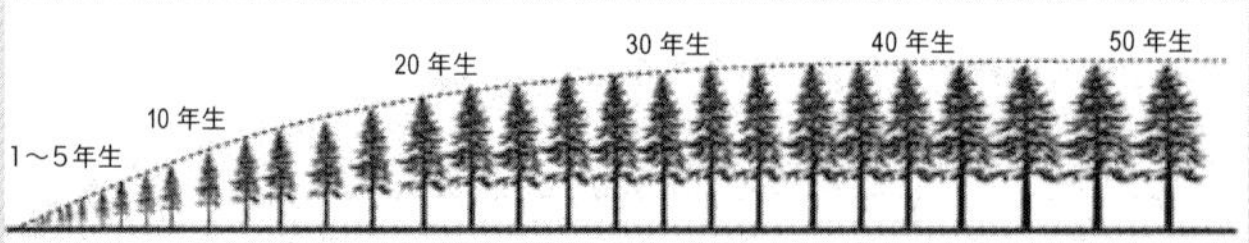

齢　級	1	2	3	4	5	6	7	8	9	10	合計
費用（万円／ha）	126	30	20	14	13	7	5	8	5	6	231

資料：農林水産省「平成20年度林業経営統計調査報告」（平成23（2011）年1月）

6　林業経営の経済合理性

上表は、「スギ人工林の造成に要する費用」で平成二十六年『森林・林業白書』に掲載されている表である。これを見ると五〇年生（一齢級は一～五年生、二齢級は六～一〇年生を表す）までに二三一万円／ha必要となっている。

最初のグラフで使用した二〇一三（平成二十五）年の山元立木価格は、二四六五円／m³となっており、上表では一年間に一万円／haの管理コストがかかっていると想定されるので、五〇年間で五〇万円の管理コストを要し、一八一万円（二三一万円―五〇万円）が造林保育に要した費用と考えられる。

収穫（皆伐）時の一haあたりの収穫量を考えた場合、収穫量と山元価格の対応は次頁表のようになる。

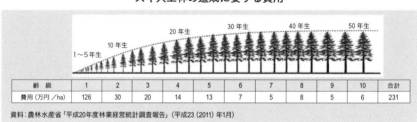

単位貯蓄別山元価格

収穫量（m^3／ha）	山元価格（千円／ha）
200	493
300	740
400	986
500	1,233

補助事業がなければ、皆伐しても再造林は難しいと言えるし、仮に補助事業の摘用を受けたとしても、一八一万円×（一—六八%）＝五七万九千円／haとなり、一haあたりの収穫量を増やしていく必要がある。造林保育に要した費用を資産計上している企業有林等では、木代金を払い出せば利益はほとんどないと言える。

7　国産材をもっと使うためには

冒頭に、国産材をより使うようにするためには、用途開発ではなく一m^3＝一〇〇ドル（≒一万円）で成り立つ林業経営への変革が必要不可欠と述べたが、森林が豊富な先進国で林業が産業化していない国は日本だけである。

これまで、日本の林業の生い立ち、造林保育・生産工程における高コスト体質により森林所有者への利益還元ができていないことを簡単に説明した。

今後、森林を作る川上側の立場から言えば、

①森林所有者の伐採収入が、再造林費も賄え、資産形成を行う場に転換すること。

②再造林、保育作業にかかるコストを低減できる仕組みを作ること。

③収穫作業における一層のコストダウンをはかること。

④単位面積あたりの収穫量が大きくなる森林造成を行うこと。

以上の四点がポイントといえる。

具体的施策としては、以下のことが考えられる。

①初期生長が良好な良質な苗木を廉価に生産し、植栽本数を減らすことにより植栽コストを現状の半分程度に落とす。

②下刈は三年生程度で終わるようにする（通常は五〜六年生まで実施）。

③間伐は回数を減らす（単位蓄積に拘る施業を行う）。

④生産の合理化をはかる。

我が国の林業は、林業適地にも不適地にもどちらかと言えば平等に、公益的機能の維持や地球温暖化対策を目的にした政策により、手入れ不足の森林の健全化を図るための助成、制度設計がなされていた。

また、木材価格に地域性がほとんどなくなり全国一律価格に近い現状では、地形が急峻な中日本〜西日本は伐採搬出作業が明らかに不利である。資源が充実しているものの地利条件が悪い森林への計画的なインフラ整備（長大スパンによる架線集材や多段集材の架線集材の排除）、流通の合理化（トラックの大型化、流通経費の削減）を図ったり、生長の優れた苗木を植栽することにより、地形条件が異なっていても全国どこでもほぼ同一の条件で林業生産活動が

スギ造林地の採算性

	内部収益率0	11年生まで補助対象			
			伐期短縮		
				伐採量20%増・原価コストダウン	
					初期投資20%コストダウン
IRR(%)	0	2.09	2.74	3.53	3.94
伐期(年)	50	50	40	40	40
保育作業 1年(千円/ha)	1,210	387.2	387.2	387.2	309.8
保育作業 6年(千円/ha)	250	80	80	80	80
保育作業 11年(千円/ha)	150	48	48	48	48
保育作業 16年(千円/ha)	90	90	90	90	90
保育作業 21年(千円/ha)	80	80	80	80	80
保育作業 26年(千円/ha)	20	20	20	20	20
保育作業 36年(千円/ha)	30	30	30	30	30
管理費(千円/ha・年)	10	10	10	10	10
皆伐材積(m^3/ha)	500	500	500	600	600
売上単価(千円/m^3)	10	10	10	10	10
原価単価(千円/m^3)	6.284	6.284	6.284	6.000	6.000
皆伐粗利(千円/ha)	1,858	1,858	1,858	2,400	2,400

出来るようにしていくべきである。

地質等の条件により、インフラ整備がどうしても出来ない地利条件が悪い地域については、皆伐再造林を行わず長伐期化による特殊材生産や、針葉樹と広葉樹の混交林化を目指し、メリハリをつけるべきである。

8 新しい手法で森林造成した場合の林業経営の採算性試算

仮定の話になるが、「スギ人工林の造成に要する費用」を準用し、各齢級一年目に造林保育作業を実施し、毎年の管理費を一万円/ha、皆伐時の原木販売平均価格を、一万円/m^3とし、伐期、伐採量、補助金の有無について条件を変えて試算を行った。

上表から分かる通り、五〇〇m^3/haの出材ならば、伐採搬出運材にかかる費用を六二八四円/m^3にしないと、内部収益率(IRR)は〇%にならない。仮に一一年生までを補助対象に、五〇年伐期を四〇年に、単位面積あたり収穫量を二〇%増しに、生産原価をコストダウンしていけば、表の右列の通り内部収益率は、三・九四%まで向上する。

材価向上に期待せず、インフラ整備による作業難易度の平準化、保育作業の合理化、生長に優れた苗木の使用により、所有者への還元が可能になる。

9　林業の産業化と競争力があれば自ずと国産材は使われる

前述のとおり、林業粗収入が一haあたり二四〇万円になれば、林業は産業とみなされ、資産形成に寄与する財産として林地の流動化は間違いなく促進されるはずである。そうすれば、今般問題になっている境界問題や合意形成はハードルが下がるはずである。また、一m^3＝一〇〇ドル＝一万円が定着していけば、原木は天然災害等の気象条件を除けば、出材の平準化にも繋がることになる。

本稿では、森林所有者の収益を上げることを中心に述べたが、そのために作業を行う事業体の経営を圧迫していては意味が無い。材価が上がらなければ、作業費は上がらない。当然、造林保育作業における合理化、労働負荷低減も待ったなしに取り組まないといけない重要な課題である。

樹木の時間と人の時間

【日本の森はどこへ行くのか？】

田中淳夫

●たなか・あつお　一九五九年生。森林ジャーナリスト。出版社、新聞社等勤務を経てフリーランス。著書に『森林異変　日本の林業に未来はあるか』（平凡社新書）『日本人が知っておきたい森林の新常識』（洋泉社）『森と近代日本を動かした男――山林王・土倉庄三郎の生涯』（洋泉社）『森と日本人の一五〇〇年』（平凡社新書）『樹木葬という選択――緑の埋葬で森になる』（築地書館）など。

「木を使おう」という珍しい時代

昨今、林野庁が主体となった「木づかい運動」が展開されている。

暮らしに木質製品を取り入れて、木材を利用することにより森を育てる活動、と定義付けているが、ようは国産材をもっと使おう、というキャンペーンだ。各種パンフレットがあふれ、木づかいイベントも数多く開催されている。すでに公共建築物に木を優先的に使うように促す、公共建築物等木材利用促進法も制定された。

二〇二〇年の東京オリンピックのメーンスタジアムとなる新国立競技場のコンセプトは「木と緑のスタジアム」だが、それもデザイン案の基本要項に「木の活用」が盛り込まれたからだ。木づかい運動の成果だろう。

この運動を俯瞰すると、「木をもっと使おう」と政府が音頭を取るのは、日本の歴史始まって以来ではないかと思えた。おそらく世界的に見ても珍しいのではないか。なぜなら歴史的に人類は、常に森から木を過剰に収奪し、森を農地や市街地に転換することで、森を劣化させ森を消滅させてきたからだ。

木材となる樹木は、短期間で育たない。人が使える太さや長さになるには、永い時間がかかる。森には「樹木の時間」が流れている。それに比べて人は、早く生き、早く死ぬ。しかも人はより多くの木材を求め、さっさと廃棄し、エネルギー源として燃やす。「人の時間」に合わせて森を利用すると、必ず森は傷めつけられるのだ。

だから、常に木材を使いすぎるな、木を伐りすぎるな、と伐採制限をして森を守るのが（建前にしろ）為政者の共通した方針である。ところが二十一世紀の日本は「もっと木を使おう」と旗を振る。それはどんな事情なのか。そして本当に正しいのか。

そこで森から日本史を振り返りながら、現在の日本の森のあり方、そして将来に向けた展望を考えてみたい。

収奪型林業の日本史

もともと日本列島は、湿潤温暖な気候で樹木・草本の生長に恵まれている。だから有史前は、ほぼ全土を森林に覆われていたと推定される。そこに人が住みついて数が増えるに従って社会を築き、国家の体裁を整える過程で、多くの森が失われていった。

まず農地を開墾するために森を切り開き、焼畑などが行われ、住まい、宮殿、宗教施設など建築物を建てる木材を調達するために大木が伐られた。また生活に必要なエネルギー源のほとんどを木材に頼った。最初は煮炊きや暖を取る程度だった火の利用も、やがて土器の焼成、金属の精錬、製塩などに莫大な燃料を費やすようになり、森から木材を奪った。木材そのものは再生可能だが、消費する量が森の生長量をはるかに上回っていたため、森はジリジリと劣化し面積を減らしていく。

古代の日本を描いた歴史書や説話集には、巨大な木を伐り倒す逸話が多く収録されている。たとえば平安時代に成立したとされる『今昔物語集』には、近江の国にあった周囲五〇〇尋（約九〇〇メートル）の大木を、地元の農民が天皇に願い出て伐採する話が登場する。この木のために日陰が増えて（なにしろ木の影が朝は丹波、夕には伊勢まで届いたという大木だ）農作物が稔らないことが理由だった。同じような話は、『古事記』や『風土記』などにも収められている。

そのほかにも森が恐ろしい物の怪の棲む世界であったことを描く昔話は数多い。森がなくなれば物の怪も消える。当時、森を伐り拓くのは住民の念願だったのだ。一方で巨樹に神の姿を見る信仰も多く、みだりに伐採したために呪われる逸話もたくさんある。

当時は、大木の多い豊かな森があれば伐採して木材を伐りだし、森が尽きたら放置して次の山に移るという収奪型の林業である。そのため森は、人が多く住む集落、なかでも都の周辺から劣化し始めた。すでに西暦六七六年に天武天皇が飛鳥川上流部など朝廷の領地に伐採や焼畑禁止令を出している。はげ山が増加していたのだろう。これが日本史上最初の環境保全の法律かもしれない。

時代が進むと、藤原京や平城京、平安京を造営する過程で、多くの森が大規模に伐採された。中世には、各地に群雄割拠した守護大名〜戦国大名が、自国の開発を急いだ。兵を養い国力をつけるには、農業の振興や鉱山開発が欠かせない。それは森を切り開くことにつながる。また木材は軍需物資でもあった。城砦の建築、そして金属の精錬と兵器の製造にも莫大な木材を消費したのである。

木材不足と森林の荒廃

江戸時代に入ってからも森林の受難は続く。城下町などの建設で木材が使われるだけでなく、人口が増えれば農地開発を進めるため森林を伐り拓くほか、鉱工業などの発達でも莫大な木材を消費したのである。

それは神社・寺院の鎮守の森でも同じだった。一般に鎮守の森は宗教的理由で荒らされなかったと思われがちだが、過去の記録を調べると、境内の木々もどんどん伐られていた様子がわかる。僧や神主が止めるのも聞かずに村人に伐られたり、逆に寺社が農民に、鎮守の森で薪や落葉を採取する権利を金で払い下げていた状況が描かれている。そして太い木は、社殿などの修繕や新築に使われた。

一方で、森林が荒れることで木材の調達に困る事態も発生した。宮殿や仏閣を建てる大径木の木材が手に入らなくなってきたのだ。

わかりやすい事例に、東大寺の大仏殿の変遷がある。奈良時代に建てられた大仏殿の材料は、現在の滋賀県の田上山から伐りだされた巨大なヒノキだったとされる。それが源平合戦で焼け落ち、鎌倉時代に建て直す際は山口県の徳地から運ばれた。

再び戦国時代に焼かれると、江戸時代に再建を目指した。これが（現代に残る）三代目の大仏殿だが、実は建設途中で木材が足りずに規模を縮小している。さらに十分な太さの材が手に入らず、柱に寄木を使わざるを得なくなった。それもヒノキだけでなく、マツやスギなどが混ぜられた。それらの木材を張り合わせて鉄のタガで締めて柱としたのだ。わずかに虹梁にする長大木は、宮崎県の霧島から運んだ。木材の調達先がどんどん遠くなり、それでも足りなくなった様子が窺われるだろう。

建築資材や燃料としての木材資源が足りなくなるだけではない。山から木々が失われることで、山崩れが頻発し、土砂が河川を埋めて洪水を発生させるなど災害が頻発するようになった。その度に人命財産が奪われた。さらに山から落葉などの堆肥の原料が得られなくなって、田畑も収量が落ちる事態を招く。

そのため各地の山で伐採禁止の留山制度が設けられた。木曾では木の種類を決めて禁伐し、「木一本、首一つ」と伝わるように盗伐した者に極刑で臨み、時間をかけて森林の回復を待つようになる。さらに木の苗を植えて育てる林業、いわゆる育成林業が吉野などの一部の林業地で生まれた。また治山のための植林も奨励された。

この時期、人は「樹木の時間」に合わせようと努力したのである。しかし残念ながら十分に森林を回復するまでには行かなかったようだ。

十七世紀の岡山藩に出仕し、治水と治山に尽力した熊沢蕃山は、いくら木を伐るな、植えろと命じても、庶民がすぐに伐採してしまうことを嘆いている。ただその理由も理解していた。

「山荒らす事御法度とあれども、三日の食物さへ蓄へないもの多ければ、薪を刈つて焼くべきようならなければ、たとへ明日首をきらるるまでも、今日はぬすみて山をからではならず」。

つまり人心が安定せず日々の暮らしに追われると、長い時間をかけて木を育てることはできないと記している。これも「樹木の時間」と「人の時間」のずれが、森林の荒廃をもたらしたことを示していると言えよう。

戦時中の過剰な伐採と、戦後の外材依存

明治期の日本の風景写真を目にすると、驚くほどはげ山が多いことに気づく。人々の暮らしを写す背景に木がほとんどないのだ。なかには、中央アジアの砂漠地帯かと見紛うような光景さえある。

東京帝国大学農科大学の教授だった志賀泰山は、一八九四年の国土の状況を、森林、原野、耕地の面積の割合を、それぞれ五五%、二五%、一六%と説明する。ただし森林のうち樹木に覆われているのは三割で、残りははげ山とした。つまり、実質的に樹木のあるのは国土の一六・五%ということになる。正確な調査を行った結果ではなく推測も入っているようだが、この数字は現在の中国より低い森林率である。

明治政府は、西洋の技術も導入して、はげ山の砂防緑化を推進する。オランダ人技師のデ・レーケは、氾濫する河川の治水工事を行うため来日したが、あまりの土砂の流入に音を上げて、その源流部の治山工事に乗り出したことで知られる。なかでも近江の田上山の治山治水のほか木曽川の分流工事などに尽力した。ほかにも多くの地域を指導した事績が残されている。

政府は一八九六、九七年に河川法、砂防法、森林法を相次いで制定した。これは治水三法と呼ばれるが、当時の欧米よりも先進的な内容として評価されている。またヨーロッパへ留学して林学を学んだ者が、帰国後はげ山に森林を造成し、林業の近代化を進めた。木材資源を増やすことは、国力の充実にもつながると認識されていたことも大きな動機となった。

かくして大正〜昭和初期になると、日本の山はかなり緑を回復してきた。この時代は、国家主導によって「人の時間」を抑え、将来を見据えた「樹木の時間」に寄り添おうとした努力が見られ

る。

　だが再び戦争の時代に突入する。木材は再び軍事物資として求められ、過剰に伐採されるのである。またもや「人の時間」に森は犯されることになった。

　昭和二十年、国破れた時に人々の目に豊かな山河は映っただろうか。残念ながら、乱伐によって山も河も荒れ果てて、森林資源は危機的な状況に陥っていた。

　そこで国民的な造林運動が展開された。昭和三十～四十年代は、毎年二〇万～三〇万ヘクタールもの植林が行われた。木材価格の高騰もあり、木を植えれば財産になると考えられたからだ。そして人工林面積は戦前の二倍以上に膨れ上がる。この時期、再び「人の時間」を多少抑えて「樹木の時間」に舵を切ったと見立ててもよいだろう。

　一方で膨れ上がる木材需要を賄うために外材輸入が解禁された。日本は高度経済成長時代に入り、景気拡大もあって建築ラッシュが起きたからである。しかも為替変動で円高が進み、外材は安くなっていく。また商社が流通を仕切るうえ、大径木の外材は使い勝手がよかった。林業地帯でさえ、新築される住宅の多くは外材を使っていた。気がつくと、日本の木材需要の八割が外材に置き換わっていたのである。

　ある意味、海外の「樹木の時間」を食いつぶすことで、日本の「樹木の時間」を確保し、また「人の時間」を早く進めたと言えるかもしれない。

「木を伐るな」から「伐って森を守る」へ

　高度経済成長時代の日本で社会問題となったのが、公害である。大気汚染や水質汚染、土壌汚染が頻発し、人の健康に多大な被害をもたらした。また森林破壊も懸念されるようになる。

　これはマクロで見た森林面積や木材資源の充実とは別に、主に都市部に住む人々の意識に自然（森林）が減っていると思われたためだろう。身の回りで住宅地や商業地の拡大、道路の建設に伴い森林が消えていく。ゴルフ場のような遊戯施設の開発も森林伐採をともなった。緑の減少に危機感を抱く人々が増加し、国民の間に自然環境を守る意識が高まった。そして木を伐るな、という声が広がっていく。

　これは「森を守れ－木を伐るな－木材を使うな」という意識の連鎖を生み出す。木製品を目にすると、森林を破壊して木材を収奪したかのように思えたのである。直接的な森林伐採に対する反対に留まらず、林業への攻撃となった。林業は木を伐る作業が目立つからだろう。時に人工林で作業する林業家に対して暴言が投げかけられた。

　象徴的な事件に、林野庁による知床の森の伐採計画への反対運動がある。実は知床の森は原生林ではないし、伐採も抜き伐りするもので、破壊と言えるほどのものではなかった。しかし天然林の木を伐る行為そのものが、国民感情を逆撫でしたのだ。

さらに割り箸追放運動も起きた。食事に一度使うだけで捨てるのがもったいない、という理屈からだ。しかし、割り箸は建築材にはならない端材や紙原料用のパルプ材から作られている。むしろ端材を「もったいない」から利用した商品だった。

やがて多くの木製品が、安価で大量生産できる金属や合成樹脂などにどんどん置き換えられていく。気がつくと、身近に本物の木はなくなってきた。さらに森の中に入ることも、自然破壊を助長するかのような意見も出てきた。山登りも、登山道から一歩も出てはならない、草木や昆虫を採ったり触ることさえいけないと叫ばれた。

一方で木材需要の大半を外材に依存するようになると、国内の林業は衰退して人工林の世話が行われなくなる。さらに薪や木炭が使われなくなり、化学肥料を使うことが増えたことで、里山の雑木林も放棄されるようになった。雑木林は、人の手が入らないと荒れる。荒れた森には人も入らないだろう。そうした傾向は、地方都市や山村でも広まった。

その結果、何が起きただろうか。

木に親しみを持たない人々が増えたのである。木材は弱い、腐る、高いといった理由で忌避された。それは森に親しみを感じないことにもつながる。森と聞けば暗い、汚い、危険、虫に刺される……というイメージになってしまう。

もっとも親しみを感じないというより、感じる機会がない、というべきかもしれない。木肌に触る機会がなければ木を知ることができず、身近に遊ぶ森がなければ森への関心も失う。関心がなくなれば、森が荒れても気にしなくなるだろう。

木や森への無関心。これこそが戦後の日本人の大きな特徴ではないか。

ところが一九九〇年代に入ると、新たな動きが全国に生まれた。それは実際に荒廃する人工林や雑木林を目にした人が、自分が所有する森でなくても手入れをするため行動し始めたのである。彼らを一般に森林ボランティアと呼ぶ。

これは「木を伐るな」から「木を伐って森を守る」への転換だった。それは反対の声を上げるだけの運動から、自ら森の中に入る運動への転換でもある。

もっとも問題があった。草刈りや雑木、細い木の間伐なら素人のボランティアでもなんとかなるが、現在の森林には太さが二〇センチ以上に生育した木も多い。これらの伐採は、専門の機材も必要だし素人には危険すぎる。また伐採した太い木をその場に残すのは「もったいない」。何よりボランティアで片づけられるほど荒れた森林は少なくなかった。

やはり林業を振興することで、プロが仕事として森林整備を進める必要がある。それが山村の雇用を生み出し、地域振興にもつながるからだ。

世界的な森林保全という課題を前に

二十一世紀に入る前後から、森林や林業界に異変が起きた。

中国やインドなどの経済発展で世界的に木材需要が膨らむ一方で、世界的な森林の劣化が進み、野放図な伐採に批判が集中するようになった。地球温暖化などの環境問題もクローズアップされ、地球サミットなどで森林保全が重要なテーマに取り上げられた。そのため日本も、外材を望むだけ輸入できる時代ではなくなった。

その反面、日本では戦後の大造林で植えられた木々が、ようやく収穫できる太さに育ってきた。手入れ不足の人工林も少なくないが、その中にも木は育っている。だから外材が調達しづらいのなら国産材へ、という発想を後押しするようになった。

これこそ「木づかい運動」が生まれるきっかけである。

しかし気をつけなくてはいけないのは、木材需要の中身も変わってきたことだ。これまで木材の最大の使い道は住宅など建造物の柱だった。しかし、現在では合板やボード類などパネルを多用し、柱も集成材が主流だ。また部屋も洋室が増えて、木質の柱や壁の上をクロスなどで覆うことが多い。そのため木造なのに外から木肌が見えなくなる。

さらにバイオマス発電が再生可能エネルギーの一つとして注目されるようになった。バイオマス発電所は、莫大な木材資源を消費する。一般的な五メガワット発電施設では、年間約六万トンの木材を燃料として消費する。そんな発電所が全国に何十も乱立するようになった。これだけの木が生育するのに、どれほどの面積で何十年かかるだろうか。

今、日本列島には多くの森があるからと言って、野放図に木材を利用すれば、再び過ちを犯してしまう。単に木材資源を失うだけでなく、治山治水にも影響が出る。さらに生物多様性の宝庫である森を破壊すれば、遺伝子資源も失ってしまうだろう。

単に量として木材を使えばよいわけではない。また「人の時間」で木材を過剰に消費すれば、「樹木の時間」によって培われた豊かな森の世界は破壊されるだろう。

このような事態を招く理由の一つとして、現在の木材用途が人に木を身近に感じさせず、森を想像できないことも関係あるように思う。

木と森に親しむところから

人はもっと木材に、そして森に眼を向けるべきではないか。木に親しみを持たなければ森にも関心が向かない。ひいては自然を大切にする思いが育たない。自然破壊に無関心になってしまう……。

そんな思いが「木育」という言葉を生み出した。年少の世

マイ箸づくり
(写真筆者提供)

代から木や森に触れさせ知識を身につけてもらう運動である。

木育の中心となるのは、木の玩具だ。子供が最初に手にする玩具(ファーストトイ)に木の玩具を与えようという「ウッドスタート」と呼ぶ活動も全国で行われている。

一連の流れで「森のようちえん」も登場した。これは園舎もなく、子供たちを森の中で保育する幼稚園だ。一九五四年にデンマークで誕生し、今やドイツや北欧、さらにアメリカへと広まっている。雨の日も雪の日も子供たちは森に出かけて、好きに遊ぶ。作られた遊び道具も持ち込まない。保護者は見守るだけで、できるだけ関わらない。

子供たちは、森の中で自発的に遊ぶのだ。遊び方も指導せず、ときに喧嘩したり危険に見える行為があっても、ギリギリまで止めに入らない。保護者や園の運営者には「お手々は後ろ、お口はチャック」という合い言葉もある。すると子供たちは自ら考え、コミュニケーション能力を高め、生きる力を身につけるとされる。「森のようちえん」は、日本でも二五〇以上誕生している。

また森林浴が発展して、森林療法、森林セラピーと呼ばれる森で過ごすことで健康を促進する活動も行われるようになった。実際、森を散策すると、血圧や心拍数が下がりストレスホルモンが減少することが実験によって確かめられた。それは木肌に触ることでも同じ効果が出た。木目を目にする、木肌に触れることで、精神が安定する、抑鬱状態が緩和する、疲労感が収まる……などの効果が確認できたという。

おそらく現代社会における森林空間や木質素材の重要性は、今後増していくだろう。

世界の森林史を研究する人々の間では「森林資源に関するU字仮説」が提唱されている。「時間軸とともに経済発展と森林資源量（一人当たりの森林面積）をグラフにすると、U字型が描かれる」というものだ。

一般には経済発展が木材需要を膨らませて森林破壊を進めるように感じる。しかし少なくても近世以降は、経済発展が森林資源を保全してきた可能性が指摘されたのだ。言い換えると、政情が安定し、国民の生活レベルが向上した国・地域ほど、森林の面積や蓄積を回復させる、という仮説だ。

実際に、日本だけでなくヨーロッパや北アメリカでは、森林面積が回復基調にある。韓国、中国も近年森林面積を急増させてきた。政府が野放図な伐採を取り締まり、計画的な森づくりを実行するからだ。その背景には、国民に環境教育が行われて、長期的な視点を持つことが必須だろう。逆にアフリカや中南米、東南アジアなど発展途上国で今も森林の減少が止まらないのは、政情不安や教育の問題が大きいことが想像できる。

もちろん仮説であり、まだ十分に検証が進んだわけではない。しかし平和と教育こそが「人の時間」と「樹木の時間」を融和させ、人間社会だけでなく森林も豊かにするという見立ては、大きく外れてはいないように思う。

これまで繰り返し人と森のバランスを取ることに失敗してきた人類は、今こそ目先の時間感覚を超えて遠い未来を想像する力を鍛えなければならない。

改めて「木育」の意味を考え直そう。森を守るには、人が森から遠ざかるのではなく、どんどん森に入り、木を身近に使って、木と森に親しむところから始めなければならない。木から森へと想像を膨らませるような豊かな利用を心がけるべきだろう。

森・里・海を育てる人々
【生命の循環・森林生態系再生・地球環境浄化の語り部達から】

池上 惇

●いけがみ・じゅん 一九三三年生。京都大学名誉教授。（一社）文化政策・まちづくり大学校代表理事。財政学・文化経済学。著作に『財政学』『文化と固有価値の経済学』（岩波書店）等。

はじめに――森里海連環学の誕生が意味するもの

田中克教授は、二〇一一年東日本大震災後の気仙沼地域における復興支援活動の中から、次のように指摘されている。

「震災の海、三陸リアスの海辺には森が海に迫り、海とともに生きる人々は森と海は不可分につながる中で暮らし、岸部は津波によって破壊されても、森が健全に保全されている限り、海と漁業は必ず復活するとの信念が根付いている[1]。

つながりの分断から**紡ぎなおし**への大転換が求められる時代である[2]」。

田中教授によれば、かつて陸域の大半は森林で覆われていたが、人口の増加とともに、その面積率は、一七〇〇年には五〇%に低下し、二〇一〇年には三〇%にまで激減した。それは地球温暖化の基本的背景であり、今日における気候の激変化と局地的な大災害の遠因でもあろう（注（2）文献、一〇五頁）。

日本は、国土の三分の二が森林の森林大国であり、同時に、海洋に囲まれた海洋大国でもある。ここでの意思決定は、世界が注目しており、世界を動かす。

そこに「森里海連環学」が誕生した理由がある。

それよりも、十数年以上も早く、現場では、気仙沼のカキ養殖漁師によって「森は海の恋人」運動が発展し、カキの養殖が不可能なほどに水質が低下した原因を、森の荒廃に求め、植林運動を通じて、森を再生しつつ、水を浄化して良質のカキを生み出した(一〇六頁)。

震災後も活動は継続し、貴重な湿地の保護にも成功している。この海での養殖は、カキ・ホタテガイ・ホヤ・ワカメ・コンブである。すべて、森の恵みによる。

この成果を踏まえ、畠山重篤氏を京大フィールド科学技術センター教授として迎え、全学共通科目「森里海連環学」を開講し、新入生にはセミナーを現地で開催している。命の循環を学ぶ教育である。

このような連環の中で、岩手県遠野の「山・里・暮らしネットワーク」などの活動を改めて位置づけると、そこには、命のつながりという視点からの、地域再生や発展の展望が生まれる。

植林や馬搬による木材輸送の技術、森林と共生する経営や、職人が同時に農業を担い、伝統野菜を開発し、高校生や中学生、Iターンなどが「命のつながりを支える人々」としての自覚をもって、かれらの熟練やノウハウや構想力を創造的に継承する。

ここでの事業活動は、多様なコミュニティ(地域や知識基盤、教育、研究開発などの広がりを反映した)の〝ひろがり〟と〝つながり〟を担うことによって、相互の信頼関係を生み出し、創意工夫と多様なイノベーションの源泉となって事業活動を支援する。

1 生態系サービスの全体像

国連における「生態系サービス」の研究によれば、

①供給サービス。産業の素材を活かす専門職者・職人が提供するもの。産業や生活のための資源としてのサービスということもできる。

②調整サービス。資源を保存し災害・荒廃を防止するための技術などをもつ専門職者・職人が提供するもの。

③文化的サービス。アメニティの提供、芸術的感性の涵養、科学的発見を担う、専門職者・職人・芸術家・研究者が提供するもの。

④基盤サービス。養分の循環や土壌形成などを実行する技術者・職人・専門職者の提供するもの。

など、多様なものがある[3]。

これらの多様性を生かしながら、同時に、ある地域の生態系サービスを包括的に表現しうる「象徴(シンボル)あるいは表徴(エンブレム)となるもの」を発見し、これを手がかりにして、人間の生命活動の再生や発展につなげることができる。

例えば、③文化的サービスのひとつである、地域における祭りの写真表現、景観の写真表現などは、地元を題材とした詩や小説、和歌、俳句などと同じく、ある地域の全体像をシンボル化して把握する手がかりとなる。この手がかりによって現場の祭りや景観に興味を持った人々が、現地を訪問し、「このような祭りを生み出した人々」「このような景観を保全してきた人々」から話を聞き、対話することによって、生態系サービスの提供者とサービスの享受者がコミュニケーションを通じて、よりよいサービスや次世代の人材育成などの課題を発見し解決することができる。

現在、日本では森林環境税に関する議論が進められていて、「生態系サービスへの対価としての森林環境税」が、都道府県税の付加税（五〇〇円程度）として徴収され、森林環境を保全し、自然と人が共生する活用の方向性が議論され始めている。

現在の日本の森林は、間伐材の処理すら満足にはできていない状況であるが、本来は、生態系サービスを健全に提供しうる「多様な専門家・職人の人的能力」への教育研究投資が重要な意味を持っている。

2　森林愛護活動・祭り・民具・民話——日本文化の源流

諸外国と同様に、日本における森林保護は国や自治体の公園指定を通じて行われてきた。例えば、遠野の主峰、早池峰《はやちね》山一帯は、国定公園に指定され、一九七〇年代から森林愛護少年団によって保全活動が行われた。登山口にある早池峰神社には日本古来の神楽が伝承され、少年団は祭りに参加して神楽の練習も行っていた。

日本の森は、巨大開発にもかかわらず、神事との関わりがあるがゆえに保全され、祭りとともに、人々の参加や継承の動きの中で、健全に維持されて来たものが多い。祭りだけでなく、森林は神秘性を帯びた民話のふるさとでもある。ここに日本文化の原点があった。

遠野の民話には「山の民」と「里の民」の対立・抗争や、共生・平和への祈りが交錯しており、同時に、山の民と里の民の「学びあい・育ちあい」を示唆する物語が継承されてきた。その意味では、民話の継承が持つ「山・里・暮らし」の〝つながり〟〝ひろがり〟は、現代の「つながり再生」の課題に応える上で、貴重な意味を持っている。

例えば、戦前から民具の研究家であり、日銀総裁としても知られた渋澤敬三は、『遠野物語』や東北地方の民話にも触れつつ、民具の典型例として「オシラサマ」を挙げた。

それは、桑の枝を交差させ絹や真綿を巻き付けて男女二体の神とし、桑を発見した女性には神が宿る。神が語る唱に「まんのう長者」の物語がある。

「長者の姫が厩の馬を観たことから馬に恋され、ともに昇天する。姫は形見として蚕を長者に残す(4)」

この物語は、大和朝廷の原点として書き残された『古事記』などの正史とは全く違う世界の存在を示唆している。

ここで、馬を山の民、姫を里の民のシンボルとすれば、形見の蚕こそ「人と民具が生み出した産業の種子」である。これこそ人々に希望と幸福をもたらすシンボルであった。

澁澤敬三など在野の研究者は、民具こそ森林の中から生まれた伝統の技であり、単なる技術の結晶ではなく「人の心、誠意、想像力、智慧、創造性、希望」などのシンボルであると考えていた(3)。

3 都市と農村をつなぐ産業実験の場
――ふるさと学校づくり

ここで、「遠野早池峰ふるさと学校」の歴史と地理を概観しておきたい。

(1) 義務教育学校としての歴史

一九四八(昭和二十三)年十二月一日　附馬牛《つきもうし》村立東禅寺小学校小出分校冬季分室として設置。

一九六二(昭和三十七)年　小中併せて三学級八五名が在籍(この時期が最大)。

一九六五(昭和四十)年　遠野市立大出小学校、大出中学校設置、四学級、六九名在籍。

一九七〇(昭和四十五)年　大出森林愛護少年団結成。

一九七三(昭和四十八)年　早池峰神楽の練習を行い、翌年七月に中学生が早池峰神社例祭に初参加。

一九九六(平成八)年　大出森林愛護少年団が地域環境保全功労者として環境庁長官から表彰。

二〇〇〇(平成十二)年　大出の学校五〇周年記念式典挙行。児童・生徒がタイムカプセルを埋設。

二〇〇七(平成十九)年　三月三十一日　閉校。これまでの卒業生・小学校二四九名、中学校一五〇名。

(2) ふるさと学校開校まで

二〇〇八(平成二十)年
一月　旧大出小中学校の利活用を考える検討委員会を設置。
三月　遠野早池峰ふるさと学校基本構想および基本計画を策定。
四月　運営委員会を設置し、各種実証事業を開催。
「主な実証事業」
・登山交流事業
・都市と農村交流受け入れ事業(二〇〇八〔平成二十〕年、二〇〇九〔平成二十一〕年、東京都武蔵野市、愛知県大府市など)
・農産物直売実証事業(二〇〇九〔平成二十一〕年)
二〇一〇年六月十二日　遠野早池峰ふるさと学校、開校。

(3) 地理上の位置

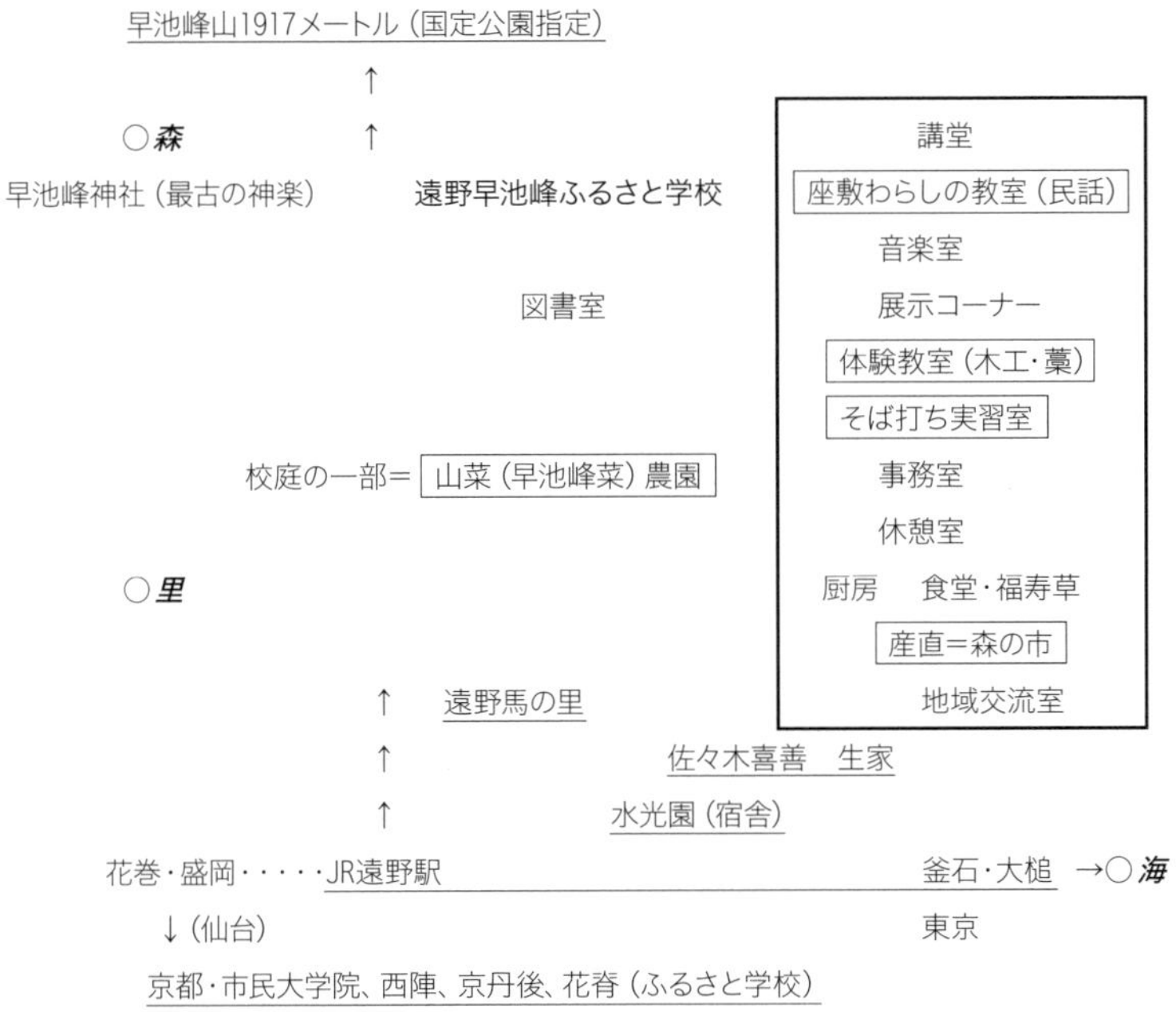

このような歴史と地理を踏まえると、森林は、「ふるさと学校」という、義務教育ではない、貴重な森林資源を保全し生かす教育システムを育んでいることを示している。しかも、ここにおける教育は、都市と農村を包括する広域的なひろがり・つながりがある。

いま、地域再生を目指す書物は沢山でているが、人口減少の現場である、森林地帯の元学区にまで目を届かせているものはない。

しかし、各地の調査をしていると、日本の各地の元学区には、注目すべき伝統がある。例えば、明治の学校制度が誕生した時、京都では「竈金《かまどきん》制度」というものがわずかな期間であるが存続した。それは、地元の有力者が校舎を寄付し、校舎では、地元のすべての住民が平等に資金を出し合って基金をつくり、それを運用して、産業振興、金利による教員・消防職員・行政職員などの給与に充てたのである。

また、但馬地方では、戦後、東井義雄先生が校庭に農場を拓き、子供や大人とともに、「理想的な農業」のための産業実験を行い、実験を通じて、「村を育てる」教育を実践された。いま、遠野で行われている「ふるさと学校」も、校庭に農場を設け、直売の市場があり、農業や工芸、伝統技法の継承の場となっている。直売では、震災前は、山菜、きのこ、が中心であったが、放射線被害で不可能となり、今では伝統野菜に移行している。

さらに、この場に都市からの市民が家族とともに参加して、自然を楽しみ、伝統文化に触れ、森や農業を体験できる。交流人口は年間、四千—五千人に達する。ここにおける伝統野菜、早池峰菜の栽培や研究開発は地元の高校生が担っている。ベテランの農業者から技能や技術を継承する場である。

ここでは、森の文化が「ふるさと学校」を育み、過疎地に産業の種子を撒き、都市と農村の交流事業の中で後継者を育成し、将来の定住人口につなげようと試みている。

アメリカ合衆国には「草の根民主主義」という言葉があるが、ここには「森が育てる市民社会」が育まれている。

4 森・里・海が育てる「ふるさと」
——ふるさと再生と故郷愛を紡ぎなおす

各地の調査をしてみて感じたのは、「この地で地域の森や里、海、自然、人々や親に育ててもらった」から「この地に帰って恩返しをする」という人々が多いことである。しかし、生活ができないから、やむを得ず離れて暮らす。しかし、最近の都市住民は若手を中心として、「農村志向」が急速に高まっている。このような動きを、「ふるさと学校」につなげることができれば、〝次世代支援の習慣と感謝・報恩によるまちづくり〟の動きが始まるのではないだろうか。ここにこそ、地域再生の原動力があり、ふるさと愛を紡ぎなおす人々の登場である。

遠野においても、「遠野でなければできない」学術研究や教育研究の内容が人から人へと継承されてきていて、文化誌『パハヤチニカ』の内容や、遠野文化研究センターの研究・講座の内容は、遠野に根差した学術研究の伝統を示唆してきた。さらに、遠野には、在野の研究者が各領域に多数存在する。また、農業、林業、建築業（文化財保全を含む）、建設業、馬関係産業、伝統工芸産業、鉱山・金属加工業、精密機械工業、商店街・商業、医療・看護・福祉サービス事業など、多様な領域において、職人の技と文化が存在し、それらを身につけて文化資本として創造的な成果を生み出すことのできる人材が多い。

しかしながら、後継者として遠野に定住して、これらの職人能力、文化資本を継承して創造的に発展させることのできる人材は少ない。

このギャップを埋めることこそ、交流人口増加を定住人口増加につなげる鍵である。そのためには、高等教育機関を設置するだけではなくて、長年にわたって遠野に蓄積されてきた自然資本や景観、地元における伝統文化や文化財など文化資本を継承する場を、同時並行的に開いてゆく必要がある。

後継者の不足が目立つ一方で、遠野は超高齢者の比率が高く、健康長寿の地域であり、同時に、女性が一生のうちに子供を産み育てる指標である「合計特殊出生率」も高い。すなわち、この地は住みやすく、子供を育てる環境、自然や社会の環境も整っている。

そこで、この地に高等教育機関を開き、遠野の技や文化の伝統を継承しながら、今に活かせる地元人材を中心に、地元が創造的に開発してきた研究教育領域を、京都や東京などの学術中心地域と連携して持続的に発展させる必要があろう。

江戸時代にも、重税と飢饉によって村が崩壊する時代があった。当時は、二宮尊徳が「仕法（尊徳を基軸とする地域再生信託基金づくりの構想と実行のシステム）の地元合意」を基礎に再生を果たしていた。現代においても、ふるさと学校の動きは、尊徳の構想を引き継ぐ潜在能力を具えている。

遠野で感じることは、山の民と里の民との葛藤や平和、共生と並行して、一方には、地下資源の開発（砂金・金鉱石・鉄鉱石の掘削・精錬・産出・武器・日用製品の製作）、馬の生育、合戦での騎乗戦術への応用等、独自の文化や技術の開発が推進されたことである。

他方、豊かな生産力を秘めてはいるが、もともと南方・西方の稲作文化が、寒冷の時期を持つ東北へと持ち込まれてきた。冷害に直面しながらの豊かさの追求は、学びあいの機会さえあれば、高い技術・技能の力を生み出し、精神的にも極めて強靭な人材を生む。苦境からの再生力（レジリエンス）である。

都市の市民も、森の文化が持つ、新たな可能性から学ぶ時代が訪れたのであろう。

注

（1）畠山重篤『森は海の恋人』文藝春秋、二〇〇六年など、関連文献参照。
（2）田中克「森里海のつながりと命の循環——いのちのふるさと海を生きる」『地球システム・倫理学会会報』No. 10、二〇一五年、一〇五頁以下。
（3）横浜国立大学21世紀COE翻訳委員会責任翻訳『生態系サービスと人類の将来——国連ミレニアムエコシステム評価／Millennium Ecosystem Assessment編』オーム社、二〇〇七年、二四一頁。
（4）澁澤敬三「オシラサマ」より。同『澁澤敬三著作集　第三巻　犬歩当棒録』平凡社、一九九二年、一九一頁。なお、ここでは宮本常一先生の研究成果が紹介されている。
（5）渋澤敬三は、京都学派、今西錦司、伊谷純一郎への支援者であり、彼らとともに、自然学、霊長類学の新分野を開拓した。

木も森も、風景《ランドスケープ》の目で計画を

進士五十八

しんじ・いそや　一九四四年生。東京農業大学名誉教授・元学長、福井県立大学学長。農学博士、環境学・造園学。著作に『緑のまちづくり学』『アメニティ・デザイン』『風景デザイン』（以上学芸出版社）『日本の庭園』（中公新書）等。

杉桧亡国論――脱裏日本大作戦へ

バンクーバーから二〇分のビクトリア空港。そこから三〇分フェリーでペンダー島。全島が米杉と米松の大木でおおわれた緑豊かな別荘地である。娘や孫たちは自然いっぱいで今回の引越が大喜びのよう。しかし私たち夫婦には冬ということもあってか、針葉樹林につつまれた二十日間は重すぎた。雨のせいもあったかも知れないが、東京とのイメージ落差は大きい。

私は自然保全側の造園学者だし家も木造だったが、窓から見えるのが針葉樹林だけというのはツライ。

本多静六林学博士に「赤松亡国論」がある。栄養分のない痩《や》せ地でも育つアカマツ林を警告したものだが、戦後の拡大造林で杉や桧の単純林が全国をおおう風景を見るとどうしても陰気になる。

風景＝ランドスケープをデザインするには、地形、そして水と緑が鍵である。なかでも風景の骨格を形づくる樹木・樹林・植生（山林）は目に映る風景イメージを大きく支配する。針葉樹の心理的ベクトルは、垂直＝緊張＝ストレス。針葉樹の濃緑色《ダークグリーン》＝鈍重。だから観光レクリエーション計画では、広葉樹＝水平＝安らぎ、明るく、軽やかな緑色《ライトグリーン》の植栽を考える。誰れでも、スギ・ヒノキのような針葉樹と、ケヤキ・サクラ・モミジなど落葉広葉樹のイメージのちがいには気づいているだろう。

私は数年前から福井県里山里海湖研究所の非常勤所長をつとめ、一方で県の景観行政へのアドバイスもおこなっている。私の問題意識は全県下の樹種転換である。本来の〝福井のふるさと風景〟をとり戻すこと。福井県の三方《みかた》五湖の水月湖には「年稿《ねんこう》」という七万年に亘る堆積層の世界標準というお宝がある。花粉分析によって植生の変化が解明されつつあるが、杉桧は戦後強化されたもののようである。

何んでも、県議会で質問があったとか。「戦後の拡大造林は県（国）が推奨した。福井県民は真面目だからお上の言う通り一生懸命杉苗を植えた。それが手入れ代すら出せず、花粉症源といわれ大変な負担になっている。一体どう責任をとるのか！」

里山研究所と地元若狭町が協力して、昨秋「ふるさと風景植樹祭」を実行した。杉を除伐して四種の紅葉《もみじ》類を植栽する。

これからも全町で花木や果樹のマッス植栽をつづけ、明るく元気、楽しさいっぱいのやさしい風景を育てていく。一方、県でも主要地方道に落葉広葉樹の並木景観を整備しはじめている。西川知事も公共施設の木造化の検討を指示された。

　私には裏日本の裏イメージを強めているのは明らかに杉や桧林。これをウッドファーストでドンドン活用し、明るい日本海風景を回復したいものだと強く願う。

美《うま》し国づくり
——観光立国ふるさと風景へ

ウッドファースト大賛成。ただ、そのとき木材だけでなく〝風景の目〟もお忘れなく。「木を見て、森を見ず」といわれないように〝フォレストファースト〟で。

　建築物、柱梁や庇、家具、食器、そして食へのつながり。その一方で、建物、敷地、屋敷林、河畔林、鎮守の森、果樹園、里山林、田園景観、ふるさと、観光立県、癒しの風景、やさしさと人間性教育、地球環境へのバイオダイバーシティ、脱温暖化への広がり。そのトータルな展開が、日本の自然風土の潜在力の延長線上にある二十一世紀型の「美《うま》し国づくり」、そして地方創生の切り札となるべき「日本人らしさ」「地域らしさ」の創出につながるはずである。

　私の恩師、上原敬二林学博士は百年まえに、明治神宮の「林苑計画」で杉を否定するキーコンセプトを提案。その自信は、仁徳天皇御陵に入って、自然の力は〝多様性〟と〝多層性〟によって、人工林も時間の経過で自然林に近づくことを目の当りに発見したことから来ている。古墳とは元来、人造のもので、植栽は一切されていない筈。そこが時間が経つと天然林のような林相へと生長する。多様性、いろんな樹種。多層性、いろんな高さの樹木を植栽すると、百年後には自然林になる、そう予測して見事成功したのが神宮の森なのである。

　人工巨大都市・東京が何んとか生きていられるのも、神宮の森のような生物多様性と樹高数十メートルに及ぶ超高木相がCO_2を固定し、ヒートアイランド防止に貢献してくれているからである。私は総合調査座長としてこのことを確信したが、現代の専門家の問題は自分の専門だけにフォーカスを絞りすぎて、全体環境への視野がぼけてしまうことである。くれぐれも木から森、風景までを連続的に思考する点を忘れないで欲しい。

　上原敬二は父親が宮家の山林からの木材管理者だったが、「木材《ウッド》は、いわば樹木の死骸であり生命がない。商品としてはともかく研究は生きている樹木を対象とする方面に向いたい」と思って、森林美学、やがては造園学研究に生涯をかけることになった。もっとも、先生の生誕百年記念出版は『スギ・ヒノキの博物学』（平成元年、大日本山林会刊）であったが。


ウッドファースト大賛成。ただ、そのとき木材だけでなく〝風景の目〟もお忘れなく。

コラム

よみがえる里山「桜の園」

上田昌弘

うえだ・まさひろ　一九四四年生。鎮守の森の会会長。造園。著作に『日本大正村奮戦記　じいさん・ばあさんが町をおこした』（近代文芸社）等。

　一九六一年四月『毎日新聞』は「桜の園へ時代のアラシ　名神高速道路の犠牲に」と見出しをつけて次のような記事を載せた。「日本一の桜の園が名神高速道路建設用の土砂採取地に買い上げられ、非情のブルドーザーに踏みにじられようとしている。この桜の園は桜の研究で知られる笹部新太郎さん（74）が京都府向日町《むこうまち》に日本各地の桜を植えて作ったたいわば桜を守るためのトリデ、それが数百本の桜とともにことし限り消えようという話には、滅びゆく桜の運命を嘆く人たちの愛情が集まっている」。

　そして一か月後、「御母衣《みほろ》ダムに沈む村のかたみにサクラ」の見出しをつけた記事を載せた。御母衣ダム（岐阜県高山市荘川町）は高碕達之助さんが電源開発総裁として計画したダムで、荘川村の歴史は古く、激しい反対運動がおこった。それを乗り越えて注水がはじまろうとしていた時、高碕さんは樹齢四百年の荘川桜のあることに気づく。村の歴史ともいうべきこの桜を残したいと想ったが誰もが移植は不可能だといい、たどり着いたのが笹部さんだった。

　笹部さんが荘川桜の移植に成功した年に、皮肉にも笹部さんがつくった向日町の桜の園が周辺の山とともになくなった。一九六七年水上勉はこの二つの出来事をモチーフに『櫻守』を書く。

　桜の種類は三百種ともいわれるが、戦前、中央集権化とともにソメイヨシノ一色になった。笹部さんはこれを憂え、一九三五年に京都市の隣、向日町の丘陵地に一万m^2の桜の苗圃《びょうほ》をつくり、全国から名木の種を集めて育て、造幣局など全国の桜の名所に送った。その数は一万本を超え、春の景色はすばらしく桜の園とよばれた。

　丘陵の南端に向日神社《むこうじんじゃ》がある。この地方の総鎮守で桜の園はその近くにあった。私はこの神社の近くで生まれ三万m^2の鎮守の森が遊び場だった。薪の採集地としてよく手入れされた明るい森だったが、薪を採らなくなって竹が侵入し、放置され暗い森になった。

　人生の稼ぎを終えた二〇〇四年、わたしはこれをもう一度明るい森に戻そうと取り組んだ。土地の所有者を調べると神社と向日市の公園と京都府営団地の緑地に分かれており、現況の植生を調べて整備計画をつくり所有者と協議した。

森林ボランティアが増えることで山や里は生き返るのではないだろうか。

予算がないからできないといわれ、仕方なく許可を得て神社からはじめた。賛同する人が現れ「鎮守の森の会」をつくり、雨の日と休日以外朝から夕方まで繁茂した竹や木を伐った。一年もすると森は明るくなり、子供と野鳥がやってきて、観光客がやってきた。

二〇〇五年、団地の緑地を整備しようと京都府と協議したとき、桜の園の跡地で小説『櫻守』の舞台であることを知った。半世紀が過ぎ、荘川桜は日本中から観光客を集める名所になっていたが、桜の園があったことは忘れられ、団地には記念碑もなく知る人もいなかった。削り取られた斜面が緑地になったが放置されて真っ暗な森になり、中を通る道に痴漢注意の看板が立っていた。

京都府の許可を得て生い茂った竹や木を伐ると山桜が人知れず育っていた。光を受けて花をつけ、それを見たメンバーは憑かれたように木や竹を伐り山桜を紡ぎ出し、毎年植樹祭を催して笹部さんゆかりの桜を植えた。今緑地には紡ぎ出した山桜八〇本と笹部さんゆかりの桜百本があり、伐った木や竹は五千本を超えた。

向日神社にも桜の園から移された桜があり、笹部さんゆかりの桜の道は六百mになったが手入れをしないと元の暗い森に戻る。間伐、下草刈り、剪定、施肥、そして落ち葉掃除、京都府や団地住民も加わり作業は毎日のように続いている。

笹部さんは宝塚市の武田尾《たけだお》にもう一つ亦楽山荘《えきらくさんそう》と名付けた桜の園を持っていた。笹部家の持山で桜研究の拠点だったが道路と水に恵まれず、向日町に苗圃をつくった。

一九七八年九十一歳で亡くなり、亦楽山荘は相続した親戚の持ち物になった。弟子たちが公園にして残そうと宝塚市や持ち主との交渉を続け、二〇〇〇年四〇万m^2の里山公園がオープンした。

オープンと同時に「宝塚桜守の会」が結成され、三百人を超す市民が集まって管理と運営をはじめた。ハイキングコースの拠点としてにぎわうが、人通りと雨で山道はいたみ、木は生い茂り、台風で木は倒れる。会員は手入れをしてハイカーを迎え、笹部さんの想いを伝え、里山教室を開いて子どもたちに里山の手入れを教えている。

高度成長とともに里山の開発が進み自然保護運動がおこる。木を伐るなという運動で一九八〇年代熱帯雨林や知床の自然を守る運動として盛り上がったが、一九九〇年代になると木を伐ろうという運動がおこる。生物多様性のない暗い森になっていることに気づいた人たちが、間伐や下草刈りに汗を流す運動になった。

森林ボランティアの数は全国で二〇万人といわれている。増えることで山や里は生き返るのではないだろうか。

嗚呼、山を愛する日本人

加藤碩一

●かとう・ひろかず　一九四七年生。産業技術総合研究所名誉リサーチャー・応用地質株式会社顧問。構造地質学。著作に『石の俗称辞典』（愛智出版）『地震と活断層の科学』（朝倉書店）『宮沢賢治地学用語辞典』（愛智出版）等。

筆者の専門とするところは地質学 Geology です。当然のことですが、フィールドワークは欠かせません。四七都道府県はすべて足跡を残しましたし、外国も五〇カ国以上巡っています（決して自慢するわけではありませんが）。それらの大部分は山地地域です。

さて、大学時代に在籍していた地質鉱物学教室で歌い継がれてきた「ジオロジストの歌」（作詞作曲者不明）の一部を次に紹介します。なぜなら、この歌詞に、本文のキーワードである「山を愛する」わけが含まれていると思われるからです。

「山をかけ野を巡り　地の幸を訪ね行く　喜びを君と語らん岩陰の一つにも　明日の日に明日の日に抱く望みや……」

「人里を遠く行き　山並みをわけいらば　地のひみつ埋もれありにき……」

「訪ねこし道なき峰々勤めをば終えし日は　街の灯を街の灯を恋て急がん……」

これをきっかけに、筆者を含めて平地に住む日本の都会人にとって山を愛するとはどういうことかという観点から、いささか述べようと思います。昔日のマタギの様に山で暮らした人々や山村で生業をたてる（「山稼ぎ」）方々、山岳信仰の修験者たち、現代のプロの登山家や山岳写真家等の山に対する思いは筆者には忖度しようがなく、また大多数の一般の人々にとって「本格登山」

ではなくいわゆる「レジャー登山」を通じて山は愛し楽しむ対象だからでもあります。

まず、そもそも「山」や「山地」とは何でしょうか。地形的に単純に言えば「山地」は、平地に対比される概念で、大きな起伏や斜面傾斜を持ち、複数の山からなる地域のことです。欧米のような安定大陸地域と異なる日本列島の様な島弧では、その「地」的背景から火山活動が極めて活発なので、多くの火山があり、活火山さえ一〇〇以上もあるという山の特徴があります。火山の恵を享受するとともに火山災害に向き合ってそれらと共生することは、山を愛する日本人の大きな関心事です。いずれにしても私達平野に住む者にとって山は必ずしも生活しやすい場所ではありません。気象変化は激しく、高山では気圧が低いため、高山病などに陥ることもあるほどです。天然の食物も得難く、傾斜面では農耕もままなりません。このように居住には余り適しません。それなのに、なぜ山に心惹かれるのでしょうか。

さて、いわゆる「鉄っちゃん」と揶揄される鉄道オタクも、実際に乗車する「乗り鉄」だけでなく、写真を撮る「撮り鉄」など、さまざまにカテゴライズされているようです。その伝でいえば、都会人にとって代表的な陸域の自然の表徴である山を愛するという範疇にも「単に山を眺めて愛でる一派」「山を信心する一派」「山を表現する一派」「現地に行く一派」など様々あると思われます。人を愛するのにもいろいろあるように、山を愛するのも人それぞれなのです。まずは、それらを俯瞰することで、「山を愛する」を探ってみましょう。

1 単に山を眺めて愛でる一派

「山岳展望」という新たなキーワードの余暇活動が胚胎しつつあるやに聞き及びます。山を遠望することだけで楽しむのです。先日、筆者は仕事でネパールに行った際、エベレストを始め高ヒマラヤの八〇〇〇m峰群を直に眺められ、わけもなく感動したものです。理屈はいりません。また、例えば富士山が世界自然遺産になり、その際は官民挙げて狂奔したそうですが、個人的には疲れるし、暇も金もないからとありふれた言い訳をして実際には一度も登ったこともなく、また第一その気もなく、直接に遠望するといっても東海道新幹線や飛行機などに乗った折に見えればそれで満足し、間接的にテレビやビデオまたは風呂屋のタイル壁画で富士山をみても癒されるという手合いです。他人に迷惑をかけず、省エネという点では、きわめて優れた趣味です。でも山を愛しているのです。

2 山を信心する一派

人間は山に対して自ずと畏怖の念とともに憧憬を抱き続けてき

図1　「富士講碑」
（東京都大田区大森の山王会館への入り口すぐ）
碑面に彫られた「仙元大菩薩」は富士山の尊称です。天保3年（1832）に新井宿村の富士講が富士講中興の祖、食行身禄（じきぎょうみろく）の没後100年を記念して造立した「亀扶（きふ）」で、台座は龍神の子である「贔屓（ひいき）」を象った石です。

ました。古くは、信仰登山が許されるのは修験の作法に従い、精進潔斎を行った人のみ（場合によっては男性のみ）に限られていました。山そのものをご神体として信仰するものです。例えば、日本最古の神社の一つといわれる奈良の大神神社は、いわゆる神武東征以前より一帯に勢力を持った先住豪族が崇敬し、代々族長によって磐座祭祀が営まれたといいます。ここでは三輪山そのものを神体としており、本殿を持ちません。また、「西の富士、東の筑波」と並び称されている筑波山も、信仰の対象として西峰・東峰からなる男女二柱を祀る双耳峰である山全体がご神体（神体山）とされ（『常陸国風土記』）、これまた奈良時代以降、神仏習合・神仏分離の歴史を経ても変わらず霊地としての信仰を集めた歴史を有し、現在に至っています。

さらに、民間信仰においても山は非日常な世界へ通じるとして恐れられるとともに、各種の天候・気象などの自然現象や農業・林業さらには間接的に漁業などの生業にも関わる神聖な世界としても敬われ、山の神信仰や雨乞い神事などの山に関する民俗が、今も続いています。

とはいえ、時代が下って、江戸時代も後期になると、縛りも緩くなり、楽しむための登山が増えていき、例えば、「富士山信仰」が盛んになりました。「講」という同一の信仰を持つ人々の集団が各地で組織され、毎年積み立てたお金で代表数名が登山に行くことができた仕組みです（**図1**）。現在のツアー旅行の先駆けのようなものです。表向きは信仰のためと言われていましたが、その実ほとんど全てが男性向きで、道中の色街に立ち寄ったり（何をしたのか筆者は知りませんが）した享楽的な要素も強かったようです。でも山を愛しているのです。

3　山を表現する一派

人というのは山を見たり行ったりするだけでは飽き足らず、自らの感性によって絵画・写真・詩歌・音楽他で山を表現し他者に伝えようとする思いを留めることができません。

古く『万葉集』にも「磐が根のこごしき山に入りそめて山なつかしみ出でかてぬとも」（岩の切り立つ険しい山に入り始めると、山に親しみいとおしく思い、出て行けないように今では心惹かれて離れられなくなりました）、「岩畳畏き山と知りつつも我れは恋ふるか並にあらなくに」（岩が多く恐れ多い山と判っているように、身分違いの私はあなたを恋しく慕っています）などがあります。山が恋の人気のスポットだったことがわかります。また、前述の筑波山に関する歌も二五首掲載されています。逆に源義経との別離を静御前が歌ったという「吉野山峰の白雪ふみわけて入りにし人（注：義経）の跡ぞ恋しき」もあります。山は人との出会いの場所でもあり別れの場所でもあったわけです。近世でも人口に膾炙した「鉄道唱歌」には、「愛宕の山」「富士の嶺」「久能山」「逢坂山」「嵐山」「高雄山」「吉野山」……等々と多くの山々が登場し、また現在でも校歌に山を歌い込む例は数知れません。とくに富士山は人気があります。一、二例をあげると、明治大学校歌（児玉花里作詞）に「霊峰不二を仰ぎつつ　刻苦研鑽他念なき　われらに燃ゆる希望あり」とあり、草野新平の詩集『富士山』は有名です。

風景画の題材としても不可欠です。例えば、有名な「赤富士」は、主に晩夏から初秋にかけて朝日を浴びて生ずる現象です。すでに、明和八年（一七七一）には文人画家の鈴木芙蓉が『赤富士に昇龍図』を描いており、葛飾北斎が天保元～五年（一八三〇～三四年）にかけて刊行した『富嶽三十六景』の内の「凱風快晴」において赤富士を描いているのは良く知られています。嫌らしい言い方ですが、山の絵や写真は、優れていれば金になります。でも山を愛しているのです。

4　現地に行く一派

なんといっても、山は行ってみなければその良さは分からないという実践・体験派ですが、これにも様々あります。もちろんどれが良くて、どれが駄目だなどというわけではありません。

観光・享楽派　主に山麓部を徘徊し、反面、山頂に登るのは他力本願でロープウェー、ケーブルカーや観光用駕籠等を利用し、甚だしくはミニスカ・ハイヒールや背広革靴で行き、山を舐めた手合いと批判されることもあります。例えば富士山でも観光バスで行ける五合目までで、そこだけでしか売っていないという惹句にのせられ地域限定の富士山抹茶アイスを食べ、富士山ビールを飲み、富士山饅頭・せんべい他を土産に買って山を満喫したと思い、地域振興にささやかに貢献します。梅・桜・青葉・紅葉など季節感を愛で、山菜・きのこなど山の特産に舌鼓を打つのです。まさに「山」をさかなにするのです。温泉にも目がなく、露天風呂から眺める山を愛でます。欧米では、数日～長期滞在して楽しむことが多いのですが、この派は日帰りないし一泊が多く、飽きっぽくまた付和雷同ツアーを利用するので連泊するものはほとんどおらず、日本人特有のせわしなさという特徴をもっています。でも山を愛しているのです。

レジャー登山派　今時の日本人に流行りの「レジャー登山」は、いわば非日常である山に行き、日常生活で感じるストレスや閉塞性を一時的にでも解消できるような開かれた空間的爽快感や短期的に頂上を極めて得られる手軽な達成感や癒し感を味わうことができることから人気があります。また、山スキー・パラセール・ハンググライダー・キャンプなど山で種々遊ぶことで山を楽しみます。これは、都会に近く、比較的緩やかな山麓を持ち、歩きながら季節感に富んだ植生や変化に富む景観を手軽に楽しめるという日本の山ならではの特性があるためといわれます。世界的に見ても、日本は非常に恵まれた登山環境を持ち、日本の山地の多くは、標高一〇〇〇m程度のいわゆる中山性山地に相当し、それより低い低山を含めて日帰りで登山行を楽しむことが可能です。登山道を始め自動販売機などインフラの整備が進み、地図が読めなくても道標に従ってハイキングやトレッキングなど些かでも歩くのに便利だからです。また、この程度の標高だと本州の中程では落葉樹林帯（ブナ帯）に相当し、山を愛するということは、同時にそこに生息する多様な動植物を楽しむことにもなり、一石二鳥的なお得感があります。基本的に両手足を使って危険な崖をよじ登ったり、ピッケル、ハーケン、ザイルなど装備を使って苦しんで登るのはNGです。でも山を愛しているのです。

山ガール派　マスコミがもて囃す最近の珍種で、「山ガール」とは、ファッショナブルなアウトドア用衣料（例えば「山スカート」）を身に着けて山に登る若い女性やその群のことです。美醜は問いません。一部に登山に適さない服装装備で山遊びをする輩がいると批判されても恬として恥じません、というより、そもそも羞恥心を持っていません。万一霧に撒かれたりして、遭難まがいの目にあって救助されても「ゴメ〜ン」で済まそうとします。二〇〇九年頃から、各種のマスコミ媒体を通じて広がり、新語・流行語大賞の候補に選ばれたり、二〇一二年からは九州各地の町起こし・村起こしに利用される「山ガールサミット」なるイベントも盛んになってきたそうで、山に行かず、イベントだけに全国から参加する似非山ガールも多いといいます。そもそも山を愛するということは、他人に己を見てもらうためではないはずです。いずれ衰亡するでしょうが、彼女らを目的とした「山ボーイ」という目障りな輩も出没しだしたそうです。でも山を愛しているのです。

中高年登山派　この派は、やや独特の価値観を持った人たちで、蘊蓄と好奇心が旺盛なおじさん・おばさん・おじいさん・おばあさんです。先の見えた中高年にとって世俗的な喜びや成功だけでは（ほとんど得られませんが、たとえ得られても）満足できず、あえて好き好んで自らに肉体的な困難・試練を課そうとするのです。世俗を離れ己自身を向上させるべく、煙ではあるまいしやみくもに高い所に登って究極的な自分探しをしたいという果てのない妄執からくるのです。俄に滝にうたれたり座禅などをするのと同様に一種の修行目的で山に登るのですが、そのくせ百名山をすべて制覇したなどと自慢したがる娑婆っ気が抜けません。筆者の中高年の知り合いに、国土地理院発行の五万分の一地形図（軽く千枚を超えますが）を買い求め、各地図の中で最も標高の高い地点（当然山のピークが主ですが、下町などでは数メートルのところが最高点だったりします）を踏破しようとし、妻にあきれられる輩がいます。あえて言いますが、けっして筆者の事ではありません。「お迎えの方が早いだろう」とか、「何の意味があるのか」などと問いかけられるのは心外です。「それがどうした」は、中高年夫婦間の会話では禁句です。最大の離婚原因なのです。閑話休題。

反面、普段特に体を鍛えるでもなく軽い体操や犬の散歩につきあう程度しかしないのに、まだまだ若者には負けない、枯れてはいない（少なくとも気持ちは若いつもりで）と己の体力を根拠なく過信し、無理なスケジュールをとりがちです。夜行日帰りなど論外です。その結果、遭難事故が増えているのです。ちょっと古いデータですが、二〇〇二年の山岳の遭難事故は一三四八件、遭難者数も一六三一人でともに過去最多なのです。これは一〇年前と比べると二倍になってしまっているのです。現在ではさらに増えています。これは、単に中高年登山者が増えているから事故数も増えているのでしょうか？　事故原因を見ると、下山中の転倒滑落と道迷いが多くなっているそうです。いわゆる「膝が笑う」状態で、休みを充分取らず下山してこけたり、フラッと脇道に入って「ここはどこ？　私は誰？」状態になるのでしょう。道標はかならずしも万全ではなく、うっかりすると「冥土の旅の一里塚」になりかねません。「登山おじゃま外道派」「中高年片道切符派」とか「自主的姥捨て登山派」などと揶揄されないよう気を付けたいものですし、他人に迷惑をかけるのはもとより本道を外れています。でも山を愛しているのです。

ジオツアー派　冒頭に述べましたように、筆者の専門とする地質学からの独断と偏見に満ちたお薦めの一派です。山に登って降りて、行って帰ってくるだけでは満足できにくい「地」の向学心に富んだ人向きです（登山者を向学心がないと貶める意味ではありません）。

筆者が下手な説明をするよりも、かの宮澤賢治が盛岡高等農林学校地質及土壌教室在籍時の大正六年に共同執筆した「盛岡附近地質調査報文」に次のようにあります。「閑散なるの一日一鎚を携へて山野に散策を試みんか自然美を感受し心身爽快なるを覚ゆるのみならず造化の秘密を看破するを得、一礫一岩と雖も深々たる意味を有するを了解し、尽き難きの興味を感ずるは、生等の親しく経験したる所とす、加之冬夏の休業に際し地質図を手にして長期の跋渉を試みんか至る所目前に友ありて自然の妙機を語り旅憂を一掃せしむるのみならず、進んで宇宙の真理を探求せんとするの勇気をして勃々たらしむ、欧米には地質案内記の刊行せられたるもの多く、婦女子に至るまで之を携へて或は山岳を攀ぢ或は原野を彷徨するもの多しと聞き、其誠に故なきにあらざるを会得せり」。

まさに「ジオツアー」についての解説です。やや難しく感じるかもしれませんが、当時は二十歳くらいでこの程度の文章を書いたのです。熟読玩味して山に思いを馳せましょう。

それでは、どうしたら「ジオツアー派」に参画できるのでしょうか。「ジオパーク」を利用するのが最善です。「世界自然遺産」の地質バージョンとも言い得る「世界ジオパーク」の活動が、ユネスコの正式プログラムとして認められました。「ジオ」は「大地」の「地」であり、「地球」の「地」です。「ジオ」に関わる様々な自然遺産、地質学的に価値の高い対象（地層からみた郷土や地球の歴史、地形の成り立ち、断層や褶曲などの地殻変動、さらにはジオの上に住む私たちの暮らしや生態系）を最適に保全するとともに、活用して地域住民のみならず訪問者を広く啓発してその「地」の成り立ちを知り、「ジオ多様性」「生物多様性」や「地球環境」などの関わりを感知し、楽しみを深め山を更に広く楽しむ縁とする活動です。日本には、すでに八つの世界ジオパークがあります（洞爺湖有珠・糸魚川・山陰海岸・島原半島・室戸・隠岐・阿蘇・アポイ岳）。このほか、日本ジオパーク・ネットワークが認定する日本国内ジオパークが三一地域あり、年々増えています（南アルプス・恐竜渓谷ふくい勝山・白滝・伊豆大島・霧島・男鹿半島大潟・磐梯山・茨城県北・下仁田・秩父・白山手取川・八峰白神・ゆざわ・銚子・箱根・伊豆半島・三笠・三陸・佐渡・四国西予・おおいた姫島・おおいた豊後大野・桜島錦江湾・とかち鹿追・立山黒部・南紀熊野・天草・苗場山麓・栗駒山麓・Mine秋吉台・三島村・鬼界カルデラ）。

各ジオパークには、ビジターセンターや中核になる博物館などがあり、ガイドマップ・ガイドブック・パンフレット類が入手でき（あるいは事前にHPをご覧ください）、現地ではジオコースが整備され、ジオサイトには看板があるので自分でジオパークの見どころを徒歩、自転車、自動車などで巡ることもできますが、ぜひジオガイドの案内する一味違うツアーに参加することをお勧めします。場合によっては、普通では立ち入りできない場所も近づくことができる場合もあります。おいしい「ジオ産品」を賞味し、同好の人たちと交流することも楽しいものです。

このほか地質学関連の学会（地質学会、東京地学協会、火山学会他多数）では、折に触れ全国各地や外国でのジオツアーを実施しており、もちろん非会員の老若男女の参加は大歓迎です。ＨＰなどで情報を公開しているのでぜひご覧ください。

色々述べましたが、山へのアプローチは様々です。いずれにしても肩の力を抜いて、気楽にしかし、安全に楽しむことが肝要です。山々は、四季折々にあなたを待っているのですから。

Photo by Ichige Minoru

〈座談会〉

「木」からの地方創生

――日本を元気にするために――

網野禎昭（法政大学教授、建築家）

上田篤（建築学者、建築家、評論家）

「木造」に注目することは、単に物理的な住環境・都市環境の改善をもたらすだけではない。山や森と結びつき、それを支える、地域の自治の力の再生と深く関わっている。多様な自然環境を抱える日本列島において、地域主義に根ざした森と木の再生はいかにして可能なのか？（編集部）

平岡龍人

（清風情報工科学院理事長）

増田寛也

（野村総合研究所顧問、元岩手県知事・総務大臣）

目次

問題提起

――本日はお忙しい中、ありがとうございます。今回上田先生から「ウッドファースト」というテーマで、別冊の『環』で本をつくってはどうかというご提案があり、木を使うことはすばらしいことではないかと考え、出版に向けて本日の座談会を開く次第です。

まず発案者の上田先生から、ウッドファーストとはどういうことか、またその実現に向けての提案をお話しいただき、それからそれぞれのご出席者に自己紹介と問題提起をお願いし、そのあと自由にディスカッションを行いたいと思います。

ウッドファーストが抱える矛盾――上田篤

上田 私は建築の勉強をして建設省に十年ほど勤め、それから京都大学、大阪大学、京都精華大学で建築を教えてきました。建設省住宅局にいたときには公営住宅を担当しましたが、大学に移ってからは、日本の伝統的な木造建築である町家を研究しました。その結果、縁側、床の間、屋根などといった日本の住文化を再評価した『日本人とすまい』などという本を書きました。その文章が高校や大学の入試問題に使われ、のち中学校の教科書に採用されました。また『五重塔はなぜ倒れないか』という本を書き、それも教科書に採用されました。さらにずっと後のことですが、鎮守の森を残す運動を始めようと社叢《しゃそう》学会なるものをつくりました。

というように建築学徒としては、どちらかというと伝統的なものに興味をもつ「木造派」とでもいうべき人間なのですが、その木造が最近見直されてきています。

きっかけは、今から三十年ほど前のバブル経済のときです。日本の高度経済成長に参ってしまったアメリカが日米構造協議なるものを持ちだし「アメリカの木材をもっと買え」といってきたからです。そのプレッシャーで一九八七年に建築基準法が大幅に変わり、木造三階建が許されるようになりました。次いで二〇〇〇年に、いろいろな条件をクリアすれば木造で中高層建築ができるようになりました。さらに現在、国交省や農水省などは公共建築の木造化推進をいろいろ行っています。

さてそのような時期に相前後して、アメリカやカナダからツー・バイ・フォーといわれる箱型木造建築、集成材などを使った木質パネル建築、さらにヨーロッパから木材繊維板を縦・横に重ね合わせたCLT（クロス・ラミネーテッド・ティンバー、直交集成材）による新しい木造建築などが入ってきました。さらにハウスメーカーやゼネコンなどが、そのような木質・木造パネルの不燃対策として板を何枚も重ね合わせた中に不燃液に浸した板や石綿スレートなどを挟みこむサンドイッチ工法を開発しました。つまり火災になっても火がそこで燃え止まることを期待するのです。そうするとある種の不燃性が確保されるので、大臣認定を得れば防火地域においてもそういう建築が許されるようになりました。その結果、各ハウスメーカーやゼネコンなどが次々にそういう防火製品を開発したのはいいのですが、そういう防火製品を作る技術は金がかかる上に、大臣認定は一般の目に触れにくく、中小の建築工務店や大工さんなどはどうしていいかわからないような状況になっています。今日、建築界では、ウッドファーストいうより「ウッド・コンフュージョン」とでもいったらいいような混乱状態になっているのです。

●上田篤（うえだ・あつし）

プロフィールは25頁参照

　このようにお国は「何でもいいから木をもっと使え」という運動をやっていますが、現実を見ますと、必ずしも国産材が使われているわけではありません。結果的にはそういう運動をやればやるほど外材が入ってくるだけなのです。もともと外材を買うことから始まった運動ですから当然といってしまえばそれまでですが、しかしそれでは「木づかい運動」が日本の地域創生につながらないし、また「木の国」の日本人としても何ともやるせない。

　そこで「なぜ外材ばかりが輸入されるのか？」ということを考えますと、そういう木質・木造パネルに使われるのは木の幹の立派な部分ではなく細い木、曲がりや腐れなどのある木、大枝・小枝、間伐材などのいわば「木っ端」で十分だからです。「それならシベリアなどに細くて安い木が大量にある」ということで外材がどんどん入ってき、結果的には、戦後、日本が植林し、今日、直径四、五〇センチほどにもなったスギやヒノキの良木が木っ端並みの値段になっている。一方、日本の山にも間伐すべき木が大量にあるのですが、日本では伝統的に林業というものが成立してこなかったせいと、今日の地域の人々の故郷離れ、加えて相続等による山林所有の零細化などのためにいわばほったらかされている。それにたいしていろいろの運動が起きていますが、国産材が売れないという現状には変わりはない。

つまり日本の山持ちが持っている「いい木をちゃんとした値段で売りたい」という願いが実現せず、一方「木っ端」のほうは木質・木造パネルの国内製品化が遅れているために外材に押されっぱなしなのです。一時、木っ端などはバイオマス発電の燃料として騒がれましたが、蓋を開けてみると各地のバイオマス発電はほとんど大赤字となり、いま新たにバイオマス発電に参入しようという動きもなくなりました。

以上のような状況の受け止め方にはいろいろあります。例えば都市の多くの工務店や建築家などはそんな集成材や積層材などをあまり使いたがらないのですが、大工の数が減ってきているし、建築家も仕事がなくなってきているのでやらざるを得なくなってきている。一方、田舎はというと、むしろ田舎の方がコスト面などからハウスメーカーの草刈り場になっています。そうして建築界は、一種、訳のわからない戦国時代になってきている。一方、世間ではいまなお「木の家に住みたい」と思っている多くの日本人がいるのですが、現状はなかなかそうはいかない。

そこで今回こういう企画を行ない五十人ぐらいの専門家の人々の寄稿を得たのですが、皆さんがそれぞれのお立場で書いていらっしゃって、全体としては豊穣ですが、しかし錯綜した内容になっています。これを今日の座談会で整理し「多少でも筋道らしいものができたらいいな」と私は思っています。

木造建築の多様性——網野禎昭

網野 はじめまして、網野でございます。今日は大変緊張していますが、来ることを非常に楽しみにしていました。というのは、実はこのウッドファースト、木を使おうという座談会に、木の専門家がいないことが非常にいいと思ったからです。専門家たちの話し合いはよくあることですが、各論になってしまって、一体どういう方向に進めばいいのかという話はあまり出てきません。

私の生まれは静岡県です。三十代と四十代の半ばまで一五年ほど、私はスイスとオーストリアの山間部で過ごしました。日本で建築を勉強しましたが、本格的に木の勉強、木造の勉強をし始めたのは一九九六年にスイスに渡ってからです。私の恩師はユリウス・ナッテラーというドイツ人で、スイスの大学で教えていました。ナッテラー先生は、代々南ドイツのフォレスターを務めた家系の方です。この先生につくことで、山から建築までのことを一通り見せていただくことができました。その後、オーストリアのウィーンに移り、教員と設計をやっておりました。そして二〇一〇年に一五年ぶりに帰国いたしまして、いまは法政大学で建築を教えています。

　ですからちょっと前まで、私は日本に外材をどうやって売るかという側にいましたが、いまはその逆で、上田さんがおっしゃるようにどうしたら日本の森林文化、木の文化をもう一回再興できるかという仕事に取り組んでいます。

　問題提起ですが、先ほど上田さんが「混乱」という言葉を使われました。アインシュタインが、「我々は、手段が完璧で、目的が混乱した時代を生きている」と言っています。これは、ナッテラー先生から頻繁に聞いた言葉ですが、いまの日本の木造建築に対する姿勢は、まさにそんな感じがします。確かに木造振興に火がついていますが、それを何のためにやっているのか、目的や手段がほとんど議論されていないように私は感じます。現代社会には、エネルギー問題も含めた環境問題、あるいは人口構造の変化まで含めた社会経済的な問題がありますが、木造振興は、こういったいろんな問題に対処しながら持続可能な社会をつくっていこうということが目的だと思います。しかし実際に木造の世界で仕事をしていますと、そういった将来の社会とどうつながっていくかという議論はほとんど皆無です。技術的な研究は非常に進んでいます。集成材、CLT、火災に強い木造、多層階建築、次から次にいろんなものが出てきていますが、本来そういった技術性と社会性は両輪でなければなりません。しかし見ていると、どうも技術的なことばかりが進んでしまっているようです。

　昔の技術では不可能だったものが建つよ

●網野禎昭（あみの・よしあき）

1967年生まれ。法政大学デザイン工学部教授。建築学。1996年に渡欧後、スイス連邦工科大学ローザンヌ校、ウィーン工科大学にて木造建築の教育研究に従事。2010年に帰国し現職。設計作品に、「レマン湖畔・自立柱の庵」（2004年）「ウィーン・ナッシュマルクトのレストラン」（2007年）「青龍殿木造大舞台」（2014年）「木のカタマリに住む」（2015年）など。

うになりましたが、技術をどんどん進めるので、新しい木造建築は技術的ハードルが非常に高くなっています。ハードルが非常に高いので、そういった技術力を持たない社会、例えば中山間地の小企業は、全く参加できない事態になって、技術と資本を持った大企業やハウスメーカーが木造を担い始めていて、普及とはほど遠い状況にあります。

最近木造の大型化とか高層化の技術が発達しましたが、それが一体なぜ必要なのかという議論は聞こえてきません。集成材やCLTなど新製品が開発されましたが、元来の木材ではできないこと、加工した木材でないとできないことが非常にふえていっており、結局使えば使うほど中間加工、中間流通の役割が非常に大きくなって、その上流にある林業にあまり富が回りません。

こういった社会の変革期ですから、本当はいま木造建築というものを技術問題としてだけ捉えるのではなくて、やはり社会性を考えていかなければならないと思っています。

社会性というのは、人間と同じで、やっぱり多様性の中でもまれて育てなければいけません。しかしいまはみんな同じ方向を向いてしまっています。本当は各地域、各地方でいろんな違った取り組みが行われればいいのですが、そうなっていません。

例えばヨーロッパの例をとってみます。御存じのように一言でヨーロッパと言っても、たくさんの地域とたくさんの国の集合体ですから、各地域でやっている木造の取り組みが全然違います。大型木造に力を入れている地域、工業化木造に力を入れている地域があるかと思えば、一切そういったものをやらないで、地方の小企業だけでいろんなものをつくっていこうとしている地域もあります。簡単に言うと、ヨーロッパでは同時代にいろんな社会実験が並行して行われているようなもので、それによって適、不適が判断しやすい。これを未来の萌芽と考えているところがあるように思います。

日本も木造の社会性を育てていきたいのですが、そのためにはヨーロッパのような混然たる状況から見えてくるものがあるのではないかなと思います。多様化という社会実験です。

リーダーを育てようとしない日本の教育―　平岡龍人

平岡　私は建築も木材も皆目わかりませんから、とんちんかんなことを言うかと思いますが、お許しください。

清風、清風南海で進学指導をずっとやってきまして、学校教育はやはりおかしいということを痛感してきました。例えば、男女共同参画社会だというので、男子も全部家庭科を学べということで、小学校、中学校のみならず、高校生まで義務として課してきました。御存じのように、家庭科で教える内容は、単身赴任したらすぐ覚えます。英語や数学の時間を減らし、高校で必修科目にまでして履修させる必要はないと思います。一事が万事、そんな形で、現場がいろいろと混乱に巻き込まれていることを強く感じ、これからの日本の方向性についていつも考えてきました。

特に受験教育をやってきた実感としては、命令されたことを実行する、この教育は、日本は世界一です。恐らく兵隊の教育、あるいは一般市民の教育は世界一だと思います。しかし、リーダーはどうあるべきかなど、リーダーの責任と義務は何かを一切教えない、奇妙な教育をやっています。

このことは明治以後の戦争の歴史を見てもわかります。日清戦争、日露戦争のリーダーはすべて侍です。失敗したら命が取られるという経験を持っている人がやりました。ところが第二次世界大戦は勉強優秀者が戦争をやり、見事に負けました。判断力、実行力を養う教育がまったく教育の中に入っていないからです。この点に鑑みても二十一世紀の社会で、リーダーをどう育てていくかを本気で考えていかないとだめだと思います。

●平岡龍人（ひらおか・たつと）

1940年生まれ。清風情報工科学院 理事長・校長。高野山真言宗大御堂山光平寺住職。大阪青年会議所理事長、関西経済同友会常任幹事、大阪ロータリークラブ会長を歴任。著書に『日本化の時代――世界をリードする日本の感性』（教育社）『徳・健・財――三福思考のすすめ』（河出書房新社）『神なき国ニッポン』（新潮社）など。

私は最近、仏教の勉強をしています。なぜ仏教かというと、リーダーと宗教とが非常に関係があるからです。欧米は御存じのように一神教の社会ですから、一神教のリーダー像が明快に存在します。例えば『旧約聖書』のモーゼやヨシュアです。神の命令と一般民衆の関係を明確に打ち出しています。日本人は、リーダーのありようをまったく教えません。日本の中央官庁のリーダーには非常に強い権限がありますが、リーダーになる人の教育・訓練について、私は疑問をもっています。増田さんも上田さんも中央官庁におられましたが、いかがでしょうか。

いま私の基本テーマは、近代社会はキリスト教とリンクしてきて、キリスト教文化の中で経済発展もしてきたが、現在は混乱も起こっており、これからは仏教思想が重要ではないかということです。自由をベースにした競争は非常に多くのことを生み出し、科学も発展させたし、人間能力開発も大成功しました。しかし一方でとんでもない格差、独善を数多く生んでいます。仏教思想はこの混乱した社会を調和させることができるのではないかと思っています。

木造建築の可能性

平岡　この座談会に参加できたきっかけは、一九八一年に大阪で発足した関西・大阪二十一世紀協会のメンバーになっていたことです。そのとき上田さんらが中心になっておられて、僕も企画委員として加わり、ニューヨークその他を一緒に回らせていただいて、非常に面白い経験をさせていただきました。上田さんはある種の天才で、ひらめきが非常にあり、例えば一万年の縄文の思想やウォーターフロント、世界都市の発案など、多方面にわたって、影響力の強い発信をしてこられました。今度のこの「ウッドファースト」は非常に重要だと思っていて、木材によって経済活性化するという発想は大事です。これを何とか上田さんの発想として日本の社会で評価されるようにするにはどうしたらいいかを考えてきました。戦後の成功例としてコンクリート建造物群がありますが、その成功の常識を変えるウッドファーストは誠に魅力がありますす。そこで具体的に言うならば、先ほど耐火性の話が出ていましたが、木製建材の有用性、特に耐火性、耐震性、経済性がもし本当にコンクリートよりも、実は長期的に見たときに有利であるとわかれば、それを全面的に出す必要が僕はあると思います。しかし、耐火性においても耐震性においても経済性においてもコンクリートの方が有用であれば、残念ながらウッドファーストは広がらないと思います。ただ最新の技術で、これらは結構いろいろできていますね。それをいかに社会、政界、産業界に知らしめるか、実現するために社会あるいはマスコミにどう訴えていくか、その具体的モデルをどう提示していくか、どう構築していくかが、非常に重要だと思います。

さらに、受験勉強で答えのある問題に慣らされてきた若い人たち、その常識とは違う取り組みであるウッドファーストを我々ではなくて、もっと若い世代にどう巻き込んでいくか、そして海外からの留学生にどう技術を教えていくかという課題を、しっかり押さえておく必要があると思います。若い世代が面白いと思って取り組んでくれるようにしないと、そして海外に発信するようにしないと、アドバルーンで終わってしまうと思います。

さらにウッドファーストは、実際に経済規模でどれぐらいの可能性があるのか。もし経済規模が非常に大きいものであれば、現在停滞している経済に一石を投じる可能性があり、特に衰退している、活力を失っている地方を再生する可能性があるのではないかと思います。

例えば、先行モデルとして拠点地域を見つけて、そこに木造建築物を建てる。具体的には耐震、耐火の実態がわかるようなモデルハウスを新幹線の各駅、各空港に建てるなどです。あるいは各都市のランドマーク、観光拠点で、戦後鉄筋コンクリートで建てられた建物、大阪で言えば大阪城、四天王寺、通天閣、名古屋で言えば名古屋城を木造で建て替えるなどです。通天閣も木造の世界一のタワーにすべきです。そういうものを実際具体的にモデルとして建築して、木造建築の有益性を表に出すようにしてはどうでしょうか。大林組が、既に大阪城の木造化計画案を一九八〇年代に出していますね。あれは非常にいいと僕は思いましたが、そういうものを考えてみてはどうでしょうか。

それから上田さんがお城の話をされましたが、地方活性化のモデルをいくつか出して、橋、体育館、消防署などを木造化のシンボルにしてはどうでしょうか。鳥取には木造の体育館がありますね。それから、木造校舎において教育効果が結構上がっているというのをどこかで読んだことがあります。もしそれが本当であれば、保育園、幼稚園、いま始まっているこども園、小学校、中学校、いわゆる若年者を対象にした教育機関から木造校舎に変えていったらどうでしょうか。特に、耐震化のまだ進んでいない校舎が結構たくさんあります。耐震化の進んでいない保育園、幼稚園、小学校、中学校の校舎を国、地方が重点的に木造化してはいかがでしょうか。

それから経済規模で注目すべきは、ニュータウンが建て替え期に来ていることです。築四〇年というニュータウンが現在三百地域あるそうです。さらに一〇年後に、それは六百地域になります。二〇年後にその一〇倍、三千地域になります。したがってそのニュータウンを、高齢者が入居可能な三世代モデルにするとか、あるいは保育園、幼稚園と隣接した建物に作り替えるなどをやれば、高齢化が急速に進む東アジアのモデルになり得ると思います。そういうことをやってはどうかと思っています。

問題は資金です。資金はたいていの場合国からのお金を考えるのですが、そうではなくて、できるだけ具体的提案があって利益性があるような計画を立てて、ファンドから導入する、あるいは資金を集める計画を公募する。どうすればみんながお金を出しやすくなるのかを検討して、国よりも民間がお金を出していくシステムをどう誘導していくかが大事ではないかと思います。地域振興基金、振興会などいろいろあり、そういうものを運用していくことも大事ですが、何よりも民間が具体的に参加しやすいシステムをつくるべきだと思います。もちろんこれを成功させていくためには木材関係の政治、経済団体の支援を求める必要もあります。私は専門学校を経営していますが、専門学校卒業生は結構有能です。全国的に活躍する卒業生が結構出ています。専門学校で、木造建築関係の技術者を留学生も含めてしっかり育てていくことも、ウッドファーストを実現するためにやったらどうかというのが私の意見です。

岩手県における林業復興政策――増田寛也

増田　私も林業の専門家ではありませんが、林業あるいは森林にかかわったのは岩手県知事時代の一九九五年から二〇〇七年までです。このときには、林業は非常に衰退した産業でした。これを何とか立て直したいと考えました。ただ林業公社や各地域に森林組合がありましたが、森林に入る人は中高年というか、六十過ぎた人が中心となっているような状況で、とても産業と言えるようなものではありません。

昭和三十年ごろに、御承知のとおりスギの植林を一挙にやりました。広葉樹を伐って針葉樹であるスギを植えました。それが現在では相当蓄積されていますが、先ほど話があった売り先がなくてそのままになっています。春になると、スギ花粉がもうもうと飛散します。私は東京で軽い花粉症だったのですが、そのとき初めて黄色い花粉が一挙に飛んだところに入るという経験をしました。ただ別に何ということはありませんでした。あれは排気ガスなどで汚い都市部の空気にスギ花粉が混じると人に悪さをするようです。現地に行くと車が黄色くなるぐらいに花粉が春先に積もりますが、問題ありませんでした。盛岡の中心部など都市部ではスギ花粉に苦しむ人がいますが、山の方では苦しむ人がいないようです。それにしてもせっかく植林した山のスギが放置されていることは、何とかしなければなりません。

もう一つは再生可能エネルギーとしてもっと森林を活用しようということです。私が知事をやめた後、東日本大震災で原発事故があって、この問題がクローズアップされています。私が知事時代もCO_2の削減のために、再生可能エネルギーをどれだけ増やしていくかが議論になりました。ペレットストーブやチップボイラーなどの施設で燃焼させて熱源にするという、エネルギー的な観点でもっとこの森林の蓄積を使えないかと思います。

要はそのいずれも身近に森林があり、それを活用したいと言うことです。上田さんから日本は山が大変多いという話がありましたが、その中でも森林県と言われている県とそうでない県があります。岩手県は森林県で森林資源の蓄積が非常に多い。これを林業の本来的な部分やエネルギーとして活用することが必要であり、トップとは行かないまでも非常に優先度の高い行政の課題として位置づけ、取り組みました。

それで当時の最新技術をできるだけ活用して大断面の集成材に加工できる工場を造って、学校の校舎や体育館、大規模公共施設を、その工場の集成材で造ったりしました。地元の木を使った集成材で建てると、お金は確かにかかりますが、モデル的な意味合いで、教育効果も出していこうと考えました。

一方熱エネルギー利用では、岩手県の

メーカーと共同で開発したペレットストーブで、一般家庭に普及するようにしました。当時二千台ぐらい普及しました。そこは経済原則から言うと本来民間の経済活動にまかせればいいのですが、少し高価なので、助成金を付けて広めて行きました。

森林をめぐる問題をさらに俯瞰して見ると、結局森林県である岩手県で問題となったのは、都市と農山村の差です。そこを埋めていきたい。昔は日々の薪をとったりして、近場にある里山に頻繁に地元民が入り、手入れをして大事にしていました。ただある時期から熱エネルギー源もどんどん化石燃料に変わっていき、山に人がだんだん入らなくなりました。ほったらかしにするので、森林の環境がどんどん悪くなって、洪水などの悪さをします。森林を利活用すると、山の環境保全にもつながります。いまの仕組みですぐに林業が産業として隆盛したり、熱エネルギーが採算ベースに乗ったりすることはありませんので、山林の利活用を促進していく下支えの仕組みが必要だと思います。

●増田寛也（ますだ・ひろや）

1951年生まれ。野村総合研究所顧問、東京大学公共政策大学院客員教授。建設省を経て、岩手県知事（3期、95～07年）、総務大臣（07～08年）を歴任。09年4月より現職。11年に政策提言組織「日本創成会議」を立ち上げ座長を務める。著書に『地域主権の近未来図』（朝日新書）『地方消滅』『地方消滅 創生戦略篇』『東京消滅』（中公新書）『「自治」をつくる』（共著、藤原書店）など。

森林環境税とか、呼び方はいろいろあるのですが、都市住民に少し負担をしてもらって、山の恵みとして水や、シイタケなど――原木シイタケは基本的に山でつくられるわけですから――、こういった林産物を生み出すという発想を共有し、森林の環境と林業全体をよくしていくことはできないかなあと思います。県だと県税でこういうことはできるので、私が知事のときに県民税に上乗せの提案をして、議論の末、山の手入れに還元するからという目的にして、県税の中に組み入れました。

地産地消とよくいいますが、地産地消だけでは、最終的に人口が減っていくとその維持が難しくなります。できれば地産外消のようなことに山を結びつけられないかと考えました。さらにCO_2削減で環境貢献をどう評価するかなども議論になりました。何だかんだ議論しながら、できるだけ山の元気さを引き出すことを考えていこうというのが、私が直面した課題に対するやり方だったと記憶しております。

それは積極的にいろんなことを働きかけていた表れですが、一方で農山村の高齢化と人口減少、都市部への人口流出を強力に食い止めるほどの政策は打ち出せませんでした。そのあたりが正直なところです。

林業の可能性

増田　いま改めて最近の地方創生をめぐる状況を見ると、若年人口の減少は山村、農村だけの問題ではなく地方全体で急速に進んでいますし、都市の足もとでも若年人口の減少が起こっています。人口減少はかつての一部の農山村の問題から、日本全体の問題になったということです。私はむしろこういうときが、問題の根っこに栄養をやる時期であり、受け身だった政策を積極策に切りかえるチャンスだと考えています。

日本の場合、いままで山に着目する場合は、林業から見たり、それに付随して観光、スポーツ、レジャーの場として見たりしていたと思います。またエネルギーの蓄積されている場と見て、未利用エネルギーの利用を考えてきました。さらにもっと広げて、森林浴で心の安定など精神に働きかける力、山の教育機能などもあるでしょう。ただここは思い切って山を中心に、住みやすい地域都市や建造物とはどんなものか考え直す必要があると思います。そしてその実現のためにはCLTなども決して万能ではないとは思いますが、基準を大改正するくらいの意気込みが必要でしょう。

また最近林業女子も注目されています。山の作業は大体力任せで危ないので、男の熟練労働者のものでしたが、これも一回リセットして考える。そういうことをせず、いままでの延長線上で考えていたのでは、多くは変わらない、一番劣後にされてしまう。今日は私もそんなに答えを用意していないのですが、いま日本が直面しているいろいろな問題はそういうところに全部来ているのではないでしょうか。

かつての成長路線には戻れないのであって、新しいこれからの日本を考えていくときに、山を中心にするとどういう世界ができあがってくるのか一度徹底的に考えることは有意義です。そういう全面的見直しの象徴の一つとして、ウッドファーストがあるのだと思います。これまではウッドはラストに考えられてきましたが、中心にすえて最初に考える。ウッドファーストの意義は物事を逆方向から見ることだと思います。いままでの延長線上で考えることを続けていたのではだめだという象徴が、ウッドファーストであると考えています。

ディスカッション

ウッドファーストを木柱から考える

──ありがとうございました。それぞれの方から自己紹介と、ウッドファーストについて様々な角度からの問題提起をおこなっていただきました。

ウッドファースト、木が第一とはいいますが、この問題はどこから手を着けたらよいのでしょうか。上田先生いかがでしょうか。

上田　私は巻頭の座談会で木には温かさ、柔らかさ、見た目の美しさなどいろいろの良さがあると申しましたが、ところが防火のために集成材のあいだに石綿スレートなどを入れてしまうと、内部の木の温かさが表面に出てこなくなります。つまり内部の木の意味がなくなる。木構造でなくても内外装だけ木を使えばいい、というのと変わらなくなります。そこでそれでいいのか、という問題があるのですが、もう一つ、木の意味からする問題もある。

それは、日本人は明治維新まで建築にほとんど百%木を使ってきたことです。だが「なぜ木を使ったか？」ということについては、じつは建築学者も建築家もいままでほとんど考えてきませんでした。せいぜい「日本は森林資源が豊かな国だ」といった議論があるぐらいです。また木の機能性とか、地震に強いとかいう理由もいわれますが、それだけなら、歴史上、耐震性を考慮した石の建築や土の建築があったっていい。ところが歴史的にはほとんどそういうものがなかった。城郭建築でさえすべて木造です。「それは何故か？」ということを考えないと、木の持つ意味がわからないと思います。

では、それは何故なんでしょうか？　そのことについては巻頭の座談会でも申しましたが、日本の木造建築には木ということのほかに、もう一つ柱という意味があることです。たとえば昔の農家や町家などには必ず大黒柱があって家の構造を支え、同時に正月には餅などを供えられる特別な存在でした。

それを日本民俗学では「神さまが柱を伝って降りてくるから」と説明します。たしかに神さまといってしまえばわかったような気がしますが、じつは神さまではないのです。例えば諏訪大社の御柱《おんばしら》祭ですが、何十人、何百人という若者が山から御柱を引っぱってきて、押っ立てるというものすごいことをやります。それはまことにすごい熱気ですが、しかしそういう熱気があるのも若者たちが何年もかけて周到に祭の準備をしてきたからで、柱立てはその最後の一瞬のフィナーレに過ぎない。大事なのは何年もかけて準備してきた若者たちの「和の行動」にあるのです。それが報われて高々と御柱が立上がる。つまり御柱は地域住民

私は、柱梁の木造住宅を応援したいのですが、一方、これからは社寺建築や城郭建築などにも期待します。それらはみな柱を主体としている建築だからです。（上田）

の結束の象徴、いわば和のシンボルなのです。神さまの本性はじつは「和」ということにある。そしてそれは日本のほとんどの祭にいえることなのです。つまり祭は地域住民の和の行動を示すある種の象徴なのです。縄文社会を私は血縁社会、つまりその絆を「血」と見ていますが、弥生の村以降の地縁社会での絆を私はこの「祭」に見ます。いまのべたように祭が地域社会の和のシンボルになっているからです。ですから、生きている村には必ず祭があります。逆に死んだ村には祭がない。

　このようなことを、じつは明治以降の建築学者は誰も言っていません。私が勝手に一人で言っているのですが、ここで皆さんに聞いていただいて、ぜひ御意見をいただきたいと思います。

地域主義と山林を城郭建築から考える

上田　さて先ほど「立派な柱になるような木が売れない」と申しましたが、そういう木が売れない、というのは、じつは日本の木造建築から柱が消えていったからです。ツウ・バイ・フォーも集成材建築やＣＬＴ建築なども、たいてい柱梁《はしらはり》構造つまり柱や梁で構成される軸組構造ではなく、壁板や床板などを組み合わせたパネル構造だからです。つまり箱型構造ですから柱が消えていっている。だから日本の立派な木が売れないのです。

　そこで私は、なお柱梁の木造住宅を応援したいのですが、そこで、これから社寺建築や城郭建築などに期待します。それらはみな柱を主体としている建築だからです。戦後、戦災を受けた社寺は、各地で多く鉄筋コンクリートで復元されました。しかしいまそれをもう一度木造に戻そう、という動きがあります。城郭も同様です。いま江戸城を木造で再建しようという声が起きており、また名古屋城も木造で建て替える案が名古屋市議会で審議されているようです。大阪城も木造で建て替えようという動きがあります。それはそれで結構なことだと私は思います。

　ところがここにもう一つ山城というものがある、と私はおもう。城郭には平城、平山城、山城の三種があり、平城は町のど真ん中に、平山城は町からちょっと離れた山の上に残っています。江戸城、名古屋城、大阪城などは平城、彦根城、姫路城などは平山城です。これにたいして山城は町から遠く離れた山の上にあります。そしてそれらの城のうち今日残っているのはほとんど戦国時代末期から江戸時代にかけて造られた平城か平山城で、歴史上、その数は数千

あったとおもわれます。これに対し山城は戦国時代あるいはそれ以前の室町時代に造られ、その数は三万とも四万ともいわれて、今日、そのはっきりした数も形もわかっていませんが、地名などからその位置などはわかっていて、地図に落すと日本中、山城だらけになります。

　私はこの山城を顕彰してはどうか、と考えています。というのは山城が作られた室町時代は、日本歴史において地域の人々がものすごく活躍した時代であり、山城はそのシンボルだからです。

　歴史的に見ると、日本で人口が急激に増えた時期が四回ほどありました。最初が縄文から弥生にかけて、最後が明治、大正、昭和の二十世紀で農業と工業が因となりましたが、その中間に古墳時代と室町時代がある。古墳時代には今日に残る数万の古墳が示すように平地部の湿地干拓という大土木工事が行なわれ、古墳はその時代のシンボルです。その湿地干拓によって日本中の耕地面積が大幅に増え、また人口も増えた。

　一方、室町時代にも人口が増えたのですが、なぜ増えたかというと、それは地域を縦断する大きな河川の改修を行ったからです。日本の国土は急峻ですから、その河川の水は放っておいたらさっさと流れます。ところがその河川をスキーのスラロームのようにジグザグに改修していったら、川の水はゆっくり流れるだけでなく、周囲の田畑を順番に潤してゆく。灌漑水路です。室町時代は地域の豪族たちの手によってそういう灌漑用水路が無数に作られた。そうして耕地面積が増え、人口も増えたのでした。しかし、そういう人たちが今度は深刻な水争いを始め、やがて戦国時代に突入してゆきます。

　しかし私はそのような時代こそ、日本人が耕地開発を大幅に進め人口を大幅に増やしただけでなく、白拍子、乱拍子、田楽、能、狂言、茶、華、数寄屋建築などといった日本文化を花咲かせていった時代だ、とおもっています。だから私は、今日のような東京一極集中の時代に、室町時代をもう一度見直し山城を復元していったらどうか、と思うのです。

　例えばいまテレビでやっている「真田丸」の真田幸村ですが、先日、上田市に行って調べてみましたら、真田家というのは今日の上田市の出自ではなく、そこからさらに北の真田町の、さらにその中の郷村の一つの出身でした。川を中心に村が五つ、六つ集まってできた郷のなかのリーダーに過ぎなかった。その郷村のリーダーの拠ったのが菩提寺と館《やかた》と山城の三つでした。先祖代々の墓所、日常の政務をとる処、敵に攻められたら籠る城です。室町時代の初期のころに真田家もまたそういう郷村の豪族か

吉野における林業は吉野の人々の誇りです。地域の人々の誇りが失われ、人々がただ利益だけで動いたのでは、そういう地域はなくなるかもしれません。（上田）

らのし上がっていったのですが、真田家に限らず戦国大名のほとんどがそうでした。でありますから、今日、山城の数が何万も残っているのです。

じっさい、その山城はものすごい威力を発揮しました。元寇のころ『太平記』に百万余といわれた鎌倉勢が、河内の千早城に籠る楠正成の手勢八百に勝つことができず、それが基で鎌倉幕府は崩壊しました。山城の建物はみな太い丸太で、いざとなったら投げ捨てたからです。私自身も若狭の国吉城の調査をやり、多くのことを学びました。しかしそれら山城は平山城や平城がつくられたとき全部撤去され、いまはわずかな伝承が地元に残っているぐらいです。

しかし有難いことに、平城、平山城は今日、都市化の波の中に埋もれてしまってもはや新たな土地など確保できませんが、山城は、調べればみな昔の山のままに残っています。もし復元するなら、土地の確保はきわめて容易である。しかも国吉城を調査したとき私が感じたことですが、地域の人たちが今でも山城を誇りにおもっている。地域開発で一番大切なことは地域の人々の誇りを掘り起すことで、地域の人々が土地の誇りを失ったら地域はそれで終わりだ、とおもいます。

私は冒頭の座談会で「日本には山林あって林業なし」と発言しました。古代から今日まで日本には山林はありましたが、市場の存在を前提とするような林業は成立しませんでした。あったのは「略奪林業」です。貴族が都を造営するために、つづいて武士が城郭を建造するために里山や奥山から百姓たちに木を持ってこさせた。里山はともかく、奥山がそういった略奪の対象になったのは、奥山が元来、無主の地つまり持ち主のいない土地だったからです。いわば魑魅魍魎の住む土地だったから略奪が可能だった。ところがそういう奥山のなかで、昔から吉野地方だけは林業が継続していました。何故かというと、吉野には修験や山伏が住んでいたからです。仏僧ではありますが山に神を見、滝に打たれながら山に住んでいた。山の幸で生き続けました。ある意味で縄文の伝統を受け継ぎました。奈良の大仏殿も、かれらのリーダーである役《えんの》小角《おづぬ》の助力によって建てられたといわれています。そういう彼らにはネットワークがありましたから林業も可能だったのです。

このように吉野における林業は吉野の人々の誇りです。そこに住んでいる人がやっているからです。増田さんがおっしゃったように地域の人々の誇りが失われ、人々がただ利益だけで動いたのでは、そういう地域はなくなるかもしれません。そんな気がいたします。

地域主導の農林業の再生

平岡　増田さんに質問させてください。林業とともに、農業もどんどん衰退していますよね。私は泉州に小さなお寺を持っていますが、寺の周辺では非常に美味しい農産物がたくさんとれます。ただし農業に取り組んでいるのは、全員七十、八十、九十歳のおじいさんやおばあさんばかりです。多くの子供は継ぎません。どうしてかと尋ねると、「孫が企業に勤めておって、先月のボーナスは百万円やった。私の一年間の収入ですわ」ということでした。こういうことですから、誰も自分の孫に継いでほしいとは言いません。農業に限らず、林業も漁業も同じことが起こっているに違いないと思います。そのときに林業、農業、漁業を再生するには、結局税金投入しかないのですか。さきほど県税を使ったという話ですが、そこにどうも引っかかります。国に千兆の借金があって、なおかつまだ税金を集めてというのは、どうもおかしいような気がします。どうなのですかね。

増田　先ほどの上田さんの話、それから平岡さんの話につながることを、ぴたりとは言えないのですが、こういうふうに思います。岩手で先ほど言った校舎を木造で建て替えようという話がうまくまとまった学校は岩手県の紫波町にあり、学校林を持っていました。以前から学校建て替えのときに使う木を植えている山です。次の建て替えまでの三〇、四〇年地域のみんなで大事に育てます。このような学校林は、いろいろな意味で地域の循環のシンボルのようになっています。

　校舎が古くなり、学校林の木がかなり大きくなると、みんなから建て替えの話が出てきて、それで設計をどうするかというところも、地域主導で考えます。私が知事をしていたときには、建築基準法の規制で校舎を木造総二階建てというわけにいきませんでしたが、土地がいっぱいあるので、平屋ですべて建てることになりました。紫波町の住民は学校林を地域の誇りと思っており、木材はほぼその学校林の木を伐ってまかなうことができました。そしてできた学校は逆に地域の誇りの象徴になりました。住民は地域のいろいろな問題をどうしていったらいいかに常に関心があって、地域共同体としての力が強い地域です。排水路の維持管理など、土地改良組合の行事でも、休みの日に、結構サラリーマンもまじって参加しています。早朝の排水路の清掃にも積極的に参加する地域です。

　学校林を持っていない盛岡市内の学校はいま風の近代的なデザインで、それなりにいろんな機能を取り入れていますが、三〇年ぐらい経ったらまた建て替えて、デザイ

学校林は長い年月をかけて育て、さまざまなものが循環して、全部自分たちに戻ってきて校舎にかわります。教育の場を通じて教える非常にいい仕組みだと思います。（増田）

ンはそのときのものということになると思います。

上田さんのおっしゃる柱の役割を、岩手では学校林が担っていると思います。学校林は長い年月をかけて育て、さまざまなものが循環して、全部自分たちに戻ってきて校舎にかわります。教育の場を通じて教える非常にいい仕組みだと思います。伐採したらまた木を植えて、みんなで時期になったら草刈りに行ったりしています。いま風のデザインにしていくのもいいかもしれませんが、学校林のようなつながりを各地域で持っていくことが大事だし、それがその地域の強さになっていると思います。

農業はいまどんどん海外からも安いものが入ってくるので、日本の農業は大変ですが、真っ向から価格勝負の農業だけに向かうと、いずれはとんでもなく大規模化するしかなくなってしまうでしょう。一方むしろ顔が見える農業など、隙間のところで自己主張する農業もいま健闘しているので、注目すべきでしょう。基本は、産業ですから、補助金行政から脱却しないと足腰が弱くなってしまいます。いままで農業が衰退していったのは、稲作が好例です。冷害が来たってそれを補うようないろんな共済制度がかなり手厚くて、サラリーマンでも十分にやっていけるところまでなっていました。むしろこのことが農業の足腰を弱くしてしまったと感じます。本当に農業を再生させるのは、税金で支えることではありません。補助金がなくても現実に立派に農業をやっているところが多数ありますので、それがこれからの主流になると思います。ただ全部が全部同じような農業というよりは、小規模だけど自分たちの自己主張をうんと込めたような農業など多様な農業が存在するのがよいと思います。

学校林を持っていて、地域の誇りを大事にしており、地域主導で問題を解決しようと考えている紫波町では、堆肥をつくる大型施設を持っており、共同で堆肥を作ったりして、地域循環にかなりこだわっていて、地方創生のモデルケースとして注目を集めているところもあります。

日本を一度新しく再生しなければいけないのですが、いま置かれている状況を違う方向に持っていくときに、個人というよりも、地域共同体としてみんながそれぞれの役割を果たしていくという方向性を考えていくべきではないでしょうか。地域共同体としての機能をより強化するとか、地域共同体で問題に立ち向かうのが一つの方策のように思います。

オーストリアの山岳地帯と危機管理

平岡　フィンランドなどでは木造建築が

圧倒的に多いですよね。向こうでは実現できているのに、日本で実現できないのはなぜでしょうか。

網野 フィンランドの例はよくわかりませんが、皆さんのお話を聞いていて思い出したのがオーストリアの山間の小村です。山と一言でいったり、木を使うといって木材にばかり注意が行ったりしますが、本当の問題は木ではなく、人です。山の問題というのは、山で暮らす人たち、山を支える人たちをどう食わしていくかという人の問題です。山と人の社会生活の循環という話が出ましたが、それが比較的うまくいっている地域がオーストリアの山間にあります。人口三百人前後といった小さい自治体の多い地域です。

山の話から始まって、コミュニティの話が出てきましたが、こういう小さい自治体ではコミュニティがしっかりしています。上田さんがおっしゃった、御柱祭をやるために一年かけて準備をするという考え方と同じものがあります。そういうところでは、本当に小規模ですが、地域の森の成長量と自分たちの消費量のバランスをうまくとったシステムができています。ただ木を使えばいいというのではなく、社会と調和する全体観がきちんとできています。ところが日本では平岡さんがおっしゃったような教育の問題があり、各論は充実しますが、リーダー不在のため全体観を提示できません。山の問題というのは、人を食わす問題なのだと気づき、山と社会の循環を図っていく、その全体観をちゃんと提示することなのです。そのことを痛切に感じます。

そういうところに行きますと、地域の木を使って建物を造っているだけでなく、安い灯油があるのに、自分のところの木材を燃料にして暖をとっています。バイオマスが化石燃料よりも現時点では若干高いことは、彼らもよくわかっています。ただバイオマスの値段を本当に灯油と比較していいのかという、そもそも論があります。そもそも、灯油が持っている機能とバイオマスが持っている機能は全然違います。彼らは、バイオマスは燃料プラス危機管理だ、危機管理分を余計に払っているのだと考えます。

フィンランド、オーストリア、ドイツなどでは、一九八〇年代以降に、もう一回木を使っていこうという動きがぐっと出てきます。先ほどのご質問にもありましたが、なぜオーストリアなどでできて日本では盛り上がらなかったのかは、理由があります。ヨーロッパの人たちの方が環境に対しての理念が高いのか、日本人が環境に対してあまりセンシティブではないのかというと、そんなことはありません。ヨーロッパの人たちも、非常に打算的なところがあります。

山の問題というのは、人を食わす問題なのだと気づき、山と社会の循環を図っていく、その全体観をちゃんと提示することなのです。そのことを痛切に感じます。（網野）

ウィーンで二〇〇四年以降建てられた郊外の集合住宅には、煙突がたくさんついています。緊急時に木を燃やすための暖炉を公団が義務化したからでした。（網野）

結局、危機管理という考え方が非常に強いのです。

最近、ウクライナとロシアの間で紛争が起こり、ロシアは天然ガスのパイプラインを遮断してしまいましたよね。私がオーストリアにいたときも同じような事件が起こりました。ロシアによって天然ガスのパイプラインが遮断されて、パイプラインの先にあるハンガリー、オーストリア、ドイツなどの諸国にエネルギーが入ってこなくなりました。あのときのエネルギー危機が契機となって、危機管理という考え方が強くなったと思います。

私はオーストリアにいるときに住宅公団の仕事をしていましたが、エネルギーのシステムや建物の材料を転換せよという大号令が公団からかかりました。外国にエネルギー、資材を依存し過ぎていると本当にまずいことになるぞという危機感の具現化だったと思います。

一つ面白い例を話します。ウィーンで二〇〇四年以降建てられた郊外の集合住宅には、煙突がたくさんついています。ウィーンの暖房システムは集中暖房、地域暖房で、ごみ焼却場からの熱を地下で運んできているので、昔みたいに住戸ごとに煙突は必要ありません。だから何でそんなに煙突がついているのかわからなかったのですが、緊急時に木を燃やすための暖炉を公団が義務化したからでした。どれだけこの人たちが、危機管理という観点から木材の使用に動いていったかがよくわかります。単に高い安いの経済性を問題視するのではなく、長期的な経済保障の視点なのかもしれません。

増田　オーストリアは三百人、四百人のコミュニティですか。一〇万人の規模になってしまうと、リーダーの顔つきがわからなくなりますが、それなりに顔が見える範囲のコミュニティはずっと強いですね。さきほどの木造校舎の紫波町は二万数千人ですが例外です。一般的には数万人の人口規模の自治体が一番厳しいのではないかと思います。むしろ、元気なところは人口数

千人の自治体ですね。みんな方向性が一致していると、ぐっと力が凝集されます。一〇万、二〇万の都市の方も何だかよくわからなくて、埋没しちゃっているところもあります。都市、あるいは都市近郊のそういうところをこれからどうしていくのかというのは、ものすごく難しいですね。

網野　そうですね。ですから木造建築は技術論ではなく、僕は社会の問題だと思っています。いまのお話で、上田さんの室町時代の自立社会とつながりましたね。

日本はなんでも全国一律に規制

上田　現在の日本人の危機管理意識はどうでしょうか。日本ではたとえば石油がなくなったら村役場や市役所に言うていけ、とか、県や国に頼めとかいう話になります。ところがオーストリアの人たちはいまの話では、常に自分たちで危機管理をやっている。そういう意識が最近の日本人にはなくなってしまった。何でも町や国がやってくれると思っている。

建築基準法も考えてみたらおかしなものです。日本の伝統的木造建築といっても関西では数寄屋建築ですが、関東ではそうではない。北海道や沖縄に行けばまた全然違います。それを同じ建築基準法でなぜ一切合切規制するのか？　安全性だけならまだしも快適性までなぜ規制するのでしょうか？

　ドイツやオーストリアなどでは州ごとに建築基準法をつくっているそうですが、小学校や中学校の教科書も州ごとに違っているのではないですか？

網野　はい、違いますよね。

上田　日本は同じです。この国家主義は明治時代にできました。それ以前の幕藩体制では藩が違うと何から何まで違いました。しかし明治維新が日本人の地域社会の自立性や自治的精神を奪ってしまった。大久保利通がルイ王朝以来の集権的なフランス民法を持ってき、それを、プロイセン官僚を真似た内務官僚に取り締まらせた。そうして全国一律の集権政策を押し進めました。ここ百四十年ほどの間に起きた日本の哀しい問題です。

　そこで私は五、六年前に平岡さんと相談して、日本の地方自治の将来を考えるべく調査団をつくってスイスに勉強に行きました。そのときスイスの退役将軍が対応してくれていろいろなことを知りました。スイスは二十六の州（カントン）、さらに三千ほどの市町村（ゲマインデ）に分かれていますが、スイスの軍事力のうち国軍は五千人ほどで、戦闘機、戦車、ミサイルなどを担当します。しかし一般の歩兵はみな国民皆兵の民兵です。

　第二次大戦のとき、スイスと同様に中立を標榜していたベルギーはドイツに蹂躙されました。しかしスイスはそうはならなかった。なぜかというと、スイスの民兵が抵抗したからです。民兵たちは敵に侵略されたら、領内の橋や道路、トンネルなどを全部壊して山に籠もる。勝手知ったる領内のことですからそれは簡単なことです。つまり彼らはスイスを守るというより、自分たちの村を守る。そして山に籠もる。とうとうヒトラーはスイス通過を諦め、その結果、同盟国イタリアを救援することができませんでした。またそれはヒットラーだけではなかった。連合軍の総司令官アイゼンハワーもイタリアからドイツを攻めようとしたがスイスに断られ、やむを得ずノルマンディから上陸して多大な犠牲を払いました。

　しかしそれでも、敵がスイスの平地部を占拠したらどうするか、というと、その退役将軍は「そのときは亡命政権を外国に作って抵抗する」という。つまり国土が蹂躙されても、亡命政権がある限りスイス人は戦うのだそうです。それはスイス七百年の自治の伝統を守るためだそうです。なるほど、山と氷と岩の国ですから、トンネルや橋を破壊されたらヒトラーもアイゼンハワーも手も足も出ません。すごい国だと思いました。

余談ですが第二次世界大戦末期のとき、日本陸軍は本土決戦と称して民間人が竹槍をもって海岸線に立ち並ぶことを考えました。悲劇というより喜劇ですが、日本の国土の七割は山なのに誰もそんなスイスのような作戦を立てなかった。幕末に長州藩がイギリスなど四国連合艦隊と戦って敗れたあとの講和会談のとき、連合国側の彦島譲渡の要求にたいし、長州藩のリーダーの高杉晋作が「それなら武士も百姓もみな山に籠って戦う」といったので連合国側が諦めた、という話がありますが、そういう歴史的経験も生かされなかった。

本日の座談会に参加して皆さんのお話を聞いていて一番感じたことは、日本人に自立心がなくなったことです。日本には「何とか山」という地名をもつ山が一万八千ほどあるそうですが、名前のついているそれらの山はみな歴史的意味をもっています。そしていざとなったら日本人はその山に立て籠もったらいい。もちろんこれから戦争のないことを願いますが、しかし仮にも日本が他国に侵略されるようなことがあったら山に籠る。そうすれば誰も攻められないだろう。また誰も攻めてこないだろう。それは日本の山城の伝統だからです。日本人はそれぐらいの気概を持たないと、また山のことを知らないといけない。中央集権が進みすぎたこの現状の悪影響からは逃れられないでしょう。それは建築だけではなく、国防についても同じことです。

大国としての義務と権利がわからない日本人

平岡　アメリカに（ズビグネフ・）ブレジンスキーという安全保障担当の大統領補佐官がいました。あの人が『ひよわな花・日本――日本大国論批判』というのを一九八〇年に書いています。あの中にこう書いています。日本人は歴史的にずっと貧しい国だった。豊かになって数十年しか経っていないために、豊かな社会の持っている責任と義務が全然日本人はわかっていないと。相変わらず貧しい発想でやっているということです。日本は世界でも有数の豊かな社会になっているので、それに見合う責任を、リーダーは考えなければなりません。国民は、相変わらず要求しかしません。義務は考えない。憲法を見てみたら第三章に国民の権利と義務が記されており、義務はわず

明治維新が日本人の地域社会の自立性や自治的精神を奪ってしまった。ここ百四十年ほどの間に起きた日本の哀しい問題です。（上田）

か教育、労働、納税の三項目。残りの三十数項目はすべて権利です。キリスト教国家の場合は家庭や教会で義務を説いており、権利と義務のバランスがとれていますが、戦後日本はキリスト教国家になりませんでしたから、見事に権利しか言わない。だからそういう意味で、九条も結構ですが、もう一回教育のありようから憲法について考えるべきです。

　仏教では生老病死を避け難い苦であるといいます。輪廻転生の中で生まれ変わって、また生老病死に入る。ただ生が苦であるということを日本人はわかっているでしょうか。日本人の場合、貧しく苦しい生活をしている人が、もう二度と生まれたくないと思っているでしょうか、今度生まれたらもっといい生活をしてやろうと思っているでしょうか、僕は多分後者だと思います。日本人にとって、生は選択ですよ。ところがほんとの極貧地域に生まれている人はどうでしょうか。この間ウガンダで取材したテレビ番組をやってましたが、小さいときにテロ集団に誘拐されて、一生懸命鉄砲を撃つことばかり考えて、十数歳になったら人を殺して渡り歩いていた少年兵の話です。そんなところから脱出しました。もう二度とそんな社会に生まれたくないし、生きたくないですよ。生老病死の生というのは、これに象徴されます。しかし日本人にとっては生は選択です。だから豊かな社会であればあるほど、リーダーのありようや世界における日本の責任などを、宗教界が考えなければだめです。しかし宗教もまったく期待できません。宗教界も豊かだから、生老病死への苦の実感がありません。生老病死が本当に苦だなと実感できる環境は、貧しい社会です。豊かになったら、もう空文化します。それで結局キリスト教的な競争が全面的に出てきました。僕は、もう一回仏教を見直さなければならない時期に来ているような気がします。リーダーのありようというのは、そういう意味です。

マタギの生活

増田　東北の山にはマタギという人たちがいまでも少数いらっしゃいます。熊を射止めたり、シカを射止めたりしていますが、彼らほど生き物を大切にする人たちはいません。射止めた以上は全てを使い尽し無駄にしません。だから逆に言うと、必要最小限で、しかも種がちゃんと残るように全てを考えて、自分たちも生きるために射止めるのだと思います。季節に応じて獲物が替わり、必要最低限だけ射止めて生活する側から見ると、消費経済に巻き込まれ、何か物をつくれば廃棄物が出てきて処理しなければならないのに後のことなど一切考えず、金で買って生活することに、そしてそれがシステムとしてできあがっていることに疑問を感じるでしょう。やはり全体を見なければいけません。

さきほど山に籠もるという話がありましたが、山に籠もれば日本の四季折々の自然の厳しさをすべて引き受けなければなりません。今年は雪が少ないといっても防寒を怠れば、すぐに凍死してしまいます。山に籠もったり、山について深く知ったりすることは、いまお話のあった生老病死を悟ることに近づくのかもしれません。またいかに物を大事にするかとか、いかにそれを活かして使うか考えることにつながるでしょうね。ただマタギという生き方はそうそう息子が継げるものではありませんので、山の恵みに関する彼らの知識は継承されないのでしょうねえ。

平岡　農家の人たちは、お寺にはおいしいものを供えます。そしてそのとき「これは外へ出しているものと違います。うち用です」と言います。わかりますか、彼らは自分たちで栽培した美味しいものをたべているのです。市場に出すものは、普通のものです。無理は無いのですが出荷したものは農協ですべて一緒にされるからです。

増田　確かにそうですね。たまに農家から自家消費用の野菜を分けてもらいますが、農薬を使わずに栽培しているのでしょう、ほんとうに美味しい。お米も美味しい。

平岡　そうですね。フランス人はなかなか巧妙で、ボルドーなどの何とかワインがいいとか言いますね。ブドウの木の生えている土質によって分けています。そんなはずはないと思いますが、あれと同じで、林業ももうちょっと仕掛けをつくって、ここの木はすばらしいと宣伝したらうまくいくかもしれません。

網野　いま日本でも環境論が花盛りですが、自分たちはどう振舞うべきかという話があまりないですね。自分たちの生活の在り方は全く同じままで、何か技術だけ変えていこうという話みたいです。木造建築の話がその典型ですね。木造建築の話題は、本来自分たちのコミュニティをどうするのか、人間はどうあるべきかみたいな話になってもよさそうなのですが、CLTで何階建てを造れるかというような話にばかりなってしまいます。

やはり教育は重要ですね。木造建築を工学部の建築学科で教えて、山の問題は農学部で教えています。こんなことをやっていたら全体観が育つはずがありません。

積層材、集成材では、林業従事者は潤わない

平岡　上田さんに質問ですが、木造建築物は、コンクリートより耐火性、耐震性、

日本人にとっては生は選択です。だから豊かな社会であればあるほど、リーダーのありようや世界における日本の責任などを、宗教界が考えなければだめです。（平岡）

中間加工のところで費用が増え、しかも建築の総工費は変わらないので、加工業は安く原料を仕入れようとして、結局しわ寄せが山側で働いている人に及びます。（網野）

経済性がすぐれているのですか。ウッドファーストを議論するための前提になると思いますが、いかがでしょうか。

上田　一概にいえません。コンクリートにはコンクリートの良さがあります。RC造といいますが、通常、七十年たったら鉄筋が錆びてきて寿命が終わるといいますが、実際は五十年ぐらいで駄目と見ている。また建築と土木ではコンクリートの質が違う。土木では一般に圧密なものを使って七十年以上の寿命があります。しかし家だったら一軒一軒のことですが、高速道路や新幹線はほとんど橋脚の上を走っている。つまり鉄筋コンクリートの上を走っている。であるから一カ所でも壊れたら全線が通行麻痺になってしまいます。ですから材料的に見れば木の良さもあるし、コンクリートの良さも、鉄の良さもある。言い逃れるようですが、適材適所に使うことです。「木が絶対にいい、これからはウッドファーストだ」といっているわけでは必ずしもない。使い分けが肝心なのです。ただ木の良さが忘れられていること、日本の山の木をどう使うかということ、さらにはその山を生かすということなどをいいだしているのです。

平岡　木を使った方が快適性を確保する点で圧倒的に有利というのは、住宅や、先ほどおっしゃったランドマークに当たるような建物を建て替えるのに向いていますよね。

上田　木は見た目にも触っても温かいです。そこでその木の耐火性能を上げるために集成材の間に石綿スレートなどを入れると、その分だけ木の内部の意味がなくなってしまい痛しかゆしです。しかしこれを大臣認定でやり、ゼネコンやハウスメーカーが競争していますが、収拾がつかない状態です。

網野　その競争を一生懸命やったって、本当にどこがもうけているかというと、結局そういう技術を持っているほんの少数の大企業です。大企業は高価な機械設備をもっているから、やっていけるのです。我々は非常に高価な設備の減価償却のために金を払っているようなもので、実際に山側で働いている人たちのところには金は行きません。

増田　山には経済効果が波及しないのですね。

網野　逆に負の効果があります。中間加工のところで費用が増え、しかも建築の総工費は変わらないので、加工業は安く原料を仕入れようとして、結局しわ寄せが山側で働いている人に及びます。木を使うということが、一体何につながっているのか、よくわからなくなってきています。

地域ごとにも木の使い方を変えるべきです。建築基準法も基本法だけを国がおさえ、詳細は地方条例に任せればいい。（上田）

地域主義に立ち返る

上田 地域ごとにも木の使い方を変えるべきです。東北と九州では違います。風土だけでなく、数寄屋のように文化が違うと木の使い方も違ってきます。そういう意味では建築基準法も基本法だけを国がおさえ、詳細は地方条例に任せればいい。イギリスなどには建築官がいて、小さな建物や住宅だったら日本みたいにあんなややこしい申請書なんか出さなくても建築官の判断だけでオーケーです。

網野 そうですね、小規模の建物ではそういうこともあります。あと面白いのが、設計事務所は自分の拠点を置いているところから百キロ圏内とか、ある限定した地域でしか仕事ができません。そうすると地域の事情を熟知している設計事務所が設計することになります。

日本だと、どこかの地方の建物を東京の設計者が来てやりますが、事前調査もそこそこに、ぱっと設計します。地域とそぐわないものができて当然です。

上田 昔からそういう地域主義があるということですね。

網野 あります。地域主義は非常に強いです。

上田 日本ではそれが明治維新で全部壊されてしまった。極言すれば先ほどいった大久保利通が壊したのです。近世日本は世界に冠たる「地域主義の国」で、三百の藩がすべて軍隊を持っていました。それが全部なくなってしまった。それをいまさら嘆いてみてもしょうがないのですが、今後どうするか、ということです。学者やマスコミの皆さんが欧米追随だけでなく、日本がほかの国とは違う点をもう少しいろいろ研究していただきたいとおもいます。

じっさい、教科書でもどうしてこんなに画一的なんでしょうか。人物でも漱石や鷗外や野口英世だけでなく、それぞれの村、町、地域ごとに大きな功績を残した人がたくさんいます。そういう人がまったく教科書に出てこない。私は自分の文章が教科書に採用されたのは嬉しかったですが、しかし、全国の人が私の文章を読むのはおかしいとおもった。たとえば、北海道で縁側なんか作っていいのかな、と。

増田 教科書検定は、ますます強くなっているという気がします。

小学校の建物には、たしか以前、南側に面することという基準があり、沖縄の子供たちは暑くて暑くて参った。その後やっと、基準が変わりました。ただその手の基準は建築の場面ではまだまだいろいろあるでしょうね。日本の北と南では生えている木も違うので、北海道と九州とではどんな木

最近よく木造の公共建築のプロポーザル、コンペが行われますが、ふたを開けてみるとその地域で全くできないものを選んでいるケースが非常に多いのです。（網野）

材で建築するかが違っているのが当然だし、開放空間の建築と冬の寒さ対策を考えた建築とでは構造が異なってくると思います。やはり属地性の強いような構造基準をつくっていかないとだめなのではないでしょうか。それをこれからどう進めていくかですね。

網野　そうですね。樹木の特性の違い、気候の違いもありますし、地域ごとの産業構成の違いがかなり大きい。最近よく木造の公共建築のプロポーザル、コンペが行われますが、ふたを開けてみるとその地域で全くできないものを選んでいるケースが非常に多いのです。地域のための公共建築だと言っていますが、まったく地域の調査をしていない。木造というものが地域の気候や産業、山に根をおろしたものだという意識がまったくないので、結局は経済効果としてもマイナスです。

増田　理想論かもしれませんが、できるだけ地域の木材を使ってほしいですね。ウッドファーストといいながら外材が木造建築の部材の中心だったら、えっ、いかがなものか、となりますから。さきほど紹介した学校林はウッドファーストの好例だと思います。こういうウッドファーストの考え方は教育の現場などでもっと鍛えていくのは大事だと思います。そのときに、いろんなものが循環していくことがこのウッドファーストの根源ですよと教えることと、学校林のようなものを実際にみんなで育てていくような体験をさせることが必要です。また属地性が非常に強い分野ですので、いまお話があったように、それぞれの地域でやっていけばいいのではないかと思います。

――かなり意見が出尽くしてきたと思います。上田先生からは、明治以降の中央集権体制が、今日もなお強化されているという話がありました。その一方で二十一世紀になって、生物の多様性同様に地域の多様性が注目されるようになりました。そういう多様性を実現させる主体はそれぞれの地域の人だと思います。先ほど網野先生からは、山を生かしていくのは人だという話がありました。各地域には実質的な力となる人材はあるわけですから、どういうふうにしてその力を顕現させるかということになります。このようなことを踏まえながら、各先生から最後に一言ずつ御発言いただきたいと思います。最初とは逆回りで増田先生からお願いします。

山を守る人材を育てる教育の重要性

増田　繰り返しになりますが、学校教育でいまの社会のありよう、循環の仕組み、属地性を教えることが大事です。山を守ってきた年寄りが自分の跡を継がせたくないような状況では、子供たちは都会に出ていきます。自治体が山の元気さにつながるようなことをやっていくことも必要でしょうし、基準法の仕組みを全部自治体の条例にして、各自治体がもっとバリエーション豊かにしていくこともあっていいと思います。

　ただ最後はやっぱり人材育成であり、それには長い年月がかかります。山の成長も大体五、六〇年の世界ですから、私は同じ時間かけて根気よく人材を育てていくべきだと思います。決してゆっくりでいいということではなく、急ぐけれどもそのぐらいの腰の据え方で人材を育てていくということです。

大学教育の目標から、中等教育、初等教育を考える

平岡　増田さんがいらっしゃり、多分中央教育審議会にも影響力があるでしょうから、最後にお願いをしておこうと思います。今度センター入試の弊害が多いというので、今度センターテストを学力到達度テストにして、さらに論述を課していくという議論をやっていますね。多分失敗すると、僕は宣言したい。なぜかというと、今日の問題と非常に関係があります。大学がどういう教育をするのかを考えて、それを実現するために高校、中学校、小学校の教育はどうあるべきかと考えると、結構成功すると思うからです。具体的には、大学生に地域の問題やウッドファーストの問題など自分の専門分野について自分が勉強してきたことを文章で書ける論文力や、それを口頭で発表する発表力をしっかりつけさせてから、卒業させていく。できればそれを外国語で論文が書け、口頭で発表できるというのが大学の卒業要件であれば、それを実現するためには、中等教育、初等教育のあり方は変わっていきます。ところがそうではなくて、何か英語が話せないとだめだということが上から勝手におりてくるわけです。大学教育がどうあるべきかを論じた上で、センター入試や論述試験をやらない限り、必ず失敗します。目に見えています。過去、同じことをやって来ましたから、一〇年たっても同じことを議論してますよ。

　ウッドファーストの問題を考えるときにも、結局地域社会に出ていく大学生に何を期待するのかをまず設定して考えていけば、教育も変わるし、リーダーも出てくると思います。

ハイコンセプト・ローテック

網野　お二人から教育のお話が出たので、教育とは違う話をします。私は「ハイコンセプト・ローテック」という言葉が好きです。日本はいまどちらかというと、ローコンセプト・ハイテックになってしまって、知識や技術にやたら頼ってしまうところがあります。大学の教育も詰め込みになっており、何を考え出すかというコンセプトの

ウッドファーストの問題を考えるときにも、地域社会に出ていく大学生に何を期待するのかをまず設定して考えていけば、教育も変わるし、リーダーも出てくる。（平岡）

機械や資本が前面に出るのではなく、人間が前面に出る世界といえばいいでしょうか、一旦そこを考えてみると、木造の世界も面白いのではないかと思っています。（網野）

部分が非常に軽視されています。そのため木造の世界を見てみると、大きなものをつくれる会社、複雑なものをつくれる技術に優位性があるように感じて、お金がない人、地域社会や山間地にいる事業者たちがなかなか自信を持って行動できない社会になってしまっています。しかし日本はもともと、車の世界を見ても、いろんな物づくりを見ても、非常に器用に多品種少量生産で価値をどんどんつけてきた国です。ところが何で我々の木の世界だけ、そっちを体験していこうとしないのでしょうか。ハイコンセプト・ローテックとは、人間が考え抜けば難しいことをやらなくても実現できるということです。ローテックは悪いことではありません。人間が考え抜いた結果そこまで簡単になったか、ああ、こんなことでできるのかという一つの可能性が広がる言葉だと私は思っています。機械や資本が前面に出るのではなく、人間が前面に出る世界といえばいいでしょうか、一旦そこを考えてみると、木造の世界も面白いのではないかと思っています。

日本文化の多様性

上田　明治維新で日本の伝統文化があれだけ壊され、木造が排除され、木が大学の授業から抹殺されましたが、にもかかわらず祭は明治政府でも潰せなかった。廃仏毀釈を行いましたが一時的なものに終わってしまってお寺は潰せなかった。神社も潰そうとしたが南方熊楠が反対し、今日、八万とも十万ともいわれる神社が残っています。ともに宗教だから残ったといっていい。

ところが明治維新では宗教以外の多くのものが全滅しました。木造建築もそうですが、その最たるものが教育です。学校教育はいま惨憺たる状況にありますが、かつての寺子屋で学んだいいものが残っていません。その最たるものが道徳です。鹿児島では町中の町内を郷中《ごじゅう》といいますが、郷中ごとに武士の子弟教育を厳しくやりました。会津もそうですが、女性を大事にするとか、弱いものを助けるとかいうことを徹底的に教えました。イジメなんていうことはまったく考えられもしなかった。そういった地域教育がいま完全になくなってしまったとおもいます。

山城も地域文化の一つですが、日本は世界的に見ても非常に面白い文化をつくってきた国です。しかも、縄文いらいの古い文化が今に生きている。たとえば弥生時代にも山城がたくさんあります。高地性集落などもその一つです。縄文時代には戦争がなかったといいますが、縄文の集落そのものが山城のようなものでした。クマやオオカミ、イノシシなどに備えていました。そうして縄文時代から数えると一万五千年前からの文化が今に生きているとわたしは考えます。

今回、木の問題を取り上げましたけれども、木を含むそういう日本文化の歴史と多様性を大事にしたいとおもいます。スイスで調査をしたとき「何故そんなにまでして戦うんだ」と聞いたら、件の将軍が「この地球上からスイスという国をなくしたくないからだ」といいましたが、私もこの地球上から日本という国をなくしたくはありません。

危機管理としての木造建築

網野 ほかにも話したいことが出てきてしまいました。よく台湾や東南アジアに行きますが、気になることがありました。どんな田舎町に行っても、小さな軒先商売をやっていて、活気づいていることです。理由がまったくわからなかったので、台湾の友達に聞いてみたら、どうやら台湾の人たちは、大企業に就職することをリスクだと考えているようなのです。おそらくタイでも、インドネシアでもそうだと思います。

要は大企業だとグローバル経済の影響を受けてしまうので、よそで景気が悪くなると、いきなり自分の首が切られ、生活が危なくなる可能性があります。その危機に備えるため、家族の中で誰かが必ず軒先商売をやるらしいのです。もうけることが目的ではない。危機管理なのです。それによって打たれ強い社会をつくっています。だから都市に行くと超高層ビルがありますが、ちょっと田舎に行くとお総菜屋さんなどが軒を連ねていたりします。

日本もそういうことはできないでしょうか。大きな建物、大きな企業と小さな建物、小さな企業がうまく併存できるような経済システム、社会システムができれば、木造は非常によいサブシステムになると思います。木造で全部できると思わない方がいいですが、そういう位置づけはありうるのではないかと思います。

上田 ヨーロッパでは日曜大工が非常に盛んでしょう。

網野 そうですね、DIYの店では、家一軒分建てられるだけの資材や部品をすべて売っています。個人でも家を建てられます。

上田 飲み屋の会話でも「どんな家に住んで、どんな道具を持っているか？」で話が弾むと聞いていますが……。

網野 そうですね、道具自慢をよくします。

上田 日曜大工というのは「いざとなったら自分で何でもやる」といういわば危機管理ではないですか？　それが今コンクリート社会ですべてお役所任せになってしまいました。日曜大工ができなくなった。これは資本主義と官僚制の悪い影響ですが、長く生きてきた私たちにもその責任があります。

――いろいろお話が出ましたが、こんなところで終わりたいと思います。どうもありがとうございました。

（二〇一六年二月十二日　藤原書店・催合庵）

表 2　日本農林規格（JAS）目視等級区分構造用製材に対応した基準強度

甲種構造材：主として曲げ性能を必要とする部分に使用（横使い、梁、土台、大引など）
乙種構造材：主として圧縮性能を必要とする部分に使用（縦使い、柱、通し柱、束など）

樹種	区分	等級	基準強度（単位：ニュートン／1mm^2）			
			Fc	Ft	Fb	Fs
ひのき	甲種構造材	一級	30.6	22.8	38.4	2.1
		二級	27.0	20.4	34.2	
		三級	23.4	17.4	28.8	
	乙種構造材	一級	30.6	18.6	30.6	
		二級	27.0	16.2	27.0	
		三級	23.4	13.8	23.4	
すぎ	甲種構造材	一級	21.6	16.2	27.0	1.8
		二級	20.4	15.6	25.8	
		三級	18.0	13.8	22.2	
	乙種構造材	一級	21.6	13.2	21.6	
		二級	20.4	12.6	20.4	
		三級	18.0	10.8	18.0	

表 3　無等級材に対応した基準強度

樹種	等級	基準強度（単位：ニュートン／1mm^2）			
		Fc	Ft	Fb	Fs
針葉樹	あかまつ、くろまつ及びべいまつ	22.2	17.7	28.2	2.4
	からまつ、ひば、ひのき及びべいひ	20.7	16.2	26.7	2.1
	つが及びべいつが	19.2	14.7	25.2	2.1
	もみ、えぞまつ、とどまつ、べにまつ、すぎ、べいすぎ及びスプルース	17.7	13.5	22.2	1.8

Fb = 22.2 とかなり低い値ですが、紀伊半島に産する直径成長を抑制しながら育てたスギは驚くほど高いヤング係数（E = 70 〜 130）を持ちます。構造用の場合、E 値は 70 以上であれば何ら問題は無いと言われています。E 値が低い場合は、一回り大きい材料を使用することでクリアすることが出来ます。

その意味で、スギはベイマツとほぼ同じように横架材として使用できるということであり、化粧材として使用する場合は、長期にわたってその美しさが維持されます。

木材の基準強度は国土交通省の建築基準法施行令に基づく告示により定められています。

表1　日本農林規格（JAS）機械等級区分構造用製材に対応した基準強度

樹種	等級	基準強度（単位：ニュートン／1mm^2）			
		Fc	Ft	Fb	Fs
あかまつ、べいまつ、ダフリカからまつ、べいつが、えぞまつ及びとどまつ	E70	9.6	7.2	12.0	2.4
	E90	16.8	12.6	21.0	
	E110	24.6	18.6	30.6	
	E130	31.8	24.0	39.6	
	E150	39.0	29.4	48.6	
からまつ、ひのき及びひば	E50	11.4	8.4	13.8	2.1
	E70	18.0	13.2	22.2	
	E90	24.6	18.6	30.6	
	E110	31.2	23.4	38.4	
	E130	37.8	28.2	46.8	
	E150	44.4	33.0	55.2	
すぎ	E50	19.2	14.4	24.0	1.8
	E70	23.4	17.4	29.4	
	E90	28.2	21.0	34.8	
	E110	32.4	24.6	40.8	
	E130	37.2	27.6	46.2	
	E150	41.4	31.2	51.6	

（Fc：圧縮強度　Ft：引張強度　Fb：曲げ強度　Fs：せん断強度）

以上60未満、E70は60以上80未満、E90は80以上100未満のヤング係数を表示しています（単位は10^3kgf/cm^2）。ヤング係数が大きくなるほど、撓みにくいことを表しています。

また、注意しなければならないのは、樹種により、ヤング係数と強度の関係が違うということです。

国土交通省の告示による基準強度を見てみると（**表1**）、最上段のベイマツなどのマツ類、次のカラマツ・ヒノキ・ヒバ、最下段のスギに分かれています。

この表をよく見ると、ベイマツのE110に対応した値、圧縮強度Fc＝24.6、引張強度Ft＝18.6、曲げ強度Fb＝30.6は、ヒノキのE90に対応したそれぞれの値と全く同じであることがわかります。スギのE70の値はそれぞれ、その値より少し小さい値ですがほぼ同じで、スギのE90になると、これらの値より高い数字になっています。

先に記したように、E値は撓みやすさの数字ですから、同じ力がかかった場合、撓みはベイマツ＜ヒノキ＜スギの順に大きくなりますが、圧縮強度Ｆｃ、引張強度Ft、曲げ強度Fbについてはベイマツ E110＝ヒノキ E90＝スギ E70であるということです。せん断強度については、それぞれE値にかかわりなくベイマツ Fs＝2.4、ヒノキ Fs＝2.1、スギ Fs＝1.8となっています。

このように、スギはベイマツよりも撓むが粘り強いといえます。スギやヒノキはヤング係数の値がベイマツより小さいのでベイマツより弱いと単純に思ってしまいがちですが、このような特性を知っておく必要があります。

スギの無等級材に与えられている基準強度値（**表3**）は全国のスギに適用されるものなので、Fc＝17.7、Ft＝13.5、

図 3　グレーディングマシンによる測定結果の印字

4　規格と強度

「JAS」について

JAS とは Japanese Agricultural Standard の略で、日本農林規格（1950 年制定）のことです。木材製材品の JAS 規格では、構造用の JAS 基準はこれまで「目視等級区分」という方法で、規格が決められていました。文字通り、節の程度、その集中度、角材の四隅に残った丸みの程度などを肉眼で見て等級を決める方法ですが、取引実態との整合性とその必要性があまり認識されず、ほとんど普及していませんでした。しかし、「機械等級区分構造用製材」の JAS 基準が制定され、また一方では耐震性が大きな問題になり、住宅を含め建築に構造計算が導入されることが多くなると、一躍注目を浴びるようになりました。スギ・ヒノキの柱については大手製材の多くが機械等級区分構造用製品を生産するようになっています。

含水率の測定は、製造ラインの中でマイクロ波を透過させ、その減衰率で測定するようになっています。また、ヤング係数の測定は、柱の片方の木口を金槌で叩き、その音の周波数から推定します。これらは、「グレーディングマシン」といって検査ラインの中で行われ、その数値が自動的に印字されるようになっています（**図 3**）。このように、全数検査が行われることにより、自然物でバラつきのある製材品の信頼性を高めることに役立っています。

もちろん耐震計算などで、機械等級区分製材はそのヤング係数に対応した数値を使用できることになります。目視等級構造用製材品の甲種乙種それぞれ 1 級・2 級・3 級においてもそれに対応した基準値が決められています。

含水率の表示

含水率の表示の「SD-20」は仕上げ含水率が 20% 以下であることを示しています。JAS には「SD-15」も設けられていて、両方を生産している工場もあります。JAS の規定で、その表示が正しいかを検証する手続きが細かく決まっていて、それらは区分ごとに行う必要があるため、その手間の煩雑さから、SD-20 一本の表示にしているところが多いのです。その中には数%から 20% までの含水率の製品が含まれています。

日本の気候風土の平衡含水率（一定の温度、湿度の中に長時間放置すると最終的に安定する含水率）は約 15% と言われています。その意味で、20% 以下 15% 前後の含水率にした製品はその後の変化が少ない安定したものだといえます。

スギについては、細胞の構造から、水分が抜けにくくなっており、乾燥工程を経ても、心材の部分は材の部分部分で含水率が違い、一様ではありません。そのため、数カ所の測定値の平均値で判断しています。

ヤング係数と強度の関係

「ヤング係数」は E 値で表されます。ヤング係数は撓みやすさの係数であり、丸めた形で表示されます。50、70、90、110、130、150 と 20 刻みで、E50 は 40

の異方性と言います。

心持ちの柱を自然乾燥させるとどこかの面が割れてきます。住宅の品質確保促進法（2000年）が制定されてから、住宅用材には乾燥材の使用が多くなりました。

天然乾燥材

色、香り等、木材の性質を最も残した乾燥方法ですが、含水率20%以下に落とすためにはかなりの日数がかかります。心を外した盤や板にした形で間に桟を入れて置いておきますが、特にスギ材の乾燥が難しく、その中でも心材部分の乾燥には非常に時間がかかります。

また、収縮の異方性で、心持ちの柱や梁はどこかの面に割れが入ります。この割れを化粧面に起こさせないために一面に芯までノコをいれる背割を行ないます。この背割りは、繊維方向の割れと同じで、曲げ強度や圧縮強度に影響はありません。また、心持ちの構造材が表面割れを起こしたとしても、もう一方の面への貫通割れになっていなければ、強度に影響はないと言われています、

人工乾燥材

様々な乾燥方法が研究されてきました。低温や中温での乾燥はヒノキの色や匂いを保持させた形が可能です。しかしスギの角材など厚いものについては低温や中温の乾燥機では1ヶ月乾燥炉に入れてもなかなか含水率が落ちないのですが、約15年前、製材品の乾燥技術に画期的な新技術が誕生しました。通常、心持ち材が乾燥すると、接線方向の収縮率が大きいので、必ず四方の材面のどこかが割れます。この割れを一箇所に集中させるため、背割りを入れるのが普通でした。しかし乾燥が不十分だとその後更に背割りが開いて、角が台形状に変形します。これが、無垢材の大きな欠点でした。これを克服したのが表面割れを起こさず、心持ちの角材を乾燥させる「ドライングセット乾燥」の新技術でした。高温蒸気式の乾燥技術です。

乾燥プログラムは製材各社の技術の見せどころで、内部割れを発生させない形で乾燥させるノウハウを競っています。更に高温減圧蒸気式や高周波蒸気式など様々な方式が工夫され、心持ちの大きな角や平角も表面割れを起こさず乾燥できるようになり、集成材と同じような形状安定性を確保しています。これらの技術により、JAS規格の含水率20%以下のスギ・ヒノキの心持ち人工乾燥材が生産できるようになりました。人工乾燥機械等級区分構造用製材JAS工場では、このように人工乾燥させた製品を1本1本含水率とヤング係数（後述）を測定して印字して供給しています。

また、熱源に灯油を使用しないで、樹皮や製材廃材を燃やすバイオマスボイラーを利用する場合が増えています。

乾燥材の生産

人工乾燥機に入れるための製材品は、乾燥の過程での収縮や長さ方向の曲がりの修正のため、仕上げ寸法よりも約一割大きく製材します。例えば120×120×3000の四寸角（120mm角）の場合は弊社は133×133×3000に製材し、約1週間から10日間、乾燥機に入れて乾燥させ、その後、外気に晒し安定させた後、モルダー（柱の4面を一度に削る機械）で正寸120×120×3000に仕上げます。

このように乾燥材は、乾燥に伴う収縮や割れなどの変化を工場で吐き出させた上で販売されますから、狂いも少なく、ハネもほとんど出ないようになりました。ただ、以前より製材歩留まりは悪くなっていて、加工コストが上がった一つの原因になっています。

図 2　素材の品質と木材需要の関係

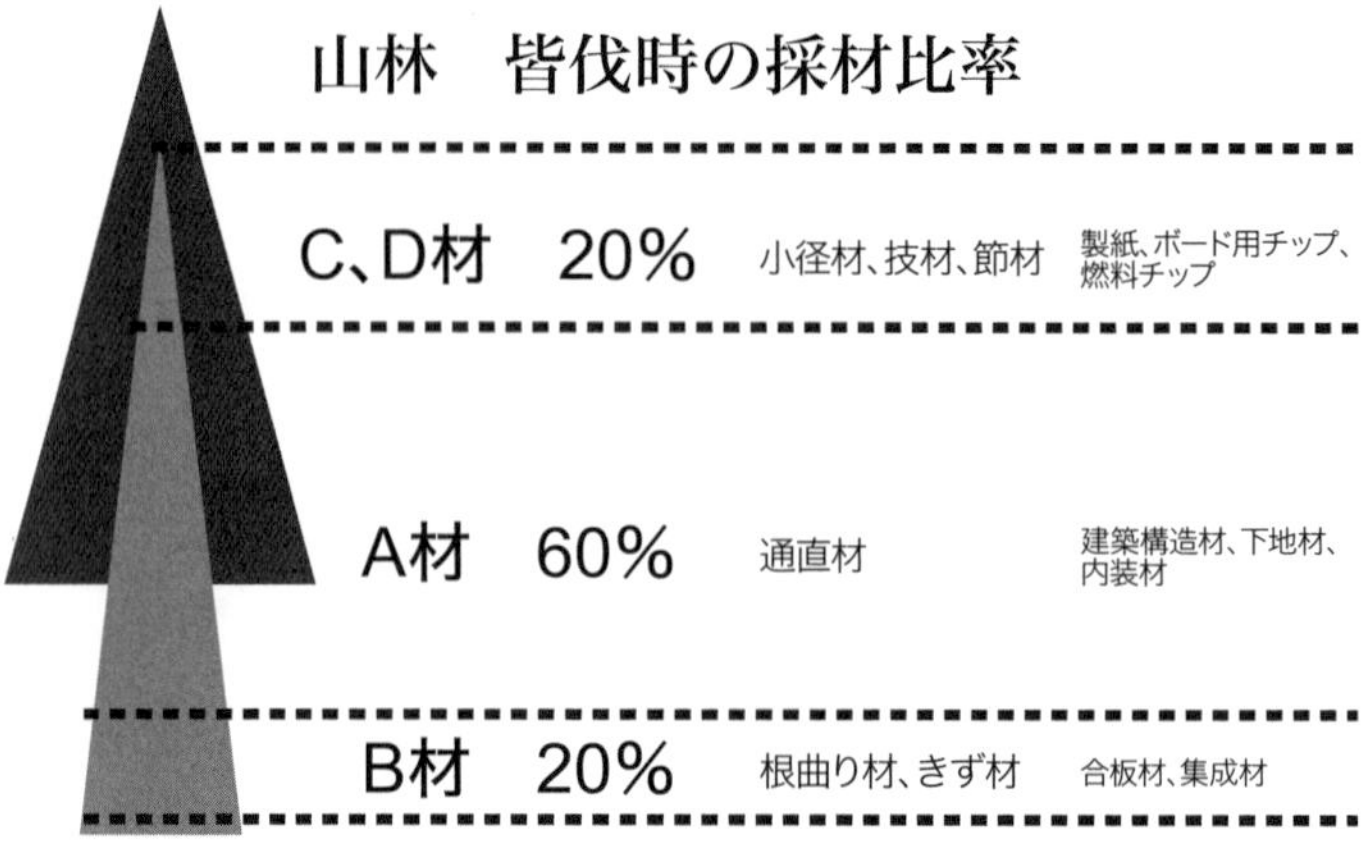

スギ　A 材：12000 ～ 15000 円　B 材：8000 ～ 11000 円　C・D 材：4000 ～ 7000 円
（品質・用途によっては 20000 円超）
ヒノキ　A 材：14000 ～ 18000 円　B 材：10000 ～ 13000 円　C・D 材：4000 ～ 8000 円
（品質・用途によっては 30000 円超）　（価格は $1m^3$ あたり単価）

その燃料として供給され、バイオマス発電の需要が多い地区では価格が上昇しています。

バイオマス需要がない場合の A ～ D 材のおおよその価格は**図 2** の通りです。

A 材の比率は立木材積の約 60% を占め、ここが林業収入の一番大きい部分となります。また、製品の売り方によって、A 材は価格アップが見込めるところです。

製材品の価格体系

丸太から製品を作る場合、その素材径級から取れる最大の製品を取ると、最も歩留まり（丸太の素材材積とそこから生産された製品の材積の比率）が良くなります。当然需要の要因があるものの、単材積の大きい製材品ほど価格は高く、細かく製材して小さくなるほど安くなる傾向があります。また、節のないきれいなもの、素直な目の通っているものほど価格は高くなります。

3 m材、4 m材が定尺で、2 m材は安く、逆に 4m を超えて 5 m、6 mと長くなるほど高くなり、10m 程度まで入手可能です。

3　乾燥と収縮

木材の収縮の異方性

スギ・ヒノキの立木は、木部に多くの水分を含んでいます。スギの場合、絶乾重量の 200% の水分を含むものも珍しくありません。丸太になったものの含水率平均は 100% ほどでしょう。ヒノキは 60% 程度です。

木部は心材と辺材に分かれていて、心材部分は腐りにくくなっており、水分も抜けにくくなっています。この水分が減少していくと、含水率が 30% までは細胞の中の水分が抜けていきますが、30% 以下になると細胞壁の水分が抜けていくことで、木材の変形が始まります。変形の仕方は木部の方向によって違い、おおまかに直径方向の変形を 1 とすると接線方向に 2、長さ方向に 1/10 変形すると考えて良いと思います。これを木材収縮と雪の重みで曲がったり折れたりするので、あまり密植せず、ずんぐりした形状に育てます。その点、表日本のスギは雪害をあまり気にすることがないので、密植して、スラっとした元と末の直径差の少ない丸太を生産することが出来、品質も良くなります。

また、山の中には、同じ樹齢と言っても、太い木、細い木、高い木、低い木が存在します。これらは全てお互いに厳しい生存競争を行なっています。周りより少しでも上に成長したら、その木は太陽の光を他の木より多く受け、さらに成長し太くなります。生存競争に負けた木は成長できず枯れていきます。自然淘汰に任せると、太いが曲がっていたり、傷などの欠点がある木が生存競争で残ってしまうので山の価値が落ちます。そのため、間伐で早めに欠点のある木を取り除いて、性質の良い木を残してゆくのです。

スギとヒノキ

スギは水分を要求する度合いが高いので、水が集まる谷筋に植栽します。尾根に近くなると水分も少なく土地も痩せてきますが、ヒノキは水分が少なくても成長するので、ヒノキを植栽します。マツは尾根筋などさらに水分の少ないところでも成長しますが、松くい虫の被害が多いので、植林をしなくなっています。このように土地にあった木を植えることを「適地適木」と言います。

樹木は春から初夏にかけて樹皮の直下で細胞分裂をして成長するのですが、この時期には細胞の一つ一つが大きくなります。この年輪を形成する柔らかい部分を「夏目（早材）」と言います。夏から秋にかけて、成長が止まってくるにつれて細胞も小さくなり、色の濃い硬い部分ができ、これを「冬目（晩材）」といい、夏目と冬目で一年分の年輪が形成されます。

スギはヒノキより成長が早く材積も多くなります。ヒノキの夏目はスギほど柔らかくありません。夏目と冬目の色の差も小さいのです。ヒノキは特に心材部分に油分を多量に含み、内装材として使うとヒノキの香りが部屋に立ち込めます。最近、韓国でヒノキの香りが健康によいということでヒノキブームが起きており、丸太や製品での輸出が増えています。ヒノキは材の滑らかさ、強度、耐久性や防蟻性など、世界の針葉樹の中でも大変優秀な木材です。近年スギとの価格差が縮まり、もっと使用されてよいものだと思います。

スギやヒノキの建築材料としての優秀性の一つに「経年変化」があります。日本建築では柱梁など表に表して使用されてきました。それだけにスギ・ヒノキは大変きれいに材色の経年変化を起こします。歳とともに味を出すといったところでしょうか。その点、ベイマツなどは、製材時はピンクで綺麗ですが、数年後、艶をなくし茶褐色に変色したりしてきます。

山林皆伐時の採材比率

最近、素材の品質をおおまかに区分して「A材・B材・C材・D材」と呼ぶことが多くなりました。

A材とは通直な木で、主に製材用材として、建築の構造材や内装材の材料になります。

B材は曲がり材や少し傷のある木で、主に合板材料や集成材のラミナー（集成するための原板）を挽く材料です。

C材は小径木や曲がりや腐れ、傷、大節など欠点が著しい材です。

D材は樹の先端部分や欠点の著しい材、極端に短い材などです。

C材の程度の良いものは、ラミナーや合板の原料になりますが、最近バイオマス発電の需要が増加し、C材・D材は

図1　木の幹からの採材

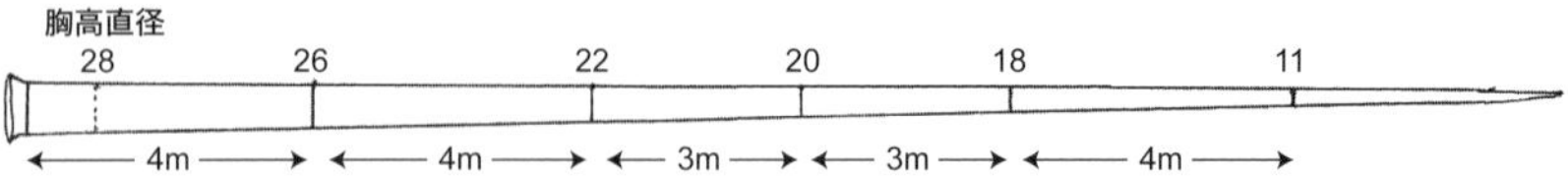

部分も入っており、最初に述べた利用材積より大きい数字になっています。

また、林地1ha当たりの立木材積を地方毎に表にした「林分収穫表」というものも作られています。

また民間では、立木で販売する場合、1本1本胸高直径を測定し（周囲長を測定する地域もある）、高さは目分量で測定し、それぞれの胸高直径ごとに1本の幹からどの径級の丸太が何本取れるかを計算して、ある面積の山林の材積を推定し、素材価格と出材費用を見積り、山林所有者と伐出業者が価格交渉を行うのが一般的です。

ただ、近年は材価が下がり、調査手間をかけるとコストがかかるので、手間を省いたやり方も行われています。

2　流通――品質と価格

丸太の販売

伐採された素材（丸太）は素材市場で競りにかけられ、製材業者や加工業者に販売されます。

市場では、長さ、径級、節の有無などの品質や欠点の有無によって数本から数十本に分けられ、順に競り売りされます。

最近は大型製材工場が増え、並材（品質が並の素材）については市場手数料を省略するため、市場を通さない素材流通の割合が増えてきました。

国産材の品質は地域により違う

国産材の品質は、その地域の育林施業に対応して違います。まず、一番の造林樹種はスギですが、成長が地域によって違います。もちろん品種、地力等により成長は違うのですが、それとともに植栽密度と間伐のやり方によっても大きく違ってきます。

疎植（植栽の密度が低いこと、ha当たりの植栽本数が少ないこと）をし、強度の間伐を行えば、太くはなりますが目粗な年輪の木が出来ます。また、枝落ちが悪くなるので、元玉から節のある木になり、強度も低い傾向があります。

逆に密植（植栽の密度が高いこと、ha当たりの植栽本数が多いこと）をすると、たくさんの苗木の中から、間伐で選抜していきますから質の良い木が残り、一本一本はそれほど太くなりませんが、年輪が詰んだ木になり、元木（根元に一番近い部分の丸太）、2番木（根元から2番目の丸太）は節がほとんど無い強度の高い木になります。

先進地域ではこれらに枝打ちを加え、確実に節のない製品の取れる素材作りをしてきました。

このように、日本各地でそれぞれ目的とした需要と立地条件に合わせた施業がなされてきた結果、様々な品質の立木が存在しているのです。

数十年という長い期間山の中に立っている木は、台風や雪など様々な自然環境に耐えてきていますから、製品にした時、繊維が切れていたり、年輪に沿って割れが発生したりすることがあります。製材のプロの目でそれらの欠点のある材をはねて、等級を落としたり、チップに処分したりします。

また、裏日本のスギは雪害に強い品種ですが、密植してヒョロヒョロに育てる

〔附〕木材利用のために知っておきたい国産材製材の基礎知識

榎本長治（㈱山長商店 代表取締役社長）

1 木材の測定

丸太の材積測定

通常、丸太は2m、3m、4mとメートル単位で切断されますが、地面に近い「元口」が太く、梢端に近い「末口」が細くなっています。丸太の材積はどのように測るかご存じでしょうか？

丸太の材積測定についてはJAS規格（日本農林規格）があります。それによると、丸太の末口の最小径の二乗に長さを掛けたものです。すなわち、いびつの丸太でもその直径の一番小さい径を1辺とする立方体に換算して測っているのです。末口ではその切り口表面積よりも大きく測っており、元口では小さく測っていることになります。また、最小径の測定は、14cm以下は1cm括約、それ以上は2cm括約、長さが6mになると末口最小径に1cmプラスし、さらに1m伸びる毎に末口最小径を0.5cm増やして計算します。

立木の材積測定

スギ・ヒノキの成熟した立木は地面から約20mの高さまで立ち上がっていますが、これはどのようにして測るでしょうか？

一本の樹の幹は、根元が太く、上に行くほど細くなっています。しかしその形状は、根際は広がり、上に行くにつれ円柱状に近くなり、緩いカーブを描きながら円錐状になり、梢端となります。

このような樹の幹を切り、丸太を生産するやり方をご説明します。

まず、曲がっている根際の部分を短く切り捨てた後、4m伸ばしたところの最小径が20cm以上であれば4mに伐ります。これらは4m使いの角材ないしは羽柄材（貫、垂木、床板など）の材料となります。その次の3m先の最小径が20cmないし18cmになれば3mで伐り、12cm角の柱用材となります。次の3m先の最小径が16cmであれば3mに伐り、10.5cm柱角の材料になり、それ以下であれば4mの長さで切り、90cm角の母屋（屋根を構成する角材）等の材料となります（**図1**）。

このように木材の用途に合わせて、一番価値を落とせるように採材していきます。そして、これらの丸太の取れ方は、樹種、樹齢、木の形状、樹高、直径によって違ってきます。

通常、立木を伐る前に山に入って、木の直径を測って、樹高を推定し、その木でどのような用材が何本取れるかを見積もります。こうして出てきた材積を「利用材積」と言います。

立木の直径は、根元に立って地際から1.2mの高さ（ほぼ胸の高さ）の最小径を測ります。これを「胸高直径」といいます。

また、樹高は簡単な機械で測定するか、標準木を伐倒して測定します。

土地の肥沃度等によって樹高が変わりますので、上、中、下における胸高直径と樹高による材積の値を表にしたものから、算出されます。これを「幹材積表」と言います。

ここから出た幹材積は幹全体の材積を推定しているので、梢端や利用できない

EDITORIAL STAFF

editor in chief
FUJIWARA YOSHIO

editor
KARIYA TAKU

assistant editor
KURATA NAOKI

photographer
ICHIGE MINORU

〔編集後記〕

▼最初、U氏から「ウッドファースト」という言葉を聴いた時は、一体何のことかとまどった。なじみの薄い言葉である。U氏からこれは林業・木材産業の全国団体から数年前に出た言葉で、林野庁も「木づかい運動」を提唱しており、日本の木をもっと使おうということだと説明を受けるが、当然のことだ。自国の木を乱伐しないで適度に使うことは。しかし、日本では、外材の方がコスト面から考えて廉価であることから、内材を使わないで外材を輸入するようになった。使わないから手入れもしない、山は荒れ放題と、高度経済成長以降、経済の拡大路線、売上高至上主義をまっしぐらに走り、子孫に取り返しのつかない状態を呈することになった。そこで、今、日本の木を建築に使い、山を生かそう、ということになったようだ。

▼日本全国の植生調査を十数年かけて行ない『日本植生誌』(全10巻)を集成された植物生態学者の宮脇昭博士によると、日本の植生は本来、シイ・タブ・カシの常緑広葉樹であるところが殆どであるが、本来の植生が残っている所は、全国の1%に満たないということである。殆どの地域では、人の手が入ったことで変化した植生になっていることになる。本当に問題は多いが、何はともあれ、コンクリート中心の建築ではなく、木の建築が増え、山が甦ることはいいことではないかと心から思っている。　(亮)

別冊『環』㉑
ウッドファースト!
建築に木を使い、日本の山を生かす

2016年5月10日発行

編集兼発行人　藤原良雄
発行所　株式会社 藤原書店

〒162-0041　東京都新宿区早稲田鶴巻町523
電　話　03-5272-0301(代表)
FAX　03-5272-0450
URL　http://www.fujiwara-shoten.co.jp/
振　替　00160-4-17013

印刷・製本　中央精版印刷株式会社

ISBN 978-4-86578-070-3

表紙写真 ©Ines Oliveira